U0906584

前 言

就在“金融海啸”冲击全球时，所有茶余饭后的话题都与金融风暴本质和走向有关。这给2008年赋予了新的时代名词。全球金融市场异常动荡，美国及全球经济减速，近年来荣光消退的广播市场更是难免受到冲击。一连串问题摆在广播人面前——在当前形势下，如何准确判断金融危机的发展趋势？如何深入了解中国实体经济发展现状及面临的风险因素？如何全面分析我国各类行业的发展现状及经营趋势？如何正确找准广播业应对当前形势的措施和路子。

“以变制变”的应对策略是广播人在危机形势下发起的极具杀伤力的有力武器，我们可以看到一系列的变化痕迹：体现在节目的推陈出新上，体现在广播平台的全新服务模式上，体现在交通广播的第三产业链发展上，体现在CMMB的新型推出上，体现在节目广告化的模式创新上等。然而，在广播人向市场祭出最有力的武器时，恍然发现类型化频率还在沿用专业化频率的经营模式，广播广告的经营方式依然过于单一，广播的服务意识和营销理念经不起市场的冲击，主持人所做的节目茫然不知做给谁听。

我们深知，如此种种问题，需要站在全国乃至全球的视野以及广播产业的高度去凝聚广播内在散发的力量，总结和完善当中存在的各种不足——我们没有时间再走弯路！这是我们责无旁贷的职责之一。有鉴于此，今年出版的编年体《2008—2009中国广播研究报告》也就自然带上了这个时期的烙印，不仅记录了2008年中国广播市场的前进脚步，而且在思考和探索中国广播的制变策略和发展之路。《2008—2009中国广播研究报告》共分为分析篇和数据篇。分析篇收录了由著名学者和资深研究人员撰写的中国广播市场研究报告，涉及2008—2009年度全国媒体和广播市场的竞争格局、类型化广播收听市场发展现状深度分析，并从收听率数据对广播节目的科学管理和营销进行了深入的透析，探讨金融危机下的广播如何应对。本书从不同角度阐明广播和受众的特点及趋势，不仅将其放在整个媒体竞争的大环境下进行考量，更在广播的产业化、市场化、专业化，电台的主动营销、积极策略上进行了深入探讨，从更开阔的思考角度解析了2008年广播市场的发展与问题。数据篇以全国最大的调查网络为支撑，以大量科学数据为基础，以简单直观的图表为主要表现形式，收录了全国45个主要城市的收听率调查数据。

广播收听率作为广播市场经营的“通用货币”，是反映电台实力和影响力的标志，是判断广播节目好坏的标准。收听率数据之所以能引起广泛重视,很大程度上得益于它在广告投放时所起到的作用。通过各类媒体之间的到达率比较，展示广播媒体受众的“广度”，凸现广播在大众媒体中的市场地位和竞争优势；通过收听率、占有率数据的比较，分析频率的优势和竞争力；推算广播媒体的听众规模，分析广播广告送达的受众数量，即听众规模价值。

赛立信作为一家专业、权威、客观的数据服务商，以专注广播市场调研为定位，以服务中国广播市场为己任，以促进广播媒体发展为目标，注重专业品质和服务精神。这些年来，我们一直在为广播做事，也一直想为广播做更好的事；我们秉承“专心、专业、专注”的服务精神，通过调查数据来折射中国广播收听市场发展进程的一点一滴；我们一直和广播同仁并肩作战在市场第一线，为广播的发展和“第二春”寻找更明媚的一幕。我们希望，《2008—2009 中国广播研究报告》不仅仅是从更高层面将广播市场透明化，而且是为了扩大广播人的视野，为了使广告商将更多的目光投向广播并给予其广播广告投放的决策依据，以此促进广播的长足进步和更好发展！

编撰《2008—2009 中国广播研究报告》的工作量大，时间紧，本书难免有诸多不足和疏漏之处。希请各位同仁不吝赐教，共同交流，让这部编年体在我们不断总结、学习、提高中越来越完善和发展。

黄学平

2009 年 6 月 20 日

目 录

ANALYSIS 分析篇

2008年中国广播市场竞争态势

2008年发生了不少大事，包括雪灾、汶川地震、奥运会、金融危机等事件，各行各业经历了不少风雨，广播也有着同样的经历。面对外部环境的变化，广播人都在积极地应对，为提升广播媒体价值而不懈地努力。整体来看，2008年中国广播依然保持着发展的态势。

一、广播媒体价值继续提升

受2007年底国家广电总局对广播行业的强力监管和引导的影响，2008年广播经营收入增幅有所下降，但其媒体价值仍有较大的提升。

（一）广播的“消费量”在提升

根据赛立信的调查，广播作为全国大众媒体中第二大媒体，2007年的听众规模达6.2亿，比电视观众少4.7亿，比报纸读者略多，比杂志读者多4.2亿，是互联网网民规模的5倍。2008年，在雪灾、汶川地震等重大突发事件发生之后，广播的影响力有了进一步的提升，广播到达率进一步提高，广播听众规模达6.53亿，其中城市广播听众达3.94亿，比上年增加了5.3%，比2000年增长了30%。

同时，听众对广播的“消费量”也有所上升，2008年全国广播听众的人均每天收听广播的时长为75分钟，较2005年增加了25%。

（二）突发事件使广播的影响力骤升

2008年年初南方“雪灾”阻断了许多人的归家之路。对于冰雪重围中的人们，危险与恐惧不仅来自物流凝滞导致的生活必需品短缺，更来自于信道瘫痪导致的信息交流的空白：电力紧缺导致电视无法开启，报纸印刷无力，难以送达，手机信号中断，上网也受到影响。无法获取统一的舆论、有价值的信息，所带来的恐慌和混乱是可想而知的。在这种情况下，广播爆发出令人动容的威力。

据赛立信2008年2月在广州地区雪灾调查结果显示:(1)广播是受灾群众最多接触的媒体。超过60%的广州市民视广播为了解春运及雪灾情况的重要渠道之一，该比例仅次于电视，远高于报纸等其他媒体；在外来流动人口中，广播更是以接近100%的比例居首位。(2)广播充分发挥了信息沟通平台的作用。新闻、交通频率因频繁播出雪灾及春运消息而成为听众最常收听的频率。(3)电台组织的赈灾活动受到广大听众的广泛关注和大力支持，超过一半的听众知道羊城交通台组织募捐活动，25%的听众参与了这次募捐活动。(4)在这次“雪灾”中，广播被听众评价为“报道最及时、最快捷的媒体”，正如一听众在调查表中留言:“这次电台全方位报导雪灾情况,是有史以来最真实、详细报道实际情况”。可见，在这次“雪灾”事件中，广播电台的举措深受听众欢迎，广播的出色表现赢得了听众的认同，在一定程度上提升了广播的媒体价值。

2008年5月12日14:28四川汶川发生8.0级地震,这是新中国成立以来最大的地震灾害，灾情和救援工作的进展一直牵动着全国人民的心。赛立信及时跟进调查，灾难发生一周后的调查显示，全国人民对汶川地震灾情的关注度相当高，广播媒体的影响力骤增，收听率有明显的上升。其表现在以下几方面:

1. 广播是人们获知“汶川地震”相关信息的重要媒体

在地震消息的传递中，广播起着举足轻重的作用。在地震发生后，43.3%的受访者通过电视第一时间得知汶川地震的消息;通过互联网得知的受访者约占18.8%,居第二位;通过广播得知的受访者比例是13.2%,居第三位。此后抗震救灾期间，广播以50.1%的比例成为人们了解地震灾情和抗震救灾信息的重要渠道，选择率仅次于电视。

2. 在紧急情况下，广播是人们认为最值得依赖的媒体

汶川特大地震发生后，灾区一切通讯、交通中断，灾民无法与外界联系，广播成为了解外界信息的主要途径。调查数据显示，55.9%的受访者认为，在这种情况下，广播是获取信息的最好渠道，这一比例高于其他各类媒体。

3. 地震发生以后，广播的接触率骤增

调查显示，汶川地震发生后，有68.2%的受访者有收听广播，这一比例比2007年全国平均广播接触率59.2%（赛立信公司全国无主调查）高出9个百分点，表明地震以后收听广播的人明显增多。其中有51.2%表示经常收听广播，亦即，35%的受访者在这些天经常通过收听广播了解汶川地震的灾情和抗震救灾的资讯。

（三）网络广播日益受重视

据CNNIC发布的《第21次中国互联网络发展状况统计报告》中数据显示，截至2007年12月31日，中国网民总人数达到2.1亿人，比2005年翻了一番。预测2008年底中国网民数有望达到2.85亿，中国将成为全球网民规模最大的国家，其潜力不容忽视。互联网的出现，对电视、报纸有很深的影响，但与广播则是可以互存的媒体，广播可以借助互联网提升品牌宣传力、扩大传播范围，两者是相得益彰。

许多电台都瞄准了这一机会，除了网上直播以外，还组织与互联网合出节目。例如奥运会期间，湖北广播电视总台新闻综合广播采取与门户网站搜狐网合作，开办了《网左网右》栏目。该节目以“SOHU新闻”冠名，提供在线收听节目内容，并与网站共同开发《网左网右》讨论专区。此外，还协助搜狐组建了海内外140家华语广播加盟的城市广播联盟，搜狐网的部分奥运报道资源供联盟成员无偿使用。借助这一外力，与“SOHU体育”栏目真情推出了大型广播体育节目——《天下体育》。根据赛立信媒介研究公司在奥运期间对湖北地区开展的广播收听率调查数据显示，这两个节目在湖北地区目标听众群中，在同时段节目竞争中均表现不错，证明这一跨媒体合作是成功的。

中国广播调查网的在线广播的点击数据显示，网上在线收听广播的点击量持续上升。2008年广播听众的收听习惯调查数据均显示，通过网络收听广播的听众已经达到接近10%的比例，表明网络听众在不断增加。网络广播听众多为20—34岁的白领人士，他们充满青春活力。网络广播不但拓展了广播的传播渠道，同时还吸纳了不少高广告价值的“含金”听众群。

二 、2008 年广播市场的竞争态势

2008 年是多事之年，一系列的重大事件都在紧绷着社会各界的神经；2008 年又是广播借机继续提升的一年，雪灾、地震的发生都为广播的发展提供了契机。

（一）新闻、音乐、交通仍然是主流频率

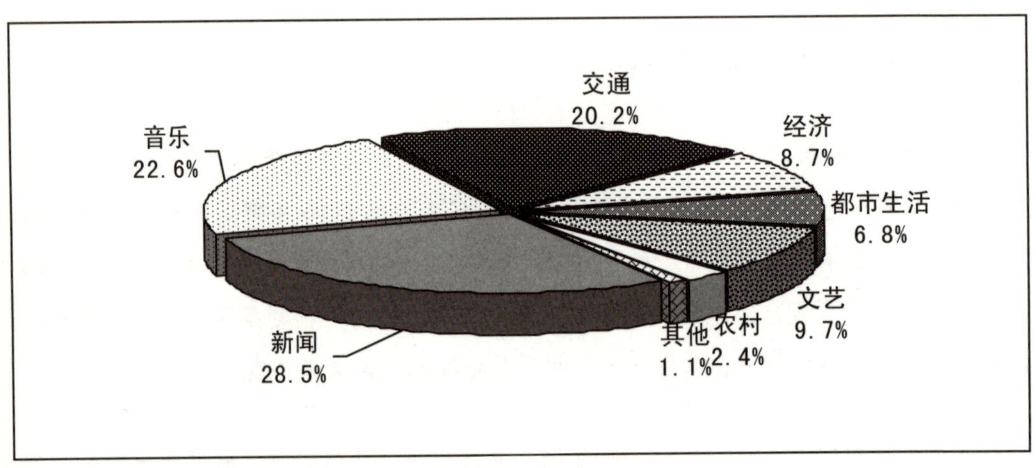

图 1.1.1 2008 年全国各类频率市场竞争格局

［数据来源：赛立信媒介研究（SMR），2008 年］

频繁发生的重大事件在很大程度上影响了听众群的收听趋向，各类频率在 2008 年度的竞争格局相对于上年度发生了较大变化。新闻、交通两大主体类型频率竞争力得以提升，音乐类频率则大体保持了去年的强势。文艺类频率也有所提升，而都市生活、经济、农村类频率的竞争力有所减弱。

新闻类频率在 2008 年可谓风光一时。全国范围来看，新闻类频率在广播收听市场上占据约 28.5%的份额，较上年上升了约 1.8 个百分点。年初南方雪灾期间，波及地域范围内的广播电台新闻类频率都投入了最大力度进行及时跟踪报道，得到了广大听众的广泛认可。此后“5.12 汶川大地震”期间，中央电台中国之声的报道力度更是达到空前高度，全国上下几乎所有电台频率均对中国之声进行全天候转播，广播媒体发出了几乎一致的声音。交通类频率在 2008 年的表现则可圈可点，所占市场份额达到 20%，较之去年有所提升。文艺类频率所占市场份额也接近 10%，明显上升的市场表现验证了

广播的娱乐性在进一步加强，地方特色文化在广播中继续得以发扬。

（二）中央电台及省级电台的竞争力有所提升

中央电台和各省级电台掌握着更多资源，在全国范围内和在各省域内具有整体上的覆盖优势，影响力更强。在面对一系列重大事件时，这些资源被盘活起来，并取得了预料之中的宣传效果。

赛立信媒介研究调查显示，中央电台、省级电台和市县级电台在2008年分别占据了13.5%、35.9%、50.5%的广播市场。其中，市县级电台所占市场份额依然最大，但是较之去年有所减小。相比之下，中央电台的市场份额上涨0.8个百分点，省级电台上升3.3个百分点。中央电台和省级电台竞争力有所增强。

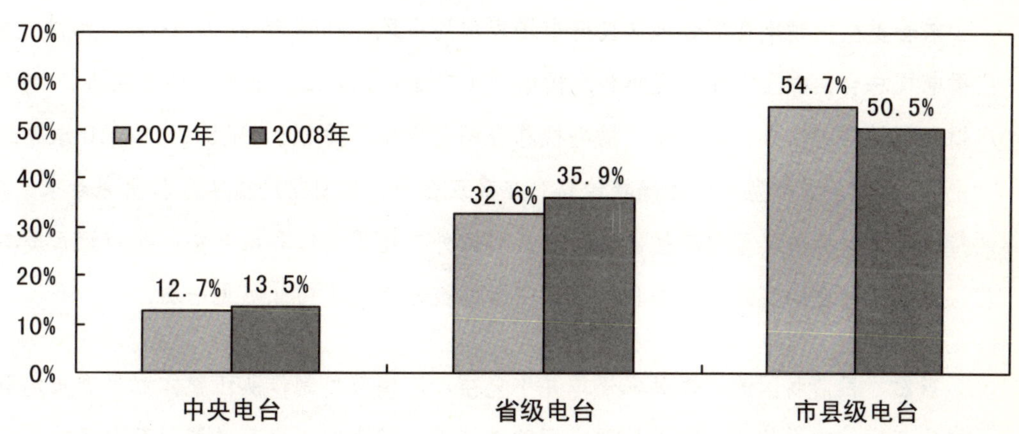

图 1.1.2 全国各级电台在 2008 年的市场份额及比较

「数据来源：赛立信媒介研究（SMR）, 2008 年」

当然，这并不能说明市县级电台的影响力就在减弱。实际上，随着最近几年我国广播事业的快速发展，广播的本地化趋势日趋明显。尤其是地市级电台在本地区内的竞争优势并未受到明显冲击，而且在自身实力不断得到充实的基础之上，在内部管理、节目制作、品牌打造、渠道拓展等各方面的工作均取得了可喜成绩，影响力得以提升。某种程度可推断，市县级电台所占市场份额的减小是受到重大事件的影响所致。在二级城市中，本地市级电台的竞争力都保持着明显优势地位。

（三）类型化频率的逐渐兴起

2002 年，我国大陆出现了第一家类型化广播频率——中央人民广播电台“音乐之声”(Music Radio)。此后，陆续出现了上海东广音乐频率、中央电台经济之声、上海东广新闻台、湖北电台音乐广播、中国国际广播电台环球资讯广播、大连音乐台、武汉电台文艺台等一系列类型化广播频率。

直至2008年,中央电台音乐之声和经济之声在全国广播市场的份额继续出现提升，两个频率所占市场份额均超过 3%。在部分区域内，类型化广播呈现出旺盛的生命力。例如北京，类型化频率所占市场份额约达 14%，在上海地区更是高达 30%以上。济南地区，济南电台 music887 单个音乐类型化频率所占市场份额达到 20%。即便是在广播市场竞争最为激烈的地区之一武汉，类型化频率所占市场份额也达到 8%的水平。

乘着类型化频率在部分地区良好市场表现的东风，2008 年 11 月 28 日，由湖北省广播电视总台、中国广播电视协会广播电视（广播）文艺工作委员会联合主办、《中国广播电视学刊》协办、湖北省广播电视总台湖北音乐广播 FUN MUSIC RADIO 承办的“中国武汉•全国类型化广播高峰论坛”在武汉召开。类型化广播实践和研究专家、新闻传媒学者、相关类型化广播电台台长、省内外广播界同行齐聚一堂，共同探索类型化广播模式的理论实践。类型化广播在中国的被重视程度由此可见一斑。

当然，目前我国的广播频率资源并不充裕，广播节目制作队伍整体水平仍未达到足够的高度，听众的收听需求呈现出粗放性特点。就大体决定着类型化频率目前还只是在音乐、新闻、资讯等特定频率类型中得到尝试。成果固然可喜，但类型化频率在我国的风头正劲还需要假以时日。

三、 2008 年广播收听市场的几点思考

（一）借势发展，提升广播媒体的价值

2007 年下半年国家广电总局的一纸禁令，使得广播广告遭遇了前所未有的严峻局面，第四季度全国广播广告收入出现了停滞或甚至下降。2008 年是广播广告的“调整”

年，随着“后医疗广告时代”的到来，广播广告市场创收增幅明显放缓，广播广告增收的压力责无旁贷地转向品牌广告方面，提升广播媒体价值的责任也更多地落在广播自身品牌提升和广播影响力提升方面。

1. 借政策之势，净化广播媒体环境，提升品牌价值

自国家广电总局对“医疗广告”说“不”之后，短期内就取得了初步成效。赛立信媒介研究2008年的调查中，能够明显感受到广大听众对减少低劣广告的喝彩声。在听众看来，广播变得“干净”了，可听性进一步增强，收听广播的乐趣性增强。听众对广播忠诚度的提高、依赖性的增强，无疑是广播媒体品牌价值提升的关键所在。

2. 借重大事件之势，提升广播影响力

2008年发生的一系列重大事件，为广播媒体继续提升影响力提供了来之不易的大好机遇。雪灾、震灾几乎都在一瞬间切断了信号有线传播方式，广播的电波覆盖以及便捷的信号获取方式在抢险救灾中发挥了难以替代的重要作用；对北京奥运会更为及时到位、信息充实丰满的有效报道，也进一步增强了听众对通过收听广播获取相关信息的依赖性。

3. 借类型化频率逐渐兴起之势，继续提升听众依赖性

基于与传统类型频率的明显差异，类型化频率在推出之初就得到了听众的青睐。这一点在中央电台音乐之声上得到了突出体现。广播发展到目前，类型化频率已经在大江南北屡见不鲜，频率节目内容的针对性、频率风格的强一致性、整版广告专题节目的销声匿迹，都大大提升了听众收听的连贯性，有效延长了听众的收听时间，并更有利于听众形成稳固的收听习惯，提升了听众对广播的依赖性。

（二）继续修炼“内功”，加强节目创新

修炼“内功”是2008年中国广播的一个主题。所谓修炼“内功”，就是抓节目，通过提高节目的质量，充分发挥广播的特点，提升广播及电台的影响力。为达到这个

目的，广播电台在节目包装上下了不少工夫：（1）与互联网合办节目，如湖北电台总台新闻综合广播的《网左网右》；（2）通过活动来提升节目的知名度，如广东电台音乐之声的《9+2音乐先锋榜》通过举办颁奖会，中央电台文艺之声《睡前故事》节目通过举办“宝宝故事秀”新闻发布会等；（3）以活动提升频率的品牌，如浙江交广举办的“自驾穿越美国”活动，北京人民广播电台和中国教育电视台联合主办的“统一冰红茶 挑战无极限——小DJ大不同”2008主持人大型选拔活动等。

电台或频率的推广活动提升了频率及节目的影响力，表明广播人逐步转变观念，对节目有着强烈的经营意识。不过，较多节目创新还停留在包装上，对于节目的内容和形式仍然没有大的突破。

在探讨广播节目的创新时，笔者认为一定要注意根据广播媒体本身的特点，重点把握好以下几个方面：（1）节目在推出的时候要有冲击力，能够让听众耳目一新，能够以最短的时间占领市场；（2）随着听众对信息量的需求度越来越高，节目要有充足的信息量，以快节奏的方式传递，为听众提供工作之余的资讯或娱乐快餐，满足听众对信息和娱乐的需求；（3）对不同目标听众群的节目采用不同的播出方式，可以是连续性的，以形成听众的固定收听习惯，提高节目的听众忠诚度；也可以是以非连续性信息为主，让听众可以随时随地了解信息，节目拥有较大的广度。

（三）面对金融危机，节流很重要

世界范围内肆意蔓延的国际金融危机，对我国经济整体发展态势产生了较为深远的负面影响，也明显影响了广告行业的发展。

广播创收在连续多年高速连续增长之后，也遇到了进一步发展的瓶颈问题，即在创收渠道相对单一化、广告价格难以一提再提的情况下，广播电台的广告创收增速明显放缓。国家对医疗广告的禁令是一针静心剂，在短期内对于电台创收显然是消极影响大于积极影响。在多重不利因素之下，全国各地电台的创收出现了增速放缓甚至整体水平回落的现象。因此，在接下来的一段时期内，“节流”显得越发重要。节流，意味着降低成本减少开支，意味着提高效率，注重效益。

（撰稿：梁毓琳）

注重权威影响 提升品牌价值

——2008 年全国新闻广播频率扫描

据不完全统计，全国新闻类频率有接近 300 个。这些频率主要有两类，一类是新闻综合类频率，这部分频率大多是国内各个级别的广播电台的第一频率；另一类是类型化新闻类频率，这类频率是采取滚动播出新闻，这种滚动式的播放在一个小时的时间段内，以每 20—30 分钟为一个单元，进行新闻、天气、交通路况等信息的循环播报，并随时更新补充，使得听众无需等候，开机较短时间之内就可以获得当日当时最新的信息资讯。此类频率目前还不多见。在新闻类频率的不断变化、不断衍生的过程中，其权威性、专业性及真实性等特点也随之加强。而目前新闻类频率无论在听众心目中的知名度，还是号召力方面都是最具影响力的频率，其品牌价值深入人心。

自 2005 年开始，赛立信公司就在全国 30 多个城市进行无主调查。2008 年无主调查的城市上升至 50 个，本文在这 50 城市的无主调查结果上，结合部分地区的连续性调研结果，分析全国新闻类频率的市场表现。

一、2008 年全国新闻广播的市场表现

据赛立信媒介研究 2008 年无主调查结果显示，新闻类频率依然是全国广播市场中的主角，以接近 30%的市场份额居各类频率首位，较 2007 年上升了 1.8 个百分点。新闻类频率的市场份额连续三年都在稳定增长，说明新闻类频率的影响力在不断地提高。2008 年，雪灾、地震等突发事件的发生，客观上给新闻类频率提供了大展身手的好机会，及时、快捷、深入的报道更能深入听众之心，不但提高了收听率，还大大提高了新闻类频率的影响力。赛立信媒介研究于 2008 年 6 月 11 日进行的电话访问数据显示，在地震期间，大部分新闻类频率都是听众获取地震信息之首选。2008 年重大事件的频繁发生有效激励了新闻类频率继续提升，其主流频率地位得以巩固。

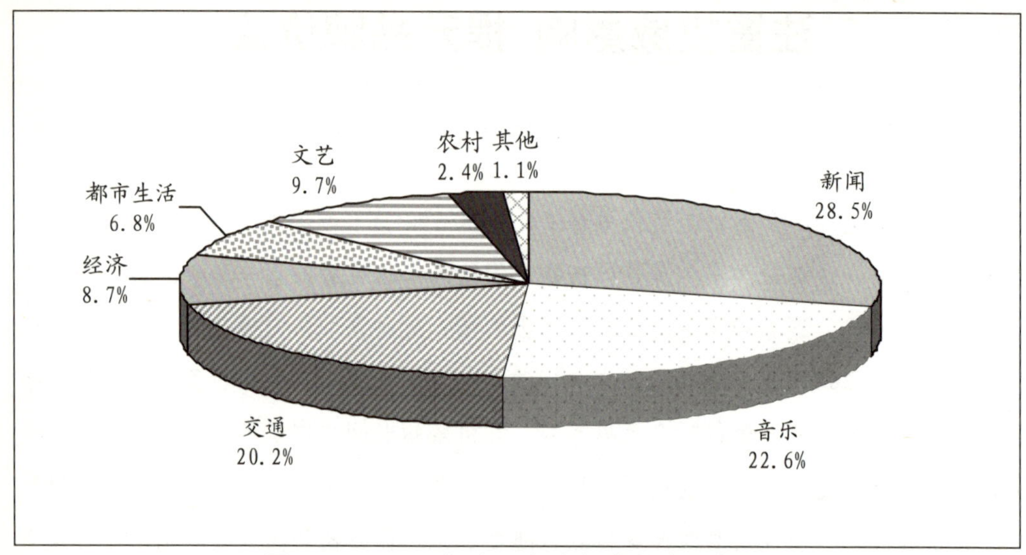

图 1.2.1 2008 年全国各类频率的市场份额

「数据来源：赛立信媒介研究（SMR），2008 年」

新闻类频率在全国大多城市依然为市场份额最高频率，但所占市场份额不尽相同。在广东广播市场中，新闻类频率的市场份额达 40%，比居第二位的音乐频率高 10 个百分点，更远高于交通等其他各类频率。河北和湖北两地的新闻类频率也占据接近 40% 的份额，在华东地区江苏、安徽、山东三个省份，新闻类频率的市场份额不到 30%，竞争力相对有限。在陕西，新闻类频率的份额更少，市场份额只是略高于 20%。

表 1.2.1 2008 年全国部分地区各类频率的市场份额比较（%）

	广东	江苏	湖北	安徽	山东	河北
新闻	40.9	28.5	36.6	24.0	29.3	37.5
音乐	30.1	23.1	20.4	25.9	14.4	14.2
交通	14.6	28.7	18.3	19.9	28.9	10.2
经济	3.9	5.7	11.9	8.5	7.1	7.8
都市生活	6.4	8.9	5.0	7.9	4.7	3.1
文艺	0.2	4.0	6.0	5.0	12.0	20.2
农村	-	-	-	8.3	1.6	1.9
其他	4.0	1.0	1.8	0.4	2.0	5.0

「数据来源：赛立信媒介研究（SMR），2008 年」

二、主要城市新闻广播的市场表现

对比北京、上海、沈阳、成都、武汉等重要城市的新闻类频率市场表现，广州地区新闻类频率的收听效果最好，上海、成都和武汉地区的新闻类频率表现也不错，而北京和沈阳的表现一般。

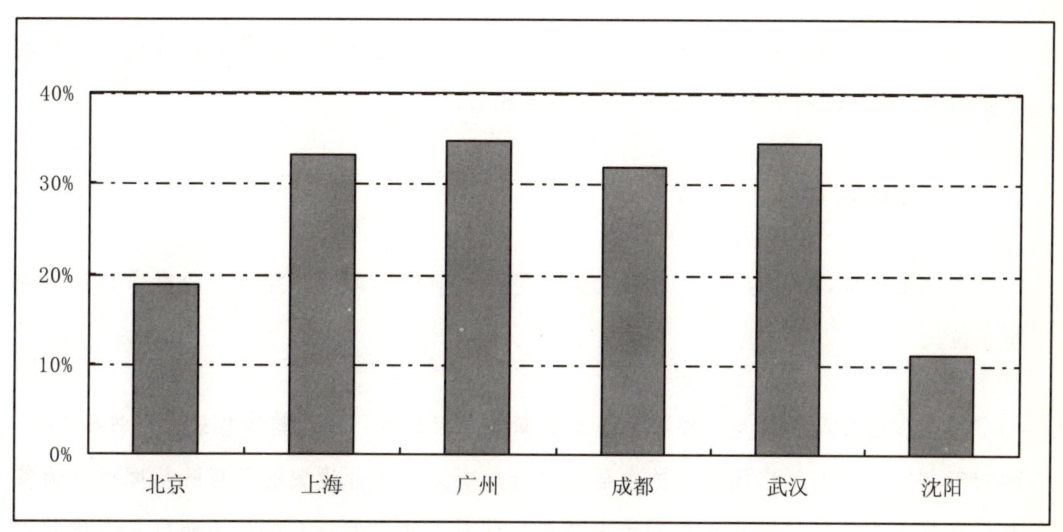

图 1.2.2 全国主要城市新闻频率的市场份额

「数据来源：赛立信媒介研究（SMR），2008 年」

1. 北京地区

在北京地区，新闻频率的市场占有率并不算高，但整体来看表现仍属不错，两个新闻类频率均在北京地区收听率前十位排行榜中榜上有名，其中北京电台新闻广播居第二位，中国之声居第七位。

北京新闻广播是一个相对综合性较强的新闻频率，除了《北京新闻》、《新闻大视野》、《资讯早 8 点》等新闻节目以外，还设有《听说电影》、《幽默集装箱》、《健康有约》等节目，满足大多数听众对新闻和娱乐的需求，在北京地区的市场占有率仅次于北京交通广播。其高收听率时段仍然集中在早上 10:00 以前的《新闻大视野》和《资讯早 8 点》，新闻资讯节目的表现较为突出。

相较于北京新闻广播，中央电台中国之声的专业化程度更高，全天超过50%是新闻节目，2008年12月改版之后的中国之声，新闻节目的比例更是高达75%，上午和下午的《央广新闻》滚动式播放各类新闻，包括重点关注、连线报道等，传递第一手的新闻信息。《新闻与报纸摘要》、《新闻纵横》都是中国之声收听效果相当不错的品牌新闻节目。

北京新闻广播的收听率比中国之声稍高，但中国之声的人均收听时长比北京新闻广播高出10%，说明中国之声的听众忠诚度比较高。

2. 沈阳地区

在沈阳地区，新闻广播的表现差强人意，只有沈阳新闻广播跻身收听率排行榜中前十位。

省台和市台两个新闻广播除了固有的新闻节目以外，还有其他音乐、评书等节目。相对而言，沈阳新闻广播锁定的主要是中老年听众，因此设置的节目除新闻外多为符合中老年听众收听习惯的文艺和健康节目。该频率锁定的听众群较为明确，凭借其在中老年听众中的影响力和本地化较强的新闻节目，沈阳新闻广播位列收听率排行榜之第五位，其中早上《沈阳新闻》、《新闻110直播室》是形成全天收听率高峰的节目。而辽宁电台新闻广播在定位和节目设置上更多的是面向全省，在沈阳地区的收听效果一般。

3. 上海地区

上海上空频率之间的竞争相当激烈，这是上海各频率专业化程度较高所致，各类频率在不同的听众群、不同的领域都有各自的优势。而新闻频率的市场表现整体上均比较好，上海人民广播电台、中央电台中国之声和东广新闻台都跻身在上海地区收听率排行榜的前十位，其中上海人民广播电台位居第二，东广新闻台居第七位。

上海人民广播电台是一个专业化新闻频率，全天以新闻专题节目为主：上午有《990早新闻》、《时事背景》、《新闻故事》等，中午有《市民与社会》、《政风行风热线》等舆论监督节目，下午个别时段播放《广播剧场》，晚间有《时事新观察》、《环球瞭望》等。总的来说，全天新闻专题节目比例达70%以上，早间的新闻节目表现最为突出，形成该频率收听率高峰。

东广新闻台是新闻类型化频率，除了早上《东广早新闻》以外，全天都是时钟式滚动播出的新闻，让听众在任何时段都可以听到最新的新闻信息。这种播出形式逐步获得听众的喜爱，人均收听时长在该地区居第三位，在新闻频率中居首位，听众忠诚度相当高。

4. 广州地区

广州地区的新闻综合类频率竞争实力较强，新闻频率的市场份额达35%。其中珠江经济台居首位，广州电台新闻资讯广播也在前五位之列，广东电台新闻台则时常跻身于前十位之列。

珠江经济台虽名为经济类频率，实则是当地方言的新闻综合频率，长期以来收听率居广州地区排行榜首，其新闻板块节目如《珠江第一线》、《秘书长热线》、《新闻速递》、《民声热线》等节目都有较高的收听率；广东电台新闻台以普通话播音，在以白话文化为主的广州，其收听效果一般，反而在粤北和粤东地区收听效果较好；广州电台新闻资讯广播拥有《新闻早班车》、《扭计小生》等品牌新闻节目，形成新闻资讯广播在早、午的收听高峰，在广州地区具有较强的影响力。

5. 武汉地区

武汉地区可以同时收听到五个主要的新闻类频率，而且这些频率的市场表现都不错，竞争非常激烈。当地收听率排名前五位的频率中有两个是新闻类频率，新闻类频率是当地市场份额最大的专业频率。

湖北电台旗下有三个新闻频率，包括湖北新闻综合广播、楚天新闻广播和楚天卫星广播。虽然除了卫星广播是调频外其他都是中波，但无碍听众对新闻频率的钟爱。2008年楚天新闻广播在武汉地区收听率排行榜中居第五位，在工薪阶层中具有很大的影响力。《新闻碰碰车》、《新闻半小时》等都是市场表现相当不错的新闻节目；湖北新闻综合广播是一个综合性的新闻频率，优势时段主要集中在早上 9:00 以前，《湖北新闻》、《时事大家谈》是收听效果较好的节目。以上两个新闻频率的听众忠诚度都相当高，人均收听时长在武汉地区众频率中分别居第一、二位。相对而言，楚天卫星广播的专业化程度不及上述两个频率，其锁定较多是中高收入的人群，新闻节目在该频率的收听效果一般。

武汉人民广播电台是武汉地区收听率最高的新闻综合频率，锁定中老年听众，除了如《早间新闻》、《新闻播报》等新闻节目以外，还设置了《枫叶红似火》、《都市田野风》、《沉浮人生》等专题节目，由于目标听众群明确，整体的收听效果不错，在武汉地区收听率排行榜中居第三位。

6. 成都地区

在成都地区，各类专业频率的竞争较为均衡，新闻频率依然是竞争力较强的频率之一。新闻类频率的竞争主要来自四川电台、成都电台的新闻频率和中国之声，这三个新闻频率在当地的收听效果不错，其中成都电台新闻广播在收听率排行榜中居首位，其余两个新闻频率也均能跻身前十位之列。

成都电台新闻广播全天以新闻板块节目贯穿，早上有《成广早新闻》、《成广新闻 纵览天下》，中午有舆论监督节目《成都面对面 政风行风热线》和《新闻今日谈》，下午则是财经类节目，全天的资讯性比较强，在成都地区中较受听众欢迎。其中早间 8:00 以前是全天收听率最高的时段。四川电台新闻频率与其他省级电台的新闻频率一样，面向全省，对于成都听众来说缺少一些贴近性，在成都地区的影响力较成都电台新闻广播略低，早间的《天府早新闻》收听效果不错。

综合来说，上述六大城市的新闻频率各具特色，从收听市场的反映来看，新闻频率表现较为出色的都是新闻节目，这也说明新闻频率在打造新闻品牌节目方面是比较成功的。

三、各类新闻节目的市场表现

1. 新闻类频率在上午最具影响力

全国新闻类频率的收听高峰时段主要集中在上午及中午时段，傍晚时刻也有小高峰突起。而对比南北地区，收听走势不尽相同。在北方，新闻类频率收听率曲线是呈现早高晚低的走势，优势时段集中在早上8:00以前，这个时间段的收听率和听众占有率都明显高于其他时段，下午和晚上的收听率都相当低。在南方，新闻类频率的收听曲线虽然也有早高晚低的趋势，但中午12:00是最高峰的优势时段，其次才是早上8:00以前。

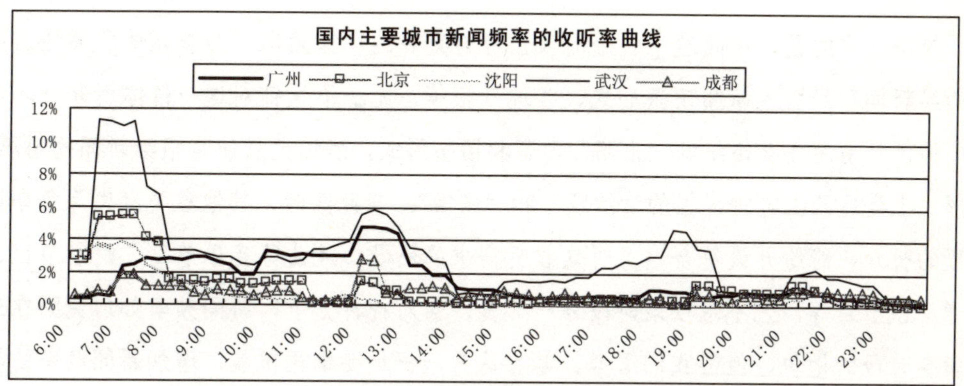

图1.2.3 国内主要城市新闻频率的收听率曲线

「数据来源：赛立信媒介研究（SMR），2008年」

2. 新闻播报最受欢迎

在大部分新闻频率节目的设置中，逢正点或者半点安排的5分钟新闻播报都是贯穿全天，成为一个骨干框架，突出新闻频率的特色。从听众收听需求上看，听众收听新闻类频率的主要目的是获取新闻信息，诸如正点/半点新闻等新闻播报节目相当受听众喜爱。调查数据显示，超过50%的听众都会收听正点新闻。据赛立信的无主调查数据显示，在沈阳，沈阳电台新闻台的《整点播报》的到达率为5.6%，是该频率到达率最高的节目；在广州，珠江经济台的《正点快报》的到达率接近20%，也是该频率到达率最高的节目之一。可见，这种新闻信息播报正符合目前惯于快餐式的人群收听。上海东广新闻台尝试新闻滚动播出以后，听众更容易获取新闻信息，已经逐渐受到听众的青睐。近期在华东地区进行的听众收听习惯调查数据显示，近50%的听众认为这种播报形式有利于他们收听新闻节目。

早间不仅仅是广播的黄金时段，更是新闻频率听众资源利用最为充分的时间段，如中央电台的《新闻与报纸摘要》、北京电台的《新闻大视野》、广东电台的《广东广播新闻》、天津电台的《天津新闻》等新闻节目都是形成新闻频率收听高峰的节目，也是新闻频率排名数一数二的节目。这些节目之所以有这样的收听效果，主要是节目较符合该时段听众的收听习惯。

值得注意的是，早间这个黄金时段已经为更多的广播频率，乃至媒体所关注。电视的早新闻已经引入新闻读报形式、各地日报等，无一不是针对这一群体所开设，如果广播仍然套用之前传统的“报摘”内容和播报形式，恐怕也只能是报纸新闻的附属，在形式上还比不上电视读报的“活跃”和“调侃”。与此同时，其他各类频率为争夺该时段的听众，纷纷开设符合这类听众收听需求的民歌、戏曲等音乐节目、财经节目、交通资讯节目等，无不想在该时段分一杯羹。面对种种竞争，新闻频率如何稳固在这一黄金时段的地位，值得我们思考。笔者认为，一是要重视覆盖，增加新闻频率的覆盖人口；二是要扬长避短，充分展现广播新闻的快捷、迅速的特点，以直播新闻和独家、现场报道吸引听众；三是强化新闻频率的专业化和本地化优势，重点关注本地区、本社区的新闻报道，特别是与居民生活息息相关的民生新闻，以期更好地满足听众需要。

3. 民声热线节目处于成熟期

民声热线节目可谓是新闻类节目成功创新的典范。随着1997年河北电台的《阳光热线》开播，民声热线类节目如雨后春笋般在全国遍地开花，如陕西电台的《秦风热线》、山东电台的《关注质量》、广东电台的《民声热线》，收听率都不错，其中珠江经济台的《民声热线》为广州地区2008年收听率最高的节目。

调查数据显示，有30%的听众喜欢参与一些时事新闻评论以及各种社会现象评论的节目；民声热线是广播媒体为政府与群众之间开辟了一个沟通渠道，随着听众参政议政意识的增强，这类节目越来越受到听众的欢迎，广播的社会服务功能也得以充分体现。

值得注意的是，目前这类节目还存在以下问题：(1)对于听众来说，节目的新鲜度已过，听众对一成不变的节目会有一种疲态，要保持听众对节目的新鲜感和忠诚度，需要有所创新；(2)对听众提出之问题的解决与落实程度，也很大影响着听众对该节目的忠诚度；(3)近期互联网上也开设了政府与网民的在线沟通，面对竞争，广播应如何应对？

四、关于新闻广播的思考

1. 新闻广播需要更多的从“快”字做文章

2008年年初南方雪灾、“512汶川地震”等，广播都能够以先于其他媒体的报道灾区第一线的新闻，特别是汶川地震，中国之声当时快捷、详实的报道，不但给很多听众留下深刻的印象，还让很多人又开始关注广播，广播媒体特别是新闻广播的影响力骤然提升。上海、南京等地类型化新闻频率的操作，更是以最大的新闻量、最快的新闻吸引众多的忠实听众，无不是在“快”字上做文章。

2. 新闻广播需要注中品牌宣传与包装

相较于其他各类频率，新闻广播举办的活动一般较少，在频率包装与宣传上仍有不足。

3. 新闻广播应注重本地化和贴近民生

行风热线等不少民生节目内容多与群众生活息息相关，符合听众的收听需求，而对于新闻广播来说，本地化、贴近民生是其能否为听众接受和欢迎的重要因素。

4. 专题广告节目对新闻频率的收听率负面影响大

新闻广播一般覆盖面较广，是很多电台的创收大户，其中穿插了不少医疗保健类的专题广告节目。由于目前这类节目的制作水平普遍不高，收听率一般较低，甚至令不少听众流失。因此应要适当控制这类节目的时量，同时还要在节目制作方面下功夫，强化在传播健康知识的过程中达到广告效果，从而达到在收听市场和广告市场上“双赢”之目标。

（撰稿：梁毓琳）

着力打造品牌　提高影响力

——2008 年全国音乐频率市场表现分析

音乐广播是最早发展起来的专业化频率类型之一。2002 年 12 月 2 日，中央人民广播电台推出全新的类型化广播“MUSIC RADIO 音乐之声”，标志着我国音乐广播在专业化方向上又向前迈了一大步。全国各地广播电台大都设有音乐频率，目前大致可分为三类：一是立足于某类音乐的音乐广播，如流行音乐、经典怀旧音乐等，这种多为类型化频率，如上海东方广播音乐台旗下的“经典 947”、中央电台的 MUSIC RADIO 等；二是包容多种音乐成分的音乐广播，这类音乐频率根据不同时段的听众群不同，以流行音乐为主的同时兼顾其他音乐内容，以满足各阶层听众对各类音乐的需求，目前大部分音乐频率都属于这一类；三是复合型音乐广播，这类音乐频率最普遍的是交通音乐台，在全天的节目中交通节目与音乐节目交错播出，比例较为均衡。

一、音乐广播是广播市场的强势频率

赛立信全国无主调查数据显示，2008 年音乐类频率在全国广播市场中所占的市场份额约达 22.6%，与新闻、交通齐为广播市场最强势的三大频率类型。虽然去年发生不少突发事件，但全年来看音乐类频率在全国的市场份额并未受到太大影响，其市场份额基本与 2007 年持平。音乐频率能够唱“主角”，主要　于以下几点。一是符合听众的收听需求，大部分听众收听广播的目的在于“娱乐享受”；二是活动造势，音乐频率是活动举办最多的频率，户外直播室、音乐欣赏会、频率台庆活动等各类互动活动都有效提高了在听众中的知名度和忠诚度，增强了影响力；三是包装到位，音乐频率的专业化进程走得较快，注重频率宣传和节目包装，频率呼号都更易于令听众记起，大大提高了听众对频率的回忆率。

二、各地音乐频率市场表现有差异

从2008年全国无主调查结果来看，各地的音乐广播在当地市场的表现有较大差异，相对而言，经济发达地区的音乐频率表现比经济欠发达地区的更好：

北京：受当地浓郁文化背景的影响，文艺频率与音乐频率共存，无形中分流了一部分音乐频率的听众，该地区的音乐频率表现一般，整体市场份额不到20%，低于全国平均水平。中央电台音乐之声和北京电台音乐广播在当地收听率排行榜中只分列第四、第五位。上述两个频率形成差异化竞争，中央电台音乐之声是类型化频率，而北京电台音乐广播则是将音乐分门别类，在不同时段设置不同种类的音乐娱乐节目。在差异化竞争之下，两个音乐频率的收听表现不相上下。

沈阳：当地只有辽宁电台音乐广播与中央电台音乐之声两个音乐频率，中央电台音乐之声表现不错，在当地收听率排行榜中列第五位，而辽宁电台音乐广播则居第十位。

广州：主要是综合性音乐频率和复合型音乐频率，存在同质化竞争的状况。不过，省、市台两个音乐频率均有不错的市场表现，在广州地区收听率排行榜中，广东电台音乐之声居第三位，广州电台金曲广播也列第五位。合计市场份额超过20%，在全国平均水平之上。在节目设置方面，这两个频率不仅能让听众在休闲中获取娱乐资讯，而且在不同的时段设置符合不同听众群收听习惯的音乐节目或者娱乐节目，既扩大了频率的听众规模，也大大提升了听众忠诚度。

上海、南京：这两个城市可以说是音乐类频率最为强势的地区。一方面，类型化广播引领了音乐广播市场，除了中央电台音乐之声外，在上海有"经典947"、"魅力103"和"动感101"，南京有江苏电台"经典流行音乐台"和南京电台热力调频；另一方面，综合型音乐频率也不甘示弱，如江苏电台音乐广播和南京电台音乐频率。就市场表现来看，两个城市的音乐类频率实力强劲，上海地区音乐广播的市场占有率超过40%，"动感101"和"魅力103"位列收听率排行榜三甲之位，南京地区音乐频率的市场份额超过30%，江苏电台音乐广播和南京电台音乐频率均居前三位。

武汉：武汉地区音乐频率的市场份额基本与全国平均水平持平，约占22%。湖北总台楚天音乐广播的市场份额在武汉地区名列前茅，颇受听众欢迎；湖北总台文艺广播转型为类型化广播，摇身变为"湖北音乐台"，收听率也逐步提高；相比之下，武汉电台音乐频率的表现则差强人意。

成都：音乐频率的整体表现一般，整体市场份额不及20%。不过，四川电台岷江音乐台由专业公司运营，市场表现不错，在收听率排行榜中居第三位，但显得孤立无援，导致整体上音乐广播市场失势。总的来说，音乐广播在华东地区和华南地区发展态势更好，较其他地区更胜一筹。

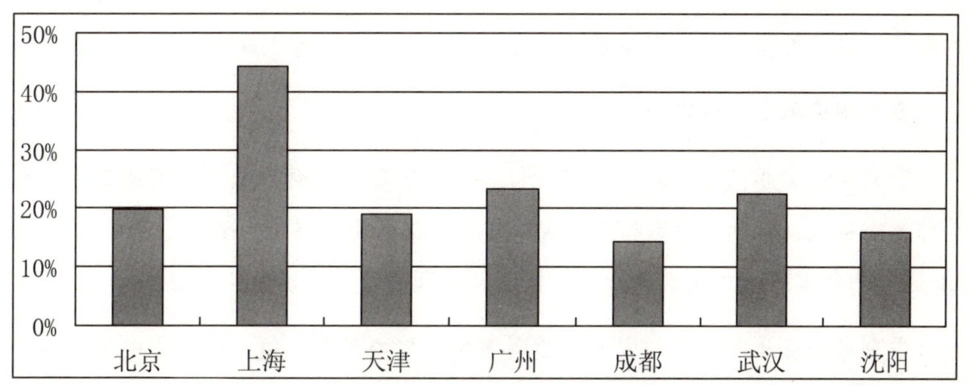

图1.3.1 全国主要城市音乐类频率的市场占有率比较

「数据来源：赛立信媒介研究（SMR），2008年」

除了整体水平以外，从音乐频率的收听率曲线也可以看到南北两地听众收听习惯的差异。音乐频率在南方地区白天时段的市场表现好于夜晚，北方地区则正好相反。但是在竞争力方面，音乐频率的占有率曲线在南北两地具有一致性，即在晚间时段竞争力显得更强。

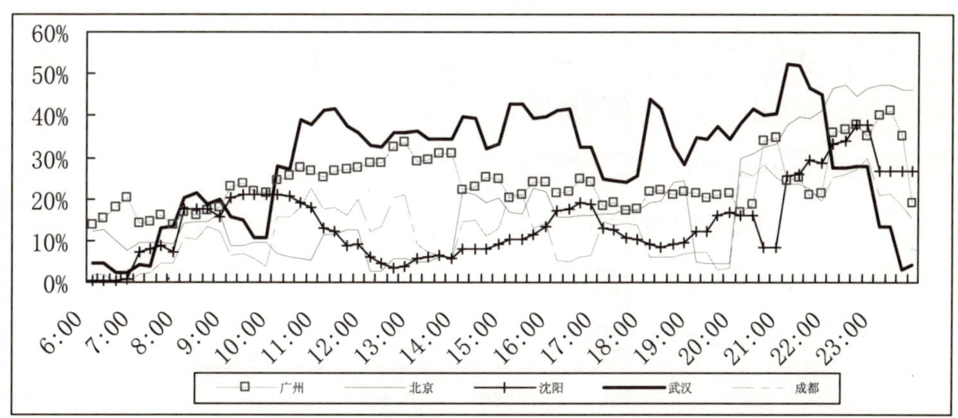

图1.3.2 全国主要城市音乐频率的听众占有率曲线

「数据来源：赛立信媒介研究（SMR），2008年」

三、类型化音乐广播在国内的市场表现

类型化音乐广播的出现标志着中国广播在专业化发展中又迈出了一大步。2002 年 12 月 2 日中央电台音乐之声率先引入类型化广播模式，随后诞生了东广音乐旗下的“经典 947”、江苏电台的“经典流行音乐”、南京电台的“热力调频”、湖北音乐台等。总的看来，这些类型化音乐广播表现较为出色，在收听市场上成为一道亮丽的风景。

◆ 中央电台音乐之声

中央电台音乐之声全天以播放流行音乐为主题，所有板块节目的同质性极强，全部都是播放流行音乐，音乐和主持人语言有严格的比例限制，全天不停地播放“MUSIC RADIO”的频率呼号，频率的知名度极高，是国内第一个类型化广播。

中央电台音乐之声在全国城市收听率排行榜中居第二位，仅次于中国之声；在北京地区收听率排行榜中居第五位，与北京音乐广播不相上下。人均周收听时长超过 300 分钟，在北京地区居第二位，仅次于北京电台外语广播。音乐之声的听众主要是年龄在 30 岁以下的中高收入群体，这部分听众可以说是因喜好流行音乐而收听音乐之声。

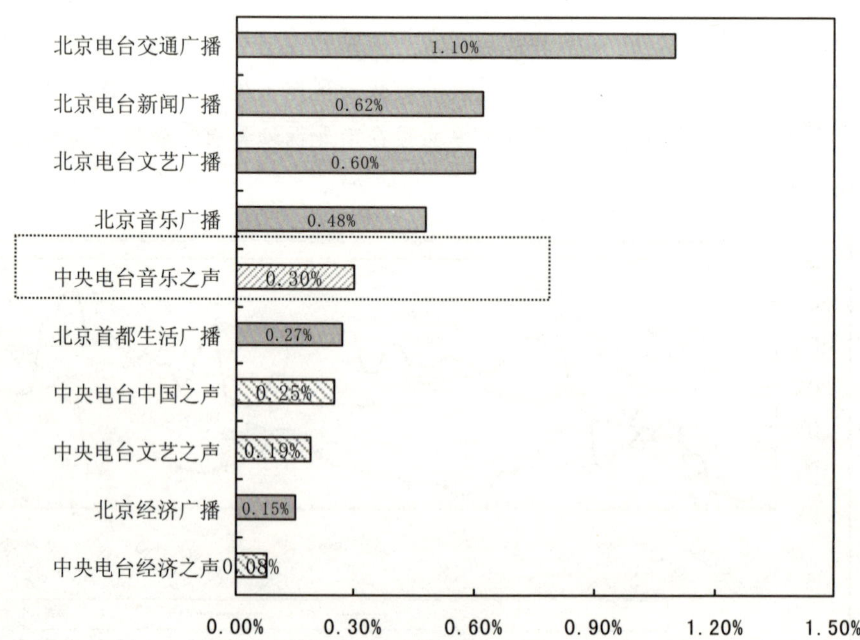

图 1.3.3 北京地区主要频率的平均收听率

「数据来源：赛立信媒介研究（SMR），2008 年」

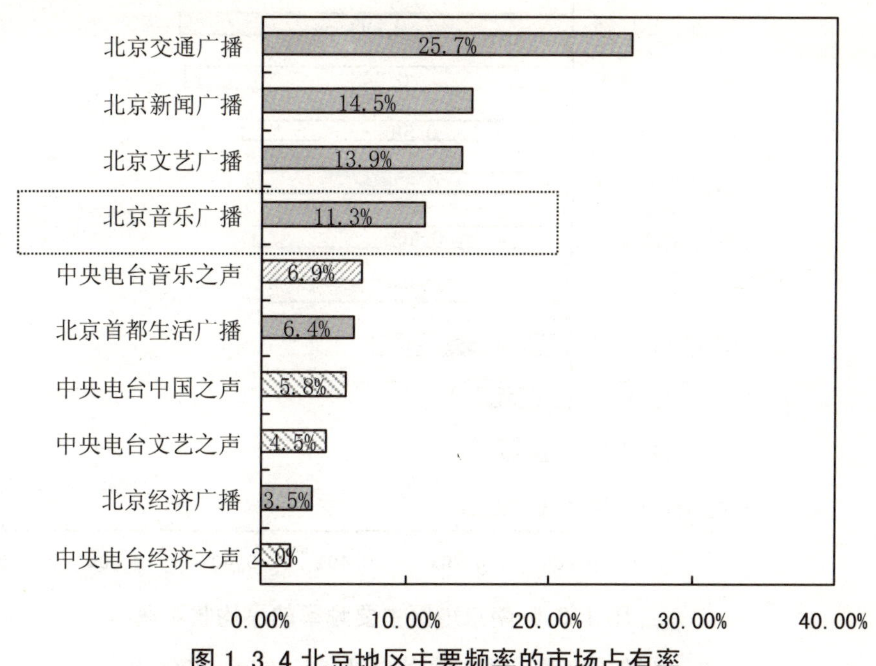

图 1.3.4 北京地区主要频率的市场占有率

「数据来源：赛立信媒介研究（SMR），2008 年」

◆ **江苏经典流行音乐**

江苏经典流行音乐频率的节目，音乐素材以中外经典怀旧歌曲为主，歌曲年代跨越 1980-2002 年。频率引进美国 RCS 电脑音乐编排播出系统，是一家完全按照国际化类型台操作模式经营的经典音乐电台，江苏省第一家成人抒情风格的类型音乐电台。

南京地区拥有五个音乐频率，在如此多音乐频率的竞争压力之下，江苏经典流行音乐依然能够在南京地区收听率排行榜中居第七位，是南京地区听众较多的频率之一。全天的收听曲线比较平缓，收听率起伏变化不大，体现了分散收听的特征。积聚的听众主要是年龄在 25-39 岁之间，收入在 2500 元以上，他们都是比较喜欢经典流行音乐的一群听众。

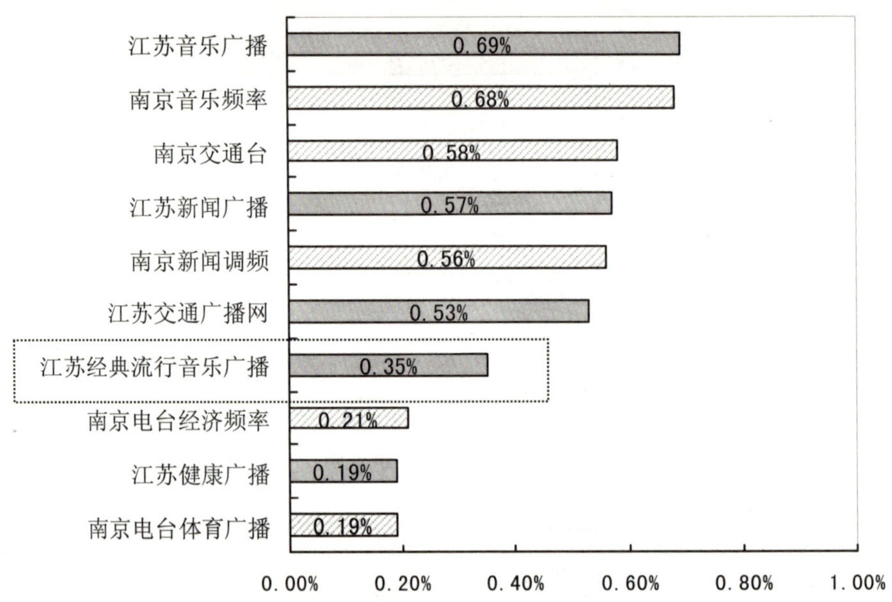

图 1.3.5 南京地区主要频率的平均收听率

「数据来源：赛立信媒介研究（SMR），2008 年」

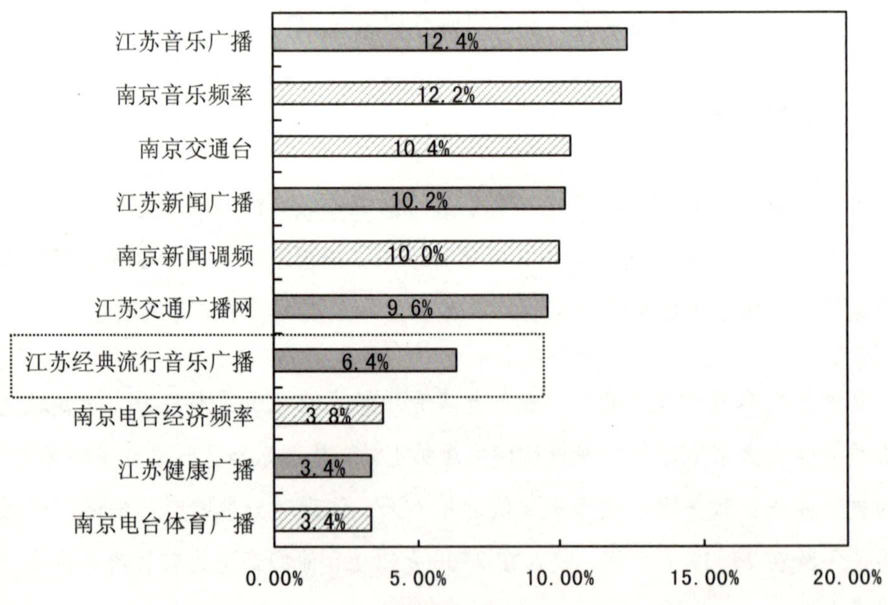

图 1.3.6 南京地区主要频率的市场占有率

「数据来源：赛立信媒介研究（SMR），2008 年」

◆ **湖北电台音乐频道（FUN MUSIC）**

湖北电台音乐频道是湖北第一家采用 FORMAT RADIO 标准化、格式化运营的电台，从早上7:00至晚上7:00，连续12小时无专题节目的“绿色电台”，纯粹音乐享受，口号是“音乐放不停”、“音乐不归零”。近年来，该频率瞄准汽车听众群体，着力打造“有车一族的随身听”。

武汉地区可以接收的广播频率超过20个，竞争非常激烈，湖北电台音乐台以超过5.0%的市场份额，居武汉地区收听率排行榜前十位；周收听时长接近300分钟，在武汉地区居第三位，仅次于总台新闻综合广播和总台楚天新闻广播。

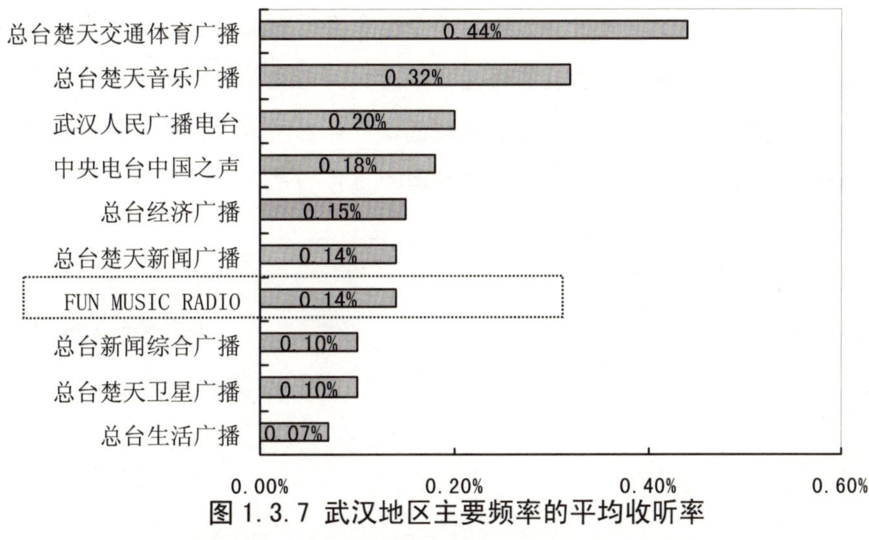

图 1.3.7 武汉地区主要频率的平均收听率

「数据来源：赛立信媒介研究（SMR），2008年」

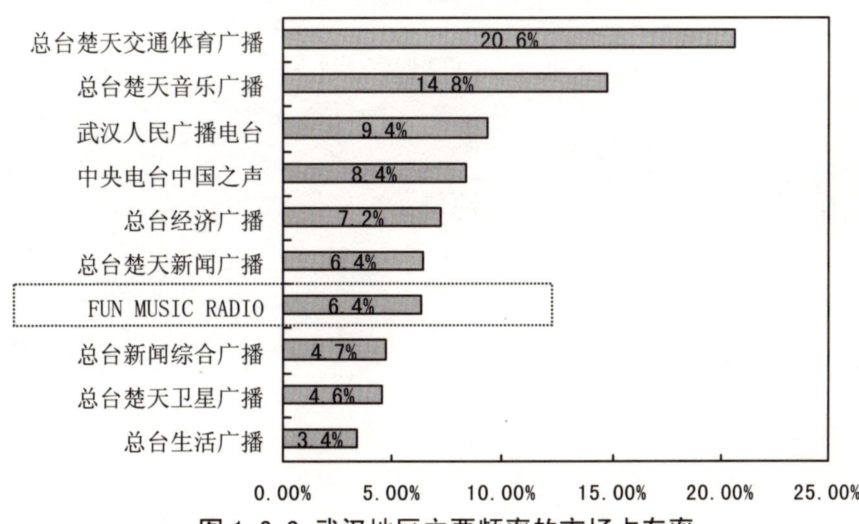

图 1.3.8 武汉地区主要频率的市场占有率

「数据来源：赛立信媒介研究（SMR），2008年」

目前我国的类型化频率仍然处于初级发展阶段，还存在不少的问题：（1）节目资源缺乏，类型化广播是单频播出同一类音乐，需要有大量的优质节目资源作为后盾，目前国内节目主要是“自产自销”，缺少节目制作商及电台之间的节目交易，因此节目资源方面还有待提高；（2）频率资源短缺，在美国就乡村音乐就有二千多家，其他音乐频率更是数不胜数，但国内的频率资源却极为有限，这对类型化广播的发展将是很大的制约；（3）经营体制局限。国外大部分电台属于商业电台，纯市场化经营，而国内广播媒体的管理体制和经营机制则完全不同；（4）经营成本较高，效益较低。类型化广播要求运营模式标准化，因而成本较低，但目前国内的类型化频率还是与其他专业化频率无异的高成本运作，而广告经营模式也较为单一，因此整体经营效益大多都低于交通、新闻类的专业频率。

（撰稿：梁毓琳、赵景仁）

经济广播，敢问路在何方？

——2008年全国经济频率市场表现分析

在“珠江模式”的启动下，全国不少地方的电台纷纷开办了经济频率，为听众提供经济信息、经济咨询等服务。经济类频率作为一种重要的专业化频率，已经成为国内广播市场的主力，其富有特色的经济类型节目有针对性地吸引着关注经济、关心股市的特定听众群体。特别是2007年股票市场火热，经济广播的市场表现再度引起人们的关注。但是，随着中国股市泡沫的破灭以及国际金融危机的爆发，2008年经济类频率的收听情况受到了一定的影响。经济类频率如何在金融风暴中摆脱困境，将是2009年面临的重大问题。

一、经济广播2008年整体市场表现

2008年是不同寻常的一年，由年前的雪灾到年末的金融风暴，无论喜与悲都牵动着国人的心，而迅速传播信息的媒体也引起了前所未有的重视。广播在机遇和危机中继续前进。目前国内众多专业化广播频率中，音乐、交通、新闻、经济、文艺频率仍然是市场份额最大的五大广播频率。

(一)经济广播占据全国整体广播市场接近10%的市场份额

据赛立信媒介研究公司2008年全国无主调研数据显示，新闻、音乐、交通类频率依然是2008年广播市场的三强,经济类频率在我国整体广播市场上约占8.7%的市场份额，略低于文艺类频率。

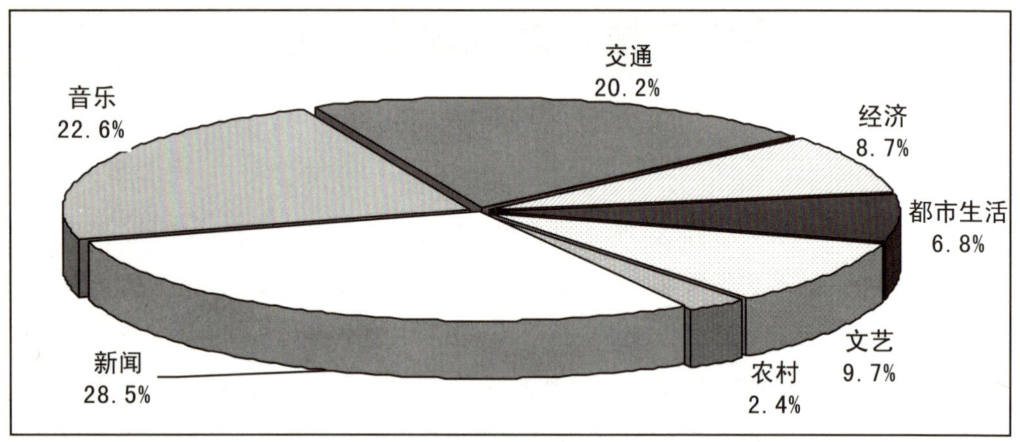

图 1.4.1 各类型频率在全国整体广播市场中的市场份额

「数据来源：赛立信媒介研究（SMR），2008 年」

从经济广播全天的收听率曲线来看，经济广播收听率高峰依然是早、中、晚三个时段。早上 7:00 左右的收听率最高，中午 12:00 和晚上 22:00 也比较高。但是，经济广播全天的听众占有率曲线较为平缓，没有特别突出的时段，全天的收听情况都较为均衡。

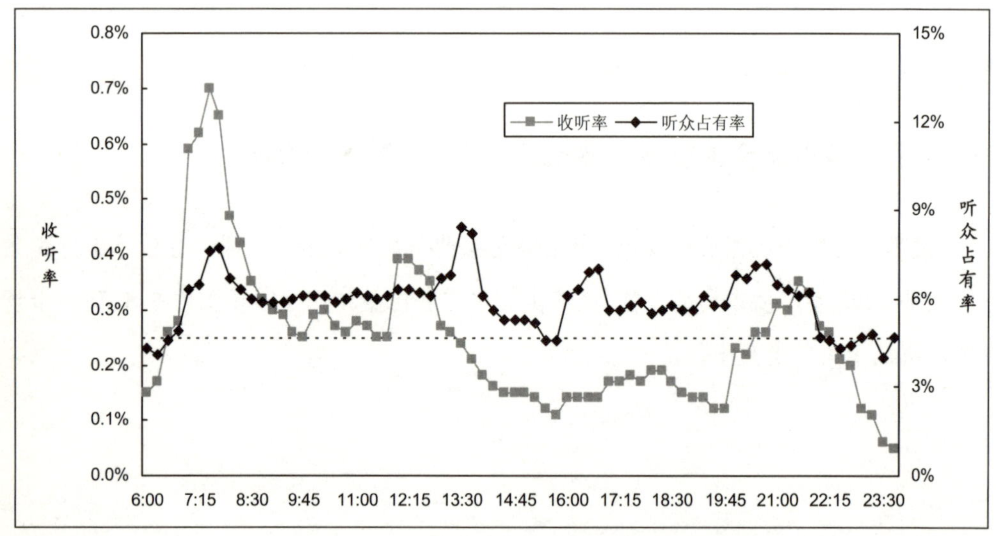

图 1.4.2 经济广播全天的收听率和听众占有率

「数据来源：赛立信媒介研究（SMR），2008 年」

（二）经济广播在各区域的市场表现

1. 四个直辖市经济广播的市场表现

调查结果显示，各直辖市电台的经济类频率在当地较中央电台经济之声更为强势，其中，上海、天津和重庆电台经济广播均有超过6.0%的市场份额。

原北京电台经济广播已于2005年3月份更改为北京电台城市服务管理广播，定位为城市服务生活类频率。因而北京地区实际上仅存中央电台经济之声一个经济类频率，但由于北京地区的新闻、交通和音乐类频率表现非常强势，经济类频率所能抢占到的市场份额有限。

表1.4.1 经济广播在四大直辖市的市场份额（%）

	北京	上海	天津	重庆
中央电台	1.7	2.9	0.5	0.6
市级电台	—[①]	6.0	6.6	7.7

「数据来源：赛立信媒介研究（SMR），2008年」

2. 东部沿海地区经济广播的市场表现

东部沿海地区经济相对比较发达，总体而言，省级电台的经济频率表现不错，市场占有率一般都在5.0%以上，而中央电台经济之声和当地市级电台在各地的影响力则相对较弱。

表1.4.2 经济广播在东部沿海地区的市场份额（%）

	石家庄	沈阳	福州	杭州	南京	济南	广州
市级电台	4.5	5.4	—	9.8	3.8	4.1	—
省级电台	10.0	7.7	5.2	6.6	1.1	3.8	30.0
中央电台	3.0	1.2	3.4	3.1	0.1	0.1	0.4

「数据来源：赛立信媒介研究（SMR），2008年」

---

① “-”表示没专门设有经济类频率，市场份额缺失，下同；

3. 中西部地区经济广播的市场表现

在中部地区，经济广播的市场表现不甚理想，市场份额一般都在5.0%左右甚至以下。在长春、长沙、合肥，省级和市级的经济广播表现都较为一般，市场占有率在5.0%以下，唯湖北电台经济频道、郑州电台经济广播在当地的影响力较高，后者在当地收听率排行榜居前三甲之列。

表1.4.3 经济广播在中部地区的市场份额（%）

	呼和浩特	长春	合肥	南昌	郑州	武汉	长沙
市级电台	—	2.6	—	4.1	16.0	0.9	2.8
省级电台	11.0	3.1	4.5	5.5	1.0	8.5	5.4
中央电台	0.5	0.6	0.7	5.5	5.6	1.5	—

「数据来源：赛立信媒介研究（SMR），2008年」

4. 西部地区经济广播的市场表现

在西部地区，成都电台经济广播在当地表现相对较强，占有12.2%的市场份额，而其他则表现差强人意。

表1.4.4 经济广播在西部地区的市场份额（%）

	贵阳	西安	兰州	成都
市级电台	—	—	—	12.2
省级电台	4.0	5.4	2.3	2.0
中央电台	—	0.2	7.3	—

「数据来源：赛立信媒介研究（SMR），2008年」

（三）经济广播的特点

各地区的经济广播具有以下特点：

1. 东部沿海地区的经济广播发展相对较为成熟

东部沿海地区经济发达，为经济广播提供了一个良好的发展空间，主要体现为以下几点——

经济广播开播比较早且发展相对较为成熟。几乎所有的省会城市，都存在中央、省级和市级电台的经济广播同台竞争。

专业化程度较高。上海、广州都分别有专业的投资理财广播——上海第一财经和财经 927；在福州电台和福建电台经济频率全天不同时段都设有投资理财咨询节目，甚至还有类似《一路向前》的互动节目；其他电台的经济频率也以投资理财、服务节目为主体。

由于经济环境相对较好，经济频率的创收都不错。据不完全统计，2008 年沿海地区大部分省台经济广播的广告收入都在2000万元以上，且工商广告的比例也相对较大。

经济广播的收听率多处于中等水平，虽然与新闻、音乐、交通等主频率有一些差距，但是通常听众忠诚度较高，例如上海第一财经的人均收听时长在当地居第二位；财经 927 的人均收听时长居前三位。

2. 经济广播的定位越来越清晰

经济广播定位于“经济”或“财经”，但实际上不少经济广播却相当于一个小综合广播，特色不突出。很多经济广播只是从原来传统的综合频率中脱胎出新的模式、小综合频率模式，没有开创出新的财经或经济频率的崭新模式。赛立信开展的有关投资理财理念调查显示，随着人们投资理财观念进一步加强，超过 70%的人都认为投资理财在他们的生活中相当重要。其中超过 30%视广播作为他们了解投资理财信息的主要渠道。这为经济广播提供了良好的听众收听需求基础。有鉴于此，大多数经济广播已逐步摆脱“小综合”模式，更加注重频率或节目的专业化定位，分别向“财经专业化”和“服务专业化”两个方向发展。

一类是以“财经”专业化为定位的经济广播。这类经济频率重视频率的整体专业化程度和水平，以中央电台经济之声、上海第一财经、广东电台财经 927 为典型代表。2003 年改版后的中央电台经济之声，作为唯一覆盖全国的一流专业财经广播，无论是常态节目还是假日节目，都紧扣经济主题。每天滚动播出的《财经快报》是该频率的主干内容，其收听率在全国收听率排行榜中居第三位，仅次于中央电台中国之声和中央电台音乐之声；上海第一财经广播是国内表现较为突出、专业化程度较高的投资专业电台，在不同的时段都设有较受听众欢迎的节目，如《第一市场》、《个股天天点播》、《股市午间道》、《股市大家谈》等，虽然在上海地区的市场占有率不算高，但人均收听时长达200分钟，在当地居第二位.可见当地听众对该频率的忠诚度相当高。广东电台财经927前身是珠江股市台，全天涵盖大量的股市节目，如《股市第一线》、《今日股评》、《今日理财杂志》、《基金在线》等，以其权威、快捷、参与性强等特点深受当地投资者的欢迎，收听率连续两年在广州地区收听率排行榜中居前五位。

另一类是以服务专业化定位的经济广播。这类频率以经济、生活、服务等内容为主，更多的为听众提供经济相关的生活资讯、消费咨询等服务节目。目前国内大部分经济广播都采用这种定位，突出频率的服务性，重点培育有关“衣食住行”的生活资讯和消费咨询监督方面的节目。如重庆电台经济频率的《经广好吃狗》、浙江电台财富广播的《无线监督哨》、辽宁经济频道的《家有好房》等。大多频率的节目编排为：早上是综合新闻类节目、消费维权类节目；中午是生活资讯、股评类节目，节目的类型各异；晚上则多是轻松娱乐的文艺节目或者倾谈节目。虽然全天节目类型繁多，但生活资讯、突出“经济”为主题的财经节目比重不断加大，突出了频率的资讯量与服务性。

3. 经济广播的听众多为“三高”人群

“窄播”催生频率专业化，也可以理解为节目定位和内容变“窄”，同时也可能意味着目标听众更“窄”， 从而导致听众规模减少。但是，由于定位清晰，锁定目标听众群，形成差异化竞争，则可以提升频率的竞争力。无论是以“财经专业化”还是以“服务专业化”为定位的经济广播，多锁定“三高”听众群。调查结果显示，目前收听经济类频率的听众多数为25—49岁的中青年听众，他们的文化程度多在高中及以上学历，大多是工薪阶层，月收入多在2000元以上。可见，经济广播核心听众群的“含金量”较高。

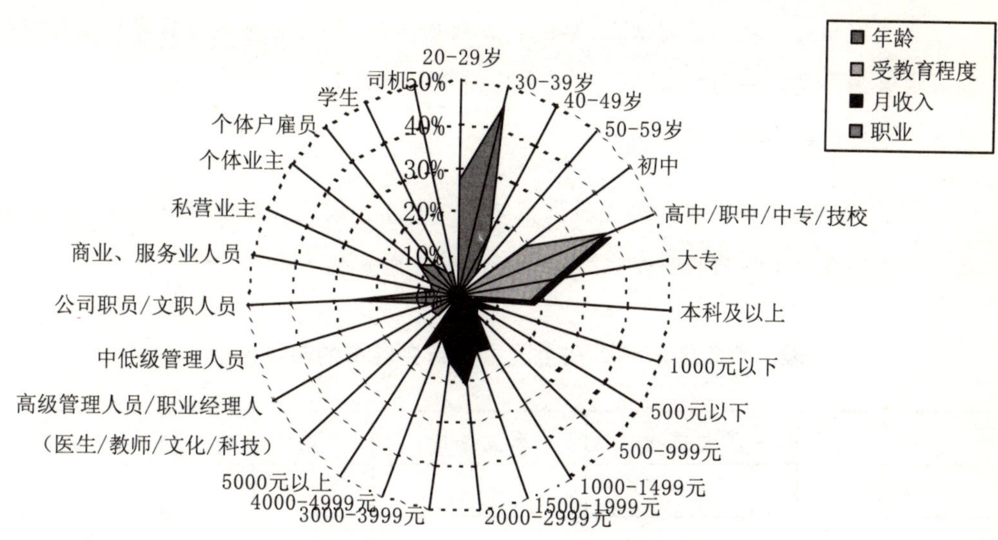

图 1.4.3 经济类频率的听众构成特征

「数据来源：赛立信媒介研究（SMR），2008 年」

二、金融危机对经济频率的影响

在国内经济大热时期，2007 年经济广播也呈现出一片繁荣兴旺景象。但国内股市泡沫破灭，国际金融危机的爆发，一定程度造成 2008 年经济类频率的收听情况出现全面下降，市场份额较 2007 年下降约 20%。

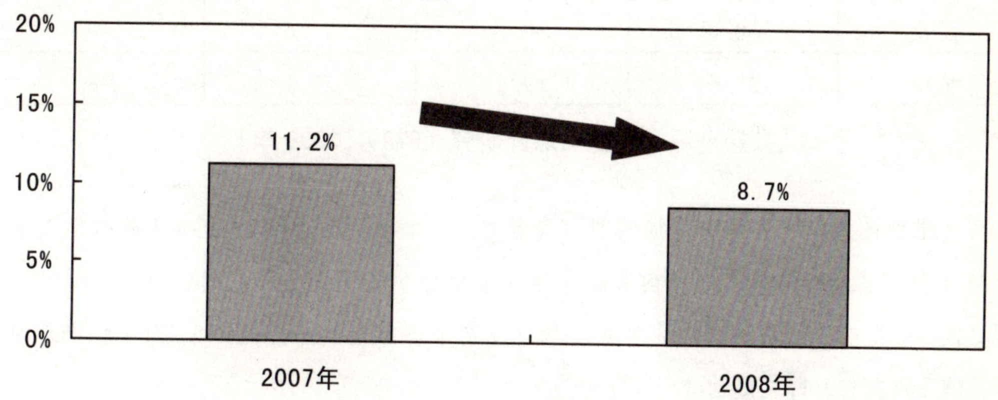

图 1.4.4 经济类频率在 2008 年的市场份额及比较

「数据来源：赛立信媒介研究（SMR），2008 年」

据赛立信媒介研究公司2008年的调查数据显示，全球金融风暴后经济类频率的市场表现普遍下滑，特别在天津、重庆和广州等经济较为发达，经济类频率较受欢迎的地区，市场份额下降则更为明显。

随着股市的全面崩盘，股民投资情绪大受打击，收听经济类频率的热情也大幅消退，各类财经类节目的收听率也随着股市的暴跌而直线下降。

表1.4.5 经济频率在全国主要省会城市的市场份额（%）

	第二季度	第三季度	第四季度	趋势
天津	7.5	9.4	6.1	↓
重庆	8.4	7.9	7.1	↓
广州	28	28.9	26.3	↓
西安	7.8	8.8	8.1	↓
郑州	21.2	21.8	17.5	↓
济南	10.6	—	9.6	↓
长沙	5.6	8.6	7.3	↓
南昌	14.1	13.3	12.2	↓
南宁	3.1	3.0	2.4	↓
北京	5.5	5.5	—	→
武汉	10.0	10.1	10.6	→
杭州	20.3	19.9	21.1	→

「数据来源：赛立信媒介研究（SMR），2008年」

天津地区天津电台经济广播的股市类节目——《今日证券》，上半年收听率基本保持在3%以上，金融风暴爆发前最高峰值甚至超过5%，而到了年底时收听率则徘徊于1%之间。郑州电台经济类频率在金融风暴爆发前市场份额最高接近20%，而年底市场份额只有10%左右，降幅超过1/3。

经济类频率的其他节目也受到波及，楼市和车市的不景气导致楼市车市节目的收听率下降。不过，经济新闻类节目仍能保持一定的收听水平，下降幅度不明显。美食餐饮、旅游、职场类节目，收听率却有上升之势。

三、求变求新——经济广播发展思考

经济类频率主打的经济类节目知识性、专业性较强，受目前金融危机的影响较大，节目的专业局限性就表现得更为明显。因此，如何平衡经济类节目的专业性与听众接受的通俗化、最大程度的扩展听众群体一直是经济类频率要探讨的发展路向。在目前情况下，求变求新已成为经济类频率的最佳出路。

（一）扩展经济概念，节目多元化

在目前金融风暴仍在肆虐，全球经济持续衰退的背景下，股民、基民、炒家的投资信心难以在短时期内恢复，经济类频率的听众群流失相当大。据赛立信媒介研究公司2008年末在厦门地区的调研结果显示，受金融风暴的影响，听众收听广播的习惯和需求有所变化，只有低于30%的听众还有了解经济财经信息的欲望，且对于经济财经类节目的关注度比金融风暴前已有明显下降。相比之下，有超过三成的听众喜欢收听生活资讯类信息，而对于就业、物价水平和期货行情等的信息听众也表现出极大的兴趣。根据这一收听需求倾向，目前已经有部分经济类频率尝试用“扩展外延”的方法来提高收听效果。在节目设置上尽量扩大“经济”这一概念的外延，例如增加海外投资移民，黄金、期货行情、收藏、邮市等节目内容，或者以大板块非经济类专题节目为主，穿插一些经济类新闻资讯，适当播出生活资讯类节目、旅游节目、美食餐饮节目和职场趣事、创业就业资讯等节目内容。

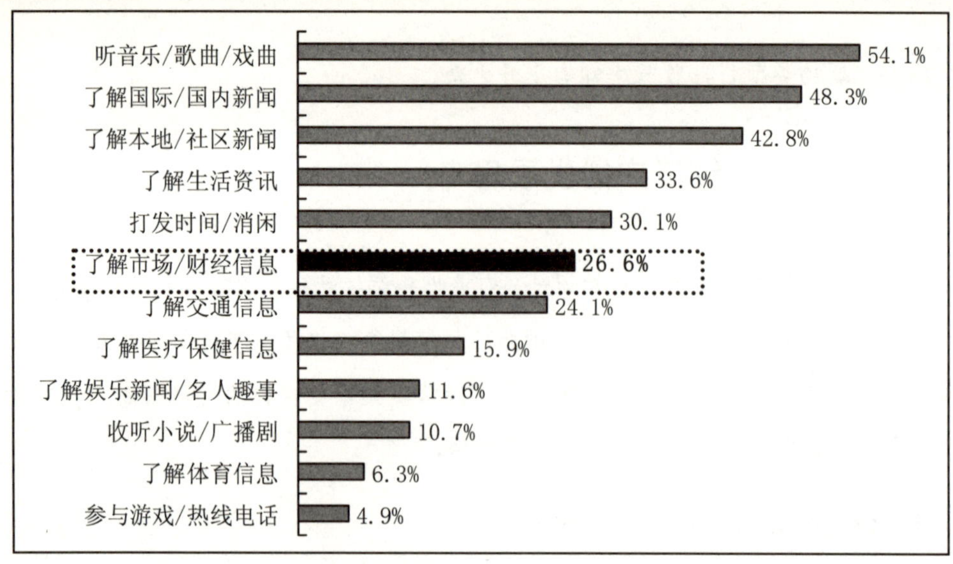

图 1.4.5 厦门地区广播听众 2008 年下半年收听广播的目的

「数据来源：赛立信媒介研究（SMR），2008 年」

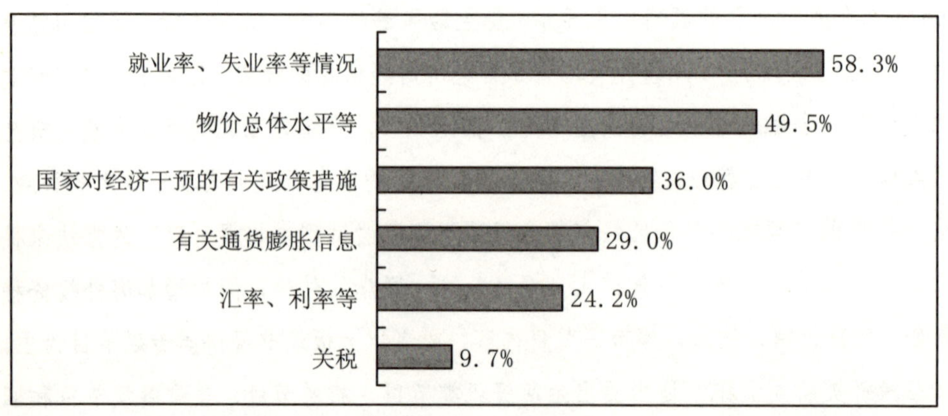

图 1.4.6 厦门地区广播听众 2008 年下半年关注的经济信息

「数据来源：赛立信媒介研究（SMR），2008 年」

（二）锁定特定听众群，做好专业文章

经济广播的听众往往具有文化水平高、收入高、消费能力高等特点，是广播市场“含金量”较高的群体，自主投资意识强。为此，经济广播应从这类听众群的收听习惯和收听需求出发，设置更有针对性、更具个性化、更具专业性的节目。上海电台第一财经广播听众定位是证券市场的投资者，节目设置也是围绕证券投资者服务，不仅

提供即时的行情，同时也提供一些市场的实时信息。因此，上海电台第一财经广播在金融危机市场不景气的背景下，在上海地区仍能保持7%的市场份额，在当地市场中竞争力相对稳定。

（三）以点带面，重点打造优势节目

经济广播又一重要策略是以点带面：在节目设置和编排上不作太大改变，集中精力重点打造几个优势品牌节目，以几个高收听率和高市场份额的节目来带动频率整体收听率的提高。比如陕西电台财富广播，由于受多种因素影响，经济类节目市场表现一般，而晚上播出的倾谈类节目《长安夜话》则一直保持收听率3%的高位，对该频率收听率的贡献度很大，并且使频率的市场份额保持稳定。

（四）注重宣传和包装，扩大频率影响力

通过频道包装、多种媒体宣传及大型活动推广等方式，有效树立频道整体形象、彰显频道风格特点、提高频道识别度，将频率的经营行为和品牌概念，以视觉化、规范化、系统化的形式传达给社会和大众，使受众产生认同感和价值感，从而达到有效吸纳听众、稳定听众、提高收听率的目的。

（撰稿：罗剑锋、陈廉碧）

大灾之时，广播凸显重要力量

——抗震救灾宣传报道听众收听广播情况调查

2008年5月12日14点28分，四川汶川地区发生8.0级特大地震灾害，灾区群众的安危和抗震救灾的进展时刻牵动着全国人民的心。为及时了解在大灾之时人们收听广播媒体的情况，专业广播调研机构——赛立信媒介研究公司通过"中国广播调查网"对网民进行了网上调查，调查时间为2008年5月13日至19日，采集样本共356个。

据调查数据显示，人们对汶川地震灾情的关注度极高，在地震发生后不到一周时间内，各类媒体不但及时、详尽地向全国人民报道有关灾情和救援进展，同时还作为前方救援和后方支援之间信息传递的重要"桥梁"，对于整个抗震救灾工作起到了相当关键的作用。尤其在灾区一切通讯和交通中断时，广播媒体更加有效的凸现了广播的重要特性，发挥了举足轻重的作用。

一、汶川震区灾情牵动国人心

100%的受访者表示，在汶川地震发生以后，他们关注相关的情况与进展。其中71%的受访者表示"密切关注"，28%的受访者表示"比较关注"，仅有1%的受访者"偶尔留意"。这说明，人们对这次地震灾害和抗震救灾工作的关注度极高。

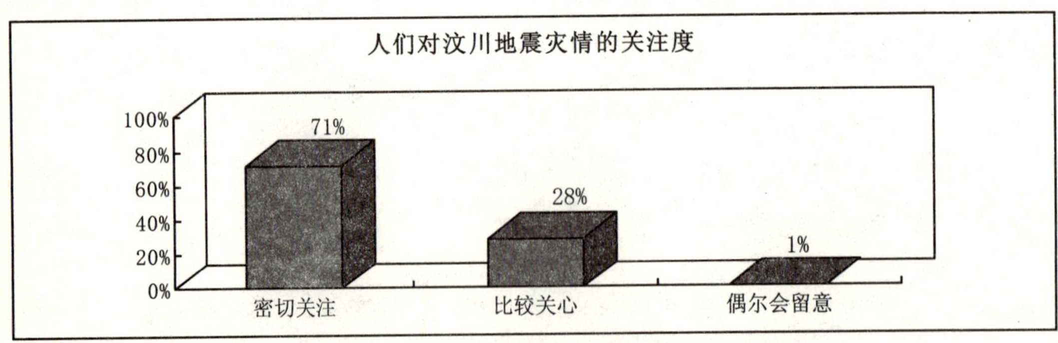

图：1.5.1 人们对汶川地震灾情关注度

「数据来源：赛立信媒介研究（SMR），2008年」

二、受访者最关注的是灾区受灾情况和政府赈灾措施

调查显示，对于汶川地区特大地震的新闻报道，受访者最关注的是灾区人民的受灾情况，其次是政府在赈灾行动中所采取的措施，第三是灾区人民衣食、资源供给情况，这三项的关注度都在70%以上。另外，对于灾区人民的后续安排情况、社会各界的反应及典型感人事迹等，关注度在45%以上。

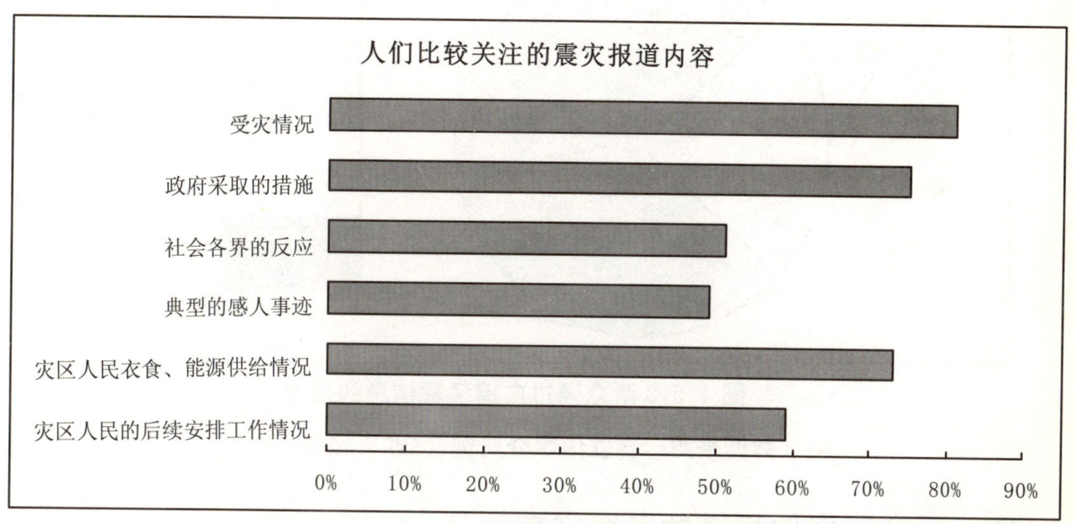

图：1.5.2 人们比较关注的震灾报道内容

「数据来源：赛立信媒介研究（SMR），2008 年」

三、广播凸显在灾情报道中的重要作用

汶川地区发生 8.0 级特大地震以后，震区一切通讯、交通中断，灾民无法与外界联系，了解外界信息的唯一途径恐怕只有广播。作为主流媒体之一的广播，在这次灾情报道中扮演着非常重要的角色。此次调查显示，有超过一半的（53%）受访者主要通过广播了解相关情况，这个比例要远高于平时人们获取信息渠道和报纸（35%）、手机信息（13%）的情况。同时，调查还显示，在汶川地震发生以后不到十天时间里，有 76% 的受访者有收听广播（包括通过网上收听广播），这一比例较平时收听广播的听众比例高出 16.8 个百分点（2007 年全国广播接触率为 59.2%）。在有收听广播的受访者中，

有 42%的人会通过“时刻留意”灾区的最新消息，33%的人表示“经常留意”，另外 25%的人表示“有时会留意”。可见，大灾之时，有更多的人收听广播，广播在报道灾情和抗震救灾行动中，作用更加明显。

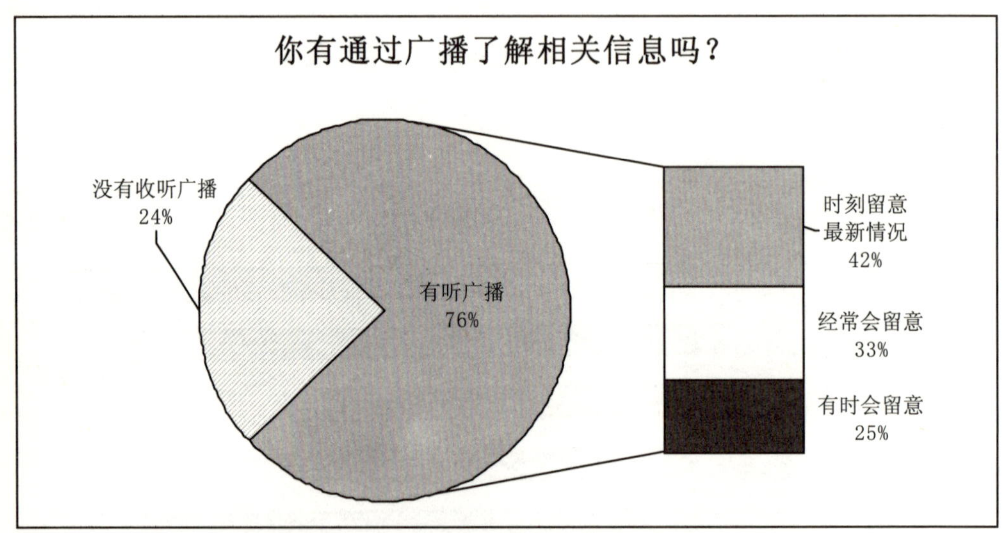

图 1.5.3 听众通过广播了解信息的情况

「数据来源：赛立信媒介研究（SMR），2008 年」

四、听众对媒体报道的满意度高

总体而言，受访者对各类媒体的相关报道都给予比较高的评价，我们用 5 分满分制让受访者评分（5 分为满分），结果显示受访者对媒体报道的整体满意度达 4 分以上。人们普遍认为这次媒体的报道及时、快捷、内容详尽、信息准确、可信度高，其中最满意的媒体是电视、广播和网络。

汶川地区发生 8.0 级特大地震以后，震区一切通讯、交通中断，灾民无法与外界联系，而外界也无从知道灾区的音讯。这个时候，国内的媒体在及时、全面报道有关灾情的情况，新闻记者深入灾区了解第一手灾情，及时将相关信息传递，并在第一时间通过与当地政府、群众和救援人士连线，使后方的人们全面、准确了解灾情信息，如身临其境般体会灾区的情况，因而普遍受到人们的好评。

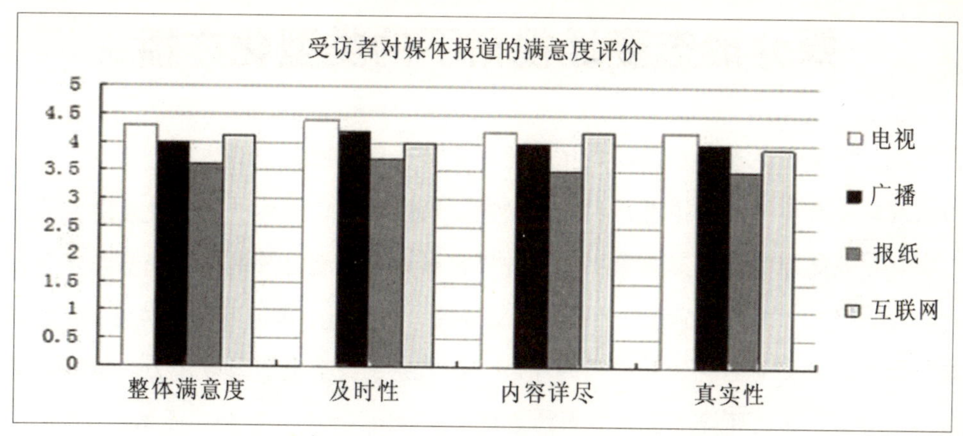

图 1.5.4 受访者对媒体报道的满意度评价

「数据来源：赛立信媒介研究（SMR），2008 年」

四、大灾之时，广播凸显重要力量的原因

1. 广播报道更加及时快捷。在地震发生之后不久，中央电台中国之声等广播媒体就马上开始全面报道有关灾情的情况，各地广播电台也迅速跟进全面、深入报道，电台记者更是深入灾区了解第一手灾情，及时将相关信息传递给听众。因此，在新闻及时性方面，听众的满意度评价高达 4.2 分（满分为 5 分）。

2. 信息准确、详尽。在这些日子的抗震救灾报道中，中央电台和地方电台相继推出特别节目，详尽报道震区的灾情和抗震救灾的进展，并在第一时间通过与当地政府、群众和救援人士连线，使后方的人们全面、准确了解灾情信息，如身临其境般体会灾区的情况。

3. 广播的伴随性功能。虽然电视报道更为直观，但毕竟不能做到随时随地收看。在白天上班或户外时间里，人们可以更加方便、快捷地通过广播了解最新、最快的消息。

（撰稿：赵景仁）

媒介形态变迁视角下的类型化广播

报纸、广播、电视以及互联网在一般意义上被称为四大强势媒体，以“分众”理念为灵魂的各类新媒体的不断涌现更加刺激了人们对整个媒体业巨大发展潜力的想象力。在日益残酷的媒介形态竞争中，各种媒介或者挖掘着自身的传统优势或者寻求着创新的表现形式——目的都在于获得其发展的一席之地。作为一种传统媒体，在其发展的历程里先后受到电视和互联网的冲击，在历经了繁荣也面对着压力之后，中国广播在媒介形态变迁的环境下引入了新的表现形式——类型化广播。近年来，类型化广播受到越来越多的关注，也承载着广播媒介再次焕发青春的希望。以中央人民广播电台音乐之声为代表的类型化广播，在其管理和运作中都证明了在媒介竞争中其独特的优势和价值。本文拟以媒介形态变迁为视角，以广播媒介的发展变化为背景，把握类型化广播发展的逻辑，描述其与专业化广播的区别并关注市场表现特点，以期对后续的类型化广播研究起到抛砖引玉的作用。

类型化广播对广播的传承和创新

我们认为，类型化广播是以电台的单个频率为基本单位载体，采用格式化播出手段，同一频率提供同质性内容，不同频率对受众交叉覆盖的创新广播媒介表现形式。提出这一表述是以广播这一媒介形态的发展沿革、变化趋势，综合类型化广播的市场表现特点为依据的。

类型化广播的发展是基于广播这一媒介形态的演变沿袭并创新而来。“传播媒介的形态变化，通常是由于可感知的需要、竞争和政治压力，以及社会和技术革新的复杂相互作用引起的。”①其形态变化的过程受到媒介形态变化的原则的影响制约。“媒介形态变化的原则即:共同演进与共同生存——形态变化——增殖——生存——机遇和需要——延时采用。”②这一原则适用于媒介系统内不断涌现的新型媒介形态的发展过程（例如从书籍、报纸、广播、电视到互联网等不同媒介形态的先后涌现）；也适用于同一媒介形态内部子系统不同阶段媒介表现形式的演变过程（例如广播媒介内部由大众广播，到分众的专业广播，再到小众的“窄播”。）相对老一点的传播媒介形式能够与相对较新的传播模式共存很长的时间，旧有的媒介形态或媒介表现形式不会自行消失，而是想方设法适应过来并且在其媒介领域不断演进。因为："形态变化原则的一个重要推论就是：传播媒介的现存形态必须针对新型媒介做出改变——它们唯一的另外一个选择就是死亡。"③下图可以比较清楚地描述出广播媒介形态在社会系统内部的演变及适应过程。

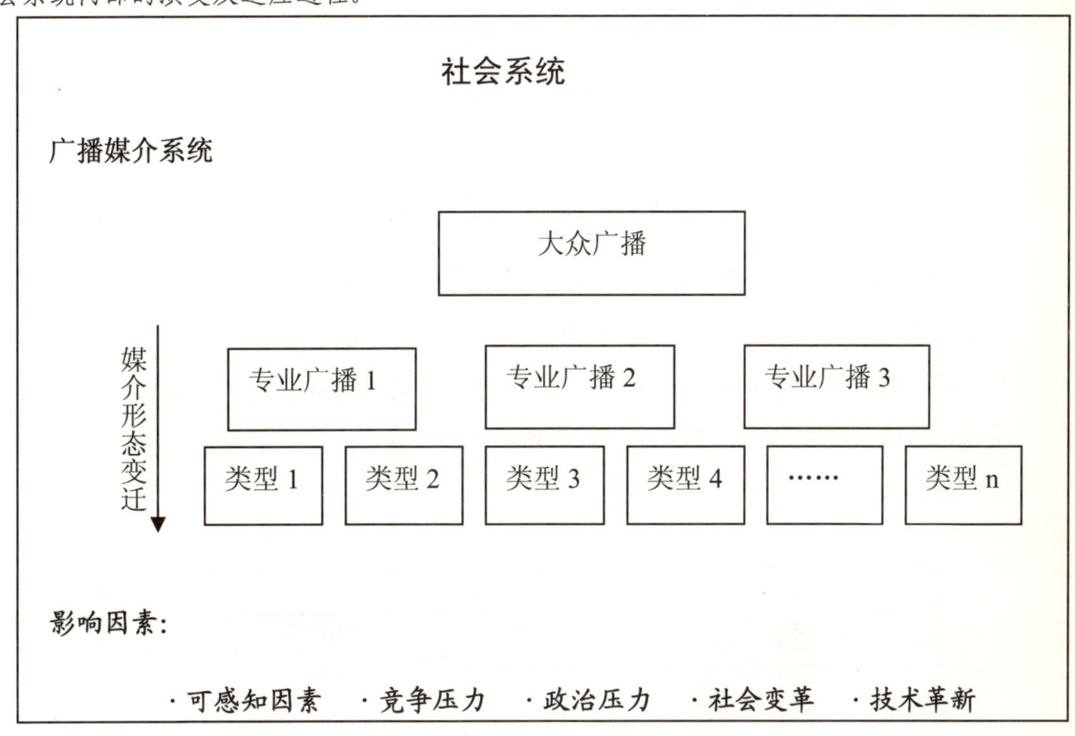

图 1.6.1 广播媒介的形态变化及其影响因素

我们在谈到媒介形态变迁影响因素的时候，应有一个预设的默契：这些因素对广播这一媒介形态所施加的影响，以及这些因素彼此之间的相互作用，其合力共同塑造着类型化广播的发展及其不断变化的表现形式。用媒介研究学者罗杰·费德勒的表述是"经过相当长的时期以后，每一种新形式的传播，都从其原先看得出是某种较早形式的延伸，逐渐演变到完全是自身的独特形态。这种变革和适应的连续性，将如我们会看到的，实际上在许多方面是一个堪与物种演变相媲美的复杂过程。

伴随性收听需求催生类型化广播

竞争的压力使得广播媒介既主动又被动地衍生和进化出类型化广播这一创新的媒介表现形式。类型化广播的出现，是广播这一重要的媒介形态为适应当今的媒介系统内部竞争而寻求到的有效诉求方式和表现方式，也是广播媒介以创新的形式服务于受众需求做出的积极转变，更是广播媒介在当今的媒介形态竞争中求得生存和发展的必然选择。

作为任何一项即使是最微小的变化都不能脱离其影响的背景力量，社会的变革与进步对于社会系统内部每一子系统的影响都是长远而深刻的。在受众视角体现为人们生活方式、价值观、信仰的选择变得更加多元和自由，同时获得信息的渠道亦是如此。收听工具的多样化使得人们收听广播的选择早已不局限为收音机，各种便携式的收听设备已经成为收听广播的重要手段。而收听广播的地点，更是不再局限在家里，体现出很强的流动性。

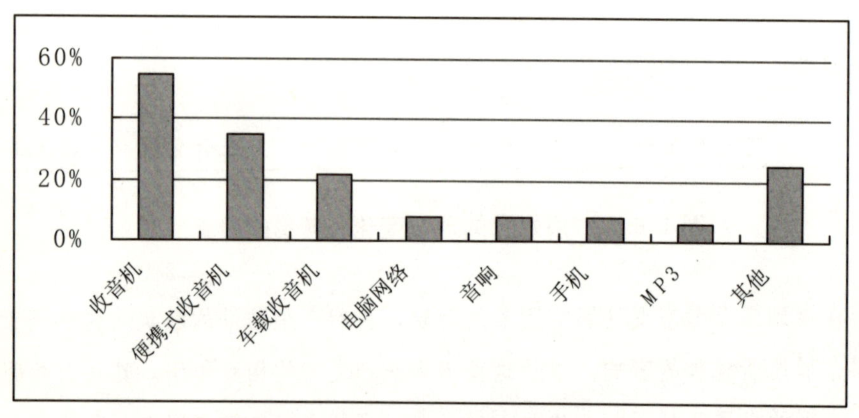

图 1.6.2 城市广播听众的收听工具

数据来源：赛立信媒介研究（SMR），2008 年

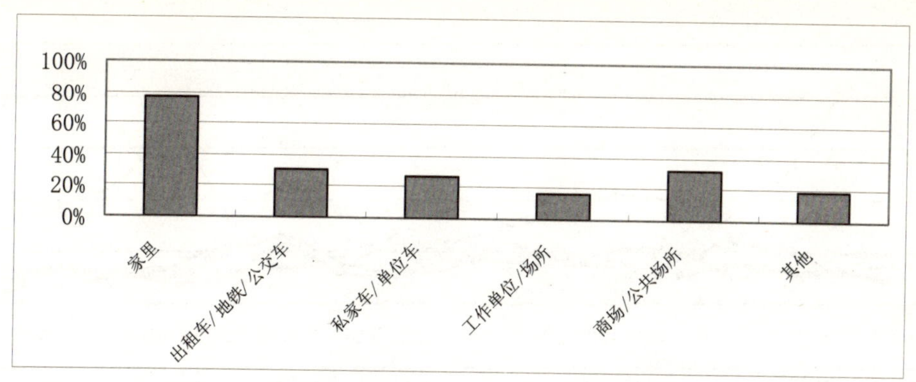

图 1.6.3 城市广播听众的收听场所

「数据来源：赛立信媒介研究（SMR），2008 年」

这些变化来源于社会变革引发的一系列连锁反应，生活方式的改变即在这一系列的反应之中。而生活方式所带来的变化导致人们媒介接触、使用习惯的变化，一定程度上诱发了受众对媒介内容需求的变化。

就广播媒介而言，收听习惯是生活习惯和生活方式的变迁在媒介使用层面的反映。如上所述，人们对广播的接触点由室内向室外延伸，由家庭收音机向移动便携收听设备延伸，收听时间随意性很大，收听节目的集中度不高。据收听广播伴随活动的调研数据显示：专心听广播的人群占调查人群的 15%，而有 84.3%的人在选择收听广播的同时做家务，37.3%的人在工作，9.8%的人在驾车。根据赛立信的收听调查数据分析，听众最想听到的广播节目以音乐和新闻为最主要的选择，而且音乐节目在全天大多数时间（除了 6:00-7:30 及 8:00-19:00 以外）为第一选择，可见听众对音乐类节目的需求之大。更值得一提的是，对应于 6:00-7:30 及 8:00-19:00 时段，听众想听到新闻节目的比率达 70%以上。

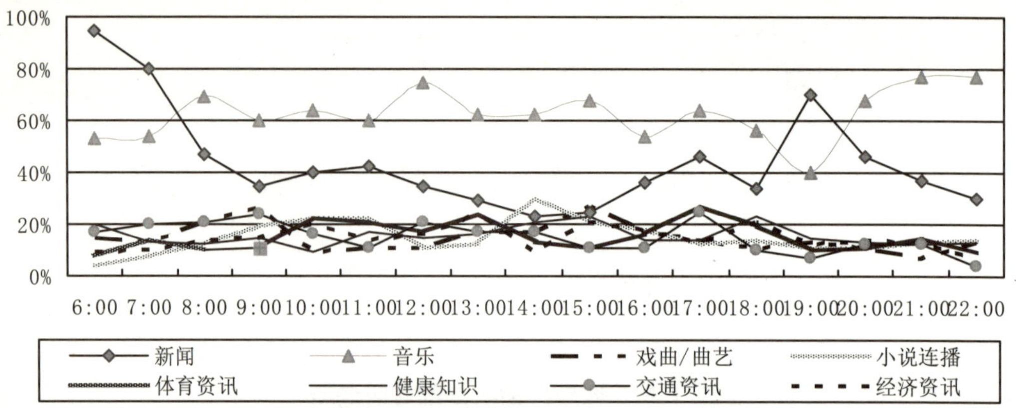

图 1.6.4 听众收听各类节目时选择的时间

[数据来源：赛立信媒介研究（SMR），2008 年]

通过以上听众收听行为数据，在很大程度上印证广播媒介在媒介形态变迁的过程中出现的新特点：伴随性收听正日渐成为主流。伴随性这一特征，我们认为是广播媒介形态演变至今日所呈现的最重要特征。它由受众媒介接触习惯变迁为推动，逐渐成为其重要特点甚至具有了形式上的独立性，之后对广播媒介的内容提出了新的需求，作为广播业内人士都应该敏感这一内容需求上的新变化，并积极应对这一变化。同时，伴随性这一重要特征，更是与类型化这一子系统媒介表现形式相得益彰。

首先，锁定听众的某一需求，循环播出同质化节目，能最大程度体现广播伴随性收听的特点，这在一定意义上颠覆了传统广播媒介编排制作流程。以往无论是大众广播还是专业化广播，打造风格各异的名牌栏目，打造个性突出的知名主持人，是电台的基本运作思路和提升其影响力的重要手段。但是当广播伴随性收听的特点日渐清晰，听众对偏好同质化内容的需求从收听频率到收听时长都迅速扩张之时，主持人对节目的拉动作用恰恰处于弱化之中。据赛立信媒介研究的调查数据显示，对于音乐类内容，89.72%的听众认为，主持人说话内容应该与所播放的音乐介绍有关，而有 43.93%的听众认为主持人应该少说话，以播放音乐为主，甚至最好不说话（11.45%）。广播收听行为中纯粹的伴随性特征更为突出，而类型化频率恰恰以格式化、表盘化的竖式编排为典型的编播手段，配合大量同质化内容的供给，极大地满足了听众伴随性收听所需，并因此对传统的广播制播流程构成极大的挑战。

其次，伴随性收听，客观上要求广播与其听众之间建立起类似“陪伴”的关系，而类型化广播恰恰为这种新的传播关系提供了实现的平台。类型化广播与受众的关系最终必将发展成为新型的“伙伴关系”，从而颠覆广播与受众媒介传统的传受关系。便携式收听工具的应用，广播媒介接触点由室内向室外的延伸，人们专注听广播的时间和机会减少，更多的听众将广播内容作为环境背景的陪伴。因此，“伙伴关系”比较形象和准确地描述了类型化广播与听众的陪伴关系。

此外，听众需求另一大特点是需求层次的碎片化。而听众对广播节目内容的碎片化需求，对广播节目的内容呈现理念也是一个巨大挑战。一方面，以听众对音乐节目的需要而言，仅流行音乐这一类就可以细化为：大陆（73.36%）、香港（64.95%）、台湾（51.40%），欧美（14.02%），日（9.35%）韩（13.79%）等类别。另一方面，听众收听广播时，更多以选择频率为主，但是55%的听众不会固定收听某个（或某些）频率，听众的忠诚度较低。选择固定节目（25.8%）或者固定时间（22.3%）收听的听众也比较少，只有5.8%的听众会选择固定的主持人收听其节目。因此，当听众的选择轻易游离于不同频率之间，传统的专业化广播在试图通过频率来锁定某类受众的策略显得捉襟见肘。同时，在面对听众如此细分的需求之时，单一频率提供众多的需求时更显得力不从心。而类型化广播恰能在这一层面脱颖而出，举个简单例子，某音乐电台分多个类型化频率分别播放不同类型的音乐节目，这样一方面最大限度满足了不同类别听众的需求，相应听众的收听时长也会有所增加，从而单个听众在不同频率间流动的概率降低，从而最大程度上占有稳定的听众群体。从这个意义上说，类型化广播更追求的是听众的忠诚度而非高收听率。

面对受众需求变化，在实际的广播媒介运作中，策略的选择以及与受众关系的建立维护都应围绕和把握广播受众需求和习惯的新特点而展开。而类型化广播把握了广播伴随性特征，就是把握了未来广播媒介形态变迁的脉搏，就有可能成为是决胜市场的关键。

专业化广播与类型化广播的区别

类型化广播由大众广播、专业化广播承袭创新而来，但在形式和内容上颠覆了大众广播的运营理念，在某种程度上深化了专业广播的内容和渠道。表面上看，专业化广播和类型化广播有很多相似之处，而在类型化广播的运作逻辑和运营理念上与专业化广播其实相去甚远。国内理论界和广播界以往的诸多研究成果都曾经从产品角度以及媒介运营角度比较过两者之间的区别。我们认为，唯有从受众的视角出发，阐释专业化广播与类型化广播之间的区别，才能真正从理念上准确理解类型化广播的实质，否则在实际运作中具体的操作手段必不能够达到理想的效果。尽管类型化广播在实际的广播运作中并不十分成熟，但我们仍然获得了关于类型化广播诸多市场表现的数据，结合这些数据，将类型化广播与专业化广播做一比较，通过这一比较以期达到两个目的，其一，更清楚地呈现类型化广播的特点；其二，检验对类型化广播的研究论证是否可以在其真实的市场表现上得到证明。

从受众的角度来把握类型化广播的特点，核心在于区别“满足听众的需求”，在语句上可以更准确地表述为“满足××听众的××需求”。在大众化广播进行专业化广播改革之初，曾对听众进行一定程度的细分，满足某一类目标听众的收听需求成为电台的经营理念。其实这里暗含了一个预设，即“满足该类受众的所有需求”。其经营的出发点以及策略制定的逻辑起点在于“分类的目标受众”，通过节目内容提供覆盖该类目标听众的需求，“需求”从本质上来说具有异质性，因而其理念是受众本位的。

而类型化广播则与此不同，曾有研究指出类型化广播的改革是对目前专业化的频率的更深刻的细分。我们认为更准确描述类型化广播与专业化广播之间的关系不是细分关系，而是类型化广播的推进将造成对某一区域内的频率资源整合和重新配置，形成各类型化频率对受众交叉覆盖的局面。因此，类型化广播其经营的出发点以及策略制定的逻辑起点在于“需求”，着眼点在于“满足多类听众的某一需求”，这一需求从本质上来说具有同质性，因而其理念是功能本位的。

以下图表方便我们清晰地理解专业化广播和类型化广播在锁定“满足××听众的

××需求”之间的区别：

A：听众 Audience　　D：需求 Demand　　F：频率 Frequency modulation

D_nA_n：持有需求 D_n 的听众 A_n　专 F_n：某专业化电台　类 F_n：某类型化频率 F_n

表 1.6.1 专业化广播和类型化广播锁定听众需求的差异

	FM	→	专 F_1	专 F_2	专 F_3	专 F_4	……	专 F_n
	↓	D　A	A_1	A_2	A_3	A_4	……	A_n
某区域频率资源	类 F_1	D_1	D_1A_1	D_1A_2	D_1A_3	D_1A_4	……	D_1A_n
	类 F_2	D_2	D_2A_1	D_2A_2	D_2A_3	D_2A_4	……	D_2A_n
	类 F_3	D_3	D_3A_1	D_3A_2	D_3A_3	D_3A_4	……	D_3A_n
	类 F_4	D_4	D_4A_1	D_4A_2	D_4A_3	D_4A_4	……	D_4A_n
	类 F_5	……	……	……	……	……	……	……
	类 F_n	D_n	D_nA_1	D_nA_2	D_nA_3	D_nA_4	……	D_nA_n

$$\text{专}\,F_1=\sum_{i=1}^{n}(D_1A_1, D_2A_1\cdots\cdots D_nA_1)\qquad \text{类}\,F_1=\sum_{i=1}^{n}(D_1A_1, D_1A_2\cdots\cdots D_1A_n)$$

从上表不难看出，对于专业化广播，需求是变量，内容定位在面向特定听众群的几乎所有需求即“满足该类受众的所有需求”；对于类型化广播，听众是变量，需求从受众中被抽离出来作为直接目标，基于某类需求，面向交叉受众即“满足多类听众的某一需求”。概括来说，专业化广播专注于分类目标受众的多样化需求，是先受众而后需求的；类型化广播专注于某类同质需求，进而关注其能够辐射到的受众群体，是先需求而后受众的。因此，当我们在理念和策略制定的逻辑起点上澄清了专业化广播与类型化广播的本质区别，那么两者在产品和经营视角的比较会显得更加清晰。综合受众视角的比较，二者的区别如下表：

表 1.6.2 专业化广播与类型化广播的区别

	专业化广播	类型化广播
受众视角	受众本位 定位于某类听众群体	功能本位 定位于满足各类听众群体的某一种需求
产品视角	针对某类听众群体的各种需求来设置节目 双向传播	锁定听众的某一需求，循环播出同质化节目 单向传播
编播视角	大板块节目， 强化主持人在节目中的作用	格式化、表盘化的竖式编排 淡化主持人的作用

真正意义上类型化广播繁荣的局面，是建立在广播媒介形态变迁过程中表现出伴随性这一特质基础上，以频率为基本运作单位，用尽可能多的频率资源覆盖尽可能多的听众（包括目标听众也包括潜在听众）。对同一听众非常大的可能存于在不同频率重叠覆盖的情况，这一点恰恰是类型化广播最独特的魅力。不同频率凭借其自身的独特内容服务于同一受众，多频率却又针对性地满足受众的多需求，不对受众的同类需求构成注意力资源的争夺。专业化广播的逻辑是用单个频率提供差异化的内容满足某类受众的多种需求；而类型化广播的逻辑是用多个频率，每个频率提供同质化的内容，对应着来满足受众的多种需求，使得对受众需求的锁定更为精确，更具针对性。因此，对于广告商来说，受众的行为特征更容易辨识，对广告的投放也变得目标明确。

类型化广播在某一特定区域的理想化状态是：在媒介经营运作层面，单个频率为基本单位载体；在媒介内容层面，对应受众中提取出的某一同质需求为单位配置频率资源。但是，在实际的频率运作中会遇到两个问题：其一，频率资源不足；其二，对目标需求把握到何种细分程度才是最理想。因此，需要以类型化广播理念和运营本质为前提，结合现实的制约条件，在实际运营和操作中作出策略上的调整。

（撰稿：黄学平、刘晓晖）

①[美] 罗杰·菲德勒，《媒介形态变化：认识新媒介》[M]，明安香译，华夏出版社，2000 年，19 页。

②[美] 罗杰·菲德勒，《媒介形态变化：认识新媒介》[M]，明安香译，华夏出版社，2000 年，24-25 页。

③[美] 罗杰·菲德勒，《媒介形态变化：认识新媒介》[M]，明安香译，华夏出版社，2000 年，20 页。

类型化广播的市场表现及其特点

当前的广播市场竞争中，类型化广播已经显露头角，国内部分地区如上海、南京、武汉等地的部分频率率先进行的类型化运作改革与尝试，其收听表现和竞争力正在进一步接受市场的考验。类型化广播在理念上专注于某类同质需求，进而关注其能够辐射到的受众群体，逻辑上体现为“先需求而后受众”；在产品和经营层面，类型化广播采用格式化的播出手段[②]，淡化主持人的作用，锁定听众的某一同质化需求提供相应的节目内容。本文拟焦点集中于类型化广播的市场表现，关注其特点，以此来求证在理论上推论出的类型化广播的特征在市场表现中是否明显和准确。

一 、成功的差异化定位是类型化广播在市场竞争中制胜的关键，对于类型化广播具有决定性的价值。

事实上，不同的类型化频率有很大可能会对同一受众重叠覆盖，类型化广播的独特性也恰在于此：不同频率服务于某一听众的不同需求，却不构成对该听众同类注意力的争夺。而与此相反，若频率资源配置在定位中差异化不明显，则有极大的可能会对同类需求的同质听众产生竞争，以致影响各自的市场表现。我们以江苏经典流行音乐和南京热力调频两频率在南京广播市场的表现可以在相反的视角看到差异化定位不明显的效果。两个频率都是率先进行类型化改革的先行者，江苏经典流行音乐广播[③]引进美国RCS电脑音乐编排播出系统，采用大板块节目区隔收听时段，塑造全天候的成人化情境收听氛围。南京热力音乐调频节目音乐素材以最新的流行音乐为主；采用表盘式运作，软件播出，弱化主持人在节目中的作用。图 1.7.1、图 1.7.2 为两个频率的听众特征：

[②] 格式化播出手段的说法衍生于 Format radio，即我们通常所说的类型化电台。类型化电台淡化每个节目的个性，而是通过节目塑造整体的频率风格和品牌，节目内容同质化，编播程序化，对主持人说话的时间有严格限制，因此这类编排节目的方式称为格式化播出手段。

[③]江苏经典流行音乐广是一家完全按照国际化类型台操作模式经营的经典音乐电台，作为江苏省第一家成人抒情风格的类型音乐电台，节目音乐素材以中外经典怀旧歌曲为主，歌曲年代跨越 1980-2002 年。

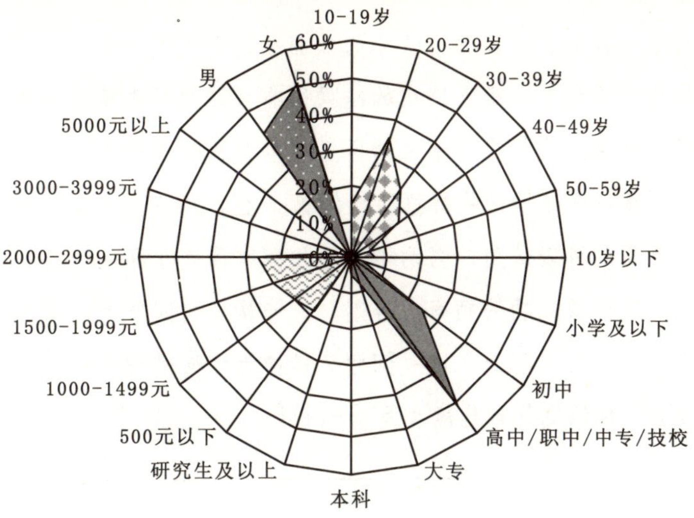

图 1.7.1 南京电台热力音乐调频的听众特征

「数据来源：赛立信媒介研究（SMR），2008 年」

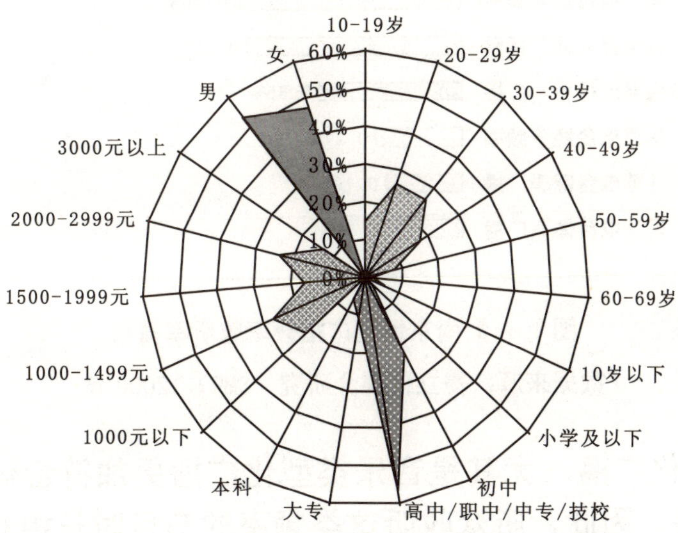

图 1.7.2 江苏电台经典流行音乐的听众特征

「数据来源：赛立信媒介研究（SMR），2008 年」

从以上两图的数据来看，两个频率覆盖的受众特征趋同；从频率定位来看，两频率均定位于流行音乐，在节目内容上主要以歌曲的时间跨度为区别，南京电台热力调频的歌曲相对于江苏电台经典流行音乐的歌曲在时间上更“新”一些。可见，两频率在内容上差异化并不明显。那么造成的结果很有可能对同类需求分流，对收听率指标产生一定的稀释效果。我们在“南京地区主要电台收听率排行”图中看到，江苏电台经典流行音乐广播位于该地区收听排行榜的第 7 位，而南京电台热力调频未能入围。因此，从这一点我们可以认为，当两个类型化频率覆盖了同一受众时，差异化定位越明显，则越有可能塑造成功的频率，否则，只能构成对同质受众同类需求的争夺，进而影响双方的收听表现。因此，这一问题又转换为如何进行频率的差异化定位标准的问题，依据什么，精确到何种程度才是恰到好处。

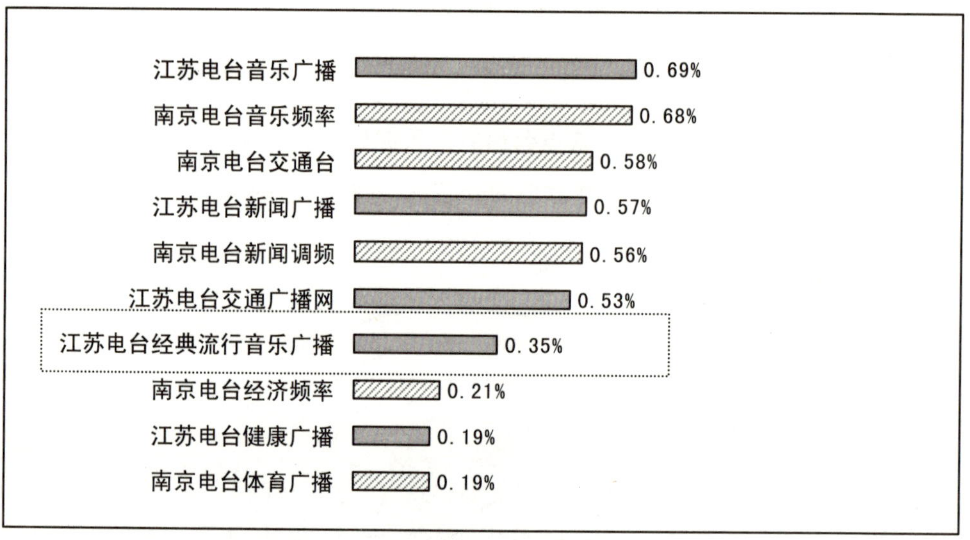

图 1.7.3 南京地区广播频率收听率排行

「数据来源：赛立信媒介研究（SMR），2008 年」

二 、类型化广播，尤其是音乐类型化广播更加符合伴随性收听习惯的趋势。因此，听众收听这类频率的节目时长相对较长，也相对稳定。

以北京和上海两地收听广播时长的数据为例，中央电台音乐之声以及上海东广新闻台这两家类型化频率在各地的表现可作参考。

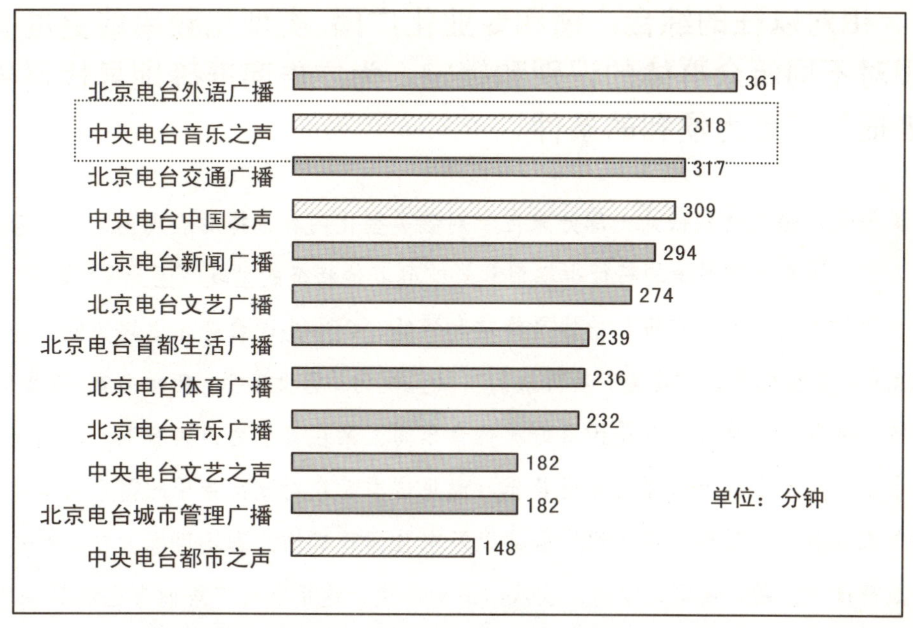

图 1.7.4 北京地区主要电台周收听时长

「数据来源：赛立信媒介研究(SMR),2008 年」

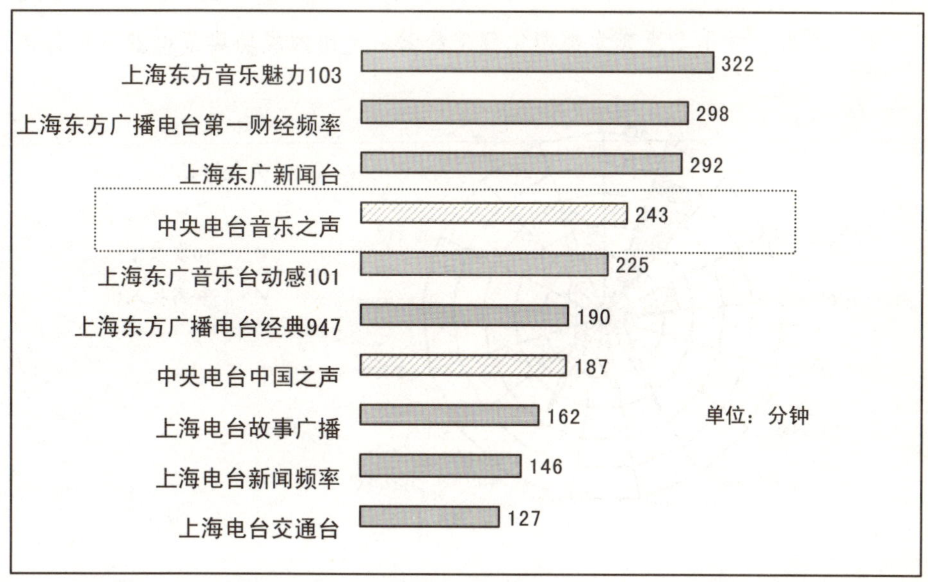

图 1.7.5 上海地区主要电台周收听时长

「数据来源：赛立信媒介研究（SMR），2008 年」

三 、相对以往的综合广播和专业化广播，类型化频率能更准确地实现对不同听众群体的识别和锁定，为广告商准确地寻找目标消费者提供了更为便利的条件。

类型化广播的听众很大一部分来自于对该类型化内容选择而表现出的同质喜好的聚集，这一因喜好而聚集的特征也辐射和影响到其他特征的呈现。因此，“喜好”只是中介和手段，而“其他特征”恰恰是终端和目的。以中央电台音乐之声为例，流行音乐的定位，类型化的运营思路，其听众的特征呈现为：男女各半，年龄多在 30 岁以下，中高收入群体。这部分听众是因喜好流行音乐而汇聚在音乐之声频率下。事实上，中央电台音乐之声全天节目播出流行音乐，满足这类受众对流行音乐的需求只是锁定目标的方式，真正的目标（或者说广告商以及电台运营机构的真正目标）在于这类受众的其他特征如年龄、偏好、学历、收入、消费习惯。这是所有广告商考虑的第一要义，也是所有媒介的重要生存法则。我们知道，流行音乐在中国的发展不过 30 年的历史，伴随着流行音乐成长起来的群体在当今的社会中其年龄主流恰恰在 30 岁左右，收入居于中高水平，学历较高，有一定的消费能力。而这部分群体，正是许多广告主寻找和锁定的目标。因此，音乐之声成为类型化频率经营、运作的成功典范也就不足为奇了。

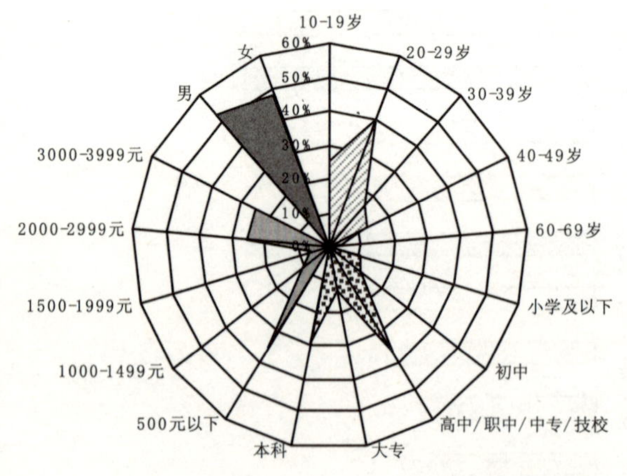

听众特征：

✓ 高中以上学历；

✓ 30岁以下；

✓ 中高收入；

图 1.7.6 中央电台音乐之声的听众特征

「数据来源：赛立信媒介研究（SMR），2008 年」

四、类型化广播的市场表现有“长尾”特点，更具有“长尾”的价值表现为单个频率在单个区域收听率和占有率较低，但在整体区域（单个区域之和）所创造的价值比较可观。

笔者认为，类型化广播以频率为单位配置某类听众的某一同质化需求，因而其受众呈现为比分众更为细分的小众，即“窄播”。因此，类型化广播就单个频率在一个区域的市场份额（市场占有率）并不见得突出。以中央电台音乐之声频率在全国6个区域的市场份额做参考，在单个区域下其市场占有率成绩非常一般，但是综观全国广播市场的竞争态势，中央电台音乐之声频率整体的竞争力在所有频率中位列第二。

表1.7.1 中央电台音乐之声在全国各区域[④]的市场份额

	2008年市场份额	在各地区排名
东北	2.08%	9
华北	6.70%	2
华东	3.43%	3
华中	1.76%	8
西北	4.10%	7
华南	0.80%	未入围前10
全国	3.05%	2

「数据来源：赛立信媒介研究（SMR），2008年」

④ 区域分隔为六行政区域的基本划分。

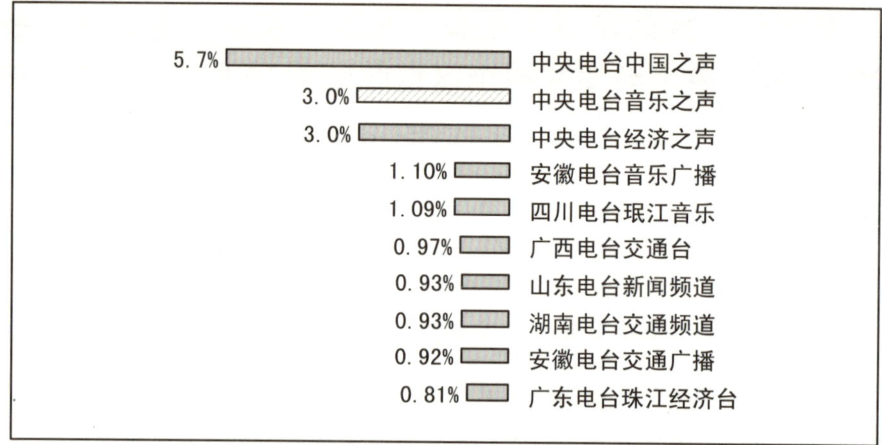

图 1.7.7 2008 年全国市场占有率排名前十位的电台

「数据来源：赛立信媒介研究（SMR），2008 年」

五、问题与机遇：类型化广播期待在竞争中发展和成长

以上通过选取部分数据指标，描述了类型化广播的市场表现以及特点，也在某种程度上印证了我们最初对类型化广播市场表现特点的推论。国内最早的类型化广播始于 2002 年，目前仍在寻找类型化广播的发展之路。中国的电台运营虽然已经逐步市场化，但仍未达到商业化运营的阶段。纵观我国广播业市场，当前类型化广播运作既面临瓶颈，也面对机遇：

首先，专业化/类型化广播的界线仍然相当模糊。广播专业化的道路即：锁定特定的目标听众群，根据他们的需求设置节目，提高有效传播，如交通广播；而类型化广播则是满足听众某一种同质化的收听需求，锁定的对象和播放内容、播放形式都不一样。但目前广播从业人员对这些的认识都有一些模糊，将专业化广播定义为类型化广播，或者是基于经营的需要，又从类型化走回专业化甚至综合广播，以专业化广播经营模式经营类型化广播。类型化广播的一大特点是低成本运营，而目前我国的类型化广播的整体投入和营运成本与专业频率相差无几，经营目标也趋同。

其次，频率资源不足，同质化较为严重。国内广播市场目前的竞争格局呈现为中央台、省台、市（县）级三级电台同场竞技的局面，县市电台在区域的影响力慢慢崛起，市场份额呈现上升的趋势。部分电台内容同质化比较明显，对受众的竞争比较激烈，大城市这一点表现更为突出。因此，真正做到差异化定位，以不同的定位内容服

务于同类受众仍需要对类型化广播运作有更深刻的了解和体会，当然，客观上对硬件的要求是丰富的频率资源，这一点也是类型化广播发展之路的尴尬地带。

表 1.7.2 上海、广州、南京、武汉地区主要频率资源

地 区	频 率 设 置
上海(14)	新闻类（4 个）、音乐类（4 个）、经济类（2 个）、交通类（1 个）、文艺类（2 个）、体育类（1 个）
广州(31)	新闻综合类（7 个）、音乐类（5 个）经济类（3 个）、交通类（3 个）、生活健康类（2 个）、其他（8-10 个）
南京(21)	新闻类（4 个）、音乐类（5 个）、交通类（2 个）、文艺类（4 个）、经济类（2 个）
武汉(18)	新闻类（5 个）、音乐类（3 个）、交通类（3 个）、经济类（3 个）、生活类（3 个）

「数据来源：赛立信媒介研究（SMR），2008 年」

值得欣慰的是，无论是国外的经验还是国内广播市场的表现均表明：音乐类频率的类型化较其他类型频率成熟，这是类型化广播最大效用发挥其特点的领域所在。第一，听众对音乐的需求的层次[⑤]最为丰富，这些细分的需求为音乐类的类型化广播提供了土壤。第二，音乐类型化广播易于操作，更容易设置表盘式的节目编排。第三，音乐类型化广播的运营成本较低，新闻类型化广播必须拥有充足的新闻信息，这就需要一批优秀的新闻信息搜集人员，而音乐类型化广播只需要一个可累积的音乐库。所以，音乐类频率无论从适应广播收听习惯的改变还是适应类型化广播的形式都有着巨大的发展空间。不过，综观国内广播受众的收听需求虽然呈现更加的多元化甚至碎片

[⑤] 就赛立信媒介研究 08 年无主调查所掌握的听众喜欢的流行音乐类别数据具体表现为：大陆流行音乐（73.36%）、香港流行音乐（64.95%）、台湾流行音乐（51.40%）、怀旧金曲（52.34%）、民族音乐（20.09%）、摇滚乐/爵士乐（18.93%）、欧美流行音乐（14.02%）、韩国流行音乐（13.79%）、日本流行音乐（9.35%）、古典音乐（12.85%）、戏曲类（10.98%）、歌剧/大合唱（9.35%）、交响乐（8.88%）。

化，但是个性化的需求仍然不足。因此，对听众进行消费引导示范，也是当前广播业内需要对受众付出的教育成本之一。

综上所述，类型化广播在中国仍处于起步阶段，在发展过程带有明显的中国特色和专业广播的色彩。但是，作为一种新的广播发展模式，类型化广播已呈现势不可挡之势，茁壮成长。中国的类型化广播正经历市场的洗礼，更期待在市场中成长。

（撰稿：黄学平 、刘晓晖）

金融危机对中国广播媒体的影响及广播产业的应对

由美国次贷危机引发的金融危机正愈演愈烈，全球金融市场异常动荡，美国及全球经济减速，不仅影响了银行业、房地产、零售业，还逐步波及到作为文化产业和信息服务产业子类的传媒产业；近年来高速增长的广播广告市场也难免受到冲击。广播媒体应如何应对金融危机的冲击？如何在经济不景气的市场环境下维持广播广告经营业务的增长？是当前广播业界颇为关注的话题。

一、 金融危机对中国广告市场的影响

国际金融危机对中国经济已经造成了较大的影响，直接导致中国出口增长大幅度下挫，中国面临着通货膨胀和经济增长趋缓的双重压力，还加大了中国的汇率风险和资本市场风险。随着金融危机影响的日益扩大，广告业赖以生存的客观经济环境将受到冲击，由于目前全球范围内传媒业尤其是国内传媒业主要以广告作为主要经营和创收手段，所以面临金融危机冲击的考验也难以避免。

由于受金融危机的影响，整个广告投放属于增速减缓。据有关机构的监测报告显示，2008 年前三季度中国内地广告市场投放总额达到 2,604 亿人民币，较 2007 年同期增长 13%。但与 2008 年首季度 17%的增幅相比，广告市场整体增长呈放缓趋势。在各媒体投放方面，2008 年前 9 个月电视媒体和平面媒体的广告投放均明显增加，电视媒体(79%)继续保持绝对优势，较 2007 年同期提高 14 个百分点；平面媒体的广告投放强力反弹，报纸广告增幅达 20%，杂志广告以 23%的增幅增长；而广播媒体 2008 年的“吸金”能力大幅下降，广告投放仅增长 3%。

全球金融危机对现有广告投放的格局形成了一定的冲击。北京奥运会成功落幕后，激烈的广告大战也仿佛在一夜之间硝烟散去，无论是奥运赞助企业或非赞助企业的广告表现整体趋于疲软。由此可以看出，北京奥运会期间的广告大战，在某种程度上成为企业的赌博，在一定程度上“透支”了各企业的广告预算，特别是对于 2008 年有较

大广告预期的企业。当全球金融危机影响面及影响程度越来越大的时候，全国各媒体在四季度的广告投放明显有所收缩，导致2008年全年广告投放量的总体增幅仅维持在2007年的增长幅度。

广告商在预算紧张的情况下，会将广告集中投放到诸如央视、SMG等被认为是最有效的媒体平台，相对弱势的媒体将面临更加困难的境地。这也可能预示着，2009年以至未来的二、三年间，广告主在预算不多的情况下，媒体广告投放将更加明显地呈现出“二八”现象，即80%的广告会投放到20%的媒体中。因此，业内人士普遍认为，在金融危机的大环境下，广告主将更倾向于维持央视和重点全国卫视、媒体的投放，压缩部分地方媒体的投放，同时增加网络和交通类媒体的投放。

二、金融危机对广播广告投放的影响

从媒体接触率分析，全国广播媒体的接触率2008年为60.2%，在各媒体中落后于电视、报纸，位列第三。在全国各媒体广播投放额中，广播媒体的投放量在3—4%之间，因此广播媒体在主流媒体中起着相对辅助的作用。

目前广播广告投放中，商业、服务业，娱乐休闲，邮电通信，食品医药，汽车房产等五大板块占据主导地位，这些重点行业在一定程度上都受到金融危机的冲击和影响。

一直以来，食品饮料一直是广播电视投放大户，但去年以来食品类的广告支出受到了双重打击，一个是消费者信任危机，一个是金融危机。受三聚氰氨事件影响，食品饮料行业遭受行业危机销售整体下挫。食品危机也造成了企业广告费用向公关费用转移的趋势。据称，伊利共聘请了6家知名公关公司和4A公司为其处理危机公关事务，但直接的广告投放费用则有所压缩。

金融危机造成国民消费水平和消费信心下滑，汽车、手机等耐用消费品同样难逃市场萧条，广告主宣传攻势放缓。国家统计局相关数据显示，代表消费者对当前经济生活评价的满意指数在2008年第三季度降至90.3%，低于年初0.5个百分点。受金融危机影响，高端消费品的销售受到了严重影响，汽车行业则首当其冲。据有关资料显示，2008 年 11 月国内车市继续前两个月的下行之势，汽车企业销量平均下跌幅度为 8%。汽车市场不景气，企业难免将削减广告预算。与此同时，类似的一些高端或耐用消费市场也受到了打击，在这种情况下，广告主对其新的广告预算也将进行一番调整，耐用消费品广告也会随着销售下挫而下滑。

近几年来，药品、保健品广告在广播媒体的投放发展非常快，在广播电台的广告收入中占了相当大的份额。但是，随着国家加大药品广告的监管力度，这些行业逐渐走向成熟，广告投放也逐渐回归理性，今后恐怕难以用药品、保健品广告来维系广播广告的高速增长。

从另外一个角度看，受城市机动车保有量快速增长的影响，大多数电台的交通广播市场收听表现均名列前茅，广告经营创收也普遍居各频率之首。根据马太效应原理，未来广播广告投放的主力方向极有可能向听众忠诚度及依赖度相对较高、广告触达效果相对明显的交通类频率倾斜，且投放的品类以和老百姓生活密切相关的行业，如食品、饮料、医药、日化、汽车及零配件、小家电、娱乐休闲、教育等细分行业的品牌广告为主。

广播电台的新闻类频率均为宣传主频率，大多是覆盖范围最广的频率，广大听众也形成了通过新闻广播获取新闻资讯的收听习惯，听众的忠诚度较高。因此，新闻类频率以具备广泛的听众基础而被广告主青睐，与老百姓生活密切相关行业，如食品、饮料、医药、日化、小家电、教育等细分行业的品牌广告将更多地选择投向新闻类频率。

国家启动农村市场，拉动内需、促进消费的政策导向，中国消费市场结构将发生很大变化。在北京、上海、广州等一线二线城市很多消费品的市场已经趋于饱和，广大企业的目光将更多地投向地级市、县级市以及发达的乡镇和农村市场，这无疑给为各地市级广播电台提供了广阔的空间和市场机会。

三、金融危机下中国广播行业的应对策略

根据以上分析，全球金融危机对于中国广告市场造成一定影响的确难以避免，由此而波及广播广告的投放则应该引起业界足够的重视。笔者认为，在广告主有可能缩减广播广告投放，特别是品牌广告的增长无法取得突破的情况下，中国广播业界更应该从广播媒体本身的内部挖潜方面做文章。

- 目前，全国大多数电台都有 4-8 个频率 100 多个节目，在这么多节目中较为成功的仅有 20%左右，其余的在收听率、市场份额和创收方面均少有建树，往往是为了办节目而办节目。从产业经营的角度说，不少节目在白白地耗费电台的频率资源成本，时间资源成本，发射传播成本，信用形象成本，真金白银的工资成本，名额指标的人力成本。广播产业化的最大特征就是企业化管理，市场化定位。节目是广播电台生产的产品，必须优胜劣汰，必须坚定不移地砍掉无所作为的节目，同时让优质节目享受更多的资源，创造更好的效益。
- 根据频率的发展和市场定位需求，进行重新组合，节目类型与相应的频率对位，整合同质化节目。把最优秀的主持人留下，把最合理的创意留下，把最适合的团队留下，剩余的有创新能力的进入新节目开发或者进入绿地板块或者进入产业公司。这样，多年来强调的“打造名专栏、名主持、名频率”的高屋建瓴的理论就能够从根本上得以实现。
- 知名频率是广播事业发展的领头羊，应该让相对的强者更强，让相对的弱者更弱。频率定位的品牌效应充分彰显，必然会在市场上形成强势的广告吸附能力。政策优先，节目优先，人力资源优先，待遇优先，集中优势兵力办好龙头频率。在依托知名节目的前提下尝试初级产业化，这样可以深度挖掘名频率、名栏目、名主持人的市场潜在效益，为广播找到一条可操作的广告以外的创收之路，把广播无形资产有形化。
- 新市场的开发，新节目的培育，必将在差异化的角度上拓展广播节目市场和广告市场，为受到金融危机影响的广播业的相应行业广告损失起到对冲作用，并为广

播的未来发展找到新的经济增长点。(1)政务广告市场。政务广告是全新的提法，也是中国广播业界的处女尝试，其未来的迅猛发展必然带动全行业的纷纷响应；(2)教育市场。教育市场的涉猎目前微乎其微，其实这是一个长期利好而且会不断飙升的贵金属富矿，蕴藏着几何等量级别的财富；(3)医疗市场。随着人们健康意识的不断提高，医疗保健的需求将上升到了一个新高度；(4)劳动就业市场。时下受金融危机影响，劳动就业市场的特殊地位已然形成，甚至有可能上升到特殊高度，及早介入必然收获颇丰；(5)新能源新技术新发明的创业市场。新能源新技术新发明始终是引领经济发展的先锋，尤其是在经济相对低迷或衰退时期，被关注程度是前所未有的。

综上所述，在全球金融危机的大潮中，广播媒体应该正视自身的媒体地位，利用广播媒体的收听习惯性、伴随性、贴近性、强制性、意境性等特点，紧抓贴近百姓生活的题材，以政策走向和听众需求为导向，利用知名频率、知名节目、知名主持人打造频率、节目、主持人的整体品牌效应，以品牌频率、节目、主持人拉动本土品牌广告的吸附，积极拓展政务广告、劳务广告、教育广告等市场，与本土广告主贴近交流、人性化服务，携手共度危机。

（撰稿：牛存有）

受众视角下的交通广播产业链运作

从2008年全国广播市场竞争格局来看，以新闻、音乐和交通三大类频率主宰的广播市场呈现鼎足之势，市场份额分别达到28.5%、22.6%和20.2%[⑥]，中国汽车时代的到来给交通广播提供了持续增长的生命周期，也为交通广播的产业化提供了前所未有的广阔市场。现阶段交通广播通过单一的广告经营方式完成了自身的原始积累，国内媒体必将面临一次向产业化转型的快速增长期[⑦]，交通频率在广播产业化运作中有着无可比拟的优势，更有着广阔的产业链延伸空间。

新型的交通广播产业化链条与目标受众

广播产业链是指“在传媒经济增长的过程中，广播内容产品的创意、技术、营销等各个环节紧紧联系在一起,形成一个‘上游开发、中游扩展、下游延伸’的产业价值链条,对相关的企业和产业产生带动效应。”[⑧]以往打造广播产业化链条的逻辑，大多是围绕电台的经营来进行广播产业上游和下游的纵向扩展，如制播分离的机制为传统广播产业链模式的最典型代表。本文则以交通广播受众的构成特征为基点，以交通广播目标受众消费行为特点为思考的逻辑起点，关注在交通广播目标受众的消费行为序列中可以开发和利用的关键要素，打造新型的广播产业链条。因此，新的广播产业链的理念将受众作为直接目标，直接为其提供“非节目形式”的产品与服务创造价值获取收益，企业或广告商与广播媒介一起成为受众提供服务的服务方。从这个意义上来说，广播的功能不仅停留在为听众提供资讯和娱乐，而是影响和塑造着某类人群的生活方式，在更广意义上成为目标受众的生活服务方与信息供应方。“这种广泛意义上的服务，是将听众所需要的、广播电台所能够提供的服务进行整合、打包。”[⑨]因此，任何一个可以为目标受众提供服务的环节，某种程度上都是新的广播价值链增值空间所在。

[⑥] 数据来源：赛立信媒介研究，2008

[⑦]《交通广播发展历程与思考》， 秦晓天 谢先进 2007年第1期

[⑧]《广播产业价值链探析》， 丁钊 耿美婷 《今传媒》07年第11期

[⑨]《广播产业价值链探析》， 丁钊 耿美婷 《今传媒》07年第11期

有业内人士将交通广播的目标听众概括为“移动群体[10]”，以赛立信媒介研究公司所掌握的驾车听众特征以及各地区交通频率的听众构成来看，这部分听众整体呈现以男性为主导，同时具有高学历、高收入的明显特点，杭州地区私车调研取得的样本特征可以作为代表：

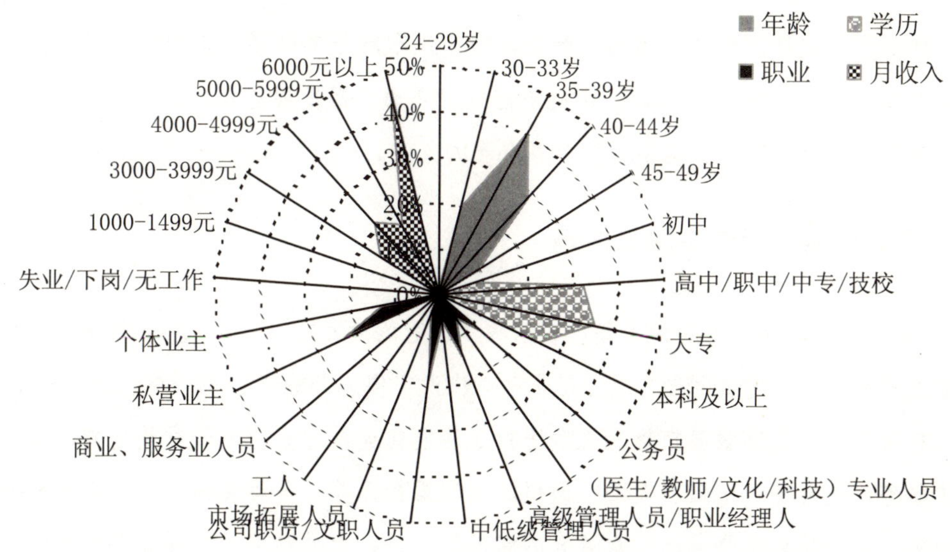

图 1.9.1 杭州地区驾车人士特征

「数据来源：赛立信媒介研究（SMR），2008 年」

综观男性消费者的消费行为，他们购物一般具有明确的目标，是家庭中购买高档次商品、结构较为复杂产品或高档耐用消费品（如轿车）的主要决策者和选购者。而中高收入群体的消费特点主要集中于两点：基本的生活需求得到满足，追求较高层次的精品化、个性化消费，随着收入水平增高，边际消费倾向越小；其次，关注和消费的焦点集中在住宅、教育、文化、通信、保健、旅行度假等产品，是时尚潮流的引领

[10] 王秋、陈炳岩在《专业化办台的思考》一文中，将交通广播的目标听众概括为“移动群体”，并将之分为以下几个部分：①驾车人群，交通广播的忠实听众；②经常坐车的人，交通广播的伴随听众；③有驾车打算的人，交通广播的潜在听众；④经常外出、打算外出的人，交通广播的边 听众。

者和消费的中坚力量。[11]就当前交通广播产业化经营的表现来看，围绕着汽车进行的一系列深入产业链建设取得了相当好的效果，是当前较为看好的一种产业链模式。

交通广播产业化及多元化经营的现状

据不完全统计，交通广播第三产业延伸即汽车后服务市场产生的利润可以占整个国家汽车工业领域的50%—60%，由此引出的“交通广播发展前景和多元化创收模式”作为热门话题正在逐步受到学界和业界人士的关注。

一、交通广播的后汽车服务市场

北京交通广播作为业内单频广告创收7连冠的“大哥”，早在2006年便开始探索广播的多元化产业发展问题，成立了北京交广汽车俱乐部有限公司。并以此整合资源，深入拓展汽车、交通服务市场。先后进行了智能交通诱导系统的研发及运营、提供会员卡服务、设立呼叫中心、车险、救援、汽车维护保养、美容装饰、二手车交易等汽车服务。将一系列围绕流动听众展开的深层价值进行有效延伸，在媒体整合营销下充分创造了品牌效应，加速了创收神话的实现。

当然，交通广播产业链以受众的深层价值为挖掘点、以汽车服务市场和媒体资源整合为依托的成功案例在国内还有浙江交通广播、江苏交通广播网等。其中浙江交通广播成立传媒公司并以此为载体投资兼并黄山电台，成立汽车俱乐部，在交通广播有限的资源上横向发展。对目前的盈利模式进行了有效补充。江苏交广网[12]更是早在2004年开始了汽车后服务市场的第三产业发展。其中包括交广科技信息发展公司的成立、交广汽车用品公司、交广汽车美容装潢公司、入股通元二手车市场等。这一广阔的发展平台使得江苏交通广播网的产业发展呈现多元化集群发展的模式，一方面有效地规

---

[11] 《消费者行为与心理》，唐赤华 戴克商 编著，清华大学出版社，北京交通大学出版社，07年3月，第一版 第131-133页。

[12] 江苏广播网产业化经营现状参考：《媒介》2009年5月刊，《江苏交通广播产业链延伸启示录》涂有权，

避了广播单一经营的风险，突破了广告创收的瓶颈，也使得产业圈逐渐形成的情况下有效的稳固市场竞争力地位，树立全省交通广播的知名品牌形象。

二、交通广播广告节目化运营

由于体制不同，陕西交通广播开展了“广告节目化”的产业链模式的创新，成为交通广播第三产业发展的又一典范。于2004年7月陕西交通广播推出了以餐饮服务为定位的市场化节目《一品长安》。节目是频率的细胞，也可以针对受众的深层挖掘做价值延伸。《一品长安》节目从策划到推出仅一个月时间，以冠名、特约不同形式参与的商家不少于100家。在此，陕西交通广播更是及时推出餐饮会员营销制，将媒体资源与服务性进行了有效结合。品牌的魅力就在于让营销变得简单，营销的魅力就在于让销售变得简单。《一品长安》的整合行销使得节目的创收盈利达到600多万，连续三年成为陕西人民广播电台七套频率中广告吸纳量最高的节目。

的确，在住宅、汽车、教育、文化、通信、保健、旅行、度假等产品上，不同区域的受众会在优先次序以及重要性程度上表现出差异，但就思考的逻辑起点来看，这些重点的消费领域均可以作为交通广播提供相关增值服务的基点，深入挖掘和分析本地区听众的需求的层次和差异，有针对性地提供相应的讯息与服务，通过提供服务来创造价值。陕西交通广播相继推出的以房产家装为定位的市场化节目《我爱我家》；以汽车咨询、维修服务为定位的市场化节目《车世界》；以夜间休闲消遣为定位的市场化节目《夜西安》等，成为一条以受众为基础对产业链上游和下游的有效延伸。在广播市场化运作的今天，陕西交通广播的“广告节目话”给其他广播电台乃至其他媒介形式以思考和启示。[13]

---

[13] 北京、陕西、浙江地区交通广播产业化现状参考来源：《交通广播产业化模式浅探》，舒平、冯立农；

对新型交通广播产业链的思考

通过上述对目前交通广播产业链现状的回顾，结合打造新型的为受众提供全方位服务为理念的交通广播产业链目标，我们可以得出一些初步的结论以及新的思考：

一、听众构成的变化是打造新型交通广播产业链的主要动因

听众是二次交换中重要的中转因素，同时也是交通广播产业链延伸的根基和原点。无论是节目的市场化延伸又或是交通广播的价值链延伸都少不了“回归”源点。随着国内交通广播的专业化建设甚至是类型化广播的转变，听众由于自我诉求、生活方式、价值观念不同所形成的不同需求和消费倾向已经逐步在被交通广播消化和深入研究。基于此，精准把握驾车人士的需求领域和深层次挖掘他们的需求是思考和建设交通广播新价值链的逻辑起点。

二、整合营销的理念是新型交通广播产业链的背景思路

在信息过剩的时代，随着消费者对海量广告的接触而变得越来越精明。这便催生了新的营销模式，即“注意消费者”，以消费者为导向的新营销思维。整合营销的理念正是结合有限资源进行整合，加强与消费者之间的双向沟通，所以潜力无限。交通广播的产业链发展之所以被寄予厚望关键在于有一双火眼金睛能看到交通市场背后驾车听众的空白点。这块市场最可爱的地方在于它直到现在依然是初级市场，是传统广告模式下与时俱进的创新。顺延这条思路展开行销的步伐，针对消费者背后的空白市场抢先进入，就能取得巨大的成功，这是交通广播第三产业链延伸发展的魅力动人所在。

三、交通广播产业链有效增强抗风险能力

新的交通广播产业链，在经营上摆脱单一依靠广告的盈利模式，增强抗风险能力。毋庸置疑，多元化的产业运作在媒介竞争日益激烈的今天将最大可能创造增加收益、分散风险的双赢局面，是媒介自身生存和发展的必然选择，但是寻找目标听众生活领域中的关键要素作为提供增值服务的增长点，成为了考验电台运营智慧的重要因素指标。

四、管理和资金问题给产业链发展带来的困扰

当然，由于产业规模的不断加大，人员在短时间内急速膨胀。公司及人员的管理问题、资金发展问题都为产业链的延伸带来一定困扰。一方面对于扩散式的产业链中涉及到的服务业、汽车业等不同的行业，管理相对不成熟，把握不到位都给整体的发展造成影响。另外短时间的扩张需要足够的资金补充。同时投入产出比也是备受关注的话题。在广播产业链发展仍然存在这样或者那样问题的今天，管理和资金问题是不可忽视的。

新型的交通广播产业链，将会继续在纵横两个维度上不断深化扩展。纵向的维度体现在广播产业的垂直分解，包括市场调研、创意策划、节目生产制作、市场营销以及听众反馈在内的诸多环节均可以成为广播产业价值链的增值点；横向的维度则是本文立足的基点，以目标听众需求特点为导向，深入研究汽车、房产、教育、文化、通信、保健、旅行度假等产品领域，寻找可以与广播媒介相契合的运作模式，为目标听众直接创造价值，推动广播产业整体实力的增强。

（撰稿：黄彩虹、刘晓晖）

参考文献：

1. 《消费者行为与心理》，唐赤华 戴克商 编著，清华大学出版社，北京交通大学出版社，07 年 3 月，第一版 第 131-133 页。
2. 《交通广播产业化模式浅探》，舒平、冯立农，《新闻知识》，2008 年第 6 期。
3. 《交通广播发展历程与思考》，秦晓天 谢先进，《现代视听》 2007 年第 1 期
4. 《广播产业价值链探析》，丁钊 耿美婷 《今传媒》07 年第 11 期
5. 《广播产业价值链探析》，丁钊 耿美婷 《今传媒》07 年第 11 期
6. 江苏广播网产业化经营现状参考：《媒介》2009 年 5 月刊，《江苏交通广播产业链延伸启示录》涂有权，
7. 《交通广播核心竞争力的价值再造》，周俊杰，《声屏世界》2005 年第 1 期。

中国广播频率标杆研究报告（节选）

2008 年 7—9 月份期间，赛立信媒介研究公司组织研究人员在全国范围内的各类专业频率中选择了部分有代表性的广播频率进行深入研究，编写出《中国广播频率标杆研究报告》。以下为选摘其中部分标杆频率的分析内容，以飨读者。

湖北新闻综合广播：打造主流思想媒体

湖北新闻综合广播（AM774　AM1404　FM104.6）

2006 年 1 月 1 日开播，双频发射，分布全省各地 7 个调频广播，覆盖湖北全省。频率定位为新闻专业频道，突出新闻的主体地位，音乐、曲艺、文学以及双休娱乐板块穿插其间。实现 21.5 个小时普通话播音。

一、频率简介

湖北省广播电视总台新闻综合广播是湖北省 3 家主要新闻媒体之一，也是省内发射功率最大、唯一能够覆盖湖北全省的广播媒体，前身为湖北人民广播电台。该频率于 2007 年 1 月 1 日起全新改版，呼号为“声音记录时代，思想引领生活”。这是作为全省三家主要媒体之一的湖北电台由传统广播向现代广播转型迈出的重要一步，每天播出 21 小时 30 分钟，以早中晚三大主要新闻密集区为统领，以整点新闻快报和实时播报的新闻为主线，以背景解读和新闻谈话类节目为伸展，以文娱休闲类节目为补充，满足听众信息娱乐需求。

该频率改版后除保留原深受听众欢迎的《湖北新闻》、《全省新闻联播》等名牌节目外，还推出《百姓零距离》、《时事大家谈》及《网左网右》等新节目，七大新闻和资讯网节目以直播为主，整点新闻滚动播出。

二、收听市场表现

据 2008 年 9 月份湖北地区收听率调查数据显示，湖北电台新闻综合频率在全省的平均收听率为 0.13%，市场占有率为 5.3%，是全省范围内同类型频率中表现最好的新闻频率，在武汉地区同类型新闻频率中居第二位。

湖北电台新闻综合频率主要优势表现在早间 9:00，其收听高峰达到全省收听率的至高峰，在武汉地区也最具竞争力，连续 4 档的新闻节目《湖北新闻》、《转播中央台新闻和报纸摘要》、《新闻瞭望》和《时事大家谈（精华版）》在此时段表现最佳，全省整体排名排在前五甲的位置，均是全省和武汉地区同时段节目里排名数一数二的节目，其中《湖北新闻》以收听率 1.06%、听众占有率达 11.3%（2008 年 9 月份湖北全省数据）占据同时段的首位。

三、频率改版特色

湖北电台新闻综合广播改版后着重体现其主流思想媒体的目标，打造高质量的新闻节目，突出新闻主体地位，力求贴近民生，“新闻立台”是湖北新闻综合频率主要的核心理念，节目追求“更新，更快，更好听，更贴近百姓”，该频率的民生新闻，深入群众，大受好评。

1. 提高新闻播出量，节目编排更显合理化

新闻综合广播的这次改版，从量上看，有很大突破。在改版后全天21.5小时的播出时间中，新闻和新闻专题类节目时间由原来的5.5小时增加到9小时10分钟，占全天播出时间的42%。新闻评论类节目由原来的20分钟，增加到105分钟，占全天总播出时间的8.5%。同时，原来分散在全天各个时段的新闻性节目归并到早中晚三个黄金时段，形成了以早中晚三档新闻为骨架、全天8档整点新闻为延伸的大新闻网络。为此，湖北电台新闻综合广播压缩了3档广告热线专题节目。

节目编排上，改版后更显合理。一是从整体上调整节目结构，克服“零、杂、碎”且各个节目互为堡垒的缺陷，由全天设置的8档《整点新闻》，使“新闻”这条红线与各大板块紧密相联，一贯到底，突出节目的整体效应，同时根据节目内容加强节目与节目之间的协调性；二是及时收集听众反馈意见，边播边改，改版后该台将过去7:00早新闻中的国内外要闻和国际新闻时间位置后移，听众普遍反映不符合长期以来形成的收听习惯，新闻综合广播及时进行了调整，在早7点开始的20分钟湖北新闻之后，紧

接着是10分钟的国内外时政要闻《新闻瞭望》，从而使新闻综合广播的节目编排更加合理，布局更加规范，更适应听众需求。

2. 打造高质量的新闻节目，更贴近民生民情

节目内容上，新闻综合广播进一步定位为“内容质量为王”。新闻综合广播是湖北人民广播电台的延续，老电台原已培养了一批历久不衰的好品牌，现在不仅要保品牌，还要创品牌。为了丰富内容，争取听众，新闻综合广播贴近民生，创办一系列贴近老百姓生活的节目，节目播出形式也作了创新，《时事大家谈》和《百姓零距离》内容大都是与老百姓生活息息相关的问题，节目报道一些敏感的社会问题，根据内容需求适当请有关部门的负责人做客直播间，把问题落到实处，较受听众的喜欢，节目的参与度较好。

一个小时的新闻专题节目《百姓零距离》是一个热线直播节目，如何让听众参与到节目中来，使之收听节目的状态由“与己无关”转变到“与己有关”，互动环节的设置，解决问题落到实处，非常关键。该节目从开播以来就一直把老百姓的问题落到实处，真正起到为百姓排忧解难的作用。由今年 6、7 月间有关湖北大部分地区的干旱问题到 9 月初武汉地区高校开学而接连曝出多起“招生诈骗”案件到令农民闻之色变的“稻飞虱”虫害和最近为农民解决的“卖棉难、卖棉贱”的问题，《百姓零距离》特派记者深入了解民情，利用手机和互联网直接连线直播间反映现场等方法，事件反映后得到上级部门的高度重视和配合，问题都能一一得到完满及时的解决。目前该节目两部热线电话在节目进行过程中基本处于占线状态，想要打进来实属不易，为此节目又开通了短信平台，每天可收到听众参与短信多达几十甚至上百条，作为一个在省级电台播出的非娱乐节目，有这样的参与度，并不多见。

另外，《网左网右》这档紧贴时代与生活的新节目，开办这个新节目意图非常明确，就是为了对网络言论进行梳理、归整、批判和引导，承担起主流媒体匡正网络言论的政治责任。《网左网右》根据不同的网上讨论热点，适时调整播出形式，该节目形态较为新颖，播出后反响很好。如《网左网右》有一期内容为“网络婚姻”的节目，邀请了一位曾经有过网络婚姻经历的大学生，让他讲述自己的网络婚姻及其造成的不良影响，引导年轻人树立正确的人生观和爱情观，效果很好。

3. 注重组织大型系列报道，并将播出稿结集出版

这是延续湖北电台新闻宣传的一个比较好的做法，可以说是湖北电台新闻宣传的一个强势项目，也是在全国广播界享有盛誉的拳头产品。从1985年以来，湖北电台差不多每年推出一个系列报道，如《汉江行》、《长江行》、《可爱的家乡》、《情系大别山》、《湖北边界纪行》、《党旗下的报告》、《开放的大别山》、《'97三峡大行动》、《看襄樊》等。这些大型系列报道播出后出版发行，成为宣传湖北的系列丛书。《星期天特别节目》、《774直播室》《今夜不寂寞》等板块节目的先后开设，集新闻性、知识性、娱乐性和服务性于一体，熔听众参与、主持人引导为一炉，增强了节目的可听性和听众参与度，为广播宣传的发展开创了新天地。

四、品牌节目介绍

《百姓零距离》(周一至五中午12:00－13:00)：是一个新闻专题热线直播节目，节目取名《百姓零距离》，目标是与老百姓贴得近些再近些，“零距离”是节目追求的终极目标。与以往一些民生节目不同，《百姓零距离》剔除了传统的貌似贴近的新闻操作手法，即简单地走进百姓生活，复制式的传递百姓声音，把“零距离”过于浅显的表现为空间距离的贴近；而是真正地走进百姓内心，触摸百姓情感，实现由“空间贴近”向“情感贴近”转变，此举获得了“意料之外”的成功。

节目在栏目的设置上力求“实”。《百姓零距离》共设3个板块：“百姓话题”、“记者在现场”、“热线反馈”。“百姓话题”选择老百姓生产生活中近期遇到的共同问题来讨论；“记者在现场”是针对群众反映的问题，记者现场采访解决并同步直播；“热线反馈”则主要是针对听众投诉、咨询，分门别类，节目做到听众有投诉，节目有反映。为真正做到了解民情、反映民意、解决民难，节目专门开设了“记者在现场”栏目，“记者在现场”，就是记者必须走到投诉群众的身边，走到新闻事件现场，报道所见、所闻及所感。一个个“现场”，就是一段段为民解难的佳话。

五、广告经营

湖北省广播电视总台新闻综合广播主要采取自营为主的广告经营模式，其在2007

年暂获 3800 万的广告创收，被评为“2006—2007 年度全国广告行业文明单位”称号，同时于 2008 年 1 月荣获全国广告精神文明先进单位，这是湖北省级广播媒体中唯一获此殊荣的单位。该频率取得如此巨大的广告创收，归功于其全台上下打造清洁广播，创新广告经营的理念。

致力于打造清洁广播，办好听的广播。该频率下狠心、忍痛割爱适时进行节目调整，以损失广告收入 300 万元为代价，率先取消了“补肾壮阳”性产品热线，维护媒体的公信力和频率的权威形象。同时停掉了国家明令禁止播出的几种广告，还将早上收听人群处在高峰期的黄金时段 6:05—6:25 的广告热线专题停掉，还听众一片广播净地。湖北新闻综合广播着力打造清洁广播还广告良态发展的环境，换来的是收听率的大幅度提高。2007 年赛立信在湖北地区的收听调查显示：新闻综合广播的收听率由 2006 年在湖北地区排名第十位，攀升至排名第二。节目质量的提高，带来了收听率的提高。收听率的提高，带来的直接效应是品牌广告效益的提升。

同时对广告进行严格管理，规范经营。广告部设立广告审查员，实行三级审查审稿制度，即：广告审查员，广告部主任，频道总监。对每一个广告稿件，逐级审查签字，力求各项证照齐全，符合社会主义精神文明建设的要求，杜绝违法、虚假广告。

大胆改革广告经营体制。成立大客户服务中心，从调整广告结构着手，将医疗保健品专题统一经营，压缩削减医疗保健品专题。同时，成立品牌广告组，向社会招聘品牌广告业务员，着力吸纳品牌广告。

在经营模式上以服务为本，走广播广告的多元化经营之路，形成“广告经营+节目经营+活动经营”的多元化格局。广告经营上，在时段、价格、政策等方面向大企业、大资本、大品牌倾斜，吸纳到房地产、汽车、金融、电信、旅游等行业的广告；在节目经营上，加大植入式广告。加大节目的冠名，特约播出，联办等形式。在活动经营上 2007 年有新的突破。春联大奖赛是该频道开展了几十年的一个品牌活动，具有广泛的社会影响。新闻综合广播精心策划的精彩中国 2008—第 29 届春联大奖赛，与光明日报、搜狐网、中国华艺广播公司、中国盈联协会联合举办，共同打造春联大赛这个品牌。目前已吸纳到武汉较大的房地产商“人和天地”的总冠名和招商银行、中百仓储、金福新珠宝的冠名和协办单位。

广东电台音乐之声 ：着力打造广播音乐频率品牌

广东电台音乐之声（FM99.3　AM999　FM93.6 FM96.8）

1991 年 1 月 23 日开播，覆盖珠江三角洲及广东省内主要城市。频率定位为音乐专业频道，突出欣赏性和娱乐性。24 小时全天播出，双语（粤语、普通话）播音。

一、频率简介

广东电台音乐之声是全国第一家音乐专业频率，其覆盖范围除广东省及港澳地区外，还包括湖南、江西、福建、广西、海南等省周边地区，覆盖人口 7200 万。

音乐之声怀着“开创广播音乐新模式”的信念，以“音乐、娱乐、时尚、年轻”为宗旨，其节目在突出欣赏性、娱乐性的同时，兼具娱乐新闻、体育资讯、社会生活等各类资讯，务求节目多元化，系列地满足广大听众日趋求新、求美的高品位听觉享受，努力打造高品味、全方位的专业音乐电台。在音乐类节目的编排方面，该频率采取的是古典音乐、最新的流行音乐多种风格兼容并包，是一个全方位的音乐专业频率。

二、市场表现

音乐之声牢牢占据着在广州地区市场的主导地位，其综合竞争力长期高居第二、三位，市场份额超过 10%，是同类频率中竞争实力最强的频率。在珠江三角洲，乃至广东省范围内，音乐之声的收听率均高居第二位，仅次于珠江经济台，在珠江三角洲的市场份额是 7%，全省范围内更高达 10%。

音乐之声在早上 8:00 左右、上午 10:00 之后、中午到午后 14:00 左右以及晚间 21:00 前后等时段打造了多个收听率高峰，其中在中午及晚上时段的竞争优势更为明显。

音乐之声一直锁定 50 岁以下的中青年听众群，其听众群不乏高学历、高收入的听众群，在私家车听众中也较具竞争力。音乐之声较为注重节目的时尚性，在30岁以下的青少年听众中相当受欢迎，适时的节目更新，更是长期有效保持了在听众心目中青春、健康、活泼的良好形象，有效保持着在主体听众群中的高满意度水平，在青少年听众群中的市场占有率超过30%，为音乐之声保持高收听率奠定了坚实的基础。

三、频率特色

广东电台音乐之声一直致力于培育凸显频率定位和特点的新版节目。该频率音乐节目的累计收听率超过10%，贡献率超过70%，强化了音乐专业频率的定位。

1. 为听众提供一个全方位的音乐频率

广东音乐之声锁定的听众群是50岁以下的中青年听众，这一部分的听众群在收听需求上都有一定的差异。为能够满足他们各自的收听需求，音乐之声根据各时段的听众群特点及其收听习惯，分别在不同的时段安排了不同的音乐节目——

时间段	听众群特点及其习惯	节目名称及节目内容
早上	以30岁以上听众为主	《美丽早晨》：主要播放各类民族音乐、古典音乐为主
上午	以40岁以下的上班族为主	《从音乐出发》：以轻快的音乐为主，较多为经典的流行音乐
中午	听众面较广，收听广播的目的以休闲娱乐为主	《9+2音乐先锋榜》：是一个流行歌曲排行榜，介绍最新、最动听的音乐
下午	户外收听较多，以职业司机、商业服务人员等为主	《音乐发生SHOW》：各色的音乐，不拘一格，较多为经典的流行音乐
晚上	大多看电视，但仍然有一批忠实听众欣赏音乐	《古典纵横》：古典音乐，欣赏性相当强

“音乐至尊，娱乐领先，音乐立台”是音乐之声立台的理念，除了音乐节目以外，音乐之声还在中午和傍晚的重要时段设置了《天生快活人》、《美食地图》、《菲阅人生》等娱乐、资讯节目，以满足听众对休闲娱乐之需求。

2. 打造品牌节目和品牌主持人

音乐之声与国内各大唱片公司、各演出团队、演出场所结成合作联盟，通过各类的活动打造了不少品牌节目与品牌主持人。经过多年的培育，音乐之声拥有的品牌节目达十多个，包括《天生快活人》、《9+2音乐先锋榜》、《古典纵横》、《音响世界》、《美丽早晨》等，林颐、潘多拉、秦海菲、赵毅敏、马莉等大多都是知名度相当高的主持人。音乐之声是广东地区品牌节目、知名主持人最多的频率之一，为保证音乐之声在全省的竞争力奠定了深厚的基础。

3. 树立频率的品牌专业形象

广东电台音乐之声的目标听众群是50岁以下、高中文化程度以上的各阶层的音乐爱好者。基于此，音乐之声提出了“音乐、娱乐、时尚、年轻，为广大听众提供各类音乐”的功能定位，从上述节目编排的情况，我们已经可以看到这点。

同时，频率还以“MUSIC FM993”这种简要的呼号来凸显频率的特色，为了使“MUSIC FM993”深入人心，音乐之声每隔10分钟就会进行一次频率呼号的宣传，每个节目的开始，也规定主持人必须先推出频率的呼号。如此一来，频率的整体形象就深入民心，让更多的听众知道音乐之声、知道“MUSIC FM993”。据赛立信在广东省内进行广播频率知名度调查数据显示，广东电台音乐之声的知名度仅次于珠江经济台，居第二位。在广东电台音乐之声的听众中超过50%能够准确的说出频率呼号。

4. 通过各类活动打造节目和主持人的品牌

“造势”就是电台利用各界的资源为本频率或者节目进行宣传，达到树立品牌、扩大影响力的效果，音乐之声在“造势”方面做得比较成功，特别是依托各种活动进行节目和主持人的品牌宣传。

音乐之声每一个品牌节目都会派生一些品牌的活动：例如，《古典纵横》派生的一年一度直播《柏林除夕音乐会》、《维也纳新年音乐会》的品牌项目，每年的元旦都会越洋直播维也纳新年音乐会。自2000年推出以来，深受广大古典音乐爱好者的喜爱，为有所突破，经过精心策划，从2004年开始，音乐之声以创新之举将直播室先后搬到了广州市上下九文化广场和北京路步行街名盛广场进行现场直播，派往维也纳直播现场的主持人与文化广场直播现场的主持人直接交流对话，同时音乐会现场实况通过大屏幕实时播出，使欢聚在上下九文化广场和北京路名盛广场的数万名乐迷第一时间欣赏到了来自维也纳新年音乐会现场的精彩。《美丽早晨》节目培育的品牌活动《经典老歌会知音》，针对中老年听众，策划组织了一系列的歌会，为扩大这一活动的影响，今年六、七月分别举办了“‘人间有爱’诗歌朗诵会”、“七一云山歌会”，吸引了众多的中老年听众参加。

5. 保持节目给听众的新鲜感

广东电台音乐之声较多的品牌节目都经历了数年的培育与历炼，但经过数年，这些节目依然在听众中相当受欢迎，主要　于其一直注重增强听众对节目的新鲜感。

《天生快活人》刚过了十一周年的生日，虽然节目时间较长，但依然是青少年相当喜爱的娱乐节目，该节目依托“流行前线直播室”进行现场直播，配以节目娱乐性、互动性的内容，使节目和受众、主持人与听众有了更多的交流和互动，使节目开办至今仍有不少青少年听众的FANS，更是广东广播市场听众知名度最高的娱乐节目。近期，主持人林颐更是请来了以往青少年相当熟悉的知名主持人——罗杰、郑达、何浩鹏到节目的直播室，与听众谈心、互动。

除了形式以外，音乐之声还注意不断丰富节目的品牌内涵，如《9+2音乐先锋榜》，其前身是广东电台创办的《广东创作歌曲“健牌”大奖赛》，经过18年的风雨历程，从《广东新歌榜》到《广东广播市场新歌榜》，2004年改名为《音乐先锋榜》，到泛珠三角概念提出后，改名为《9+2音乐先锋榜》，与泛珠三角11省区的广播媒体强强联合，不断提升自身实力，扩大影响力，做大做强，满足各地流行音乐爱好者的收听需求，节目的收听率稳居前茅。周末的《音响世界》，从音乐之声开台就有，历经数次频道改版而一直延续至今，节目名称没改，节目时间也没多大变化，而内容和形式却不断更新，节目的目标听众群仍然是音响爱好者，主要是音响唱片和器材的欣赏与介绍，不过每期节目都紧紧的抓住当时的热点，最新、最超值、最HEAT的音响器材介绍，还有与音响有关的边　话题，如老婆与音响的关系等幽默话题。节目还特邀一些资深的行家、玩家一起畅谈音响，这一系列的更新和尝试，使节目成为音乐音响发烧友的至爱。

6. 坚持办“看得见的广播”，缩短广播与听众的距离

早在1999年，该频率就成功推出了全国第一个全数码户外直播室——“流行前线”名店城直播室，开创了办“看得见的广播”的演播模式。截至目前，该频率已经拥有“海印广场直播室”、“流行前线直播室”、“东川名店运动城直播室”等三个全数码户外直播室。其中“流行前线直播室”是国内第一个全数码及至今寿命最长的户外直播室，也是音乐之声办得最成功的“看得见的广播”，其成功点在于：第一，选点正确。这个直播间选择在流行前线——广州地区最多青少年逛街购物的地方，每天青少年流量相当大；第二，做的节目与听众群吻合。直播间做的节目是《天生快活人》，是一个针对青少年听众的娱乐节目，与直播间所在地的消费群相当吻合；第三，节目播放形式符合当地消费群的习惯。该节目是一个互动节目，鉴于青少年是一个相当接受新鲜事物的群体，可达到很好的互动效果；第四，主持人打造成功。节目主持人——林颐一直以“快活人”自居，出唱片、开演唱会，在青少年中知名度骤升；第五，广告宣传力度充足。直播间外还配有很大的户外宣传广告，使节目的宣传面更大、更广。综合以上种种因素，《天生快活人》这个节目每天都有大量的忠实FAMS。

户外直播室是很多听众了解广东电台音乐之声的窗口，通过户外直播室了解他的听众比例接近20%，该比例也是远高于其他电台频率。

另一方面，该频率还是华南地区最具活力的电台，长期举办各类演出活动，影响力最大的当数每年一度的《中国音乐先锋榜颁奖演唱会》，这些活动也吸引了听众对该频率的持续高度关注，提升了频率品牌影响力。

在奥运会结果前一天——8月23日，音乐之声在北京举办了“北京奥运会举办成功庆祝会”，当时邀请了姚明等运动员一起庆祝，不但在北京影响力较大，在广州也有不少听众收听节目的直播。据当时的调查数据显示，其知名度高达49.3%，其中当天收听庆祝会直播的听众达96.3%，当天音乐之声在广州地区的收听率跃升至第一位。

四、品牌节目

《9+2 音乐先锋榜》(周一至五早上 10:30—12:00，周末 10:00—12:00)，是一个流行音乐排行榜节目。节目一直以推介时下最新最潮的流行音乐为己任，周末设有流行音乐排行榜小栏目。该节目是由本地主持人联同新城电台主持人一起主持。

该节目原为《音乐先锋榜》，后提出泛珠三角概念以后改名为《9+2 音乐先锋榜》。

节目每年都举办“音乐先锋榜”的颁奖活动，颁奖活动会在广州、佛山等多个地区一起直播。同时，在不同的时候，节目还会在泛珠三角地区进行群英会的活动，今年 9 月和 10 月分别在中山和佛山两地进行了一场“音乐先锋榜群英会”，吸引了当地相当多的听众，也使该节目在珠三角地区具有较高的知名度。

五、活动营销，服务听众

音乐之声每年都举办许多活动，今年自年初开始就举办了近三十个大型活动，大部分是由节目延伸出来的品牌宣传活动，为提升频率及其节目起了很大的促进作用。以下是音乐之声举办的主要活动——

表：1.10.1 广东电台音乐之声活动一览表

日期	节目	活动
1月1日	—	广州联通 2008 元旦盛会
1月1日	《古典纵横》	MUSIC FM 与维也纳的第八次约会
1月1日	《古典纵横》	越洋直播 2008 维也纳新年音乐会
1月11日	《星 CLUB PARTY》	星 CLUB PARTY——胡彦斌广州见面会
1月16日	《9+2 音乐先锋榜》	9+2 音乐先锋榜 07 年度总选新人拉唱会
1月18日	《星 CLUB PARTY》	星 CLUB PARTY——何洁广州见面会
1月19日	—	广东电台 2008 新版节目推介会
1月20日	—	广东电台音乐之声新版节目推介会
3月11日	《9+2 音乐先锋榜》	《9 + 2 音乐先锋榜》2007 年度颁奖典礼
3月27日	—	“绿色奥运，生态白云”环保公益行动
3月30日	《星 CLUB PARTY》	星 CLUB PARTY——曹格广州见面会
4月18日	《星 CLUB PARTY》	星 CLUB PARTY——王栎鑫广州见面会
5月7日	—	2008 广东电台喜迎圣火
5月15日	《唱响奥运》	唱响奥运——关智斌广州见面会
5月19日	—	《川粤同心，众志成城》广东省抗震救灾义演
5月19日	—	《抗震救灾，相约湛江》大型赈灾活动

5月30日	—	广东音乐人暨演艺界支援四川灾后重建义演
5月31日	—	“为了灾区的孩子”爱心慈善晚会
6月12日	《美丽早晨》	经典好歌会知音“人间有爱”诗歌朗诵会
6月12日	—	“爱的奇迹”情满南方手牵手微笑大行动
6月13日	《唱响奥运》	唱响奥运—关心妍广州见面会
6月22日	《星CLUB PARTY》	星CLUB PARTY——李宇春广州见面会
6月23日	—	“6•26国际禁毒日”文艺晚会
7月1日	《美丽早晨》	美丽早晨-经典好歌会知音“七一云山歌会”
7月13日	《9+2音乐先锋榜》	音乐先锋榜群英会暨唱响奥运金牌音乐会
7月18日	—	纪念改革开放30周年系列活动启动仪式
8月16日	—	“拥抱绿色奥运，呵护蓝色海洋”放生仪式
9月21日	《9+2音乐先锋榜》	音乐先锋榜群英会（中山站）
10月2日	《天生快活人》	《天生快活人》十周年“林颐搞唱会”
10月15日	《9+2音乐先锋榜》	音乐先锋榜群英会（佛山站）
10月	—	广东电台音乐之声寻找美丽女主播2008

六、广告经营

广东电台音乐之声的广告经营模式主要以频率自营为主，辅以行业广告代理。主要投放于通信、汽车、金融、商业、饮料为龙头的行业品牌广告。广告年收入在4500万元左右，在广州地区位居次席，仅低于广东电台交通之声。

广东电台交通之声：抓住流动听众群做好汽车广播

广东电台交通之声（FM105.2）

又称“羊城交通台”，1993年7月30日正式开播，24小时全天播放，频率定位为广州及珠江三角洲听众提供交通信息和相关服务的专业频道，现已经覆盖粤北、粤西地区。播出语言为粤语。

一、频率简介

广东电台交通之声是广东省内覆盖范围最大的交通频率，该频率以“报道交通、疏导交通、服务交通”为办台宗旨，积极宣传广东、广州有关交通职能部门的各项工作，及时反映市民对交通建设、交通管理的意见和建议，共同构建广东、广州和谐交通。2007年广告创收7600万，自2004年开始，连续四年位列广州地区单频率广告创收之首。

广东电台交通之声以路况交通信息和交通特色的音乐、娱乐名牌节目为主打，兼容新闻、生活资讯、汽车资讯、体育资讯等内容，借助与交警、交通、路政、市政等职能部门的紧密合作，该频率每15分钟播出一次交通消息，并随时插播各类突发路况信息。在多年的发展中，广东电台交通之声已经形成了一系列具有竞争力的品牌节目，《朝朝早，精神好》、《有车有得挥》、《报料幸运星》、《日日好帮手》、《大吉利车队》等分别是新闻类、服务资讯、娱乐类等节目的代表。

二、收听市场表现

广东电台交通之声的收听率在广州地区，乃至珠江三角洲地区一直位居前三位，是广东电台旗下的主力频率之一。据赛立信2008年9月份广州地区收听率调查数据显示，广东电台交通之声的平均收听率为0.58%，市场占有率为13.2%，居第二位，仅次于珠江经济台。2008年6月份的广东全省调查结果显示，广东电台交通之声在珠江三角洲的市场占有率接近6%，居第三位，比去年同期上升了45%。

广东电台交通之声是广州地区，乃至珠三角地区最多流动听众收听的频率，据2008年9月份广州流动听众的调查数据显示，该频率在流动广播市场中的市场占有率达60%以上，目前已发展为华南地区影响力最大的交通专业频道。成功的吸引了一批年龄在20—49岁之间、月收入在3000元以上的“三高”听众。

近年，广东电台交通之声在收听率走势上一改以往早午晚逐渐回落之势，除了保持和强化了在早上、上午的收听率高峰之外，还成功开发和继续巩固着傍晚时段的高峰时段，并且在下午和晚上时段的表现也有明显起色。

三、频率特色

广东电台交通之声在珠三角地区能够有此优势，定位准确、特色鲜明是最主要的原因之一。

1. 通过收听习惯看需求，确定合理的定位

广东电台交通之声定位于流动广播市场，节目编排紧紧围绕着驾车人士的收听需求。基于这点，他以“着眼于路况服务”作为节目经营方针，时刻为听众提供最新的路况报道，交通之声与广东、广州交警已经建立了多年的合作关系，拥有广州市路面信息监视系统的副控，在直播室足不出户就可以快速、准确地发布路面交通信息，一直站在交通最前线，并已经成为广大驾车人士信赖的“交通指导员”。交通消息是交通之声主打的交通节目，7: 00—24: 00每15分钟播出一次，版面编排密度高，分别有《极速交通消息》、《1052路路通》、《站在交通最前线》等短小的交通消息节目，这些节目的到达率均超过10%，深受广大驾车人士的喜爱。交通信息的涉及面以广州地区为主，同时还能够及时报道广东省内主要高速公路出现的特殊情况。

另外，广东电台交通之声的定位已不仅局限于“交通”，而是从交通需求转移到“车主”需求。路况信息只是车主需求其中的一个方面，车主的汽车生活是一个非常丰富多方面的世界，车主还有各种各样的需求。在2006年11月举办的“收听率数据&广播经营管理论坛”上，广东电台前副台长李东先生说：“汽车——它是一种生活状态，如果把我们的汽车仅仅理解成为一种代步的工具，是很狭隘的。它不仅代步、还休闲，还延伸了人的生活半径，让人享受到了过去不可能享受到的生活。那么既然是生活状态，路况服务只是汽车电台里面很小的一部分内容。”

因此，广东电台交通之声不能仅仅着眼于交通信息，而应该关注汽车听众的多元化的需求。于是，他增加了与汽车或车主相关的音乐元素、新闻元素和资讯元素。其中音乐类节目占交通之声全天播放时间的19%，节目贡献率也高达16.1%。

2. 定位吻合，紧抓流动广播市场的黄金时段

合理的定位是一把利剑，关键并且实用。交通之声抓住驾车人士的共性需求做文章，环环相扣，成功实现了现实听众群与目标听众的准确接轨。

听众的反馈最能反映事实，也便于发现问题。赛立信公司曾经专门在广州地区做过一项调查，让受访听众根据调查者提供的呼号，选定其心目中与呼号描述最为接近的电台频率，以此验证频率呼号定位与听众心目中的形象是否吻合。调查数据显示，在听众心目中，“宣传交通，服务交通，一切围绕交通”这一呼号定位与广东电台交通之声最为相符，可见广东电台交通之声在听众心目中的形象与该电台的定位完全吻合。

交通之声的节目编排是在深入了解驾车人士收听习惯的基础上拟定。根据驾车人士的收听习惯，驾车人士收听广播的时间主要是在车上，上午 8:00—10:00 和傍晚 18:00—19:00 则是流动广播市场的黄金时段，在这些时段上，交通之声分别安排了《朝朝早、精神好》、《大吉利车队》、《有车有得挥》、《报料幸运星》等汽车资讯、娱乐节目。从而保证了这些时段的收听率基本维持在 1.0%左右，构建了交通之声在这些时段的优势地位。正因为这些节目均符合流动听众的收听口味，因此这些节目的听众占有率均在 15%以上，是同时段听众占有率靠前的节目。

3. 把握汽车听众的心理，节目体现资讯性和服务性

广东电台交通之声的目标听众包括出租车司机和中、高端的移动人群，在其节目设置上充分考虑了这些移动人群的切身需要和出行需求，力争让其感到贴身、贴心。在上下班的时候，除了交通消息，交通之声还安排了简明新闻、天气预报、突发事件报道等，让人们在上下班的路上可以了解各类新闻时事、天下各事，件件清晰；在非繁忙时期，则设置了与交通、汽车有关咨询、投诉节目，为驾车人士搭建了一个与政府相关部门沟通的平台；同时还设置了点歌、传情等节目，让汽车听众在获得资讯的同时还得到娱乐的享受；针对现时节假日自驾车外出游客越来越多的状况，交通之声在这些时期的节目中加强了报料和查询的互动，听众可根据需求发短信询问交通，也可通过电话报料，甚至询问行走路线等，这些都为听众提供了很大的服务性，也受到汽车听众的欢迎，体现了“服务交通”这一定位。

4. 紧抓突发事件，扩大频率影响力

交通广播会面临很多的突发事件，广东电台交通之声能够紧抓这些突发事件，扩大频率在社会的影响力。例如今年年初的雪灾，交通之声在雪灾期间组织了两次大型的募捐活动，获得社会各界的支持，广大听众的积极响应，短短半天就筹集到大量的捐款和物品。据调查显示，广州地区超过一半的听众知道交通之声举办的这个募捐活动。在这段时期，交通之声以20%的比例居最常收听频率之第二位；在年初一举办的“四海一心贺新春”节目，平均收听率达0.54%，市场占有率为12.8%，居第二位。通过这些活动，广东电台交通之声大大扩大了频率的影响力。

5. 整合各色资源，达到品牌延伸的效果

借鉴了其他交通广播的经验，交通之声也于去年筹建了汽车俱乐部，该俱乐部采用股份制的方式，由广东电台和台外一家私营公司合作经营。公司在整合交通之声现有的各色社会资源，为广大听众和车主提供一站式管家服务。目前首要的工作是发展会员和组织自驾游，交通之声去年分别组织了两次自驾活动——“到梅县农村捐建路灯”和“一路畅通游美国”，通过这些活动，不但提升了听众对交通之声的忠诚度，使更多的听众知道交通之声、了解交通之声，更引起了广告公司的关注和促成合作。提升了广东电台交通之声的社会效益和经济效益，达到品牌延伸的效果。

四、品牌节目介绍

《大吉利车队》（周一至五上午10:00—10:30、傍晚18:30—19:00）：是一个广播小品。节目的内容主要是当时热点话题，将当天最新鲜的新闻、时事通过四位剧中人物银幕剧的方式演绎，针砭时弊，轻松、幽默、搞笑，在嬉笑怒骂中谈论现时的社会现象，让听众在娱乐中得到启示。

该节目长期稳居广州地区收听率排名前列，最高收听率达2%，广受听众的欢迎，是广东电台交通之声的皇牌节目。

在产生节目品牌影响力之后，交通之声还通过跨媒体的联合发展，让这一节目的品牌影响力得以延伸，目前不但出版了CD，而且还制作成动画和真人电视在广东电视珠江台播出，同时制作出版漫画书。该节目是广播节目多渠道宣传节目品牌影响力的典范。

五、广告经营

广东电台交通之声在10年前就开始广告代理制的运作，从多家公司综合代理发展到多家公司分行业代理，参与的公司从3家发展到10家。为避免各代理公司之间或者频率与代理公司之间因利益而产生的争执，交通之声实施广告公司分行业代理，鼓励广告公司术业专攻、细分市场、找准主攻方向，在政策上对弱势行业予以适当的倾斜，让各代理公司在各自的领域中做深做专。

广东电台交通之声每年都进行产品设计、拟定价格策略、行业主攻方向，平时配合广告公司制作广告策划方案，起到指引和服务的作用。

经过10个年头的广告代理制和频率自营，交通之声不但广告创收不断攀升，年广告收入已经达到7600万元之巨。从2004年开始是广州地区单频率广告创收之首。同时广告结构也不断得以优化，现已经形成以汽车、地产、金融、商业为龙头的广告投放，彻底杜绝医药类坐台节目。

浙江电台交通之声：FM93 一个频率听到底

浙江电台交通之声（FM93.0）

浙江电台交通之声是1998年1月1日开播的交通专业电台，全天24小时现场直播，调频FM93同频覆盖全省，主要定位是车上移动人群，经过几年的发展，浙江电台交通之声现已成为浙江广播乃至全国广播发展的标志。

一、频率简介

浙江电台交通之声（FM93.0，以下简称“交通之声”）由原浙江人民广播电台和浙江省公安厅交警总队创办，调动社会资源第一时间向公众提供援助应急直播报到的广播方式，开创浙江广播先河。开播之初确立以“出租车驾驶员为收听服务对象”的节目定位，围绕“交通专业、信息立台、定位司机”对节目进行战略性大调整，2003年，交通之声确立以“中高档私家车车主为收听服务对象”的节目定位再一次对节目进行调整。2005年9月28日创办国内首家股份合作制广播——黄山交通旅游广播，以青春勃发的形象成为黄山动态空间的新锐媒体。它是一家探索广播跨地区联合、跨媒体联合、股份制经营、网络化办台、跨省股份合作的广播频率，其发展模式引发关注。

交通之声的自办节目14个，节目以交通咨讯为主线，以交通专题节目为骨架，以音乐为底色，以突发事件报道为亮点，以各种活动为陪衬，为车上移动人群带去最新最快的交通信息、新闻咨讯和娱乐的愉悦。

二、收听表现

赛立信媒介研究公司2005年在浙江省五大城市——杭州、绍兴、宁波、温州、台州的收听市场调查数据显示，交通之声拥有稳定听众2100万。而最新2008年9月份数据显示，交通之声在杭州地区的市场占有率接近10%，是同类型电台中表现较为优势的交通电台。

该频率全天收听曲线表现稳定，出现多个收听高峰，分布在早上10: 00前、18: 00—20: 59和22: 00后等多个时段，合计约达8个小时。

三、频率特色

交通之声以其“报道交通、服务大众”的宗旨，随时插播最新最快的路况信息，除了报道杭州地区的交通路况外，更以其覆盖全省的优势，报道全省内的高速公路和国道的交通路况，大大方便了车上收听群的收听，得到了众多了流动听众的认同。

1. 定位变更，掌握优势，开创新的交通频率

交通之声由定位“司机”到“私车车主为服务对象”的转变，对节目进行了较大的调整，交通信息突破主要报道杭州地区交通信息为主的思路，以覆盖全省的优势，做到“FM93一个频率听到底”。这就是说，无论在全省哪一个城市哪一条高速公路或国省道上，只要把广播频率调到FM93兆赫均能收听到交通之声的广播，可以说，这是中国广播史上的首例。

2. 把握广阔的汽车市场，强强联合

交通之声其主要收听对象是驾车一族和坐车一族，收听场所主要是在车上。以浙江省为例，每月要新售三万多辆汽车，这就意味着每月要出售三万多台收音机，这与电视机相对滞销对照，广播的车上市场十分广阔。交通之声在省内主要城市移动人群的收听率高达98.2%，在杭州地区收听到达率达到了100%，远远高于其他广播电台。在高速公路国省道行驶的车上收听率更高，特别是遇上雨雾等恶劣天气，交通之声发布的信息尤其受到听众的欢迎。正因为如此，许多知名品牌如金奥康、伊力特曲等本着投十家不如投一家的广告投放理念，对交通之声情有独钟，不断加强合作力度，如此强大的品牌广告投放效应同时也活跃了交通之声的品牌效应。

3. 多个安全温馨提醒，实时呼叫服务中心贴心服务

各个时段多次插播高速公路安全行使的温馨提示，如：雨雾天气，小心按车道行使、请注意安全、司机们不要打瞌睡等，在收听该频率的过程中实时提醒各大驾驶者注意安全的小插播确实是做到非常的到位，也得到了听众的喜欢。交通之声将构筑服务型广播为目标落到实处，有别于其他交通电台的短信平台，由浙江省广播电视集团与浙江交通旅游传媒有限公司共同兴办，注册资金 500 万元人民币成立 96093 呼叫服务中心，为全省听众、广大车主提供优质高效的汽车及生活服务，车主们可以拨打 96093 快速查询全省路况信息，同时依托群众为电台提供丰富的路况信息、新闻线索等。

四、品牌节目介绍

《有理走天下》(周一至五 8:00—9:00)：是交通之声重点主打的一档解决交通问题的咨询投诉节目，是由交通之声与省政府纠纷办联合推出的交通类专业节目。从 1998 年创立以来，已有 10 年历史。该节目注重以理服人，在给司机带去交通专业知识的同时，还给司机特别是出租车司机这个弱势群体一个投诉的平台，被管理者和管理者享有同等的话语权，在这个节目里得到充分体现。

《有理走天下》有两个主持人：阿巍和小巍。阿巍，一个已经主持了 8 年《有理走天下》的主持人，熟悉交通，了解法规，面对各种反映能迅速抓住问题本质，分析事理。运用法规知识及时作出判断，帮助交通人维权。专业权威公正客观自成风格。在听众心目中早已经树立起“客观公正”的形象。因此，节目中，他就是“公正”、“法规”的代表。而小巍则是司机的代言人。她活泼开朗，风趣幽默，经常设身处地为司机考虑，无论是面对交警，还是面对运管部门工作人员，小巍始终站在司机的立场上，或“捶胸顿足”的替司机痛心，或“情绪激动”地为司机争辩。有时候还批评嘲讽。嬉笑怒骂皆成文章。

2006 年 7 月，《有理走天下》进行了大改版，时间由半个小时增加至一个半小时；将下午的精品栏目，由小巍、一帆主持的《小巍有话说》纳入其中，使这个法制节目也有了娱乐的元素；在节目形式上又大胆尝试现场连线相关主管部门，让听众朋友的

热线能够在第一时间得到解决。

《有理走天下》以服务维权得到听众的喜爱，以法规宣传得到部门的重视，以专业有理，让人感受权威，以辛辣讽刺让人感受力度。在杭州地区，该节目始终能以超过1.00%的收听率和15%的听众占有率领先，是同时段内播出节目中最高的，表现突出。

五、广告经营

交通之声广告创收列全省广播首位，2004年广告创收突破4500万，远远超过台内其他广播频道，2007年更以7200万的广告创收保持浙江第一创收的冠军位置。据了解，从2002年起交通之声已经连续三年成功举办了品牌广告的拍卖，这也是浙江广播史上的创举。

1. 分行业代理拍卖广告，实现广告创收

交通之声采取自营与代理并行的模式，“统一管理、分散经营”的模式。在巨大的自营广告压力下尝试着对广告业务进行了分行业代理拍卖，将全台的广告客户划分为几个行业，按照各行业广告收入不同，设立数额不等的底价，然后由出价高的代理公司获得该行业的广告代理权。而交通之声的品牌广告拍卖会，开创了浙江省广播电视广告市场拍卖的先河，被誉为“浙江媒体广告第一拍”，其中最为热门的三大“标的”分别是整点报时特约广告、交通信息特约广告、以及随机路况插播广告。交通之声的分行业代理广告拍卖取得了成功。

2. 合理的广告编排，避免听众的烦躁情绪

该频率目前采用的广告投放方式主要有整点报时、半点报时、随时路况插播、特约广告等形式，另外还有对现场直播的冠名赞助。在广告的制作上也充分考虑到了频率的整体风格特征，半小时内同一广告内容15秒以上（含15秒）插播不得出现两次以免对于一个时段连续播出的广告会给听众带来反感。在广告与节目编排上，在整点前后的两档节目之间均穿插音乐或者安全温馨提示，有效缓冲了听众连续收听广告的烦躁情绪。

福建电台都市生活频道：天天都快乐

福建电台都市生活频道（FM98.7　FM101.5）

福建电台都市生活频道于2000年12月18日开播，是福建广播影视下属都市电台，也是发展最快的电台。福建都市生活频道频率福州调频98.7兆赫，泉州、莆田、厦门、漳州调频101.5兆赫，覆盖全省经济发达地区，覆盖人口占全省的2/3，经济总量占全省的3/4。

一、频率简介

福建电台都市生活频率（FM98.7，以下简称“都市生活频率”）自开播以来，不断探索市场规律，成功经营发展，以时尚、独立、创新的风格确立城市实力电台的超强地位，并成为福建广播界的旗帜。经过长期努力，该频率的市场表现迅速达到强势效果，在收听市场上保持着强大竞争力，综合竞争力迅速增强并高居第一位，汇聚了前所未有的人气，占据了最有影响力的主导地位。

都市生活频道节目求新求变，风格轻松活跃，节目形式不拘一格，始终最快把握都市的节奏和脉搏，捕捉生活热点和亮点，刷新市民听觉。该频率每年春秋两季改版，新节目频频推出，不断聚焦市民关注。该频率面向都市圈消费意识强、消费能力旺盛、追求时尚的中青年听众群，进而倾向有车一族，在节目编排上涉及都市生活相关的各类服务咨询、新闻、音乐、娱乐、游戏、影视、汽车文化、交友等多方面内容，兼容实用性与新潮特色。其中，该频率在上午和下午分两版播出的《何东说报》获得“福建省首届新闻名专栏奖”，同时还推出《都市早餐》、《阿矿直播》、《速度生活》、《城市私家车》、《越生活越快乐》、《全民开考》等一批广播名栏目，成功打造何东、阿矿、小雨等名主持人。

二、收听市场表现

经过长期用心打造，该频率在福建主要城市地区的竞争力也强势居于主导性地位，在福州地区广播市场上更是跃居榜首位置，且领先第二名的优势较为明显。由收听率、占有率、到达率等整体性指标来看，该频率听众忠诚度高、收听时间多且长。

该频率成功开拓出多个收听率高峰时段，分别遍布于早上 7:30 左右、上午 9:30 前后以及 17:00—21:59 时段，合计约达 5 个小时，另外在收听率普遍偏低的午后时段也保持着最强的竞争力。

该频率的现实受众群体显得更为宽泛，他们年龄聚集在 15—50 岁之间，整体更倾向于年轻化，35 岁以下听众所占比例接近 70%；在职业分布上，该频率拥有较多公司企业白领听众、普通职员、青年学生群体，在工人、家务劳动者等听众群中也有较强影响力；另外在有车一族、都市流动听众群（商业、交通等也有较好表现）。有效到达频率的预期目标听众群。

三、频率特色

都市生活频道围绕“都市生活”展开，注重营造轻松、活泼、明快、时尚的频率风格，节目片头做足了功力，节目内容以服务都市生活为核心，新颖、富有创意，广告的内容风格和频率风格也可以达到融合一致的效果，为听众带来放松听觉的效果。

1. 清晰合理的听众锁定

一个特色鲜明的专业频率，最重要的就是要有清晰的目标听众群。作为都市生活类专业频率，都市生活频道很好地做到了这一点。该频率的目标听众群锁定是相应于“都市生活”的，具体来说就是突出“活力”。围绕活力，它的目标听众群就应该是青春的、激情的、时尚的、精力旺盛的，并进而与目前我国广播主体听众群更贴近一步，以满足听众不同的收听需求为切入点。同时基于节目内容的功能差异强化了都市有车一族和学生听众在目标听众群中的主体地位。这在客观上从交通类频率、音乐类频率那里分得一杯羹，有效扩充了目标听众群，使得原本处于尴尬境地的都市类频率更有活力。

2. 轻松欢快的频率风格

该频率着重营造轻松、欢快的频率风格，彰显频率的青春活力。整个频率都洋溢着愉悦，频率的品牌个性鲜明，易于主体听众群接受。该频率背景音乐的基调是欢快的，频率音乐版宣传语“987，都市生活，天天都快乐”是欢快的，主持人的语言风格是欢快的，更有风格欢快的《越生活越快乐》、《全民开考》等娱乐类主体节目。丰富的节目内容、顺畅流利的语言也很好地保证了频率欢快的效果。

3. 科学合理的时段策略

都市省会频率在不同的时段分别采取不同的竞争策略，安排了不同的节目内容。比较典型的例子当数《何东说报》，该节目在内容上偏向于都市生活类新闻信息。虽为新闻类节目，但该节目并未在新闻类节目充斥的早晨、午间、傍晚时段播出，而是分别在上午 10: 00 和下午 15: 00 时播出，但依然有着广泛的影响力，成功采用了避实击虚的编排策略。而《速度生活》的主体目标听众群就是有车一族，因此在时段编排上则是“明知山有虎，偏向虎山行”，全力在下班高峰时段抢夺市场，在激烈竞争中笑傲群雄。

4. 丰富实用的生活资讯

该频率在节目内容上贴近现代都市生活。以《速度生活》为代表，该频率为听众提供了丰富的食宿、休闲娱乐、运动、购物、汽车咨询、交友等与日常都市生活密切相关的各类信息。另外，该频率还逢整点时推出一档小栏目《小雨看天气》以及必要的健康提醒信息。这些都为听众提供了便捷、实用的信息服务内容。

5. 足够宽松的互动平台

与听众的充分沟通，必然可以增强听众的收听依赖。该频率搭建起了宽松的互动平台，早上两个小时的《快乐早八点》、中午一个半小时的《越生活越快乐》、傍晚时候两个小时的《速度生活》以及晚上时候的《全民开考》、《不打不相识》均实现了与听众的互动沟通。合计算来，有互动环节的节目所占时间至少超过了该频率总播音时间的 1/3。开放式的节目形式提升了听众对都市生活频率的归属感。

6. 精彩到位的节目造势

该频率的多数节目在正式开始之前均有引导性的语言提示，这种提示语言富有冲击力、扩张力，能够很好地抓住听众耳朵，富有创意的节目“序曲”有效地增强了听众的收听兴趣，明显提升了听众的激情。以晚间 23: 00 播出的交友类节目《不打不相识》为例，在该节目正式开始之前有一段配有武侠江湖语言特色的二人对话序曲，详细如下:

（配有富有渲染力的背景音乐）

A: 看多么美好的夜晚啊。我们一定要打吗?

B: 听——青蛙在唱歌，蟋蟀在弹琴。如此浪漫，怎能不打？！

A: 我已经退出江湖了。

B: 哼！有人的地方就有恩怨，有恩怨的地方就有江湖。你怎么退？！

A: 我现在单身一人，没有恩怨!

B: 那，你拿我当什么？！废话少说，看招！906!

A: 我挡！907!

B: 908!

A: 你就是名扬天下的剑三少？！

B: 哼，哼，哼！今夜相识，不打不相识!

正是这一片头序幕很好地将听众的收听欲望很快提升了起来。

再如晚间 21: 00—22: 00 时播出的影视资讯类节目《电你没商量》的序幕:

“这里缠绵悱恻，（歌词：思念是一种很玄的东西）直击现场影帝影后，穿梭自由声色时空，翻云覆雨，耳听八方，影坛风云，我主沉浮，挑战异度听觉空间，还原真我影音本色，FM987，震撼出击，电你没商量”。

整个过程配有震撼背景音，很好地渲染了主体节目内容的风格氛围。

显然，制作精良的节目序曲很大程度上达到了主体节目内容所需的造势效果，提升了听众对节目的期待，也充分体现了节目制作的良苦用心和策划中体现的卓有成效的创意。

7. 别具一格的锁定收听

目前，在福州市区广大商场、卖场出现有对该频率正面锁定收听的情况，从终端强化了信息传播的直效到达。一个值得称道的实例是，福州市永辉超市 59 家连锁店统一锁定收听该频率，在这些公开场合的日总人流量可达几十万、甚至上百万人次。这种大型商场、超市的锁定收听，有效促进了广播信息的二级流通，对听众群的主动收听起到了很好的补充效果。从市场的初端到终端，传播通路完美整合，该频率尽力让信息传播效果达到最大化。

四、品牌节目介绍

《速度生活》(周一至六傍晚 17: 00—19: 00): 是一个都市生活资讯类节目。该节目宣扬“每一辆好车都有一颗正直的心，它喜欢人人为我，我为人人”、“做有正义感的汽车人”的理念，为广大听众营造了直接对话、互通有无、相互帮忙的沟通平台。听众可以直接在这个平台上需求来自其他听众的时时帮助。两位主持人丰富、活泼的调侃风格更为这一资讯类的节目增添了欢快的元素，提高了听众的收听兴趣。在具体内容上，该节目也不拘一格，涵盖内容五花八门，广泛涉及食宿、娱乐、保健、休闲运动、报料、商贸信息、汽车服务等各领域的生活信息。

该节目凭借着充分的互动性、超强的实用性以及轻松愉悦的节目风格赢得了广大听众的欢心。体现在收听市场上，该节目以约2.00%的收听率、20%的市场占有率在竞争尤为激烈的傍晚时段节目中拔得头筹。

五、广告经营

都市生活广播的广告经营模式主要以自营为主，其播出的所有广告均为品牌广告以及赞助形式的广告，形成了主体节目内容和广告投放的有效衔接。该频率目前合作的广告涉及银行、证券、理财、餐饮、汽车、地产、教育培训、家居、电器、建材、珠宝等多个领域，年广告收入1800万元左右，实践着广播频率的良性发展态势。

1. 广播环境得以彻底净化，主体节目与品牌广告相辅相成

该频率播出的品牌广告均是在整点和半点前后播出，单次持续时间最长不超过7分钟。由此，其广播环境得到彻底净化，无需担心听众会因为听到大量专题广告而转台的情况发生。良好的广播环境为该频率容纳更多的品牌广告打下了基础，而大量品牌广告的投放也进一步提升了频率的广告投放价值。

2. 节目对广告的有效吸附

该频率目前采用的广告投放方式主要有整点报时、半点报时、节目提示、天气提示、独家台标赞助等形式，另外还有对现场直播的冠名赞助。在广告的制作上也充分考虑到了频率的整体风格特征，对于一个时段连续播出的广告并不会给听众带来烦感。这里的关键点在于，在整点前后的两档节目之间均穿插有一个制作精良的短节目《小雨看天气》，有效缓冲了听众连续收听广告的烦躁情绪，并且这一节目本身也承担了吸纳广告的任务。

第一财经广播：提供一流的投资咨询服务

第一财经广播（FM97.7 AM1422）：

目前国内最具影响力的专业财经广播电台。和全国30多家财经广播电台有节目的合作与互动。致力于为投资者提供强有力的财经资讯的听觉冲击和一流的资讯服务。节目主要以普通话进行播出，辅以上海方言。

一、频率简介

上海电台第一财经广播，播放频率AM1422/FM97.7，专业财经特色广播，立足上海服务全国。第一财经广播与电视频率相辅相成，共同打造中国最具竞争力的财经传媒，为投资者提供一流的咨询服务。

第一财经广播以财经信息和股市资讯名牌节目为主打，兼容新闻、生活资讯、汽车资讯、体育资讯等内容，全面、权威的报道各种财经资讯信息。在多年的发展中，第一财经广播已经形成了一系列具有竞争力的品牌节目，《股市大家谈》、《中国财经60分》、《环球汇市》、《今日股市》、《台商家园》、《上班这点事》等分别是新闻类、服务资讯、娱乐类等节目的代表。

二、收听市场表现

据2008年9月份赛立信在上海进行的收听率调查数据显示，第一财经广播在上海的市场占有率超过5%，虽然上海的频率众多，但第一财经广播在当地广播市场中已经处于中上游之位置。在同类频率中竞争实力更是居首位。

第一财经广播目标听众明确，其核心听众基本上都是收入在3000元以上的中高收入人士，白领居多，还有部分企业管理者和私营业主，可见第一财经广播吸纳的基本上都是广告价值相当高的听众群。

三、频率特色

1. 领先专业高度

第一财经广播拥有一支高水准的公司、商业、财经资讯业界的采编精英，他们将第一财经广播打造成为专业的财经投资专业台。第一财经是信息密集型和思维深度型的频率，与新闻综合、交通和音乐频率不同，特色定位的树立十分鲜明。第一财经在节目形态上定位为访谈型，专家访谈节目是其龙头节目。通过整合各种关系网络资源，第一财经广播让许多新闻人物和权威专家纷纷进入电台访谈节目中，为广大的投资者提供咨询和信息。

第一财经全天全面、权威报道最新的全球和国内的金融事件，分析金融市场的走势，通过每天的滚动直播让那些天天关心财经资讯的投资者以最快的速度把握最新的财经信息。

当全球重大金融事件发生时，第一财经抢在第一时间安排重要盘面播发消息，权威、及时地宣传报道，对全球金融危机爆发的发生迅速反应，第一时间插播这些事件的消息，滚动播出最新的金融市场状况，《股市大家谈》邀请经济学家和专家分析、评论全球金融市场，这些节目既及时的报道事态的进展，又适度适量的客观冷静分析，大大提高了第一财经的权威性和可听性。

在节目的结构上，第一财经广播的早间节目主要有财经资讯节目、综合新闻节目等，部分转播电视节目，中午和下午的节目主要是金融评论、股评类节目，晚上主要是节奏舒缓、内容平和的综艺节目、谈心类节目居多，面向的听众有周边地区的台商、职场人士等等，与白天的窄播定位略有不同，晚上的节目展现了第一财经作为经济广播的社会普遍亲和力。另外，在早、中、晚的广播黄金时段上，第一财经沿袭了广播的传统的节目编制策略在这些时段上设置重点节目，提高黄金时段的收听率。

2. 准确定位

第一财经瞄准投资者，或者是对经营感兴趣的人士，定位是财经专业广播。在定位上，第一财经运用了“差异化策略”，在竞争格局中，通过寻找自己与目标消费群之间的独特联系来有效的实现与竞争对手的有效区隔。与一般无重点的杂烩财经时讯广播不同，第一财经偏向于金融市场投资专业台，以独特的视角，在专业的高度上为投资者提供深入细致的财经分析和指导。通过“为投资者提供一流的咨询服务”这一定位，第一财经广播找到了一块属于自己的蛋糕，成为广大听众所钟爱的知名经济广播频率。

其次，准确的定位还为第一财经带来不错的广告收入，具有特色的广播能够为广告商提供不同的听众群体，他们的产品因此能够得到这些群体的关注和购买。第一财经广播选择性的吸引了小的、细分的听众群的模式，这些听众群对于一些广告客户具有吸引力，从而使得第一财经在社会效应和经济效应上实现双赢。

3. 积极组建多元化、跨媒体、跨区域的媒体联盟

“第一财经”通过不断拓展这一品牌所涵盖的领域，先是电视、广播，其次是报纸，再以后是网站、通讯社……，打造成为强势专业品牌，跨媒体服务可以最大范围内实现整合营销与价值传播，以跨媒体平台为依托，最终形成具有规模效应的产业链的发展模式。

“第一财经”的多元化媒体连盟实现了各媒体间的信息资源共享，整合了集团内部的同类传播内容，其中还包括“第一财经”现有的资讯产品、600指数等等都是可以实现内部共享的资源。更重要的是跨媒体经营使“第一财经”的品牌资源共享，成功建立了一个“第一财经”强大的品牌联盟。

在第一财经广播的节目中，部分依靠转播电视节目，部分资讯来自《第一财经日报》。另外，在跨区域合作上，第一财经与北京经济广播、哈尔滨经济广播合办了《中

国财经60分钟》，在华北、华东、东北、西南、西北五大区32家电台同步播出，覆盖了全国近200个大中城市。

4. 品牌制胜

第一财经广播坚持以品牌制胜的理念，用品牌的力量建立受众的忠诚度。具体是从下面两个方面来提升第一财经的媒体形象和影响力的。一是打造品牌栏目，他们精心打造了《股市大家谈》、《中国财经60分》、《环球汇市》、《今日股市》、《台商家园》、《上班这点事》等一大批知名度很高或受到听众欢迎的名牌栏目和节目，不论是从节目内容上还是节目形式上，第一财经以高度的专业性为各种投资者定做了贴心的服务，为他们提供无微不至的指导。二是打造明星主持人，第一财经广播注重主持人阵容，因而十分重视主持人个性的培养和发挥，通过评选听众喜爱的栏目和主持人等方式，全力包装明星主持人，打造第一财经有形的声音品牌。

四、品牌节目介绍

《股市大家谈》：该节目为关注中国证券市场的投资者、证券商、企业、散户等提供了一个对话交流的平台，是第一财经的名牌节目之一。每天播报及时的股市消息，聚焦股市、汇市，尽最大努力吸引中小业主和投资者收听。节目特约上海、北京、广州等地的知名证券分析师担任特约嘉宾，为股民提供咨询指导，深受股民欢迎。节目以深沪股市当天走势特点直接切入主题，即时对股市行情进行深入分析，研盘后势，推介个股，深入探究走势背后的成因，不仅仅局限于市场和股票分析的方式，而是在追求传统分析的同时，注重突出行业研究的专业性，提升节目品位。其中对A股市场从整体状况、股市短线预测及策略、主流资金动向、股市研究与行业研判、上市公司产地分析财务测评、中线价值关注股票、短线成长关注股票等重要信息的全方位评述分析、总结和详细走势预测，无论对机构投资者还是普通投资人的投资研究都很有助益。

《中国财经60分》：第一财经与北京经济广播电台联手，共同打造的一档具有超前财经新闻理念的综合经济新闻节目。目前已在甘肃“黄河之声”卫星广播电台、哈尔滨经济电台、山东人民广播电台经济台同步播出。该节目关注全球金融市场和国内金融市场，对国际经济领域热点、难点进行全景追踪，进行独家、权威分析，注重财经事件的专业化、课题化研究。

五、广告经营

第一财经每年都进行产品设计、拟定价格策略、行业主攻方向，平时配合广告公司为广告公司制作广告策划方案，起到指引和服务的作用。

第一财经的广告经营施行整频代理制，广告创收不断攀升，广告结构也有所改善，现已经形成以金融、银行、汽车、地产、商业等为龙头的广告创收来源，彻底杜绝医药类坐台节目，其广告年收入达到2200 万元左右。

陕西电台农村广播：关注百姓，服务三农

陕西电台农村广播（AM900）

开播三年以来，陕西农村广播以“关注百姓，服务三农”为宗旨，以“听农民说话，为农民说话，说农民的话”的办台理念，取得了社会效益和经济效益并举的良好效果。陕西农村广播主持人整体知名度、听众总体满意度及听众平均收听时长均名列全省广播媒体第一位。

一、频率简介

陕西电台农村广播是全国首家专业对农广播电台，以“关注百姓、服务三农”为办台宗旨，宣传党的农村政策，倡导健康文明生活方式，提升农民思想道德和科学文化素质，为农民致富奔小康服务提供全方位服务。2004年10月，中宣部新闻局《新闻阅评》全面介绍陕西农村广播的情况和经验，评价“陕西农村广播很对农民心思，办到了农民心里，办到了农村急需上。作为全国首家省级电台专业农村广播频率，他们的经验值得重视。”

二、收听市场表现

陕西电台农村广播的听众规模在陕西电台系列频率中排在第二名，高达820万，平均收听率和市场占有率在关中农村地区的主要电台中排在第一名，在陕西农村地区具有很强的竞争力和影响力。

该频率在关中整体竞争力排名第一。具体来看，其收听率优势明显体现在广大农村地区，在城区的表现比较低迷，这和该频率的目标定位很是吻合。该频率最强势的时段是在晚上22:00前后的两个小时之内，较之其他频率可以说是一骑绝尘。另外在中午12:30以及下午15:30前后的该频率的收听率也比较高。值得一提的是，晚上21:00—22:30播出的《今夜心语》长期稳坐陕西地区电台节目的收听率第一名。

服务类节目是该频率的主体节目内容，同时以戏曲节目为主体的文艺类节目也贡献了不小的能量。在具体节目方面，《今夜心语》、《戏曲百花园》、《900点戏台》、《乡音乡情乡事》、《900维权在线》、《农科新干线》等节目已经成为听众耳熟能详的节目，拥有着较为稳定的目标听众群体。另外，就目前该频率的时段收听情况来看，该频率的收听率走势已基本可以呈现出关中广大农村地区听众收听广播的时间习惯。该频率整体收听情况的继续提高将更多依赖于农村地区广播市场的持续升温以及该频率品牌概念在农村地区影响力的继续增强。

三、频率特色

1. 明确的频率定位

陕西人民广播电台一直立足做专门的对农宣传，满足农民的收听需求。农村广播本着“关注百姓，服务‘三农’，为我省农村全面建设小康社会鼓与呼”的指导思想，贴近百姓，贴近实际，贴近生活，宣传党的农村政策，倡导文明生活方式。

2. 科学合理的节目结构

节目是立台之本，是参与市场竞争的核心。陕西农村广播是一家以“实用、自然、亲切”的节目特色和风格闻名的专业农业广播，各档节目以“三贴近”原则为中心来开展，服务性和贴近性十分突出。随着农村现代化建设的推进，农民对时政、经济等新闻信息的需求逐日增加，陕西农村广播不仅及时播放农民关注的本地新闻，而且还播出一些对农民现实有指导意义的新闻信息，如政策信息、最新市场行情等。

在节目框架上，以农业新闻、致富信息、市场资讯、科技服务、法律服务节目为重点，陕西地方戏曲欣赏占了其中较大板块，而且，高密度的在全天播放农业气象节目。 重点节目有《大地传真》、《900维权在线》、《农科新干线》、《戏曲百花园》、《小康直播室》、《今夜心语》等。

此外，作为果业大省的陕西，陕西农村广播十分重视气象节目，每天滚动播出十档（遇特殊时期或天气及时加播）《农业气象与资讯》节目，报道与农业生产密切相关的天气状况、由专业部门分析气象对农业生产的影响。

陕西农村广播的多元化的节目设置，满足了农民对广播文化多方面的信息需求，提供了最合理的节目构成和贴近服务。

3. 节目内容体现了频率的专业性

陕西农村广播是全国首家专业农村广播，拥一支规模庞大的由近百名农业专家组成的农村广播顾问团，及时、高效、大面积的传播农业科技知识，及时解决农民急需解决的生产、技术问题。陕西农村广播搭建的农民与农科专家之间的技术、信息平台不仅使科研院所了解农业生产实际，获取成果反馈信息，掌握基层资料，而且提高了农民的文化科技素养，使农民不仅掌握了农业科技知识，提高了科学生产水平，开阔了他们的视野，提高了他们参与农业大流通的意识和能力，从而切实的落实到办台的宗旨“关注百姓，服务三农”。

陕西广播的“科技下乡”活动是该频率的品牌，每年多场的科技文化下乡活动及“阳光培训行动”，已成为陕西农村广播的品牌，每场下乡活动都吸引数万群众参与。每到一处，请西北农林科技大学、省果树研究所、省兽医畜牧总站专家，结合当地产业结构和农业发展实际，现场为农民朋友答疑解惑、解决农业生产中的实际问题，指导培训。同时组织众多秦腔名家现场演出，丰富群众文化生活。

4. 节目服务性强、互动性强

陕西农村广播开办的晚间谈话类节目《今夜心语》被誉为是农民讲述心声的地方。这个节目给广大农民提供了倾诉的空间，交流的平台。节目开播以来，每天都要收到几十封听众来信、每天傍晚等待参与和收听节目的听众达到数十万人。很多农民执着地热爱和参与着这个节目。

陕西农村广播经常组织丰富多彩的媒体宣传和多层次、多形式、多方位的节目下乡活动（在这方面陕西农村广播做得比较充分），如“科技下乡”、“培训下乡”、“医护下乡”、“文艺下乡”等，切切实实地满足农民的需求，赢得农民朋友的认可与期待。

除了提供信息、技术服务，陕西农村广播还帮助农户切实解决农产品难卖问题。例如，他们为客商、果品经纪人和瓜农牵线搭桥，联合西安朱雀农副产品批发市场，组织“西瓜快车——蒲城行”活动，为蒲城县党睦镇、龙阳镇、龙池乡等地的近300户瓜农解决了大约1000吨西瓜的销路问题，深受瓜农的欢迎。

四、品牌节目介绍

《农科新干线》，一档帮助农民朋友指导农事生产的服务型节目，以“面向三农生产、传播科技信息”为办节目的方针，为农民朋友讲解农业实用生产技术，解答大家在生产过程中遇到的各种实际问题，传播科技知识、推广实用技术。重点报道农业科技新成果、新产品、实用技术和生产决策信息，及时解决农民生产问题，并发布农副产品及农业生产资料的供求信息和市场行情，推荐名、特、优、新农产品。

根据听众的需求，每周节目板块设置农资篇、农作物篇、养殖篇、瓜菜篇、果树篇、致富篇等。栏目新颖，内容丰富，信息量大，技术实用，有较强的指导性，是引导农民闯市场、生产致富的重要帮手。由于能较好地与当地文化背景相结合，与当地资源相结合，与生产和市场相结合，因此《农科新干线》吸引了广大的农民收听，已成为农民的知心朋友。

五、广告经营

农村居民消费需求旺盛，农村市场成为企业与媒介经营“蓝海”，较强的购买力决定了农村市场对商品拥有较为旺盛的需求。但由于产品生产、通路以及宣传的不到位，致使广大的农村市场依然存在众多产品及其影响力无法达到的地方。大量的产品对于农村市场的开发还远远不够，广播可以加大产品的品牌宣传与推广力度，借助百姓最常接触的媒体来提升产品的影响力，从而增加其在农村市场的渗透。

陕西农村广播的广告经营模式主要是以总台统一经营为主，其广告年收入达到2300 万元左右，保持了去年的高水平，较前些年成倍增长，发展前景广阔，势头强劲。

陕西电台戏曲广播：不耽误你干活

陕西电台戏曲广播（AM747　FM101.1）

陕西戏曲广播使用中波（AM747）和调幅（FM101.1）发射，采用美国哈里斯发射机，发射功率50千瓦，可完全覆盖关中及周边省份部分地区，收听质量清晰稳定。该频率自2006年正式开播以来在三秦大地上大力弘扬以秦腔为主导的陕西地方戏曲文化，得到了听众的广泛好评。

一、频率简介

陕西电台戏曲广播于2006年4月12日正式开播。在开播之前，陕西人民广播电台会同中国秦腔网联合举办了“陕西戏曲广播有戏没戏”大型网上调查，得到了全国戏迷的高度关注，并为陕西戏曲广播的顺利开播奠定了良好的基础。在开播之初，该频率就将以弘扬秦腔为主的戏曲文化为己任，力求用当代精神挖掘传统经典，让古调独弹的秦腔重现活力。

陕西电台戏曲广播依托曲艺浓厚的三秦文化氛围，面向基层农村大众，努力争取中国秦腔网以及地方曲艺界表演艺术家们的鼎力支持，用心打造适合听众收听的广播节目，宣传曲艺知识，传播曲艺文化，迅速走红关中广播市场。节目播出力求做到信息传递通信化、知识传播趣味化、内容表述故事化、节目主持家常化。该频率着力推出戏曲欣赏栏目《三秦大剧院》、《梨园春秋》，参与类节目《今天我是主角》，宣扬戏曲知识、提高听众鉴赏水平的《戏曲学堂》、《名家说戏》，以及《陕西方言说书》、《冈冈谝吧》、《热播剧场》等全新制作的精彩节目，很大程度上振兴繁荣了陕西地方戏曲，进一步满足了广大戏迷对精神文化需求的渴望。

二、收听市场表现

有关中地区浓厚的秦腔戏曲氛围作基础，陕西电台戏曲广播在开播之后迅速走红，响彻关中大地。该频率在开播约三个月时即在西安及周边地区占据了一席之地，以近

10%的市场份额居第六名（其中在农村地区更是占据超过15%的市场，排名第二）。戏曲广播在关中地区以及西安地区的影响力日益增强，在两个不同区域范围内的市场竞争力均已跃居三甲之列，且领先优势明显，所占市场份额也提升到了约15%。

该频率目标听众主要是35岁以上本省农村和城乡广大戏曲爱好者，在上午11:00前后、下午14:00—17:00以及晚间19:30左右等时段在关中地区以及西安地区的竞争力都是最强的。《乡党过会》、《三秦大剧院》、《梨园春秋》、《名家说戏》、《今天我是角儿》等节目在西安乃至关中地区已经形成强大的品牌影响力。该频率在这些时段的强势表现，确保了该频率在广播市场上的主体地位，且与陕西电台其他频率在时段上有效形成优势互补，增强了陕西电台整体竞争力。

三、频率特色

关中地区是中国戏曲文化的发祥地，以秦腔为主体的关中戏曲文化特色鲜明，有着非常浓厚的戏曲氛围和雄厚的听众基础。这是陕西电台戏曲广播快速崛起的先天优势。并且，该频率通过节目设置和编排很好地发扬了这一优势，以此为纽带尽力将一方听众、曲艺爱好者、曲艺工作者、曲艺大家捏合在一起，有效形成了频率、节目和主持人的品牌张力。

1. 语言风格彰显地方特色

该频率的语言氛围洋溢着浓厚的以西安为中心的关中本地风味。一是，主持人在语言沟通技巧的把握上显得比较灵活，在节目开头的时候多采用普通话，而在节目正式进入主体内容之后就回归到本土方言，让听众感受到亲切和沟通中的平等。二是，曲艺内容的原滋原味，没有什么修饰和加工，当然这在一定程度上也是秦腔曲艺的现实要求。整体而言，这种语言恰如其分地回归本土，让听众感受到了亲切，拉近了与听众之间的距离，让听众感受到这就是咱老百姓自己的电台。

2. 内容设置兼顾说学逗唱

实际上，该频率在成立之初时就已经注意到了对秦腔艺术的多角度展现，在节目内容设置上兼顾了对秦腔艺术的讲解以提升广大听众的欣赏水平，丰富听众对秦腔的认知内容以带动听众的持续收听热情，搭建听众一试歌喉的献艺平台以挖掘秦腔民间艺人，选播倍受欢迎的名家名段以带给听众听觉的享受，可以说是“说、学、逗、唱”兼备，饱满地展现了本地浓厚的特色曲艺文化。这种做法被延袭至今，成就了一批听众耳熟能详的品牌节目，如《名家说戏》、《戏曲学堂》、《今天我是角儿》、《三秦大剧院》等。

3. 节目编排紧扣收听习惯

戏曲广播对主体节目的时段编排明显是根据自身目标听众群的收听习惯进行有针对性的设置的。该频率的主体节目极少出现在早晨、中午、傍晚的地区收听高峰时段，而是根据关中地区中老年人、尤其是老年听众多在下午倾向于听戏的现实，主要被安排在 14:00 之后下午时段播出，其次是在上午 11:00 前后约两个小时时段内，更体现出了针对目标听众群之强。事实也说明，这一编排方式是正确的，该频率收听率最高、竞争力最强的正是在这些时段，吸引的现实听众群与陕西电台其他频率之间形成了有效互补，增强了陕西电台的整体竞争力。

4. 收听热情得到名家带动

在该频率成立之初时，就与秦腔名家李瑞芳、李爱琴、全巧民、白江波、王欣仓、张宁等建立良好关系，经常邀请名家作为嘉宾介绍秦腔艺术、点评曲艺作品、献艺等，通过电波传递，广大曲艺爱好者便捷地感受到曲艺大家风范，甚至还有直接声音沟通的机会。在为听众搭建沟通平台的同时，更提升了听众的收听热情。

以戏结缘，以戏会友，是广大秦腔爱好者的共同心愿，这一心愿在戏曲广播中得到体现。经过长时间的积累，戏曲广播在吸引了戏迷爱好者的同时，也开发和维系了一批宝贵的民间秦腔艺人，他们也得到了广大戏迷的喜爱。戏迷朋友都想“唱两嗓子”，戏曲也可以进行 PK，戏曲广播成为戏迷的精神家园。

5. 品牌影响力求根深蒂固

戏曲广播力求走出电台、走向听众，在频率、节目及主持人等不同层面上注重与听众群的面对面沟通和交流，让听众更加了解戏曲广播，也让戏曲广播更近距离地聆听听众心声、感受听众需求。戏曲广播在2008年连续开展了一系列遍及关中地区的听众见面活动，把经常性的深入基层开展与听众见面活动作为品牌建设的一项重要内容，把与听众之间的情感沟通和个性体验作为核心元素贯穿始终，力求赢得最宽泛的听众忠诚。刚过春节不久，该频率的编辑和主持人就兵分两路，分别于3月5日和3月12日奔赴大荔同堤村和铜川袁家村开展听众见面活动。通过这样的听众见面会，让工作人员感受到了听众的热情，更让年轻的主持人、编辑队伍得到了锤炼，总结了经验，提升了认知。

另外，戏曲广播在今年7—9月还作为唯一协办广播媒体全面参与了由陕西省委宣传部、陕西省文化厅、陕西省戏剧家协会等部门主办的“陕西省首届农民戏剧节”。通过这次活动，戏曲广播与陕西省剧协达成合作，展开涉及全省地市县文化主管部门的政府资源网络建设，搜集、整理了一批分布于各地的原生态地方戏曲品种，并基于此开办一档以原生态地方戏曲为内容的专题节目。

6. 整合资源乘借网络东风

陕西电台戏曲广播于近期全面铺开建设戏曲广播资源网络，旨在通过与各级政府戏曲文化主管部门、各类专业和业余戏曲演出机构、戏曲文化研究机构、核心听众群建立密切、通畅而良好的的合作关系，采集第一手的戏曲演出、戏曲发展信息和戏曲剧目资源，努力丰富节目播出内容和播出样态。

四、品牌节目介绍

《今天我是角儿》（周一至周日傍晚之后19:00—20:00）是一个听众热情参与的、秦腔艺术大比拼的互动献艺节目，自频率开播初始，延续到至今，经久不衰。该节目由听众通过热线电话演唱戏曲唱段，附以专家点评，短信、网络跟贴多种手段互动，为广大戏曲爱好者搭建起一个展示自我、实现梦想的舞台。该节目以新颖活泼的形式，广泛的参与性，丰富多彩的节目内容，以及人文关怀的精神得到了戏曲爱好者的广泛好评，主持人杨铭以其阳光、热情、自信、乐观、质朴的主持风格以及灵活的语言风格，很好地驾驭节目，得到了广大戏迷的认可和喜爱。

五、广告经营

陕西电台戏曲广播的广告经营模式是采用由总台统一经营的模式营运，年创收约达 2000 万。广告由两部分组成，一是专题广告，主要涉及医疗保健用品行业。二是品牌广告，以房地产行业的广告为主。整体而言，该频率的广告创收还是以专题广告为主，品牌广告只是占据其中的一小部分。

合肥电台故事广播：领先一步的创意，领先一步的气魄

合肥电台故事广播（FM98.8　AM1170）

经过 2005 年元月 12 日的全面试播，合肥电台故事广播于同年 3 月 27 日正式开播，一批充满理想、乐观自信的年轻人怀着对这一新锐广播媒体的向往与信心，加盟到故事广播，立志要开辟合肥广播新天地，创造良好的社会效益、构筑节目产业链，打造中国故事第一台。

一、频率简介

合肥电台故事广播内容新鲜独特：惊险、武侠、悬疑、爱情、惊竦……各类故事连播节目精彩纷呈！真实、自然、热情、平民化主持，多档故事综艺节目引人入胜！成功吸引各式听众收听，从职业司机到企事业白领，从赋闲听书的老人到追求时尚的青年、迷恋童话的小朋友，这些人群都可以从故事广播中找到自己钟爱的节目，成为故事广播的忠实拥护者。《胡小图闯江湖》、《东哥西妹早点铺》、《大话娱乐圈》、《嘀嘀叭叭故事会》、《童话亮晶晶》和《说古道今听评书》等节目在听众中拥有广泛知名度，大胡、小图、东哥、西妹、灵儿、燕子、元元姐姐、小帅、小非等个个都有一群忠实粉丝。

2006 年 12 月 3 日，故事广播成功分频，倾力推出 1170 小说畅听频率，实现了统一呼号、统一品牌、两个频率、两套节目的全新运作模式。988 立足合肥、辐射周边，内容丰富 、音质优越；1170 中波发射、覆盖全省、精彩小说、无限畅听。时至今日，合肥电台故事广播已然成为安徽上空独树一帜的广播媒体，其内容独具故事性、情节性、连续性，其主持体现个性化、角色化、明星化！

中国故事第一台——合肥电台故事广播的成功运作，在全国掀起了创办故事广播的热潮。

二、收听市场表现

合肥故事广播凭借其清晰的定位，丰富多彩的节目内容，自开播以来，知名度迅速攀升，已然成为合肥听众最为喜爱的电台频率之一。据调查显示，合肥电台故事广播在合肥上空所有广播媒体中收听率和市场份额均居第一位。

该频率在白天的时段表现最为出色，收听高峰集中在早上8:00—12:59以及下午15:00—18:59的时段，全天优势时段累计超过9小时，竞争力强劲，尤其是在中午12:00前后的时段，该频率的突出表现更是在整体合肥地区都难以有其他电台频率能与之比肩。

合肥电台故事广播立足合肥市区，辐射周边三县，目标收听群汲及面广阔，不但适合中老年听众、汽车司机、乘客收听，同时也兼顾到青年打工者、企事业白领、大中小学生。从其到达率指标来看，该频率同样名列前茅，表明该频率所培养的听众群体已经形成一定的规模，达到预期目标，还有的是这些听众的忠诚度十分高，游离听众较少，故事广播正是凭着这一听众资源优势，奠定了其在合肥地区的领先地位。

三、频率特色

合肥电台故事广播力求用故事的方式解读生活，用悬念的魅力吸引听众的定位理念，一定程度上体现了受众本位、内容为王的意识。毋庸置疑，故事广播是广播频率从专业化到类型化转变过程中的新兴产物，凭借其鲜明的频道定位，以生动、有趣、丰富的节目来吸引受众。

1. 面向大众，注重功能定位

一般说来，喜欢听故事类节目的听众面较广，合肥电台故事广播无论锁定任何一类特定的听众群，都会显得定位偏窄。由此，该频率在频率定位上不再是局限于某些特定的听众群，而是通过编排多种类型、风格迥异的内容来取悦于不同的听众群体，着眼于制作精良的故事类节目以最大程度地吸引听众，吊起听众的胃口，又能让听众感到满足。这里有适合大众收听的《988剧场》、《胡小图闯江湖》、《畅销风云榜》，有面向青年朋友的《刑警803》、《大话娱乐圈》，有面向老年朋友的《说古道今听评书》、《金色藏书馆》，甚至还有面向驾车人群的《东哥西妹早点铺》、《愈夜愈惊心》，面向儿童、学生的《童话亮晶晶》、《新书抢先听》。因此，该频率基本实现了老少皆宜、雅俗共赏。

2. 节目内容精心选材

广播是想象的艺术，讲故事应该是广播的强项，广播没有画面，更容易使听众展开丰富的想象。合肥电台故事广播开播时确定的目标便是涵盖各专业广播的基础收听人群，进而发掘和培养起一批新的广播收听高端人群。为此合肥电台故事广播充分考虑节目的设置问题，精心选材每一个节目：为书迷而播，为书迷而设，以专门播送评书为其鲜明特色的《说古道今听评书》，汇萃单田芳、刘兰芳、张少佐等一批新老名家的精彩力作，是真正老年书迷的家；《988剧场》专门挑选最热门、经典、难忘，情节动人，贴近生活的热播影视剧，深受大众喜爱；《畅销风云榜》将武侠、言情、市井等流行的小说转化为具有魅力的演播，用生动的语言讲述一个个扣人心弦的故事，撩拨听众的心；《刑警803》一个屡破大案、要案而名闻遐乐的名字，同时也是青年时代追逐的梦想；永远的特色的早点铺，相声、小品、各色笑话是《东哥西妹早点铺》的主打，以幽默、开心为调料，为枯燥的驾车旅程带来一片欢声笑语。

3. 注重塑造主持人独特风格

该频率注重突出主持人与栏目的包装与推广，突出节目与听众的互动，强化地域特点，《胡小图闯江湖》、《东哥西妹早点铺》、《嘀嘀叭叭故事会》和《说古道今听评书》等多档内容新颖、主持风格独特的节目受到听众青睐。以《胡小图闯江湖》为例，主持人大胡和小图以闲聊的形式主持节目，内容汲及面极广，古今中外、天文地理、儒道哲学无所不谈，同时在节目中也加入了很多曲艺的表现形式，比如快板、戏曲、评弹，而且他们还能用易声术模仿名人的声音，内容精彩，生动有趣。再如《东哥西妹早点铺》，精明的主持人东哥和西妹就像一个店铺的店主一样，每天热情招呼南来北往的客人，欢迎客人随意点播各色笑话，为客人免费提供各类打折信息。

4. 以弘扬传统文化为己任

故事广播在对传统文化的保护方面起着不可低估的作用，其节目的播出形式多以评书、相声、小品、戏曲，内容多以文学典籍、名著以及现当代文学为资源基础，不断地从民族文化中汲取营养，在保护文化多样性的同时，担当起传承优秀历史文化，发展现当代先进文化的重任。在当前儒家热、国学热的文化大背景下，继承与弘扬中华本土文化思想、发展与传播先进文化理念，走出一条“文化”可持续发展的道路。

5. 倡导社会精神文明，关注公益事业

合肥电台故事广播凭借其品牌影响力，成功举办了诸如“故事进幼儿园”、“跨越时空的爱恋”、“全家欢乐总动员”、“岁末狂欢嘉年华”、“给山区孩子送广播，送故事、送去一片天”、“我为祖国献热血”等一系列的社会公益活动的，在广播中向广大的听众朋友宣传环境保护，文明礼让，尊老爱幼，以人为本，和谐社会的理念，极大地丰富并扩展了故事广播的概念。

（撰稿：赵景仁、罗剑锋、陈廉碧、刘珊）

收听率分析与广播节目的科学管理和营销

广播收听率作为衡量一个电台、一个频率、一个节目市场表现的重要指标，全国不同级别的广播电台收听率数据作为管理工具引入到电台的内部经营管理，形成广播电台内部绩效考核的重要指标。但在实际应用中，广播电台受自身条件的影响，收听率数据的应用程度存在着较大的差异，由此引发广播人对应用收听率数据的一些思考，即收听率数据在引入电台以后，能为电台做什么？对电台有什么用处？如何利用收听率数据进行节目的合理调整和编排？如果使用收听率为电台的广告经营提供帮助和支持？等等。

收听率指标可以反映特定地区特定时段广播听众的规模，是一种测量的标尺，是测量广播电台、频率、节目市场表现这把标尺的准星。收听率数据实际的含义不仅仅是一把标尺，也不仅仅是一种秤上的准星，因为收听率数据不仅单纯的反映广播收听群体的多与少，而真正的收听率数据分析则是一个综合的评价体系，即收听率的指标是重要的，但不是唯一的。收听率评价的度量衡体系，就是通过收听数据的分析，把握目前的市场、描述电台的地位、找出存在的问题，通过收听率数据，对存在的问题进行诊断，为广播电台的经营决策提供指导作用，同时为广播电台的未来发展，提供一个指导性的、方向性的、建设性的建议。那么收听率数据分析的度量衡体系由“把握市场、发现问题、科学诊断、提供指导”这16个字来综合构成。

关于收听率数据的应用问题，我们赛立信媒介研究公司10余年的广播研究经验，通过收听率的分析在广播媒体的经营和节目管理中所应用的一些手段，进行归纳和整理为从一到十的十个数字。即：一个基点、两个市场、三个纬度、四个层次、五种关系、六个问题、七类分析、八项指标、九项技术和十大判断。

一个基本点

首先从收听率数据分析的一个基点出发，听众本位是收听率数据分析的基本出发点。广播市场由两个群体构成，一个是产品市场，也就是节目——广播媒体提供的节目，另一个是广播节目的消费者，如果把广播节目作为一个产品，那广播节目的消费者，就是广播听众，由广播听众和广播节目之间的互动形成一个完整的广播市场。在这个市场中，广播电台、广播频率实际上是这个市场的供方，提供的产品是广播节目。广播节目通过广播频率这个载体提供给消费者，也就是广播听众，形成广播市场的需方。那么广播市场上的供方和需方之间如何达成一个平衡，形成产品的正常经营，形成广播市场内在的互动。一个方面是从广播听众的需求出发，制作和编播广播听众喜欢收听的节目；另一个方面就是要研究广播市场中广播听众的广播节目收听量。收听量实际反映了一个广播听众的收听时长，也就是广播听众在广播时间上的消费量。研究广播听众的收听结构，即广播听众喜欢听什么样的节目，听什么类型的节目，在什么时间段听节目，以此研究广播听众的收听规律。以听众本位为导向进行广播节目的设置和创新。

两个市场

以一个基点—— 听众为本位的基本出发点，那么可延伸为两个市场，也就是广播的收听市场和广告市场。广播节目与广播听众之间的互动，必然形成以节目评价、节目编排和节目制作为中心形成的收听市场。在这个市场上要实现的是广播听众与广播节目的对位，也就是目标听众的特征与节目目标听众群之间的对位。广播听众与广播广告之间的互动，形成了以听众与广告时间段，听众与节目之间的关系，这样的一个互动关系形成了广播的广告市场。广播广告市场需要研究广播媒体传播的深度——广播广告的暴露频次，同时还要研究广播媒体传播的广度—— 总达到率的多少。由此来分析广播听众对于所触达的广告消费能力有多少。由此去评价广播节目、广播频率以及广播电台的广告价值是什么，也就是广播媒体的广告效果实际上是依附于广播听众的消费能力。

三个纬度

三个纬度，就是广播节目、广播听众和广播时段。这是任何一个广播电台甚至是任何一个媒体，特别是电波媒体都要面临的三个纬度要素。

广播电台生产和经营的广播节目是负载在某个频率或某个电台，广播频率或者广播电台的经营实际上是要和广告主和广告商形成某种交易，而这种交易实际上形成了广播广告主和广告商对于广播频率所负载时间段的一种买卖行为。而这种买卖之间的桥梁就是广播节目所吸引的广播听众的多少？听众的消费能力如何？听众的目标消费行为具有什么特征？这是广播广告主购买广播时段时所关注的焦点。实际上广播电台生产和经营就是通过广播节目吸引广播听众对于特定时段广播节目的注意力，把这个注意力去销售给广播广告主和广告商的过程。而广播广告主和广告客户针对于特定时段节目所吸附广播听众的注意力进行广告的投放。而这个时候广告主广告投放的主要目的就是在这个时间段上的广播听众成为广告产品主要的实际消费者，即把广播媒体的实际听众和这个产品的实际物态的消费者进行搭接，广播媒体就是这个搭接的桥梁。

在这种情况下，必须要充分认识广播的听众。如何去了解广播听众，如何去把握广播听众，进一步去开发广播听众的资源，同时去经营广播的听众资源。听众的认识，开发，经营最终要集合在广播节目、时段和听众三个纬度之间的优化。在这种情况下，实现广播媒体与广播广告主双赢的一个关键点，就是广播收听率能够起什么样的作用？收听率的调查本身就是记载着广播节目、时段和听众收听行为的一个数据量。它反映了广播节目在不同的时间段的表现，在特定时间段所吸附的听众群。节目、时段和听众三要素的优化，其基本点就是要落实到如何使用收听率数据，对节目、时段和听众三要素进一步的分析和优化组合。

四个层次

四个层次，就是节目、频率、电台和市场。节目与节目之间的组合形成广播节目负载的频率，频率与频率之间的组合构成广播电台，目标市场不同电台之间的竞争构成广播的收听市场。节目是广播市场构成的基本单元，不同类型、不同时段的节目全天 24 小时在某一个特定频率的展开，构成广播频率经营的实际主体；不同频率之间的组合、不同频率之间的归属，形成广播市场上的经营实体，这就是广播电台的竞争与合作之间的关系。最终的竞争利益集团包括广播的广告主，在竞争和合作之间，形成一个完整区域的市场。在这个基础上，从听众本位，收听市场和广告两个市场，加上听众、节目和时段三个层次，从微观到宏观的构成节目、频率、电台到市场的四个层次。

五种关系

听众、时段和节目是广播媒体经营的三个要素，三个要素之间的互动形成了一个非常复杂的关系。对这个复杂的关系进行简单的归纳和梳理，可以归纳为五大类关系：节目与听众的关系；节目与时段的关系；听众与时段的关系；节目与节目的关系；频率与频率之间的关系。

首先节目与听众的关系。节目与听众的关系实际上是节目的定位关系，也就是某个节目的目标群体和目标听众群体所具有的社会特征双方的吻合度。如果这种吻合度能够得到最大限度的接近，则说明该节目的定位和频率的定位是相对准确的，节目与听众之间的关系成为一种正态，反之则相反。在这种情况下，需要通过收听率的数据重点研究不同时间段、不同节目的目标群体。

其次是节目与时段的关系。节目与时段的关系实际上是一种节目的编排关系，广播节目是要负载在时间资源的特定时段上，特定时段上的特定节目在这个时段的安排和设置是否符合目标听众在这个时间段上的收听需求，也就是这个时间段所安排的节目播出和目标听众的滞留时间是否对位。

第三是听众与时段之间的关系。听众在收听时段上的关系实际是两个关系，一是听还是不听广播，二是在不同时段的收听行为特征，即在不同的时间段有什么样的收听群体存在，通过何种方式或在什么状态下收听广播。实际上就形成了一种听众与时段的关系，也就是节目和听众的分布关系。

第四个是节目与节目的关系——流量关系。我们要关注随着时间的流动，听众流的走向，即听众流出或流入的情况。广播电台以时段为单元进行节目编排，节目人员、频率管理人员都希望我这个频率所吸引的听众，能够实现一个顺流。所谓的顺流就是从前一个节目时间段的收听很自然的、习惯性的延续到下一个时间段的收听。但是，广播听众的收听行为和消费行为并不以节目的创作人员主观意愿所主导。因此，我们要研究分布在不同频率或者是同一个频率不同时间段的听众的流量有多大，也就是广播听众的触达规模有多大。同时，还要考虑广播听众的存量，也就是在前一个时间段的听众群，在下一个时间段有多少听众存留下来，有多少听众在下一个时间段溢出了或流出了。

第五个是频率与频率之间的关系。频率与频率之间的关系实际上是一种横向关系，也可以说是竞争关系。同一个电台利用不同的频率在同一个时间段争夺各类不同的听众，既避免同台内部的频率互相摩擦，又能形成合力去跟竞争电台争夺听众资源。一般说来，频率与频率的竞争关系有两种模式，一种是以不同定位的节目差异化编排实现听众的分流，另一种是以同质化定位的节目编排，在一个特定的时间段，两个不同频率之间进行直接的对抗和竞争。

六个问题

在收听率数据分析中，揭示上述五种关系最终要落实到六个问题——

第一，从总量上来看，广播电台、频率、节目有多少听众，反映了总量概念。

第二，什么样的听众，具备什么样的年龄特征、性别特征、职业特征，包括他的消费行为特征，这是一种结构分析法。

第三，听众在什么时间段听广播，收听的时长多长。

第四，收听了多长时间。这反映了广播听众对广播资源消费的潜力和消费的能力，间接的反映了广播听众在特定的时间段上对广播节目的忠诚度。

第五，有多少听众重复收听。在两个相邻的节目中，听众目标特征的相似性是反映了听众重复收听的特点。重复听众越多，广播节目的听众在这个节目上的滞留性或相邻两档节目的滞留性越长。同时，还涉及节目的听众流出、流入的问题，实际上就是节目的听众流失率和渗透率。节目的渗透率高，表明节目对听众有吸引力，竞争力强。如果后一个节目的流失率过大，就必须从节目定位、内容和质量方面找原因，或者重新审视节目编排是否合理。

第六，广播听众喜欢听什么样的频率和什么样的节目。根据这些内容可以进一步分析，对于不同的目标听众，在不同节目内容的投入时间上进行分析来把握目标听众对某一类的节目或某几类节目有比较好的收听需求和收听的偏好。

以上六个问题，实际上构成了收听率分析的一个基本框架。

七种分析

七种分析主要的内容是总量分析、结构分析、流动分析、竞争分析、优化分析、效益分析和环境分析。七种分析是对广播频率、广播节目从总量到结构，从静态到动态，从组合到效益，从内部到外部，多元的分析方法。

第一，总量分析。就是分析广播市场所具备的特征，以及这个特征具备什么样的变化趋势，从宏观上概括性描述广播市场的特征。广播市场的特征可以从时空两个角度来分析：（1）空间概念，就是广播听众群规模有多大；（2）时间广度，广播听众的收听量，实际消费量有多大。由此从时空两个角度来描述广播市场的总体特征。

第二，结构分析。也可以从两个角度去考量，一个是广播听众的结构，广播频率的不同属性以及广播频率所特有的听众收听行为；另一个角度从播出方面分析，可以了解广播媒体在整个市场的运作的现状。

第三，流动分析。广播节目是按照时间的走向进行自然的节目编排，广播听众在播出时间段的流动形成了三个模式：（1）顺流，从前一个节目很自然的延续到下一个节目，形成两个节目之间的听众的社会特征具有极强的线性；（2）入流，就是在新的时段新流入的听众；（3）逆流，就是在这个时间段节目结束之后，听众的流失量。顺流是广播节目编排时所追求的一个目标，逆流则是应尽量避免的结果，而入流是广播节目所期望的结果。

第四，竞争关系分析。收听市场的竞争，归结到底是一个听众注意力的竞争，表现为节目与节目、频率与频率之间的竞争。在竞争激烈和听众群体相对稳定的条件下，广播听众在一定时间段对节目的选择具有排他性，形成了电台与电台之间、频率与频率之间、节目与节目之间的竞争关系。节目与节目之间的竞争，实际上形成了频率与频率之间的竞争。一个电台所属频率的竞争，进一步演化为地区内目标市场不同电台之间的竞争。竞争分析就要求准确的去估量电台、频率以及节目在这个目标市场中自己有什么样的优势，有什么样的劣势。在什么样的群体里面具有劣势，在这个市场中的表现是什么样，也就是市场地位如何。以及特定频率的不同节目，由于时间关系影响听众流的变化，导致电台整个竞争实力的消长状况，进一步为强化电台、频率的竞争能力进行相关的调整。

第五，优化分析。节目、时段、听众三个要素之间的优化问题，实际上是节目、听众、时段形成了不同的组合，必然就会存在着要素的优化问题。在这种优化的前提下，要实现听众、节目和时段三大要素最大限度的贴近。

第六，效益分析。媒体要创收，必然要吸附广告，所负载的节目的生产以及频率的经营都必然要考虑效益问题。从直观的效果分析，广播媒体的投入就是节目的时间总量和结构分布，体现在时间段的投入，即电台在频率、节目上所投入的人财物。产出效果进一步揭示出广播频率、节目以及频率构成的总台，在整个市场中所具有的媒体影响力以及整体广告的经营能力。在这种情况下，分析比较节目的播出和节目的收听之间的投入产出是否均衡，从而去建立基于收听率的广播媒体收听效益的分析方法。同时，也可以比较分析广播节目的投入、收听表现与广告经营之间的状态是否均衡，作为媒体广告效益的一种分析。

第七，环境分析。广播媒体面临的竞争，不仅是面临传统媒体竞争，同样也面临着新兴媒体竞争，以及面临一些组合媒体的竞争。那么，广播媒体在整个媒体环境中处于什么样的位置？未来的政策导向对广播媒体会产生什么样的影响？以及技术进步因素、网上传输等，如何影响广播在整个媒体市场的竞争能力？这些都是在收听分析中须进一步探讨的问题。

八项指标

八项指标是指：到达率、人均收听时间、收听率、听众占有率、听众重叠率、听众忠实度、听众集中度以及时段贡献率。到达率和人均收听时间是收听率分析的原生指标，收听率和听众占有率是收听率分析的基础指标，听众重叠率、听众忠实度、听众集中度和时段贡献率是收听率分析的衍生指标。

收听率直接或间接地反映了听众规模大小和收听时间长短的两个方面，是收听率分析中最常用的指标；到达率实际上是一个总体的听众规模，关注的是接触而不是听众群在这个时间段里面他是否从始至终，反映的是累积的一个听众群体；市场占有率反映了广播频率、节目对现实广播听众资源的占有情况，反应了广播频率、节目在收听市场中的竞争能力；人均收听时间反映了广播听众在广播频率、节目上消费时间的长短，客观反映广播听众在广播频率、节目收听量的大小；听众重叠率反映了两个节目之间听众的社会特征的相似性。重叠率越高，节目的相似性越好，节目的听众群体相似性越好，那么听众在时间流动情况下，顺流的状况就会越好；听众的忠诚度客观反映了广播听众对广播频率、节目的忠诚程度；集中度反映了听众对某一类型节目的收听倾向；时段贡献率反映了广播节目在频率自身所占有的地位以及对频率的收听率的贡献。

九种分析技术

九种分析是指：频率/节目竞争力分析、频率节目听众的定位分析、听众流的分析、节目听众时段组合优化分析、节目播出与节目收听率的均衡比较分析、节目收听率形成机制的定量收听技术、频率间的优化组合的技术分析、节目的广告传播价值分析技术和多频率竞争与市场集中度的分析技术，这九种技术为收听率数据的综合分析提供了技术上的可能。

频率/节目竞争力的分析技术可以从两个层面来进行。一个层面就是频率和节目的市场竞争力，这个市场竞争力是同类节目的比较和同时段节目的比较，同类节目的比较和同时段节目的比较反映了频率、节目在市场中的地位。同时还需要进行同频率其他节目的比较。同频率其他节目的比较是一种纵向比较，反映了广播节目在特定频率中的地位以及对频率整体收听率的贡献率，从纵向角度来反映广播节目在市场中的地位。这是从横纵两个纬度来反映广播节目、频率在市场中的竞争力；另外一个角度就是分析频率和节目的听众竞争能力，反映广播节目和频率对于广播听众的吸引力。这里需要重点考量两个指标，一个是频率和节目在有限的听众资源前提下，对听众资源的占有能力；另一个是考量广播频率、节目能够维持听众规模的能力有多大。所谓的维持能力，就是保证听众在两个节目之间实现一个顺流，从而提高节目或频率在整体市场中的表现。

频率和节目的听众定位分析技术，是从到达率和忠诚程度两个方面进行分析。从空间概念分析就是规模有多大，时间概念上分析收听量有多大。实际上是听众对于节目、频率有多大的忠诚度。从这两个方面分析，到达率更进一步的反映了频率和节目对目标听众群体在规模上的聚合能力，即广播频率和节目能够吸引多大的听众群，它反映了一个规模；忠诚度反映了广播频率和节目对于目标听众的维持能力。收听时间相对越长，那么对于这个频率或节目的忠诚度相对越高。从到达率和忠诚程度这两个纬度，将把庞大聚合度的听众群维持在频率或节目上，提高频率、节目在市场中的表现，提高了收听率，同时也提高了市场占有率。

听众流分析技术，是一种动态分析技术。广播频率都是依照时间纬度来进行节目的编排，那么时间纬度的安排必然形成一种时间流概念。在这种时间流的概念下进行节目编排时，必然会产生听众在时间流的概念下横纵之间的流动。那么，在节目之间，我们当然希望广播听众在两个节目之间实现顺流。我们可以分析广播听众在节目间和频率间沿着时间方向流动时，流转的程度和频次，来考量听众流是如何流动的，分析广播听众在时间流概念下的流转规模。通过听众流的分析和通过听众流的把握，可以进一步的了解广播听众收听行为在时间上有哪些变化，对于节目的编排、节目的调整和提高节目的忠诚度，进而强化节目、频率以及电台整体的竞争能力可以提供一个相应的帮助。

收听率形成机制的定量分析技术。收听率的形成有两个要素，第一个要素是形成一个听众规模——即收听率。广播节目和广播广告要到达成一个有效收听群体，形成一个相对的收听规模。同时，广播节目、频率要培养广播听众对广播频率、广播节目的忠诚程度，由此构成整个收听市场。影响广播听众收听时长的长短有两个要素，一是节目本身的质量，节目的选题、节目的风格、节目的形态等要素会形成对节目质量的影响；二是节目的播出环境，即节目播出所选择的频率、节目类型、安排的时间段、所能够赋予节目的时长、播出频次以及安排在黄金段还是非黄金段等等，这些因素事实上都会对最后收听率的形成产生影响。在整个收听率分析的过程中以及进行节目设置的时候，要充分考量这些因素和内容。节目的播出和收听程度，收听比重是否平衡的收听技术就是收听率形成的动量分析技术，这项技术实际上就是要考量节目的播出量和播出结构。作为广播市场的供方，广播电台所希望的是能够与广播听众形成一种相对对位的平衡关系；同时，作为消费市场的需方，广播听众对于节目、频率的收听时间量及收听结构，是否与广播电台供方这种需求能否形成真正的平衡，会对整个节目的播出和所希望获取的收听点会形成影响。实际上，广播电台/频率需要重点去考量的是各类节目的播出比重，以及相对收听之间的这种比例关系。即在广播频率中，不同类型的节目设置，以及不同类型的节目所赋予的时间资源，同时分析对整个收听市场的收听点吸引规模的贡献程度有多大，从而形成广播节目在时间资源和听众资源的合理匹配，达到资源的最大化。

节目播出与收听率比重均衡分析技术，这是基于节目、时段和听众的三个纬度，对节目的不同地位、不同播出类型，以及在不同时间段安排不同节目的编排，对于广播电台所期望获得的听众、获得的听众量，以及获得听众收听时间的消费量，所进行的综合分析。此时，我们要考虑广播听众在某一特定的时间段上的特征要素是什么?什么年龄段的听众?什么职业构成的听众，什么收入群体以及消费行为能力是如何的?然后结合广播节目播出类型和实地的收听效果，以及广播频率在各个时段里面所获得的听众量去研究节目、时段和听众三个要素之间的拟合度。这三项指标拟合的程度越好，也就是说广播节目、频率的定位就会越会准确。

频率间的优化组合分析技术，这是基于同一个广播电台所属的不同频率之间，能够实现资源的一种优化。在电台内部，由于受经济利益的驱使，频率之间的竞争是不可避免的。但可以尽可能地减少这样的内部竞争。若能够形成错位竞争，而不是在同一时间上的直接对抗，避免频率之间资源内耗，实现优势互补，而形成不同频率以及整个电台的综合竞争实力。在分析中，首先要考虑的是频率的定位问题，就是根据不同的频率所具有的不同优势和已经形成的特点，形成差异化的定位，增强频率专业化的优势，对目标听众产生拉力，吸引广播听众的注意力，形成一个整体的合力，从而为整个电台搭构一个更大的听众群。那么，用频率的整体占有率和频率间的听众重叠率来去评价我们的频率是否真正形成了差异化的竞争，在时段上是否更多考虑了差异化编排。

节目广告的传播价值分析技术。广播节目是广播广告传播的一个载体，广告传播价值的高低，关系到了广告的定价与频率以及电台的整体经营。节目广告的传播价值要考虑传播的广度，即广告到达的听众的规模有多大？还要考虑广告的传播深度，即广播听众对电台、频率、节目的忠诚度。通过广播电台、频率、节目触达听众的规模、听众忠诚度以及目标听众的人均收入或人均消费能力，可以综合分析广播节目、频率、电台的整个广告传播价值。通过广播广告的千人成本、广告的定价及其广告的传播价值进行结合分析，为媒体广告的定价提供一种客观的数据依据。即千人成本高，传播价值总体偏低，可以考虑低价的策略；对于千人成本低，传播价值总体偏高，可以考虑溢价的策略。

多频率竞争与市场集中度分析技术，就是在广播听众收听总量相对稳定的前提下，分析多频率的市场竞争和收听市场份额的竞争，市场集中度主要是考量在这个市场中的各个广播频率市场份额的分散和集中程度。这里重点要分析的是广播频率在广播市场中处于什么样的地位以及广播市场的结构。

十大判断

依据收听率数据分析的一个基点、二个市场、三个纬度、四个层次、五种关系、六个问题、七类分析、八项指标和九项技术，最后可以为广播媒体归纳出十大判断。

十大判断就是：广播媒体的市场竞争能力的判断，广播市场的竞争结构判断，广播媒体的目标群体的特征以目标定位的判断，广播节目资源的利用效率判断，广播媒体的节目、频率编排效益判断，广播媒体广告传播价值和定价策略判断，广播媒体收听市场发展趋势判断，广播媒体广告市场发展趋势判断，广播听众市场开发前景判断和广播媒体未来发展的战略选择及判断。

综上所述，通过听众本位的一个基点，收听市场和广告市场的两个市场，节目、听众、时段三个纬度，节目、频率、电台、市场的四个层次，以及节目、频率、时段、听众交叉组成的五种关系，反映了收听率分析的一个基本框架。七类分析方法，八项分析指标和九种分析技术，是收听率分析用于广播市场的经营及生产的方法和手段。十大判断是利用收听率分析的目的和要达成的指标，由此构成利用收听率数据对广播媒体研究的一个度量衡的完整体系。

（撰稿：牛存有）

REPORT 数据篇

一、北京地区收听率数据

表 2.1.1 北京地区听众构成及平均每天收听时长

听众群		听众构成%	平均每天收听时长（分钟）
所有听众			83
性别	男	46.0	83
	女	54.0	69
年龄	10-19 岁	11.1	70
	20-29 岁	22.0	64
	30-39 岁	23.2	69
	40-49 岁	18.7	77
	50-59 岁	15.4	98
	60-69 岁	9.6	83
教育程度	初中及以下	22.2	98
	高中	46.6	68
	大专及以上	31.3	72
职业	学生	12.2	58
	公职人员	0.5	60
	高级管理人员私营业主	0.9	101
	白领	22.1	64
	工薪阶层	22.5	80
	个体业主	10.6	102
	离退休人员	24.9	85
	无业人员	6.3	56
个人月可支配收入	500 元以下	18.0	58
	500-999 元	2.8	259
	1000-1499 元	16.9	60
	1500-1999 元	22.1	89
	2000 元以上	40.2	73

表 2.1.2 北京地区主要电台频率的平均收听率和市场份额（%）

排名	电台名称	平均收听率	市场份额
1	北京电台交通广播	0.60	21.0
2	北京电台文艺广播	0.41	14.4
3	北京电台新闻广播	0.34	12.0
4	北京电台音乐广播	0.29	10.0
5	中央电台音乐之声	0.28	9.7
6	北京电台故事广播	0.24	8.3
7	中央电台中国之声	0.17	6.0
8	中央电台文艺之声	0.10	3.6
8	北京电台体育广播	0.10	3.6
10	中央电台都市之声	0.05	1.8

表 2.1.3 北京地区主要电台频率的周到达率和日到达率（%）

排名	电台名称	周到达率	日到达率
1	北京电台交通广播	19.2	10.2
2	北京电台文艺广播	15.2	7.1
3	北京电台音乐广播	12.5	5.3
4	北京电台新闻广播	11.8	6.3
5	北京电台故事广播	10.1	4.2
6	中央电台音乐之声	8.8	4.8
7	中央电台文艺之声	5.7	2.1
8	中央电台中国之声	5.6	3.2
9	北京电台体育广播	4.7	2.3
10	北京电台城市管理广播	3.9	1.4

表 2.1.4：北京地区主要电台的收听率（%）

时间	中央电台都市之声	中央电台文艺之声	中央电台音乐之声	中央电台中国之声	北京电台交通广播	北京电台故事广播	北京电台体育广播	北京电台文艺广播	北京电台新闻广播	北京电台音乐广播
6:00	—	0.03	0.23	0.29	0.35	0.07	0.12	0.24	1.35	0.27
6:15	—	0.03	0.27	0.29	0.37	0.07	0.12	0.24	1.38	0.27
6:30	—	0.03	0.40	0.52	0.64	0.11	0.12	0.19	2.54	0.27
6:45	0.08	0.05	0.33	0.48	0.69	0.07	0.12	0.19	2.55	0.19
7:00	0.17	0.28	0.42	0.50	3.98	0.68	0.37	0.68	2.59	0.84
7:15	0.08	0.28	0.42	0.50	4.11	0.70	0.32	0.74	2.54	0.83
7:30	0.17	0.21	0.50	0.33	4.19	0.89	0.37	1.05	1.94	0.78
7:45	0.17	0.17	0.35	0.28	3.89	0.86	0.37	1.07	1.82	0.71
8:00	0.17	0.04	0.35	0.28	1.72	1.04	0.07	0.73	0.65	0.53
8:15	0.17	0.04	0.35	0.28	1.62	1.04	0.07	0.83	0.60	0.55
8:30	0.17	0.04	0.35	0.28	1.36	1.05	0.07	1.03	0.56	0.51
8:45	0.17	0.04	0.31	0.28	1.17	1.07	0.07	1.07	0.52	0.60
9:00	0.08	0.06	0.11	0.61	0.74	0.29	0.08	0.56	0.34	0.20
9:15	0.08	0.06	0.15	0.61	0.72	0.32	0.08	0.56	0.34	0.16
9:30	—	0.04	0.15	0.67	0.69	0.36	0.08	0.77	0.12	0.19
9:45	—	0.04	0.15	0.72	0.69	0.32	0.08	0.80	0.11	0.19
10:00	—	0.04	0.04	0.83	0.45	0.25	0.03	0.69	0.05	0.13
10:15	—	0.04	0.04	0.95	0.45	0.24	0.03	0.69	0.05	0.12
10:30	—	0.04	—	0.95	0.47	0.19	0.03	0.61	0.05	0.13
10:45	—	0.04	—	0.95	0.47	0.19	0.03	0.61	0.05	0.12
11:00	—	0.02	—	—	0.23	0.02	0.08	0.15	0.05	0.07
11:15	—	0.02	—	—	0.23	0.02	0.08	0.15	0.05	0.07
11:30	—	0.02	—	—	0.21	0.04	0.09	0.14	0.05	0.08
11:45	—	0.02	—	—	0.21	0.02	0.10	0.14	0.05	0.08
12:00	0.69	0.17	0.04	—	1.05	0.39	0.05	0.65	0.75	0.07
12:15	0.69	0.17	0.04	—	1.05	0.39	0.03	0.74	0.73	0.07
12:30	0.34	0.15	0.08	—	0.39	0.43	0.19	1.11	0.45	0.12
12:45	0.25	0.08	0.08	—	0.39	0.43	0.19	1.07	0.45	0.12
13:00	—	—	—	0.11	0.35	—	0.08	0.14	0.02	0.05
13:15	—	—	—	0.11	0.35	—	0.08	0.15	0.02	0.05
13:30	—	—	—	0.11	0.33	0.02	0.08	0.17	0.02	0.06
13:45	—	—	—	0.11	0.33	0.02	0.08	0.17	0.02	0.06
14:00	—	—	0.23	0.05	0.22	0.16	0.07	0.61	0.03	0.20
14:15	—	0.02	0.23	0.05	0.22	0.16	0.07	0.61	0.03	0.19
14:30	—	0.06	0.23	0.05	0.19	0.21	0.07	0.66	0.03	0.16
14:45	—	0.06	0.23	0.05	0.19	0.21	0.04	0.66	0.03	0.17

时间	中央电台都市之声	中央电台文艺之声	中央电台音乐之声	中央电台中国之声	北京电台交通广播	北京电台故事广播	北京电台体育广播	北京电台文艺广播	北京电台新闻广播	北京电台音乐广播
15:00	—	0.10	0.23	0.11	0.28	0.29	0.09	0.61	0.01	0.13
15:15	—	0.10	0.23	0.11	0.28	0.29	0.09	0.61	0.01	0.12
15:30	—	0.06	0.31	0.05	0.31	0.27	0.08	0.55	0.03	0.17
15:45	—	0.04	0.27	0.05	0.31	0.19	0.08	0.55	0.08	0.17
16:00	0.08	0.08	0.15	0.05	0.53	0.21	0.09	0.30	0.10	0.16
16:15	0.08	0.08	0.15	0.05	0.53	0.19	0.09	0.30	0.11	0.16
16:30	0.08	0.08	0.15	0.05	0.52	0.19	0.09	0.27	0.11	0.16
16:45	0.08	0.06	0.15	0.05	0.52	0.19	0.09	0.27	0.11	0.16
17:00	—	0.08	—	0.11	1.75	0.43	0.05	0.20	0.15	0.56
17:15	—	0.08	—	0.11	1.79	0.43	0.05	0.20	0.15	0.56
17:30	—	0.10	0.04	0.11	1.76	0.43	0.07	0.21	0.13	0.59
17:45	—	0.06	—	0.11	1.65	0.43	0.07	0.28	0.13	0.57
18:00	—	0.19	0.15	—	0.86	0.11	0.03	0.58	0.12	0.36
18:15	—	0.19	0.15	—	0.81	0.14	0.03	0.54	0.15	0.36
18:30	0.08	0.13	0.15	—	0.59	0.21	0.03	0.54	0.16	0.44
18:45	—	0.10	0.15	—	0.46	0.24	0.03	0.61	0.18	0.42
19:00	0.08	—	0.04	0.05	0.33	0.09	0.14	0.24	0.65	0.06
19:15	0.08	—	0.04	0.05	0.32	0.05	0.14	0.21	0.65	0.05
19:30	0.08	—	0.04	0.05	0.32	0.05	0.14	0.27	0.51	0.05
19:45	0.08	—	0.04	0.05	0.32	0.05	0.14	0.27	0.51	0.05
20:00	0.08	—	0.31	0.11	0.46	0.36	0.43	0.32	0.33	0.82
20:15	—	—	0.35	0.11	0.46	0.36	0.43	0.31	0.33	0.83
20:30	—	0.08	0.35	0.11	0.39	0.48	0.43	0.31	0.33	0.95
20:45	—	0.08	0.38	0.11	0.40	0.48	0.43	0.30	0.33	0.94
21:00	—	0.70	1.19	0.50	0.27	0.12	0.09	0.56	0.28	1.10
21:15	—	0.68	1.53	0.50	0.27	0.12	0.09	0.58	0.28	1.05
21:30	—	0.70	1.91	0.50	0.27	0.39	0.09	0.63	0.16	0.86
21:45	—	0.81	1.80	0.22	0.23	0.39	0.09	0.61	0.12	0.87
22:00	—	0.38	1.73	0.05	0.23	0.21	0.10	0.77	0.05	0.73
22:15	—	0.36	1.84	0.05	0.23	0.21	0.10	0.79	0.04	0.72
22:30	—	0.28	1.65	0.05	0.22	0.24	0.10	0.87	0.04	0.60
22:45	—	0.28	1.65	0.05	0.21	0.24	0.08	0.81	0.04	0.59
23:00	—	0.08	0.35	—	0.01	0.12	0.01	0.21	—	0.21
23:15	—	0.08	0.35	—	0.01	0.12	0.01	0.21	—	0.21
23:30	—	0.08	0.31	—	0.01	0.12	0.01	0.19	—	0.20
23:45	—	0.08	0.31	—	0.01	0.12	0.01	0.19	—	0.17

表2.1.5：北京地区主要电台的占有率（%）

时间	中央电台都市之声	中央电台文艺之声	中央电台音乐之声	中央电台中国之声	北京电台交通广播	北京电台故事广播	北京电台体育广播	北京电台文艺广播	北京电台新闻广播	北京电台音乐广播
6:00	—	0.9	6.1	7.9	9.6	2.0	3.3	6.4	36.7	7.1
6:15	—	0.9	6.8	7.6	9.8	1.8	3.2	6.2	36.3	6.9
6:30	—	0.6	6.7	8.8	10.9	1.8	2.1	3.1	43.5	4.5
6:45	1.6	1.0	5.6	8.6	12.0	1.2	2.1	3.2	44.9	3.1
7:00	1.3	2.3	3.2	3.9	31.2	5.2	3.0	5.3	20.5	6.5
7:15	0.6	2.2	3.2	3.9	32.0	5.3	2.5	5.8	20.0	6.4
7:30	1.3	1.8	3.9	2.7	33.5	7.0	3.0	8.4	15.7	6.1
7:45	1.6	1.5	2.9	2.5	33.9	7.4	3.3	9.4	16.0	6.1
8:00	2.9	0.7	5.9	4.7	29.2	17.5	1.2	12.5	11.1	8.8
8:15	2.9	0.7	5.9	4.9	27.8	17.6	1.2	14.3	10.4	9.3
8:30	3.2	0.8	6.1	5.1	24.4	18.6	1.2	18.4	10.0	9.0
8:45	3.2	0.8	5.6	5.2	21.8	19.7	1.3	19.9	9.8	10.9
9:00	2.6	1.9	3.4	18.5	22.2	8.5	2.4	16.9	10.4	5.8
9:15	2.6	1.9	4.6	18.6	21.6	9.5	2.4	16.9	10.5	4.7
9:30	—	1.4	4.6	20.5	21.0	10.8	2.5	23.7	3.8	5.5
9:45	—	1.3	4.6	22.0	20.7	9.6	2.5	24.3	3.4	5.4
10:00	—	1.7	1.5	32.6	17.2	9.6	1.1	26.8	2.2	5.1
10:15	—	1.6	1.4	35.8	16.7	8.6	1.0	26.0	2.2	4.5
10:30	—	1.7	—	37.2	18.1	7.6	1.1	23.7	2.2	5.1
10:45	—	1.7	—	37.4	18.2	7.7	1.1	23.8	2.2	4.7
11:00	—	3.1	—	—	32.3	2.5	11.5	21.6	7.8	10.0
11:15	—	3.1	—	—	32.3	2.5	11.5	21.6	7.8	10.0
11:30	—	2.9	—	—	27.7	4.7	12.7	18.6	7.4	11.1
11:45	—	2.9	—	—	27.7	2.3	14.5	18.6	7.4	11.1
12:00	16.6	4.1	0.8	—	24.8	9.1	1.3	15.3	17.7	1.7
12:15	16.2	4.0	0.8	—	24.4	9.0	0.6	17.4	16.9	1.7
12:30	10.4	4.5	2.2	—	11.4	12.4	5.7	32.5	13.2	3.5
12:45	8.1	2.7	2.4	—	11.9	13.0	6.0	33.1	13.8	3.7
13:00	—	—	—	10.4	33.1	—	7.7	13.2	2.1	4.5
13:15	—	—	—	10.4	33.1	—	7.7	14.4	2.1	4.5
13:30	—	—	—	10.3	30.6	1.7	7.6	15.6	2.1	5.6
13:45	—	—	—	10.1	29.9	1.6	7.4	15.2	2.0	5.4
14:00	—	—	13.1	3.2	12.7	9.1	4.0	34.9	1.9	11.1
14:15	—	1.3	13.1	3.2	12.8	9.3	4.0	35.2	2.0	10.5
14:30	—	3.7	12.9	3.2	10.6	12.0	3.9	37.3	1.9	8.8
14:45	—	3.8	13.0	3.2	10.8	12.1	2.3	37.8	1.9	9.7

时间	中央电台都市之声	中央电台文艺之声	中央电台音乐之声	中央电台中国之声	北京电台交通广播	北京电台故事广播	北京电台体育广播	北京电台文艺广播	北京电台新闻广播	北京电台音乐广播
15:00	—	6.0	12.3	6.1	15.0	15.4	5.2	32.8	0.6	7.2
15:15	—	6.0	12.6	6.2	15.4	15.6	5.4	33.6	0.7	6.6
15:30	—	3.6	16.9	3.1	17.3	14.9	4.6	30.7	1.9	9.4
15:45	—	2.5	15.2	3.2	17.7	11.1	4.8	31.4	4.5	9.7
16:00	4.9	4.8	8.2	3.1	29.1	11.6	5.3	16.2	5.6	8.5
16:15	4.9	4.8	8.2	3.1	29.1	10.6	5.3	16.2	6.1	8.5
16:30	4.9	4.9	8.5	3.1	29.1	10.8	5.4	15.0	6.3	8.7
16:45	4.9	3.7	8.7	3.2	29.6	11.1	5.5	15.2	6.4	8.9
17:00	—	2.3	—	3.0	46.2	11.2	1.4	5.2	3.9	14.6
17:15	—	2.3	—	2.9	46.6	11.1	1.4	5.2	3.8	14.4
17:30	—	2.8	1.0	2.9	45.6	11.0	1.8	5.5	3.5	14.9
17:45	—	1.8	—	3.0	44.3	11.3	1.8	7.6	3.6	15.2
18:00	—	7.3	5.6	—	31.9	3.9	1.0	21.3	4.6	13.3
18:15	—	7.4	5.7	—	30.4	5.3	1.0	20.2	5.5	13.6
18:30	3.6	5.2	6.0	—	23.5	8.5	1.1	21.5	6.3	17.4
18:45	—	4.6	6.4	—	19.1	9.6	1.1	25.6	7.5	17.7
19:00	4.5	—	2.0	3.0	17.5	4.7	8.0	12.6	34.3	3.2
19:15	4.9	—	2.1	3.1	17.8	3.0	8.4	11.7	36.2	2.7
19:30	5.2	—	2.2	3.2	18.6	3.1	8.8	15.6	30.0	2.7
19:45	5.2	—	2.2	3.2	18.6	3.1	8.8	15.6	30.0	2.7
20:00	2.3	—	8.0	3.0	12.0	9.4	11.7	8.5	9.0	21.3
20:15	—	—	9.1	3.0	12.0	9.4	11.7	8.2	9.0	21.6
20:30	—	2.2	8.5	2.8	9.7	12.0	11.0	7.8	8.5	23.4
20:45	—	2.2	9.5	2.8	10.0	12.0	11.1	7.5	8.5	23.3
21:00	—	13.2	21.5	9.2	4.9	2.2	1.7	10.3	5.1	19.8
21:15	—	12.3	26.7	8.9	4.7	2.2	1.7	10.2	5.0	18.3
21:30	—	12.3	32.4	8.7	4.6	6.6	1.6	10.8	2.7	14.4
21:45	—	15.2	32.7	4.1	4.2	7.2	1.7	11.1	2.2	15.7
22:00	—	8.9	39.0	1.2	5.3	4.8	2.5	17.7	1.2	16.5
22:15	—	8.4	41.1	1.2	5.2	4.8	2.5	17.9	1.0	16.0
22:30	—	6.9	39.8	1.3	5.4	5.6	2.6	21.3	1.1	14.4
22:45	—	7.3	41.9	1.4	5.4	5.9	2.1	21.0	1.2	14.8
23:00	—	8.7	34.0	—	1.1	12.4	1.4	21.1	—	20.4
23:15	—	8.7	34.0	—	1.1	12.4	1.4	21.1	—	20.4
23:30	—	9.4	32.4	—	1.1	13.2	1.4	19.5	—	20.6
23:45	—	9.9	34.4	—	1.2	14.1	1.5	20.8	—	19.1

二、天津地区收听率数据

表 2.2.1 天津地区听众构成及平均每天收听时长

听众群		听众构成%	平均每天收听时长（分钟）
所有听众			71
性别	男	50.6	70
	女	49.4	72
年龄	10-19 岁	9.0	46
	20-29 岁	24.1	59
	30-39 岁	23.5	71
	40-49 岁	21.2	75
	50-59 岁	12.1	88
	60-69 岁	10.1	95
教育程度	初中及以下	19.8	99
	高中	46.5	66
	大专及以上	33.8	62
职业	学生	10.3	50
	公职人员	7.7	53
	高级管理人员 私营业主	1.3	53
	白领	19.3	64
	工薪阶层	34.9	66
	个体业主	8.4	118
	离退休人员	15.6	94
	无业人员	2.6	49
个人月可支配收入	500 元以下	11.9	58
	500-999 元	9.3	88
	1000-1499 元	28.9	73
	1500-1999 元	14.1	74
	2000 元以上	35.7	69

表 2.2.2 天津地区主要电台频率的平均收听率和市场份额（%）

排名	电台名称	平均收听率	市场份额
1	天津电台交通广播	1.21	21.7
2	天津电台文艺广播	0.85	15.2
3	天津电台音乐广播(调频)	0.82	14.7
4	天津电台新闻广播	0.80	14.2
5	天津电台生活广播	0.47	8.3
6	天津电台相声广播	0.44	7.8
7	天津电台经济广播	0.37	6.6
8	中央电台音乐之声	0.18	3.3
9	天津电台滨海广播	0.17	3.1
10	天津电台小说广播	0.14	2.5

表 2.2.3 天津地区主要电台频率的周到达率和日到达率（%）

排名	电台名称	周到达率	日到达率
1	天津电台交通广播	27.3	15.1
2	天津电台新闻广播	22.9	12.2
3	天津电台文艺广播	18.6	11.4
4	天津电台音乐广播(调频)	15.1	10.2
5	天津电台生活广播	12.3	6.6
6	天津电台相声广播	11.8	4.9
7	天津电台经济广播	10.6	6.2
8	天津电台滨海广播	6.1	2.5
9	中央电台音乐之声	4.1	3.0
10	天津电台小说广播	2.4	1.6

表 2.2.4：天津地区主要电台的收听率（%）

时间	天津电台新闻广播	天津电台滨海广播	天津电台交通广播	天津电台经济广播	天津电台生活广播	天津电台文艺广播	天津电台音乐广播（调频）	天津电台相声广播	天津电台小说广播	中央电台音乐之声
6:00	0.34	0.15	0.36	0.16	0.14	—	0.41	—	—	—
6:15	0.38	0.08	0.36	0.16	0.14	—	0.48	—	—	—
6:30	1.38	0.08	0.56	0.17	0.14	—	0.54	0.13	—	—
6:45	1.38	0.08	0.56	0.17	0.14	—	0.54	0.13	—	—
7:00	6.41	0.36	1.94	0.49	0.34	0.14	1.47	0.17	—	—
7:15	6.43	0.36	1.94	0.49	0.34	0.14	1.47	0.17	—	—
7:30	6.36	0.36	1.90	0.47	0.43	0.18	1.46	0.45	—	—
7:45	6.34	0.36	1.91	0.47	0.43	0.18	1.45	0.45	—	—
8:00	2.53	0.34	2.46	0.10	0.28	0.18	0.82	0.48	0.01	0.11
8:15	2.76	0.34	2.47	0.10	0.28	0.18	0.82	0.48	0.01	0.11
8:30	1.49	0.34	2.37	0.21	0.28	0.18	0.82	0.22	0.01	0.11
8:45	1.29	0.34	2.43	0.21	0.28	0.18	0.82	0.22	0.01	0.11
9:00	0.54	0.14	0.96	0.46	0.48	0.49	0.50	0.38	0.05	—
9:15	0.55	0.14	0.96	0.44	0.47	0.49	0.50	0.39	0.05	—
9:30	0.52	0.15	0.97	0.40	0.11	0.49	0.45	0.99	0.05	—
9:45	0.51	0.15	0.97	0.40	0.11	0.49	0.44	0.99	0.05	—
10:00	0.08	0.30	1.03	0.09	0.27	1.51	0.47	0.84	0.05	—
10:15	0.08	0.30	1.03	0.09	0.27	1.51	0.47	0.84	0.05	—
10:30	0.08	0.30	1.02	0.09	0.27	1.51	0.47	0.73	0.05	—
10:45	0.08	0.30	1.02	0.09	0.27	1.51	0.47	0.73	0.05	—
11:00	0.16	0.14	0.49	0.03	0.22	1.02	0.55	0.30	0.01	—
11:15	0.24	0.14	0.49	0.03	0.22	1.02	0.55	0.30	0.01	—
11:30	0.26	0.15	0.48	0.03	0.22	1.04	0.55	0.37	0.01	—
11:45	0.26	0.15	0.48	0.03	0.22	1.05	0.55	0.36	0.01	—
12:00	0.20	0.13	1.00	0.31	0.73	0.97	1.87	0.30	0.02	0.01
12:15	0.20	0.12	1.00	0.31	0.69	0.97	1.90	0.30	0.02	0.01
12:30	0.33	0.12	0.92	0.31	0.69	0.95	1.90	0.30	0.12	0.01
12:45	0.32	0.12	0.91	0.31	0.69	0.95	1.90	0.30	0.12	0.01
13:00	0.27	0.43	0.60	0.22	0.49	2.69	1.87	0.36	0.12	0.14
13:15	0.27	0.43	0.60	0.22	0.49	2.69	1.87	0.36	0.12	0.14
13:30	0.28	0.43	0.50	0.30	0.50	2.69	1.86	0.38	0.16	0.14
13:45	0.28	0.43	0.50	0.30	0.50	2.69	1.86	0.38	0.16	0.14
14:00	0.18	0.04	0.30	0.19	0.29	0.11	0.82	0.25	0.18	—
14:15	0.18	0.04	0.30	0.19	0.29	0.11	0.82	0.25	0.18	—
14:30	0.04	0.04	0.51	0.19	0.29	0.24	0.81	0.13	0.16	—
14:45	0.04	0.04	0.51	0.19	0.29	0.31	0.81	0.13	0.16	—

时间	天津电台新闻广播	天津电台滨海广播	天津电台交通广播	天津电台经济广播	天津电台生活广播	天津电台文艺广播	天津电台音乐广播（调频）	天津电台相声广播	天津电台小说广播	中央电台音乐之声
15:00	0.17	0.12	0.57	0.19	0.99	1.06	0.76	0.27	0.27	—
15:15	0.17	0.12	0.57	0.19	0.99	1.06	0.76	0.27	0.27	—
15:30	0.18	0.12	0.57	0.18	0.99	1.07	0.76	0.32	0.23	—
15:45	0.18	0.12	0.57	0.18	0.99	1.07	0.76	0.32	0.23	—
16:00	0.16	0.08	2.64	2.04	0.94	0.77	0.50	0.70	0.35	0.10
16:15	0.11	0.08	2.64	2.04	0.94	0.77	0.50	0.70	0.35	0.10
16:30	0.11	0.08	2.67	2.04	0.94	1.16	0.50	0.62	0.30	0.10
16:45	0.11	0.08	2.67	2.04	0.94	1.15	0.50	0.62	0.31	0.10
17:00	0.74	0.30	2.66	0.36	0.28	1.07	0.31	0.68	0.34	1.25
17:15	0.75	0.30	2.66	0.36	0.34	1.11	0.31	0.68	0.34	1.25
17:30	0.76	0.30	2.57	0.41	0.49	1.53	0.32	0.79	0.47	1.25
17:45	0.70	0.30	2.55	0.41	0.49	1.48	0.32	0.78	0.47	1.25
18:00	0.11	0.05	2.71	0.51	0.80	1.38	0.29	0.43	0.2	0.08
18:15	0.10	0.17	2.71	0.51	0.74	1.25	0.29	0.41	0.2	0.09
18:30	0.08	0.17	2.68	0.47	0.77	1.16	0.31	0.68	0.27	0.09
18:45	0.08	0.15	2.68	0.47	0.77	1.15	0.31	0.67	0.27	0.09
19:00	0.50	0.04	1.89	0.29	0.43	1.56	2.10	0.64	0.27	0.09
19:15	0.50	0.04	1.89	0.29	0.43	1.56	2.10	0.64	0.27	0.09
19:30	0.36	0.06	0.52	0.29	0.42	1.56	2.12	0.22	0.27	0.09
19:45	0.36	0.06	0.52	0.29	0.42	1.56	2.12	0.22	0.27	0.09
20:00	0.64	0.34	0.28	0.38	0.25	1.34	0.73	0.35	0.27	0.97
20:15	0.70	0.33	0.29	0.38	0.25	1.34	0.73	0.35	0.27	0.97
20:30	0.80	0.34	0.46	0.38	0.25	1.28	0.68	0.34	0.27	0.98
20:45	0.80	0.33	0.46	0.38	0.26	1.28	0.68	0.34	0.27	0.98
21:00	0.78	0.09	1.01	0.44	0.48	0.39	0.89	0.69	0.11	0.31
21:15	0.78	0.08	1.01	0.44	0.48	0.39	0.89	0.69	0.11	0.31
21:30	0.78	0.08	2.0	0.43	0.47	0.40	0.88	0.68	0.11	0.31
21:45	0.78	0.08	2.0	0.43	0.46	0.40	0.88	0.68	0.11	0.31
22:00	0.41	0.07	1.46	0.28	0.80	0.23	0.12	0.15	0.08	0.27
22:15	0.41	0.07	1.46	0.28	0.80	0.23	0.12	0.15	0.08	0.27
22:30	0.39	0.05	0.16	0.28	0.73	0.17	0.12	0.15	0.08	0.27
22:45	0.39	0.05	0.15	0.28	0.73	0.17	0.12	0.15	0.08	0.25
23:00	0.17	0.01	0.17	0.01	0.28	0.03	0.28	0.65	—	—
23:15	0.17	0.01	0.17	0.01	0.29	0.03	0.28	0.65	—	—
23:30	0.01	—	0.16	0.01	0.31	0.03	0.27	0.66	0.10	—
23:45	0.01	—	0.16	0.01	0.31	0.03	0.27	0.64	0.10	—

表 2. 2. 5：天津地区主要电台的占有率（%）

时间	天津电台新闻广播	天津电台滨海广播	天津电台交通广播	天津电台经济广播	天津电台生活广播	天津电台文艺广播	天津电台音乐广播（调频）	天津电台相声广播	天津电台小说广播	中央电台音乐之声
6:00	22.0	9.4	23.3	10.1	8.8	—	26.4	—	—	—
6:15	23.9	4.9	22.7	9.8	8.6	—	30.1	—	—	—
6:30	46.0	2.6	18.8	5.8	4.5	—	18.1	4.2	—	—
6:45	46.0	2.6	18.8	5.8	4.5	—	18.1	4.2	—	—
7:00	55.4	3.1	16.8	4.2	2.9	1.2	12.7	1.5	—	—
7:15	55.4	3.1	16.8	4.2	2.9	1.2	12.6	1.5	—	—
7:30	53.6	3.0	16.0	3.9	3.6	1.6	12.3	3.8	—	—
7:45	53.1	3.0	16.0	3.9	3.6	1.5	12.1	3.7	—	—
8:00	34.3	4.6	33.2	1.3	3.8	2.5	11.0	6.4	0.1	1.4
8:15	35.9	4.4	32.2	1.3	3.7	2.4	10.6	6.2	0.1	1.4
8:30	24.1	5.5	38.4	3.5	4.6	3.0	13.2	3.6	0.2	1.7
8:45	21.4	5.6	40.3	3.5	4.7	3.1	13.5	3.7	0.2	1.8
9:00	13.6	3.4	24.1	11.4	11.9	12.2	12.4	9.5	1.2	—
9:15	13.9	3.4	24.1	11.0	11.7	12.2	12.4	9.8	1.2	—
9:30	12.7	3.5	23.5	9.6	2.6	11.8	10.8	24.0	1.2	—
9:45	12.5	3.5	23.6	9.7	2.6	11.8	10.6	24.1	1.2	—
10:00	1.7	6.5	22.2	1.9	5.9	32.5	10.1	18.0	1.0	—
10:15	1.7	6.5	22.2	1.9	5.9	32.5	10.1	18.0	1.0	—
10:30	1.7	6.7	22.6	1.9	6.0	33.3	10.3	16.1	1.1	—
10:45	1.7	6.7	22.6	1.9	6.0	33.3	10.3	16.1	1.1	—
11:00	5.3	4.7	16.7	1.0	7.7	35.0	19.0	10.3	0.3	—
11:15	8.1	4.5	16.2	1.0	7.4	34.0	18.4	10.0	0.3	—
11:30	8.3	4.6	15.1	0.9	7.1	32.9	17.5	11.7	0.3	—
11:45	8.2	4.5	14.8	0.9	6.9	32.6	17.2	11.2	0.3	—
12:00	3.6	2.2	17.7	5.5	12.9	17.2	33.1	5.3	0.3	0.2
12:15	3.6	2.1	17.7	5.5	12.2	17.2	33.7	5.3	0.3	0.2
12:30	5.8	2.0	16.2	5.4	12.1	16.7	33.3	5.3	2.0	0.2
12:45	5.6	2.0	16.0	5.5	12.1	16.7	33.4	5.3	2.0	0.2
13:00	3.8	5.9	8.3	3.1	6.7	37.2	25.9	5.0	1.6	1.9
13:15	3.8	5.9	8.3	3.1	6.7	37.2	25.9	5.0	1.6	1.9
13:30	3.9	5.9	6.8	4.1	6.8	37.0	25.7	5.2	2.1	1.9
13:45	3.9	5.9	6.8	4.1	6.8	37.0	25.7	5.2	2.1	1.9
14:00	7.6	1.6	12.4	8.0	12.0	4.4	33.5	10.4	7.6	—
14:15	7.6	1.6	12.4	8.0	12.0	4.4	33.5	10.4	7.6	—
14:30	1.5	1.5	20.2	7.6	11.4	9.5	31.6	4.9	6.1	—
14:45	1.5	1.5	19.6	7.4	11.1	11.9	30.7	4.8	5.9	—

时间	天津电台新闻广播	天津电台滨海广播	天津电台交通广播	天津电台经济广播	天津电台生活广播	天津电台文艺广播	天津电台音乐广播（调频）	天津电台相声广播	天津电台小说广播	中央电台音乐之声
15:00	3.6	2.4	11.9	4.0	20.6	22.1	15.8	5.7	5.7	—
15:15	3.7	2.4	12.0	4.1	20.7	22.1	15.8	5.7	5.7	—
15:30	3.8	2.4	11.9	3.8	20.6	22.2	15.8	6.7	4.8	—
15:45	3.8	2.4	11.9	3.8	20.6	22.2	15.8	6.7	4.8	—
16:00	1.8	0.9	31.1	24.0	11.1	9.0	5.8	8.2	4.1	1.1
16:15	1.3	0.9	31.3	24.2	11.2	9.1	5.9	8.3	4.1	1.2
16:30	1.2	0.9	30.6	23.4	10.8	13.2	5.7	7.1	3.4	1.1
16:45	1.2	0.9	30.6	23.4	10.8	13.1	5.7	7.1	3.6	1.1
17:00	8.9	3.6	32.1	4.3	3.4	12.9	3.8	8.2	4.1	15.1
17:15	8.9	3.6	31.7	4.3	4.1	13.2	3.7	8.1	4.1	14.9
17:30	8.3	3.3	28.0	4.4	5.3	16.7	3.5	8.6	5.1	13.7
17:45	7.7	3.3	28.3	4.5	5.4	16.3	3.5	8.6	5.2	13.9
18:00	1.6	0.7	40.3	7.5	11.8	20.5	4.3	6.3	3.0	1.2
18:15	1.5	2.5	40.8	7.6	11.1	18.9	4.4	6.1	3.1	1.3
18:30	1.1	2.4	39.3	6.8	11.2	16.9	4.6	10.0	4.0	1.3
18:45	1.1	2.1	39.5	6.9	11.3	16.9	4.6	9.9	4.0	1.3
19:00	6.2	0.5	23.7	3.6	5.3	19.6	26.2	8.0	3.4	1.1
19:15	6.2	0.5	23.7	3.6	5.3	19.6	26.2	8.0	3.4	1.1
19:30	5.9	1.0	8.7	4.8	6.9	25.8	35.0	3.7	4.5	1.4
19:45	5.9	1.0	8.7	4.8	6.9	25.8	35.0	3.7	4.5	1.4
20:00	11.2	5.9	4.9	6.6	4.4	23.4	12.7	6.1	4.8	17.0
20:15	12.1	5.7	5.0	6.6	4.4	23.2	12.6	6.1	4.7	16.8
20:30	13.4	5.7	7.7	6.4	4.2	21.6	11.4	5.7	4.6	16.5
20:45	13.4	5.6	7.7	6.4	4.4	21.6	11.4	5.7	4.6	16.5
21:00	14.0	1.6	18.2	7.9	8.6	7.0	16.1	12.4	1.9	5.6
21:15	13.9	1.4	18.1	7.8	8.5	7.0	16.0	12.3	1.9	5.6
21:30	11.9	1.2	30.6	6.5	7.1	6.1	13.5	10.4	1.6	4.7
21:45	11.9	1.2	30.6	6.5	7.0	6.1	13.5	10.4	1.6	4.8
22:00	10.3	1.7	36.9	7.1	20.1	5.9	2.9	3.7	2.0	6.9
22:15	10.3	1.7	36.9	7.1	20.1	5.9	2.9	3.7	2.0	6.9
22:30	15.7	2.0	6.3	11.4	29.5	6.7	4.7	5.9	3.1	11.0
22:45	15.9	2.0	6.0	11.6	29.9	6.8	4.8	6.0	3.2	10.4
23:00	10.7	0.6	10.7	0.6	17.2	1.8	17.2	39.6	—	—
23:15	10.6	0.6	10.6	0.6	17.6	1.8	17.1	39.4	—	—
23:30	0.6	—	9.9	0.6	19.8	1.9	17.3	42.0	6.2	—
23:45	0.6	—	10.0	0.6	20.0	1.9	17.5	41.3	6.3	—

三、沈阳地区收听率数据

表 2.3.1 沈阳地区听众构成及平均每天收听时长

听众群		听众构成%	平均每天收听时长（分钟）
所有听众			106
性别	男	54.8	133
	女	45.2	73
年龄	10-19 岁	4.6	50
	20-29 岁	24.6	90
	30-39 岁	28.3	115
	40-49 岁	23.1	121
	50-59 岁	13.1	117
	60-69 岁	6.3	87
教育程度	初中及以下	30.2	116
	高中	51.7	107
	大专及以上	18.1	86
职业	学生	5.0	59
	公职人员	1.5	86
	高级管理人员私营业主	4.8	101
	白领	6.0	73
	工薪阶层	55.0	117
	个体业主	11.5	136
	离退休人员	11.7	80
	无业人员	4.6	68
个人月可支配收入	500 元以下	10.8	67
	500-999 元	27.9	75
	1000-1499 元	31.7	94
	1500-1999 元	12.5	110
	2000 元以上	17.1	200

表 2.3.2 沈阳地区主要电台频率的平均收听率和市场份额（%）

排名	电台名称	平均收听率	市场份额
1	辽宁电台交通广播	1.00	16.8
2	沈阳电台都市广播	0.79	13.3
3	沈阳电台交通广播	0.73	12.3
3	中央电台音乐之声	0.73	12.1
5	沈阳电台新闻广播	0.56	9.4
6	辽宁电台经济广播	0.46	7.7
7	辽宁电台文艺广播	0.36	6.1
8	辽宁电台故事广播	0.34	5.7
9	沈阳电台经济广播	0.32	5.4
10	辽宁电台音乐广播	0.23	3.8

表 2.3.3 沈阳地区主要电台频率的周到达率和日到达率（%）

排名	电台名称	周到达率	日到达率
1	辽宁电台交通广播	16.5	11.9
2	沈阳电台都市广播	15.4	10.5
3	中央电台音乐之声	13.8	8.9
4	辽宁电台经济广播	11.7	6.7
5	沈阳电台新闻广播	10.3	8.0
5	沈阳电台交通广播	10.3	7.9
7	辽宁电台文艺广播	10.1	5.5
8	沈阳电台文艺广播	5.8	2.4
9	沈阳电台经济广播	5.5	4.2
10	辽宁电台故事广播	4.7	3.8

表 2.3.4：沈阳地区主要电台的收听率（%）

时间	沈阳电台新闻广播	沈阳电台经济广播	沈阳电台交通广播	沈阳电台都市广播	辽宁电台交通广播	辽宁电台经济广播	辽宁电台文艺广播	辽宁电台故事广播	辽宁电台音乐广播	中央电台音乐之声
6:00	2.20	0.47	0.45	0.37	1.34	—	—	0.12	0.28	0.12
6:15	2.14	0.45	0.41	0.31	1.48	—	0.02	0.14	0.28	0.12
6:30	3.27	0.75	0.71	0.59	2.05	0.02	0.06	0.31	0.30	0.26
6:45	3.05	0.75	0.71	0.49	2.26	0.02	0.06	0.31	0.20	0.26
7:00	3.15	1.40	2.30	0.59	3.94	0.12	0.31	0.30	0.22	0.69
7:15	2.83	1.50	2.32	0.63	4.09	0.14	0.33	0.24	0.10	0.59
7:30	2.22	2.38	2.91	0.61	4.55	0.14	0.45	0.20	0.16	1.06
7:45	1.87	2.32	2.81	0.55	3.88	0.14	0.39	0.10	0.20	0.94
8:00	1.52	1.67	2.54	0.81	2.87	0.14	0.45	0.24	0.57	0.69
8:15	1.50	1.63	2.50	0.71	2.28	0.14	0.33	0.26	0.57	0.71
8:30	1.10	0.85	2.09	0.71	2.50	0.24	0.37	0.26	0.63	0.45
8:45	1.10	0.81	1.91	0.55	2.18	0.18	0.47	0.24	0.69	0.41
9:00	0.61	0.55	1.30	0.59	2.13	0.18	0.39	0.30	0.69	0.79
9:15	0.61	0.51	1.26	0.59	1.93	0.12	0.37	0.33	0.69	0.75
9:30	0.43	0.10	1.12	0.73	1.79	0.06	0.51	0.45	0.61	1.18
9:45	0.43	0.04	1.06	0.71	1.69	0.06	0.45	0.45	0.73	1.18
10:00	0.41	0.04	0.81	0.71	1.61	0.08	0.45	0.37	0.61	1.18
10:15	0.41	0.04	0.83	0.71	1.59	0.06	0.41	0.39	0.55	1.26
10:30	0.41	0.08	0.87	0.53	1.61	0.04	0.39	0.35	0.51	1.18
10:45	0.41	0.06	0.89	0.47	1.61	0.02	0.39	0.35	0.49	1.18
11:00	0.33	0.04	1.04	1.14	0.65	0.12	0.83	0.77	0.24	0.73
11:15	0.33	0.04	1.04	1.16	0.63	0.12	0.81	0.75	0.20	0.71
11:30	0.53	—	0.91	1.55	0.43	0.24	0.92	1.04	0.22	0.37
11:45	0.53	—	0.83	1.53	0.37	0.22	0.92	1.02	0.22	0.35
12:00	0.33	—	0.59	3.70	0.47	0.26	1.14	0.65	0.06	0.14
12:15	0.33	—	0.49	3.70	0.49	0.26	1.18	0.59	0.06	0.10
12:30	0.14	0.06	0.47	5.33	0.69	0.31	1.40	0.41	0.04	0.08
12:45	0.10	0.06	0.45	5.12	0.77	0.28	1.40	0.41	0.02	0.08
13:00	0.04	0.14	0.45	2.93	0.57	0.41	0.75	0.53	0.16	0.33
13:15	0.04	0.14	0.43	2.75	0.57	0.35	0.73	0.53	0.16	0.33
13:30	—	0.08	0.45	0.94	0.33	0.39	0.22	0.53	0.16	0.53
13:45	—	0.06	0.31	0.92	0.22	0.41	0.22	0.55	0.24	0.53
14:00	0.04	0.06	0.26	0.28	0.28	0.18	0.20	0.43	0.43	0.33
14:15	0.04	0.06	0.24	0.26	0.30	0.18	0.22	0.47	0.35	0.37
14:30	0.04	0.06	0.43	0.10	0.28	0.02	0.22	0.28	0.33	0.22
14:45	0.04	0.06	0.43	0.08	0.30	0.04	0.20	0.26	0.33	0.28

时间	沈阳电台新闻广播	沈阳电台经济广播	沈阳电台交通广播	沈阳电台都市广播	辽宁电台交通广播	辽宁电台经济广播	辽宁电台文艺广播	辽宁电台故事广播	辽宁电台音乐广播	中央电台音乐之声
15:00	—	0.06	0.49	0.10	0.43	0.04	0.39	0.30	0.24	0.49
15:15	0.02	0.06	0.45	0.24	0.47	0.04	0.47	0.30	0.16	0.53
15:30	0.06	0.02	0.37	0.20	0.47	—	0.59	0.18	0.20	0.67
15:45	0.06	0.02	0.45	0.24	0.45	—	0.49	0.12	0.16	0.75
16:00	0.06	0.26	0.91	0.35	0.28	—	0.43	0.06	0.16	0.83
16:15	0.06	0.26	0.98	0.39	0.28	—	0.31	0.04	0.16	0.81
16:30	0.06	0.55	1.04	0.43	0.30	0.02	0.28	0.02	0.18	0.71
16:45	0.04	0.53	1.06	0.41	0.31	0.04	0.28	0.02	0.18	0.67
17:00	0.16	0.47	1.28	0.85	0.63	0.06	0.24	0.24	0.18	0.63
17:15	0.16	0.49	1.30	0.92	0.81	0.06	0.24	0.26	0.18	0.73
17:30	0.14	0.45	1.57	1.22	0.92	0.12	0.30	0.33	0.22	0.79
17:45	0.14	0.41	1.55	1.22	0.89	0.10	0.30	0.33	0.22	0.89
18:00	0.08	0.24	0.77	0.73	1.12	0.18	0.20	0.37	0.16	0.69
18:15	0.08	0.26	0.73	0.71	1.02	0.14	0.18	0.37	0.12	0.69
18:30	0.10	0.06	0.47	0.67	1.63	0.16	0.18	0.39	0.12	0.53
18:45	0.12	0.06	0.30	0.57	1.59	0.14	0.14	0.39	0.12	0.53
19:00	0.08	0.14	0.14	0.45	0.98	0.41	0.22	0.33	0.18	0.22
19:15	0.08	0.14	0.16	0.28	0.96	0.37	0.20	0.31	0.16	0.22
19:30	0.12	0.12	0.04	0.22	0.53	0.57	0.22	0.30	0.35	0.16
19:45	0.12	0.12	0.04	0.20	0.51	0.55	0.18	0.30	0.37	0.16
20:00	0.22	0.06	0.04	0.16	0.45	0.77	0.14	0.41	0.20	0.55
20:15	0.22	0.06	0.04	0.12	0.47	0.71	0.12	0.24	0.16	0.55
20:30	0.14	0.06	0.02	0.20	0.18	1.69	0.14	0.63	—	0.96
20:45	0.16	0.06	0.02	0.10	0.16	1.73	0.14	0.55	—	0.98
21:00	0.49	0.06	0.02	0.31	0.26	3.03	0.18	0.65	—	1.28
21:15	0.51	0.06	0.02	0.31	0.24	3.07	0.12	0.65	—	1.24
21:30	0.85	0.18	—	0.53	0.37	3.66	0.26	0.45	—	1.79
21:45	0.91	0.18	—	0.55	0.31	3.42	0.26	0.43	—	1.73
22:00	0.91	0.14	—	0.30	0.22	2.09	0.26	0.22	—	2.11
22:15	0.85	0.14	—	0.31	0.18	1.83	0.26	0.18	—	2.05
22:30	0.53	0.14	—	0.12	0.02	0.96	0.16	0.04	—	2.16
22:45	0.45	0.14	—	0.10	0.04	0.87	0.16	0.04	—	2.13
23:00	0.08	0.10	—	0.04	—	0.43	0.08	0.02	—	1.18
23:15	0.08	0.10	—	0.04	—	0.43	0.08	0.02	—	1.14
23:30	—	—	—	0.04	—	—	0.02	0.06	—	0.16
23:45	—	—	—	0.04	—	—	—	0.06	—	0.12

表 2.3.5：沈阳地区主要电台的占有率（%）

时间	沈阳电台新闻广播	沈阳电台经济广播	沈阳电台交通广播	沈阳电台都市广播	辽宁电台交通广播	辽宁电台经济广播	辽宁电台文艺广播	辽宁电台故事广播	辽宁电台音乐广播	中央电台音乐之声
6:00	32.3	6.9	6.6	5.5	19.6	—	—	1.7	4.0	1.7
6:15	31.7	6.7	6.1	4.7	21.8	—	0.3	2.0	4.1	1.7
6:30	36.7	8.4	8.0	6.6	23.0	0.2	0.7	3.5	3.3	2.9
6:45	35.4	8.7	8.2	5.7	26.3	0.2	0.7	3.7	2.3	3.0
7:00	22.7	10.1	16.6	4.3	28.4	0.9	2.3	2.1	1.6	5.0
7:15	20.8	11.0	17.1	4.6	30.1	1.0	2.5	1.7	0.7	4.3
7:30	14.6	15.6	19.1	4.0	29.8	0.9	3.0	1.3	1.0	7.0
7:45	13.7	17.1	20.7	4.1	28.5	1.0	2.9	0.7	1.4	6.9
8:00	12.7	14.0	21.2	6.7	24.0	1.2	3.8	2.0	4.8	5.8
8:15	13.5	14.7	22.5	6.4	20.6	1.2	3.0	2.3	5.1	6.4
8:30	11.4	8.7	21.5	7.3	25.8	2.4	3.9	2.6	6.5	4.7
8:45	12.1	8.9	21.0	6.1	24.1	2.0	5.2	2.6	7.6	4.6
9:00	7.8	7.0	16.5	7.5	27.0	2.3	5.0	3.8	8.8	10.0
9:15	8.2	6.8	16.8	7.9	25.8	1.6	5.0	4.5	9.2	10.0
9:30	5.9	1.4	15.4	10.0	24.6	0.8	7.0	6.2	8.4	16.2
9:45	6.1	0.6	15.1	10.1	24.0	0.8	6.4	6.4	10.3	16.8
10:00	6.3	0.6	12.3	10.8	24.7	1.2	6.9	5.7	9.3	18.1
10:15	6.4	0.6	12.8	11.0	24.7	0.9	6.4	6.1	8.5	19.5
10:30	6.7	1.3	14.0	8.6	26.1	0.6	6.4	5.7	8.3	19.1
10:45	6.8	1.0	14.6	7.8	26.5	0.3	6.5	5.8	8.1	19.4
11:00	5.4	0.6	16.7	18.3	10.4	1.9	13.2	12.3	3.8	11.7
11:15	5.4	0.6	16.8	18.7	10.2	1.9	13.0	12.1	3.2	11.4
11:30	7.9	—	13.5	23.1	6.4	3.5	13.7	15.5	3.2	5.6
11:45	8.1	—	12.6	23.4	5.7	3.3	14.1	15.6	3.3	5.4
12:00	4.3	—	7.6	47.5	6.1	3.3	14.6	8.3	0.8	1.8
12:15	4.4	—	6.4	48.5	6.4	3.4	15.5	7.7	0.8	1.3
12:30	1.5	0.6	5.2	58.3	7.5	3.4	15.3	4.5	0.4	0.9
12:45	1.1	0.7	5.1	57.6	8.6	3.1	15.7	4.7	0.2	0.9
13:00	0.6	2.1	6.9	44.9	8.7	6.3	11.4	8.1	2.4	5.1
13:15	0.6	2.2	6.9	44.0	9.1	5.7	11.6	8.5	2.5	5.3
13:30	—	2.0	11.7	24.4	8.6	10.2	5.6	13.7	4.1	13.7
13:45	—	1.6	8.6	25.3	5.9	11.3	5.9	15.1	6.5	14.5
14:00	1.4	2.1	9.0	9.7	9.7	6.2	6.9	15.2	15.2	11.7
14:15	1.4	2.1	8.5	9.2	10.6	6.4	7.8	17.0	12.8	13.5
14:30	1.7	2.5	18.5	4.2	11.8	0.8	9.2	11.8	14.3	9.2
14:45	1.7	2.5	18.3	3.3	12.5	1.7	8.3	10.8	14.2	11.7

时间	沈阳电台新闻广播	沈阳电台经济广播	沈阳电台交通广播	沈阳电台都市广播	辽宁电台交通广播	辽宁电台经济广播	辽宁电台文艺广播	辽宁电台故事广播	辽宁电台音乐广播	中央电台音乐之声
15:00	—	2.2	18.0	3.6	15.8	1.4	14.4	10.8	8.6	18.0
15:15	0.7	2.1	15.8	8.2	16.4	1.4	16.4	10.3	5.5	18.5
15:30	2.0	0.7	12.8	6.8	16.2	—	20.3	6.1	6.8	23.0
15:45	2.0	0.7	15.6	8.2	15.6	—	17.0	4.1	5.4	25.9
16:00	1.7	7.3	25.7	10.1	7.8	—	12.3	1.7	4.5	23.5
16:15	1.7	7.3	28.1	11.2	7.9	—	9.0	1.1	4.5	23.0
16:30	1.5	14.4	27.2	11.3	7.7	0.5	7.2	0.5	4.6	18.5
16:45	1.0	14.0	28.0	10.9	8.3	1.0	7.3	0.5	4.7	17.6
17:00	3.1	9.2	25.0	16.5	12.3	1.2	4.6	4.6	3.5	12.3
17:15	2.8	8.9	23.5	16.7	14.6	1.1	4.3	4.6	3.2	13.2
17:30	2.1	6.8	23.8	18.5	14.0	1.8	4.5	5.1	3.3	11.9
17:45	2.1	6.3	23.6	18.5	13.4	1.5	4.5	5.1	3.3	13.4
18:00	1.6	4.8	15.6	14.8	22.8	3.6	4.0	7.6	3.2	14.0
18:15	1.7	5.5	15.5	15.1	21.8	2.9	3.8	8.0	2.5	14.7
18:30	2.2	1.3	10.3	14.7	35.8	3.4	3.9	8.6	2.6	11.6
18:45	2.8	1.4	7.0	13.6	37.9	3.3	3.3	9.3	2.8	12.6
19:00	2.4	4.1	4.1	13.6	29.6	12.4	6.5	10.1	5.3	6.5
19:15	2.6	4.5	5.1	9.0	31.4	12.2	6.4	10.3	5.1	7.1
19:30	4.1	4.1	1.4	7.5	18.5	19.9	7.5	10.3	12.3	5.5
19:45	4.3	4.3	1.4	7.1	18.4	19.9	6.4	10.6	13.5	5.7
20:00	6.1	1.7	1.1	4.4	12.8	21.7	3.9	11.7	5.6	15.6
20:15	6.7	1.8	1.2	3.7	14.7	22.1	3.7	7.4	4.9	17.2
20:30	2.8	1.2	0.4	4.0	3.6	34.7	2.8	12.9	—	19.8
20:45	3.4	1.3	0.4	2.1	3.4	37.3	3.0	11.9	—	21.2
21:00	7.0	0.8	0.3	4.5	3.6	42.9	2.5	9.2	—	18.1
21:15	7.4	0.9	0.3	4.6	3.4	44.4	1.7	9.4	—	17.9
21:30	9.6	2.0	—	6.0	4.2	41.4	2.9	5.1	—	20.3
21:45	10.7	2.1	—	6.5	3.7	40.4	3.0	5.1	—	20.4
22:00	12.6	1.9	—	4.1	3.0	29.0	3.6	3.0	—	29.3
22:15	12.5	2.0	—	4.7	2.6	27.0	3.8	2.6	—	30.2
22:30	10.6	2.7	—	2.4	0.4	19.2	3.1	0.8	—	43.1
22:45	9.5	2.9	—	2.1	0.8	18.1	3.3	0.8	—	44.4
23:00	3.3	4.1	—	1.6	—	17.9	3.3	0.8	—	48.8
23:15	3.3	4.1	—	1.7	—	18.2	3.3	0.8	—	47.9
23:30	—	—	—	14.3	—	—	7.1	21.4	—	57.1
23:45	—	—	—	18.2	—	—	—	27.3	—	54.5

四、上海地区收听率数据

表 2.4.1 上海地区听众构成及平均每天收听时长

听众群		听众构成%	平均每天收听时长（分钟）
所有听众			60
性别	男	50.6	64
	女	49.4	57
年龄	10-19 岁	9.5	44
	20-29 岁	21.3	56
	30-39 岁	24.0	53
	40-49 岁	20.9	63
	50-59 岁	14.7	82
	60-69 岁	9.6	88
教育程度	初中及以下	21.7	69
	高中	55.8	58
	大专及以上	22.5	56
职业	学生	11.2	46
	公职人员	1.2	90
	高级管理人员私营业主	3.4	50
	白领	32.6	52
	工薪阶层	27.0	70
	个体业主	5.4	57
	离退休人员	17.1	92
	无业人员	2.1	71
个人月可支配收入	500 元以下	10.4	58
	500-999 元	2.8	102
	1000-1499 元	18.9	79
	1500-1999 元	14.7	58
	2000 元以上	53.2	55

表2.4.2 上海地区主要电台频率的平均收听率和市场份额（%）

排名	电台名称	平均收听率	市场份额
1	上海东广音乐台动感101	0.54	18.2
2	上海电台新闻频率	0.42	14.1
3	上海东方音乐魅力103 Love Radio	0.38	13.0
4	中央电台中国之声	0.32	10.9
5	中央电台音乐之声	0.29	9.8
6	上海电台故事广播	0.24	8.0
7	上海东方广播电台新闻频率	0.23	7.9
8	上海东方广播电台第一财经频率	0.18	6.0
9	上海东方广播电台经典947	0.10	3.4
10	上海电台交通广播	0.09	3.1

表2.4.3 上海地区主要电台频率的周到达率和日到达率（%）

排名	电台名称	周到达率	日到达率
1	上海电台新闻频率	28.7	7.1
2	上海东广音乐台动感101	24.0	6.1
3	中央电台中国之声	17.3	4.5
4	上海电台故事广播	14.7	3.3
5	上海东方音乐魅力103 Love Radio	12.0	3.1
5	中央电台音乐之声	12.0	2.7
7	上海东方广播电台新闻频率	8.0	2.2
8	上海电台交通广播	7.3	1.8
9	上海东方广播电台第一财经频率	6.0	1.6
10	上海东方广播电台经典947	5.3	1.4

表 2. 4. 4：上海地区主要电台的收听率（%）

时间	上海电台新闻频率	上海电台交通广播	上海东方广播电台新闻频率	上海东广音乐台动感101	上海东方音乐魅力103LoveRadio	上海东方广播电台经典947	上海东方广播电台第一财经频率	上海电台故事广播	中央电台中国之声	中央电台音乐之声
6:00	2.19	0.27	0.75	0.19	0.11	0.01	0.02	0.01	1.13	0.01
6:15	2.23	0.27	0.77	0.19	0.11	0.01	0.02	0.01	1.06	0.01
6:30	2.74	0.29	0.89	0.36	0.11	0.01	—	0.16	0.70	0.01
6:45	2.75	0.29	0.89	0.36	0.11	0.01	—	0.16	0.70	0.01
7:00	2.71	0.29	1.53	0.89	0.23	0.10	0.15	0.32	1.77	0.01
7:15	2.65	0.29	1.48	0.90	0.23	0.11	0.15	0.32	1.77	0.01
7:30	1.64	0.24	1.26	0.50	0.23	0.08	0.12	0.33	1.75	0.06
7:45	1.57	0.24	1.23	0.49	0.23	0.08	0.12	0.33	1.75	0.06
8:00	0.79	0.20	0.39	0.73	0.15	0.09	0.13	0.17	0.36	0.21
8:15	0.76	0.20	0.43	0.72	0.15	0.08	0.13	0.17	0.43	0.21
8:30	0.67	0.23	0.35	0.59	0.15	0.08	0.16	0.03	0.29	0.21
8:45	0.68	0.23	0.35	0.61	0.15	0.08	0.16	0.03	0.29	0.21
9:00	0.37	0.32	0.28	0.89	0.51	0.25	0.21	0.11	0.14	0.24
9:15	0.36	0.30	0.29	0.87	0.46	0.26	0.19	0.11	—	0.24
9:30	0.34	0.26	0.27	0.83	0.55	0.26	0.19	0.09	0.14	0.20
9:45	0.34	0.25	0.28	0.83	0.55	0.27	0.20	0.01	0.14	0.18
10:00	0.20	0.19	0.24	0.95	0.68	0.21	0.42	0.09	0.07	0.08
10:15	0.20	0.19	0.20	0.91	0.68	0.20	0.40	0.11	0.07	0.08
10:30	0.19	0.13	0.17	0.83	0.57	0.19	0.40	0.15	0.07	0.08
10:45	0.19	0.11	0.17	0.84	0.57	0.19	0.41	0.15	0.07	0.08
11:00	0.12	0.10	0.09	0.85	0.46	0.18	0.33	0.25	0.07	0.11
11:15	0.12	0.10	0.09	0.72	0.38	0.13	0.22	0.22	0.07	0.11
11:30	0.26	0.07	0.09	0.60	0.35	0.10	0.24	0.22	0.22	0.34
11:45	0.26	0.06	0.09	0.58	0.36	0.10	0.24	0.22	0.22	0.34
12:00	0.29	0.04	0.35	1.04	0.75	0.18	0.39	0.41	0.40	0.34
12:15	0.27	0.04	0.35	0.84	0.72	0.12	0.37	0.37	0.38	0.34
12:30	0.32	0.04	0.36	0.78	0.57	0.11	0.37	0.37	0.23	—
12:45	0.29	0.04	0.36	0.78	0.57	0.11	0.36	0.37	0.23	—
13:00	0.28	0.05	0.02	0.49	0.61	0.07	0.33	0.24	0.22	0.27
13:15	0.28	0.04	0.02	0.49	0.60	0.05	0.31	0.17	0.22	0.27
13:30	0.22	0.04	0.02	0.50	0.40	0.05	0.32	0.01	0.36	0.19
13:45	0.22	0.04	0.02	0.50	0.40	0.05	0.31	0.01	0.36	0.19
14:00	0.14	0.12	0.01	0.54	0.24	0.13	0.19	0.09	0.10	0.54
14:15	0.14	0.11	0.01	0.54	0.24	0.13	0.19	0.09	0.10	0.54
14:30	0.13	0.11	0.01	0.47	0.18	0.13	0.19	0.07	0.24	0.38
14:45	0.13	0.09	0.01	0.47	0.18	0.14	0.19	0.07	0.24	0.32

时间	上海电台新闻频率	上海电台交通广播	上海东方广播电台新闻频率	上海东广音乐台动感101	上海东方音乐魅力103LoveRadio	上海东方广播电台经典947	上海东方广播电台第一财经频率	上海电台故事广播	中央电台中国之声	中央电台音乐之声
15:00	0.03	0.08	0.09	0.31	0.29	0.21	0.31	0.25	0.49	0.24
15:15	0.03	0.07	0.09	0.31	0.30	0.19	0.31	0.25	0.49	0.24
15:30	—	0.07	0.09	0.28	0.24	0.19	0.25	0.26	0.49	0.24
15:45	—	0.07	0.09	0.28	0.24	0.19	0.25	0.26	0.49	0.24
16:00	0.01	0.07	0.02	0.32	0.37	0.11	0.33	0.31	0.28	0.43
16:15	0.01	0.05	0.02	0.26	0.34	0.11	0.33	0.23	0.28	0.43
16:30	0.01	0.05	0.08	0.24	0.33	0.11	0.22	0.23	—	0.35
16:45	0.01	0.05	0.08	0.25	0.33	0.11	0.22	0.23	—	0.35
17:00	0.02	0.05	0.13	0.92	0.64	0.14	0.03	0.62	0.07	0.81
17:15	0.02	0.04	0.13	0.90	0.64	0.14	0.03	0.62	0.07	0.81
17:30	0.02	0.10	0.10	0.84	0.65	0.18	0.06	0.54	—	0.81
17:45	0.02	0.10	0.10	0.84	0.65	0.18	0.06	0.54	—	0.73
18:00	0.45	0.04	0.12	0.49	0.54	0.12	0.14	0.11	0.28	0.73
18:15	0.40	0.02	0.12	0.46	0.53	0.12	0.14	0.11	0.28	0.73
18:30	0.34	0.02	0.13	0.39	0.36	0.12	0.06	0.23	0.28	0.73
18:45	0.28	0.02	0.13	0.40	0.32	0.12	0.06	0.23	0.28	0.73
19:00	0.35	0.01	0.20	0.76	0.29	0.05	0.07	0.03	0.22	0.49
19:15	0.38	—	0.20	0.75	0.29	0.05	0.14	0.03	0.22	0.49
19:30	0.22	—	0.13	0.54	0.23	0.02	0.14	0.03	0.60	0.49
19:45	0.20	—	0.10	0.54	0.22	0.02	0.14	0.03	0.60	0.49
20:00	0.08	—	0.07	0.28	0.48	0.02	0.28	0.21	0.07	0.24
20:15	0.07	—	0.07	0.28	0.48	0.02	0.28	0.21	0.07	0.24
20:30	0.02	—	0.07	0.28	0.23	0.02	0.22	0.36	0.14	0.24
20:45	0.02	—	0.07	0.24	0.23	0.02	0.22	0.36	0.07	0.24
21:00	0.02	0.01	0.07	0.49	0.82	0.06	0.13	0.35	0.14	0.49
21:15	0.01	0.01	0.07	0.49	0.79	0.05	0.13	0.35	0.14	0.49
21:30	0.06	0.01	0.07	0.55	0.78	0.05	0.07	0.27	0.14	0.40
21:45	0.06	0.01	0.07	0.55	0.78	0.05	0.07	0.27	0.14	0.40
22:00	0.06	—	0.07	0.34	0.74	0.07	—	0.53	0.21	0.16
22:15	0.06	—	0.07	0.31	0.70	0.07	—	0.53	0.21	0.16
22:30	—	—	—	0.22	0.17	0.01	—	0.46	0.14	0.16
22:45	0.01	—	—	0.20	0.16	0.01	—	0.46	0.14	0.16
23:00	0.01	—	—	0.25	0.07	0.01	0.02	0.53	—	0.16
23:15	0.01	—	—	0.24	0.05	0.01	0.02	0.53	—	0.16
23:30	0.01	—	—	0.25	0.05	0.01	0.01	0.23	—	0.16
23:45	—	—	—	0.25	0.05	0.01	0.01	0.23	—	0.16

表 2.4.5：上海地区主要电台的占有率（%）

时间	上海电台新闻频率	上海电台交通广播	上海东方广播电台新闻频率	上海东广音乐台动感101	上海东方音乐魅力103LoveRadio	上海东方广播电台经典947	上海东方广播电台第一财经频率	上海电台故事广播	中央电台中国之声	中央电台音乐之声
6:00	23.3	2.9	8.0	2.0	1.2	0.1	0.3	0.1	12.0	0.2
6:15	23.3	2.9	8.1	2.0	1.2	0.1	0.3	0.1	11.0	0.2
6:30	26.1	2.7	8.4	3.4	1.1	0.1	—	1.5	6.7	0.1
6:45	26.4	2.8	8.5	3.4	1.1	0.1	—	1.5	6.8	0.1
7:00	21.0	2.2	11.9	6.9	1.8	0.8	1.2	2.4	13.8	0.1
7:15	21.5	2.3	12.1	7.3	1.9	0.9	1.3	2.6	14.4	0.1
7:30	18.6	2.7	14.4	5.7	2.7	0.9	1.3	3.7	19.9	0.7
7:45	18.5	2.8	14.5	5.7	2.8	0.9	1.4	3.9	20.6	0.7
8:00	15.8	3.9	7.7	14.7	3.1	1.8	2.5	3.5	7.3	4.1
8:15	15.6	4.0	8.8	14.7	3.1	1.6	2.6	3.6	8.9	4.2
8:30	16.2	5.6	8.5	14.3	3.7	2.0	3.8	0.7	7.1	5.0
8:45	16.4	5.6	8.5	14.6	3.7	2.0	3.8	0.7	7.1	5.0
9:00	7.9	6.7	5.9	18.9	10.7	5.2	4.5	2.4	3.0	5.1
9:15	8.1	6.7	6.4	19.4	10.4	5.8	4.3	2.6	—	5.4
9:30	7.7	5.9	6.2	18.8	12.4	5.9	4.4	2.0	3.2	4.5
9:45	7.8	5.7	6.4	19.0	12.5	6.2	4.6	0.3	3.2	4.2
10:00	4.4	4.2	5.3	21.0	15.0	4.6	9.4	2.1	1.6	1.8
10:15	4.6	4.4	4.7	21.0	15.6	4.6	9.3	2.5	1.6	1.9
10:30	4.9	3.2	4.4	20.9	14.3	4.9	10.2	3.7	1.8	2.0
10:45	4.9	2.8	4.2	21.2	14.3	4.9	10.4	3.7	1.8	2.0
11:00	3.2	2.7	2.3	22.7	12.4	4.9	8.7	6.7	1.9	3.0
11:15	3.8	3.2	2.8	23.0	12.2	4.0	6.9	7.1	2.2	3.5
11:30	7.6	2.0	2.5	17.3	10.1	2.8	6.9	6.4	6.4	9.8
11:45	7.6	1.8	2.5	16.9	10.5	2.8	7.0	6.4	6.5	9.8
12:00	5.5	0.7	6.7	19.7	14.2	3.4	7.3	7.8	7.5	6.5
12:15	5.8	0.8	7.5	17.9	15.3	2.6	7.9	7.9	8.2	7.3
12:30	7.7	0.9	8.5	18.7	13.5	2.7	8.9	8.8	5.5	—
12:45	7.2	0.9	8.7	19.1	13.9	2.8	8.9	9.0	5.7	—
13:00	9.2	1.5	0.6	15.9	19.8	2.2	10.8	7.9	7.3	8.9
13:15	9.5	1.3	0.6	16.8	20.5	1.8	10.8	6.0	7.7	9.3
13:30	8.3	1.5	0.7	19.3	15.5	1.8	12.3	0.5	14.0	7.4
13:45	8.5	1.5	0.7	19.4	15.6	1.8	11.9	0.5	14.1	7.4
14:00	5.3	4.7	0.2	20.8	9.2	5.2	7.2	3.6	3.7	20.9
14:15	5.4	4.2	0.2	21.2	9.4	5.2	7.3	3.7	3.7	21.3
14:30	5.5	4.4	0.2	19.1	7.5	5.5	7.9	2.8	9.7	15.7
14:45	5.6	3.8	0.2	19.5	7.7	5.8	8.0	2.8	9.9	13.5

时间	上海电台新闻频率	上海电台交通广播	上海东方广播电台新闻频率	上海东广音乐台动感101	上海东方音乐魅力103LoveRadio	上海东方广播电台经典947	上海东方广播电台第一财经频率	上海电台故事广播	中央电台中国之声	中央电台音乐之声
15:00	1.2	2.9	3.4	11.7	11.1	7.9	12.0	9.4	18.7	9.3
15:15	1.2	2.7	3.5	12.2	11.7	7.4	12.2	9.6	19.1	9.4
15:30	—	3.0	3.9	12.4	10.4	8.2	10.9	11.5	21.7	10.7
15:45	—	3.0	3.9	12.4	10.4	8.2	10.9	11.5	21.7	10.7
16:00	0.4	2.9	0.8	13.5	15.7	4.5	14.0	13.0	11.8	18.3
16:15	0.5	2.1	0.8	12.1	15.7	4.9	15.2	10.7	12.9	19.9
16:30	0.3	2.5	4.5	12.9	17.9	5.7	12.1	12.7	—	19.1
16:45	0.6	2.4	4.4	13.4	17.7	5.7	11.9	12.5	—	18.9
17:00	0.4	1.3	3.6	25.5	17.7	4.0	0.8	17.1	2.0	22.5
17:15	0.4	1.1	3.7	25.4	18.0	4.0	0.9	17.4	2.0	22.9
17:30	0.4	2.8	2.9	24.1	18.6	5.1	1.7	15.5	—	23.2
17:45	0.4	2.9	2.9	24.4	18.8	5.2	1.8	15.8	—	21.2
18:00	11.8	1.0	3.1	13.0	14.2	3.2	3.8	3.0	7.4	19.3
18:15	11.0	0.6	3.3	12.8	14.6	3.4	4.0	3.2	7.8	20.2
18:30	12.0	0.8	4.6	13.9	12.6	4.3	2.1	8.3	9.9	25.7
18:45	10.5	0.8	4.8	15.0	11.7	4.5	2.2	8.7	10.4	27.0
19:00	10.2	0.2	5.7	22.3	8.4	1.5	2.1	0.8	6.6	14.2
19:15	10.7	—	5.6	21.4	8.2	1.5	4.0	0.8	6.4	13.9
19:30	7.7	—	4.5	18.5	7.9	0.6	5.0	0.9	20.7	16.8
19:45	7.0	—	3.5	19.3	7.9	0.6	5.2	1.0	21.6	17.5
20:00	3.7	—	3.2	13.7	23.1	1.1	13.7	10.4	3.4	11.8
20:15	3.6	—	3.3	13.7	23.7	1.1	14.1	10.7	3.5	12.1
20:30	0.9	—	3.7	15.7	13.1	1.3	12.4	20.7	8.0	13.9
20:45	1.0	—	4.0	14.9	14.2	1.1	13.4	22.3	4.3	15.0
21:00	0.6	0.3	2.5	18.8	31.2	2.3	5.1	13.3	5.4	18.6
21:15	0.2	0.3	2.6	19.0	30.8	2.1	5.2	13.6	5.5	19.0
21:30	2.2	0.3	2.6	21.5	30.4	2.1	2.6	10.8	5.5	15.9
21:45	2.2	0.3	2.6	21.5	30.4	2.1	2.6	10.8	5.5	15.9
22:00	2.7	—	3.2	16.6	35.5	3.6	—	25.5	10.2	7.8
22:15	2.8	—	3.3	15.4	34.8	3.7	—	26.5	10.6	8.1
22:30	—	—	—	19.9	16.0	0.5	—	42.1	13.0	14.9
22:45	0.5	—	—	19.1	15.3	0.5	—	42.7	13.2	15.2
23:00	0.5	—	—	25.9	7.4	1.2	2.5	54.8	—	16.8
23:15	0.5	—	—	26.0	5.4	1.2	2.6	56.3	—	17.2
23:30	0.7	—	—	33.8	6.9	1.5	1.6	31.6	—	21.8
23:45	—	—	—	34.2	7.0	1.6	0.8	32.0	—	22.1

五、南京地区收听率数据

表 2.5.1 南京地区听众构成及平均每天收听时长

听众群		听众构成%	平均每天收听时长（分钟）
所有听众			71
性别	男	51.2	86
	女	48.8	61
年龄	10-19 岁	8.0	60
	20-29 岁	23.0	69
	30-39 岁	27.7	83
	40-49 岁	22.5	82
	50-59 岁	9.9	69
	60-69 岁	8.9	57
教育程度	初中及以下	31.6	70
	高中	53.5	78
	大专及以上	14.9	67
职业	学生	7.7	59
	公职人员	2.7	65
	高级管理人员 私营业主	2.6	84
	白领	17.8	59
	工薪阶层	31.5	66
	个体业主	19.7	128
	离退休人员	16.4	63
	无业人员	1.7	60
个人月可支配收入	500 元以下	9.2	56
	500-999 元	1.2	68
	1000-1499 元	30.2	69
	1500-1999 元	20.1	64
	2000 元以上	39.3	88

表2.5.2 南京地区主要电台频率的平均收听率和市场份额（%）

排名	电台名称	平均收听率	市场份额
1	江苏电台音乐广播	0.69	12.4
2	南京电台音乐频率	0.68	12.2
3	南京电台交通频率	0.58	10.4
4	江苏电台新闻广播	0.57	10.2
5	南京电台新闻调频	0.56	10.0
6	江苏电台交通广播网	0.53	9.6
7	江苏电台经典流行音乐广播	0.35	6.4
8	南京电台经济频率	0.21	3.8
9	江苏电台健康广播	0.19	3.4
9	南京电台体育广播	0.19	3.4

表2.5.3 南京地区主要电台频率的周到达率和日到达率（%）

排名	电台名称	周到达率	日到达率
1	江苏电台音乐广播	34.4	12.1
2	南京电台音乐频率	34.1	11.8
3	江苏电台新闻广播	34.0	10.8
4	南京电台新闻调频	26.5	10.0
5	江苏电台交通广播网	21.5	8.0
6	江苏电台经典流行音乐广播	20.8	6.2
7	江苏电台新闻综合广播	13.3	3.4
8	南京电台体育广播	10.6	3.5
9	南京电台交通频率	10.3	5.1
10	江苏电台健康广播	9.2	3.5

表 2.5.4：南京地区主要电台的收听率（%）

时间	江苏电台新闻广播	江苏电台交通广播网	江苏电台音乐广播	江苏电台经典流行音乐广播	江苏电台健康广播	南京电台新闻调频	南京电台经济频率	南京电台音乐频率	南京电台体育广播	南京电台交通频率
6:00	0.96	0.18	0.66	0.34	0.54	2.39	0.52	0.59	0.14	0.29
6:15	1.05	0.21	0.75	0.34	0.57	2.59	0.57	0.65	0.14	0.38
6:30	1.19	0.26	0.79	0.34	0.86	2.30	0.73	0.80	0.21	0.60
6:45	1.22	0.25	0.83	0.34	0.90	2.29	0.73	0.80	0.22	0.57
7:00	3.25	1.04	1.23	0.84	0.43	1.65	1.21	2.20	0.72	2.00
7:15	3.23	1.13	1.17	0.84	0.44	1.59	1.21	2.25	0.77	2.06
7:30	3.06	1.09	1.35	0.83	0.34	1.41	1.20	2.18	0.81	2.08
7:45	2.94	1.08	1.37	0.82	0.30	1.33	1.20	2.20	0.79	1.89
8:00	1.87	1.10	1.71	0.45	0.13	1.45	0.44	1.54	0.24	1.57
8:15	1.82	1.05	1.60	0.46	0.12	1.39	0.44	1.31	0.22	1.57
8:30	1.45	0.94	1.23	0.44	0.07	1.31	0.47	1.19	0.20	1.54
8:45	1.34	0.85	1.00	0.40	0.07	1.33	0.48	1.10	0.21	1.44
9:00	0.48	0.88	0.53	0.33	0.12	0.51	0.28	0.97	0.18	1.19
9:15	0.43	0.80	0.51	0.33	0.14	0.50	0.26	0.93	0.17	1.18
9:30	0.33	0.69	0.46	0.34	0.19	0.47	0.28	0.85	0.12	0.89
9:45	0.29	0.70	0.48	0.34	0.17	0.44	0.28	0.83	0.12	0.80
10:00	0.16	0.83	0.36	0.15	0.10	0.16	0.21	0.22	0.08	0.54
10:15	0.16	0.85	0.34	0.14	0.09	0.15	0.21	0.25	0.08	0.54
10:30	0.10	0.96	0.31	0.15	0.07	0.13	0.22	0.26	0.09	0.53
10:45	0.12	0.91	0.29	0.14	0.07	0.13	0.22	0.22	0.09	0.52
11:00	0.23	0.62	0.39	0.22	0.12	0.11	0.12	0.41	0.27	0.46
11:15	0.24	0.51	0.37	0.24	0.12	0.12	0.11	0.42	0.26	0.45
11:30	0.25	0.50	0.37	0.28	0.12	0.10	0.06	0.55	0.15	0.46
11:45	0.22	0.45	0.37	0.29	0.10	0.11	0.07	0.53	0.13	0.42
12:00	0.87	0.71	1.25	0.81	0.28	0.66	0.11	0.70	0.15	0.35
12:15	0.88	0.72	1.20	0.80	0.23	0.68	0.10	0.62	0.14	0.29
12:30	0.72	0.60	0.86	0.67	0.19	0.48	0.08	0.50	0.13	0.36
12:45	0.63	0.54	0.77	0.63	0.18	0.49	0.08	0.41	0.13	0.35
13:00	0.12	0.35	0.52	0.28	0.12	0.27	0.06	0.35	0.22	0.55
13:15	0.11	0.40	0.51	0.29	0.09	0.28	0.06	0.41	0.22	0.56
13:30	0.10	0.37	0.46	0.25	0.09	0.19	0.03	0.39	0.23	0.55
13:45	0.07	0.39	0.36	0.23	0.11	0.17	0.02	0.31	0.21	0.54
14:00	0.09	0.62	0.40	0.15	0.30	0.12	0.01	0.39	0.10	0.60
14:15	0.09	0.70	0.40	0.16	0.31	0.13	0.03	0.39	0.08	0.59
14:30	0.08	0.67	0.38	0.14	0.28	0.10	0.04	0.39	0.05	0.53
14:45	0.08	0.66	0.35	0.12	0.28	0.09	0.03	0.32	0.03	0.51

时间	江苏电台新闻广播	江苏电台交通广播网	江苏电台音乐广播	江苏电台经典流行音乐广播	江苏电台健康广播	南京电台新闻调频	南京电台经济频率	南京电台音乐频率	南京电台体育广播	南京电台交通频率
15:00	0.33	0.53	0.38	0.15	0.28	0.41	0.05	0.23	0.09	0.55
15:15	0.33	0.48	0.41	0.17	0.26	0.40	0.05	0.23	0.09	0.57
15:30	0.30	0.50	0.46	0.15	0.24	0.34	0.05	0.25	0.09	0.57
15:45	0.28	0.48	0.44	0.14	0.22	0.31	0.04	0.20	0.09	0.55
16:00	0.13	0.82	0.39	0.18	0.18	0.18	0.06	0.25	0.05	0.93
16:15	0.13	0.82	0.36	0.17	0.16	0.19	0.06	0.26	0.06	0.95
16:30	0.08	0.80	0.31	0.16	0.11	0.20	0.06	0.20	0.07	0.97
16:45	0.08	0.79	0.32	0.16	0.12	0.19	0.06	0.21	0.07	0.96
17:00	0.55	0.62	0.94	0.59	0.12	0.73	0.03	1.23	0.25	0.82
17:15	0.55	0.63	0.92	0.59	0.11	0.74	0.03	1.26	0.28	0.77
17:30	0.48	0.66	0.75	0.51	0.09	0.75	0.03	1.39	0.26	0.78
17:45	0.46	0.64	0.68	0.49	0.08	0.72	0.03	1.30	0.26	0.61
18:00	0.44	0.68	1.09	0.49	0.14	0.74	0.22	0.53	0.26	0.55
18:15	0.42	0.66	1.04	0.47	0.13	0.79	0.23	0.51	0.25	0.49
18:30	0.38	0.53	0.64	0.40	0.10	0.71	0.13	0.44	0.22	0.39
18:45	0.37	0.46	0.60	0.33	0.07	0.67	0.07	0.28	0.20	0.32
19:00	0.67	0.43	0.82	0.36	0.11	0.29	0.04	0.44	0.10	0.11
19:15	0.68	0.43	0.85	0.39	0.11	0.27	0.04	0.47	0.11	0.11
19:30	0.54	0.37	0.76	0.34	0.09	0.21	0.03	0.48	0.11	0.10
19:45	0.48	0.35	0.62	0.32	0.09	0.17	0.04	0.41	0.10	0.08
20:00	0.33	0.23	1.44	0.34	0.09	0.42	0.17	0.93	0.04	0.09
20:15	0.34	0.19	1.42	0.38	0.09	0.45	0.17	0.88	0.04	0.09
20:30	0.19	0.13	0.86	0.34	0.07	0.27	0.16	0.75	0.04	0.11
20:45	0.15	0.11	0.76	0.30	0.05	0.24	0.18	0.66	0.04	0.09
21:00	0.23	0.20	1.00	0.45	0.36	0.26	0.10	0.62	0.15	0.08
21:15	0.23	0.22	0.99	0.41	0.35	0.25	0.09	0.56	0.16	0.08
21:30	0.22	0.18	0.75	0.39	0.38	0.25	0.10	0.58	0.23	0.08
21:45	0.23	0.14	0.69	0.37	0.37	0.25	0.08	0.53	0.21	0.02
22:00	0.09	0.19	0.65	0.40	0.05	0.23	0.11	0.80	0.23	—
22:15	0.08	0.17	0.62	0.37	0.06	0.21	0.12	0.76	0.22	—
22:30	0.04	0.11	0.36	0.26	0.06	0.16	0.11	0.79	0.22	—
22:45	0.06	0.07	0.32	0.23	0.08	0.13	0.15	0.76	0.15	0.01
23:00	0.21	0.04	0.30	0.23	0.08	0.09	0.09	0.38	0.20	0.01
23:15	0.20	0.04	0.28	0.23	0.07	0.09	0.08	0.34	0.18	0.01
23:30	0.17	0.04	0.26	0.20	0.04	0.09	0.04	0.23	0.16	0.01
23:45	0.16	0.05	0.24	0.12	0.03	0.09	0.01	0.19	0.14	0.01

表2.5.5：南京地区主要电台的占有率（%）

时间	江苏电台新闻广播	江苏电台交通广播网	江苏电台音乐广播	江苏电台经典流行音乐广播	江苏电台健康广播	南京电台新闻调频	南京电台经济频率	南京电台音乐频率	南京电台体育广播	南京电台交通频率
6:00	5.1	2.4	8.6	4.4	7.2	31.5	6.9	7.7	1.8	3.9
6:15	5.0	2.5	9.0	4.0	6.9	31.2	6.9	7.9	1.7	4.6
6:30	3.3	2.8	8.6	3.7	9.3	25.1	7.9	8.7	2.2	6.6
6:45	3.2	2.7	9.1	3.6	9.7	24.9	7.9	8.6	2.4	6.2
7:00	3.0	6.2	7.3	5.0	2.6	9.8	7.2	13.0	4.3	11.8
7:15	3.1	6.6	6.9	5.0	2.6	9.3	7.1	13.2	4.5	12.1
7:30	3.4	6.4	8.0	4.9	2.0	8.3	7.1	12.8	4.8	12.3
7:45	3.3	6.6	8.4	5.0	1.8	8.2	7.4	13.5	4.8	11.6
8:00	5.1	9.0	13.9	3.7	1.0	11.8	3.6	12.6	2.0	12.8
8:15	5.1	9.0	13.7	4.0	1.0	11.9	3.8	11.2	1.8	13.4
8:30	4.2	9.1	11.8	4.3	0.6	12.7	4.6	11.5	1.9	14.9
8:45	4.6	8.8	10.3	4.1	0.7	13.8	4.9	11.4	2.2	14.9
9:00	2.1	14.1	8.4	5.3	1.9	8.1	4.5	15.5	2.8	19.0
9:15	1.9	13.2	8.4	5.4	2.3	8.2	4.3	15.3	2.7	19.6
9:30	2.2	12.7	8.4	6.3	3.4	8.6	5.1	15.6	2.3	16.3
9:45	1.7	13.3	9.2	6.5	3.3	8.3	5.3	15.7	2.2	15.2
10:00	1.1	22.4	9.7	4.1	2.8	4.3	5.7	5.9	2.0	14.6
10:15	1.4	23.1	9.2	3.8	2.6	4.2	5.8	6.8	2.0	14.8
10:30	2.1	25.7	8.2	4.0	1.9	3.6	5.9	7.1	2.4	14.3
10:45	1.5	25.6	8.2	4.1	1.8	3.8	6.3	6.2	2.5	14.6
11:00	1.7	15.2	9.6	5.3	3.0	2.7	3.0	10.1	6.7	11.3
11:15	2.0	12.4	9.1	6.0	2.9	3.0	2.6	10.4	6.4	11.0
11:30	2.0	11.8	8.8	6.7	2.8	2.5	1.4	13.0	3.5	11.0
11:45	2.1	11.4	9.4	7.4	2.6	2.9	1.7	13.4	3.3	10.6
12:00	3.2	9.4	16.3	10.6	3.6	8.6	1.5	9.1	2.0	4.5
12:15	2.9	9.9	16.4	11.0	3.2	9.3	1.3	8.5	1.9	3.9
12:30	2.6	10.1	14.6	11.3	3.2	8.2	1.4	8.4	2.3	6.0
12:45	2.4	10.1	14.3	11.7	3.3	9.0	1.5	7.7	2.4	6.5
13:00	2.5	9.7	14.1	7.6	3.2	7.3	1.5	9.7	5.9	15.2
13:15	1.7	10.7	13.6	7.8	2.4	7.4	1.5	11.0	5.9	15.1
13:30	2.3	11.0	13.7	7.5	2.8	5.6	0.9	11.7	6.7	16.5
13:45	2.2	12.9	12.0	7.6	3.8	5.7	0.5	10.4	7.0	17.8
14:00	3.1	18.3	11.9	4.5	8.9	3.6	0.4	11.6	3.0	17.7
14:15	2.6	19.7	11.4	4.4	8.6	3.7	0.8	11.1	2.4	16.6
14:30	2.0	20.4	11.6	4.4	8.6	3.1	1.3	11.9	1.4	16.2
14:45	2.1	21.4	11.5	3.8	9.3	2.9	1.0	10.4	1.1	16.7

时间	江苏电台新闻广播	江苏电台交通广播网	江苏电台音乐广播	江苏电台经典流行音乐广播	江苏电台健康广播	南京电台新闻调频	南京电台经济频率	南京电台音乐频率	南京电台体育广播	南京电台交通频率
15:00	3.1	14.2	10.3	4.1	7.5	11.0	1.4	6.1	2.5	14.7
15:15	2.8	12.8	11.1	4.5	7.1	10.7	1.4	6.1	2.5	15.4
15:30	3.9	13.6	12.3	4.1	6.6	9.2	1.4	6.7	2.5	15.4
15:45	3.8	13.9	12.8	3.9	6.4	8.9	1.1	5.7	2.5	15.9
16:00	4.6	20.5	9.9	4.6	4.6	4.5	1.4	6.3	1.2	23.3
16:15	3.7	20.9	9.1	4.3	4.0	4.8	1.5	6.8	1.4	24.4
16:30	4.0	22.2	8.6	4.6	3.2	5.5	1.5	5.6	2.0	27.0
16:45	3.3	22.5	9.1	4.5	3.3	5.4	1.6	5.8	2.0	27.1
17:00	2.3	9.1	13.7	8.6	1.7	10.6	0.4	18.0	3.7	11.9
17:15	2.5	9.2	13.4	8.6	1.6	10.7	0.4	18.3	4.1	11.2
17:30	2.2	10.0	11.3	7.7	1.4	11.3	0.4	21.0	3.9	11.7
17:45	2.6	10.2	10.9	7.9	1.3	11.6	0.4	20.9	4.2	9.8
18:00	3.1	11.0	17.5	7.9	2.3	11.9	3.6	8.6	4.1	8.8
18:15	3.2	11.0	17.3	7.8	2.1	13.1	3.7	8.4	4.2	8.1
18:30	3.0	11.1	13.6	8.6	2.1	15.1	2.8	9.3	4.6	8.2
18:45	3.5	11.3	14.8	8.1	1.7	16.6	1.7	7.0	5.0	8.0
19:00	6.3	9.4	17.8	7.8	2.4	6.4	0.9	9.7	2.3	2.4
19:15	5.9	9.2	18.3	8.3	2.4	5.7	0.8	10.1	2.3	2.4
19:30	5.4	8.9	18.4	8.3	2.3	5.1	0.6	11.6	2.6	2.4
19:45	5.7	9.6	16.9	8.6	2.6	4.7	1.1	11.2	2.8	2.2
20:00	3.2	4.3	27.5	6.5	1.7	8.1	3.2	17.7	0.7	1.7
20:15	2.3	3.8	27.9	7.4	1.8	8.9	3.3	17.4	0.8	1.8
20:30	3.5	3.5	22.9	8.9	1.7	7.1	4.1	19.9	0.9	2.8
20:45	4.0	3.5	23.0	9.0	1.6	7.3	5.5	20.0	1.3	2.9
21:00	0.6	4.4	21.9	9.8	7.8	5.7	2.3	13.5	3.3	1.9
21:15	0.9	4.9	21.8	9.0	7.8	5.5	2.0	12.3	3.5	1.9
21:30	1.0	4.2	17.3	9.1	8.8	5.7	2.4	13.5	5.4	2.0
21:45	1.1	3.4	17.2	9.1	9.1	6.2	1.9	13.2	5.2	0.4
22:00	1.8	5.2	17.7	11.1	1.3	6.2	2.9	21.8	6.3	0.1
22:15	1.9	5.0	17.7	10.5	1.8	6.1	3.5	21.8	6.4	0.1
22:30	2.2	3.8	12.2	9.0	2.1	5.4	3.7	26.8	7.4	0.1
22:45	0.5	2.9	12.9	9.1	3.3	5.4	5.9	30.9	6.1	0.4
23:00	1.9	2.1	14.8	11.1	3.7	4.3	4.6	18.3	9.7	0.3
23:15	2.1	2.1	14.9	12.2	3.5	4.7	4.2	18.0	9.8	0.3
23:30	2.6	2.6	17.4	13.1	2.6	5.8	2.6	15.0	10.3	0.4
23:45	—	4.1	18.6	9.4	2.0	6.9	1.0	14.8	11.2	0.5

六、武汉地区收听率数据

表 2.6.1 武汉地区听众构成及平均每天收听时长

听众群		听众构成%	平均每天收听时长（分钟）
所有听众			49
性别	男	52.0	59
	女	48.0	41
年龄	10-19岁	9.4	37
	20-29岁	18.9	45
	30-39岁	27.2	51
	40-49岁	26.2	56
	50-59岁	11.0	55
	60-69岁	7.2	48
教育程度	初中及以下	17.3	45
	高中	60.2	50
	大专及以上	22.5	56
职业	学生	9.0	37
	公职人员	2.2	117
	高级管理人员私营业主	4.1	63
	白领	15.0	35
	工薪阶层	43.6	47
	个体业主	8.7	35
	离退休人员	14.6	35
	无业人员	2.9	30
个人月可支配收入	500元以下	10.6	38
	500-999元	9.1	34
	1000-1499元	26.6	44
	1500-1999元	19.5	55
	2000元以上	34.2	61

表 2.6.2 武汉地区主要电台频率的平均收听率和市场份额（%）

排名	电台名称	平均收听率	市场份额
1	总台楚天交通体育广播	0.47	20.7
2	总台楚天音乐广播	0.39	17.2
3	武汉电台	0.19	8.5
3	总台经济广播	0.19	8.5
5	总台楚天新闻广播	0.18	7.9
6	中央电台中国之声	0.15	6.6
7	总台文艺广播	0.12	5.3
8	总台新闻综合广播	0.11	4.7
9	总台楚天卫星广播	0.09	3.9
10	总台生活广播	0.07	3.0

表 2.6.3 武汉地区主要电台频率的周到达率和日到达率（%）

排名	电台名称	周到达率	日到达率
1	总台楚天音乐广播	19.2	6.8
2	总台楚天交通体育广播	16.8	6.7
3	武汉电台	8.8	3.9
4	总台经济广播	8.5	3.2
5	中央电台中国之声	5.7	2.4
6	总台楚天新闻广播	5.6	2.9
7	总台文艺广播	4.2	1.8
8	总台妇女儿童广播	3.6	1.6
9	武汉电台音乐台/文艺台	3.2	1.0
10	武汉电台交通台	3.0	1.3

表 2.6.4：武汉地区主要电台的收听率（%）

时间	武汉电台	总台新闻综合广播	总台经济广播	总台文艺广播	总台生活广播	总台楚天音乐广播	总台楚天交通体育广播	总台楚天卫星广播	总台楚天新闻广播	中央电台中国之声
6:00	0.53	0.04	0.22	0.09	—	0.14	0.49	—	—	0.20
6:15	0.53	0.04	0.22	0.09	—	0.14	0.49	—	—	0.20
6:30	1.62	0.72	0.47	0.18	0.18	0.16	0.99	0.09	0.83	0.72
6:45	1.62	0.71	0.47	0.18	0.18	0.16	1.00	0.09	0.83	0.72
7:00	1.21	0.54	0.50	0.28	—	0.71	1.15	0.18	0.75	0.95
7:15	1.36	0.54	0.50	0.28	—	0.71	1.12	0.18	0.75	0.94
7:30	1.03	0.70	0.24	0.18	—	0.55	0.65	—	0.43	0.42
7:45	1.03	0.70	0.24	0.18	—	0.50	0.47	—	0.36	0.42
8:00	0.33	0.32	0.28	0.11	0.04	0.45	0.83	—	—	0.01
8:15	0.33	0.32	0.28	0.11	0.04	0.45	0.83	—	—	0.01
8:30	0.16	0.32	0.33	0.26	0.04	0.38	0.94	—	—	0.01
8:45	0.12	0.32	0.33	0.26	0.01	0.38	0.94	—	—	0.01
9:00	0.07	—	0.21	0.18	0.05	0.22	1.19	0.09	0.03	0.09
9:15	0.08	—	0.22	0.18	0.05	0.22	1.19	0.09	0.03	0.09
9:30	0.03	—	0.28	0.08	0.05	0.07	1.13	0.11	0.03	0.09
9:45	0.03	—	0.28	0.08	0.05	0.07	1.13	0.11	—	0.09
10:00	—	—	0.40	0.05	0.04	0.71	0.83	—	0.18	0.08
10:15	—	—	0.40	0.05	0.04	0.71	0.83	—	0.18	0.08
10:30	—	—	0.36	0.12	0.04	0.78	0.55	—	0.18	0.08
10:45	—	—	0.36	0.17	0.04	0.80	0.57	—	0.18	0.08
11:00	0.05	0.13	0.14	0.17	0.04	0.76	0.32	0.30	0.18	0.08
11:15	0.05	0.13	0.14	0.20	0.04	0.78	0.32	0.30	0.18	0.08
11:30	—	0.14	0.14	0.22	0.04	0.69	0.54	0.30	0.24	0.08
11:45	0.03	0.14	0.18	0.22	0.01	0.66	0.72	0.30	0.25	0.08
12:00	0.40	0.21	0.13	0.36	0.08	0.76	1.33	—	0.65	0.03
12:15	0.40	0.21	0.12	0.36	0.08	0.78	1.34	0.08	0.65	0.03
12:30	0.30	0.16	0.13	0.29	0.08	0.92	1.23	0.08	0.67	0.03
12:45	0.25	0.14	0.13	0.26	0.08	0.84	0.76	0.08	0.66	0.03
13:00	0.14	0.08	0.24	0.17	0.03	0.78	0.42	—	0.50	—
13:15	0.14	0.08	0.21	0.17	0.03	0.76	0.40	—	0.50	—
13:30	0.03	—	0.21	0.13	0.03	0.58	0.41	—	0.46	—
13:45	0.03	—	0.21	0.12	0.03	0.58	0.37	—	0.46	—
14:00	—	—	0.03	—	—	0.17	0.43	—	—	—
14:15	—	—	0.03	—	—	0.17	0.43	—	—	0.03
14:30	—	—	0.03	—	—	0.14	0.41	—	—	0.03
14:45	—	—	0.03	—	—	0.14	0.41	—	—	0.03

时间	武汉电台	总台新闻综合广播	总台经济广播	总台文艺广播	总台生活广播	总台楚天音乐广播	总台楚天交通体育广播	总台楚天卫星广播	总台楚天新闻广播	中央电台中国之声
15:00	—	—	0.03	0.12	—	0.32	0.29	0.09	0.18	0.03
15:15	—	—	0.03	0.12	—	0.36	0.32	0.09	0.18	—
15:30	—	—	0.03	0.12	—	0.36	0.32	0.09	0.18	—
15:45	—	—	0.03	0.12	—	0.29	0.32	0.09	0.18	—
16:00	0.08	—	0.03	0.03	0.08	0.14	0.28	0.20	0.18	—
16:15	0.08	—	0.03	0.03	0.08	0.13	0.24	0.20	0.18	—
16:30	0.08	—	0.17	0.03	0.16	0.13	0.26	0.20	0.21	—
16:45	0.08	—	0.17	0.03	0.16	0.13	0.26	0.20	0.21	—
17:00	0.09	0.08	0.40	0.16	0.26	0.09	0.18	0.18	0.13	—
17:15	0.09	0.08	0.40	0.16	0.26	0.09	0.18	0.18	0.13	—
17:30	0.09	0.14	0.54	0.17	0.18	0.12	0.18	0.18	0.11	—
17:45	0.08	0.14	0.54	0.17	0.18	0.12	0.18	0.18	0.11	—
18:00	—	0.05	0.07	0.17	0.21	0.63	0.30	0.47	0.08	0.12
18:15	—	0.05	0.07	0.17	0.21	0.65	0.30	0.47	0.08	0.12
18:30	0.22	0.05	0.50	0.11	0.21	0.51	0.38	0.47	0.01	0.62
18:45	0.22	0.05	0.50	0.11	0.21	0.51	0.37	0.47	0.01	0.62
19:00	0.24	—	0.46	0.18	0.18	0.57	0.20	—	0.01	0.58
19:15	0.22	—	0.46	0.17	0.18	0.57	0.20	—	0.01	0.58
19:30	0.01	—	0.07	0.07	0.18	0.32	0.07	—	—	0.01
19:45	0.01	—	—	0.07	0.18	0.32	0.07	—	—	0.01
20:00	0.08	0.05	0.04	0.07	—	0.25	0.08	—	—	0.05
20:15	0.08	0.05	0.04	0.07	—	0.26	0.08	—	—	0.05
20:30	—	0.05	0.04	0.05	—	0.22	0.09	—	—	0.05
20:45	—	0.05	0.04	0.05	—	0.16	0.09	—	—	0.05
21:00	0.05	0.04	0.05	0.05	0.04	0.63	0.16	—	0.11	0.20
21:15	0.05	0.04	0.05	0.05	0.12	0.63	0.16	—	0.11	0.22
21:30	0.05	0.05	0.08	0.04	0.12	0.63	0.16	—	0.12	0.26
21:45	—	0.05	0.08	0.04	0.12	0.47	0.14	—	0.01	0.26
22:00	0.04	0.01	0.05	0.04	0.11	0.14	0.09	0.03	0.04	0.24
22:15	0.04	0.01	0.05	0.04	0.01	0.14	0.09	0.03	0.04	0.21
22:30	0.04	—	0.01	0.07	0.01	0.17	0.08	0.03	0.04	0.16
22:45	0.04	—	0.01	0.07	0.01	0.17	0.01	0.03	0.04	0.16
23:00	—	—	0.03	—	—	—	0.18	0.03	0.04	0.11
23:15	—	—	0.03	—	—	—	0.18	0.03	0.04	0.11
23:30	—	—	0.03	—	—	—	0.18	0.03	—	0.11
23:45	—	—	0.03	—	—	—	0.01	0.03	—	0.11

表 2.6.5：武汉地区主要电台的占有率（%）

时间	武汉电台	总台新闻综合广播	总台经济广播	总台文艺广播	总台生活广播	总台楚天音乐广播	总台楚天交通体育广播	总台楚天卫星广播	总台楚天新闻广播	中央电台中国之声
6:00	30.3	2.3	12.9	5.3	—	8.3	28.0	—	—	11.4
6:15	30.3	2.3	12.9	5.3	—	8.3	28.0	—	—	11.4
6:30	22.3	10.0	6.5	2.5	2.5	2.2	13.6	1.3	11.4	10.0
6:45	22.3	9.8	6.5	2.5	2.5	2.2	13.8	1.3	11.4	10.0
7:00	16.5	7.4	6.8	3.8	—	9.7	15.6	2.5	10.3	12.9
7:15	18.3	7.3	6.7	3.7	—	9.6	15.1	2.5	10.1	12.6
7:30	22.2	15.1	5.1	4.0	—	12.0	14.0	—	9.4	9.1
7:45	24.5	16.6	5.6	4.4	—	11.9	11.3	—	8.5	10.0
8:00	12.4	11.9	10.4	4.0	1.5	16.8	31.2	—	—	0.5
8:15	12.4	11.9	10.4	4.0	1.5	16.8	31.2	—	—	0.5
8:30	5.7	11.4	11.8	9.5	1.4	13.7	33.6	—	—	0.5
8:45	4.4	11.7	12.2	9.8	0.5	14.1	34.6	—	—	0.5
9:00	2.5	—	8.0	7.0	2.0	8.5	45.2	3.5	1.0	3.5
9:15	3.0	—	8.5	7.0	2.0	8.5	44.8	3.5	1.0	3.5
9:30	1.1	—	12.0	3.4	2.3	2.9	49.1	4.6	1.1	4.0
9:45	1.2	—	12.3	3.5	2.3	2.9	50.3	4.7	—	4.1
10:00	—	—	14.9	2.0	1.5	26.7	31.2	—	6.9	3.0
10:15	—	—	14.9	2.0	1.5	26.7	31.2	—	6.9	3.0
10:30	—	—	14.8	4.9	1.6	32.4	23.1	—	7.7	3.3
10:45	—	—	14.4	7.0	1.6	32.6	23.0	—	7.5	3.2
11:00	2.0	5.0	5.5	6.5	1.5	28.9	11.9	11.4	7.0	3.0
11:15	2.0	4.9	5.4	7.4	1.5	28.9	11.8	11.3	6.9	2.9
11:30	—	5.0	5.0	7.7	1.4	23.6	18.6	10.5	8.2	2.7
11:45	0.8	4.7	5.9	7.2	0.4	21.2	23.3	9.7	8.1	2.5
12:00	9.3	4.9	3.1	8.3	1.9	17.9	31.2	—	15.1	0.6
12:15	8.8	4.7	2.6	7.9	1.8	17.3	29.8	1.8	14.3	0.6
12:30	6.9	3.6	3.0	6.6	1.8	21.1	28.1	1.8	15.4	0.6
12:45	6.9	4.0	3.6	7.3	2.2	23.3	21.1	2.2	18.2	0.7
13:00	5.3	2.9	8.6	6.2	1.0	28.2	15.3	—	18.2	—
13:15	5.4	2.9	7.8	6.4	1.0	28.4	14.7	—	18.6	—
13:30	1.2	—	9.6	6.0	1.2	26.3	18.6	—	21.0	—
13:45	1.2	—	9.8	5.5	1.2	27.0	17.2	—	21.5	—
14:00	—	—	3.8	—	—	25.0	63.5	—	—	—
14:15	—	—	3.7	—	—	24.1	61.1	—	—	3.7
14:30	—	—	4.3	—	—	23.4	66.0	—	—	4.3
14:45	—	—	4.3	—	—	23.4	66.0	—	—	4.3

时间	武汉电台	总台新闻综合广播	总台经济广播	总台文艺广播	总台生活广播	总台楚天音乐广播	总台楚天交通体育广播	总台楚天卫星广播	总台楚天新闻广播	中央电台中国之声
15:00	—	—	2.3	10.2	—	27.3	25.0	8.0	15.9	2.3
15:15	—	—	2.1	9.5	—	28.4	25.3	7.4	14.7	—
15:30	—	—	2.2	9.8	—	29.3	26.1	7.6	15.2	—
15:45	—	—	2.3	10.3	—	25.3	27.6	8.0	16.1	—
16:00	7.1	—	2.4	2.4	7.1	12.9	24.7	17.6	16.5	—
16:15	7.8	—	2.6	2.6	7.8	13.0	23.4	19.5	18.2	—
16:30	6.2	—	13.4	2.1	12.4	10.3	20.6	15.5	16.5	—
16:45	6.2	—	13.4	2.1	12.4	10.3	20.6	15.5	16.5	—
17:00	4.9	4.2	20.8	8.3	13.9	4.9	9.7	9.7	6.9	—
17:15	4.9	4.2	20.8	8.3	13.9	4.9	9.7	9.7	6.9	—
17:30	4.3	6.7	25.0	7.9	8.5	5.5	8.5	8.5	4.9	—
17:45	3.7	6.7	25.2	8.0	8.6	5.5	8.6	8.6	4.9	—
18:00	—	2.3	2.9	7.6	9.4	28.1	13.5	21.1	3.5	5.3
18:15	—	2.3	2.9	7.6	9.4	28.7	13.5	21.1	3.5	5.3
18:30	6.9	1.6	15.4	3.2	6.5	15.8	11.7	14.6	0.4	19.0
18:45	6.9	1.6	15.4	3.3	6.5	15.9	11.4	14.6	0.4	19.1
19:00	9.0	—	17.5	7.0	7.0	21.5	7.5	—	0.5	22.0
19:15	8.6	—	17.7	6.6	7.1	21.7	7.6	—	0.5	22.2
19:30	1.4	—	7.1	7.1	20.0	34.3	7.1	—	—	1.4
19:45	1.5	—	—	7.7	21.5	36.9	7.7	—	—	1.5
20:00	11.5	7.7	5.8	9.6	—	36.5	11.5	—	—	7.7
20:15	11.3	7.5	5.7	9.4	—	37.7	11.3	—	—	7.5
20:30	—	9.5	7.1	9.5	—	40.5	16.7	—	—	9.5
20:45	—	10.5	7.9	10.5	—	31.6	18.4	—	—	10.5
21:00	3.4	2.5	3.4	3.4	2.5	40.7	10.2	—	6.8	12.7
21:15	3.2	2.4	3.2	3.2	7.1	38.1	9.5	—	6.3	13.5
21:30	3.0	3.0	4.5	2.3	6.8	36.1	9.0	—	6.8	15.0
21:45	—	3.8	5.7	2.8	8.5	34.0	10.4	—	0.9	18.9
22:00	2.9	1.0	3.9	2.9	7.8	10.7	6.8	1.9	2.9	17.5
22:15	3.2	1.1	4.3	3.2	1.1	11.7	7.4	2.1	3.2	17.0
22:30	3.5	—	1.2	5.8	1.2	15.1	7.0	2.3	3.5	14.0
22:45	3.7	—	1.2	6.2	1.2	16.0	1.2	2.5	3.7	14.8
23:00	—	—	5.7	—	—	—	4.0	5.7	8.6	22.9
23:15	—	—	5.7	—	—	—	4.0	5.7	8.6	22.9
23:30	—	—	6.5	—	—	—	4.5	6.5	—	25.8
23:45	—	—	11.1	—	—	—	5.6	11.1	—	44.4

七、广州地区收听率数据

表 2.7.1 广州地区听众构成及平均每天收听时长

听众群		听众构成%	平均每天收听时长（分钟）
所有听众			83
性别	男	51.6	92
	女	48.4	78
年龄	10-19 岁	4.2	67
	20-29 岁	8.4	85
	30-39 岁	8.5	73
	40-49 岁	22.8	91
	50-59 岁	34.0	75
	60-69 岁	16.9	85
教育程度	初中及以下	5.1	127
	高中	34.5	101
	大专及以上	49.8	80
职业	学生	15.7	70
	公职人员	7.5	78
	高级管理人员 私营业主	3.1	83
	白领	3.9	39
	工薪阶层	17.6	64
	个体业主	43.7	95
	离退休人员	9.7	61
	无业人员	0.3	71
个人月可支配收入	500 元以下	10.8	101
	500-999 元	3.3	128
	1000-1499 元	13.4	89
	1500-1999 元	5.6	77
	2000 元以上	19.6	88

表 2.7.2 广州地区主要电台频率的平均收听率和市场份额（%）

排名	电台名称	平均收听率	市场份额
1	广东电台珠江经济台	0.84	19.8
2	广东电台羊城交通台	0.61	14.5
3	广东电台音乐之声	0.51	12.2
4	广东电台财经 927	0.43	10.2
5	广州电台新闻资讯广播	0.42	10.0
6	广东电台南方生活广播	0.28	6.6
6	广州电台金曲广播	0.28	6.6
8	广东电台城市之声	0.19	4.4
9	佛山电台千色 985	0.14	3.2
10	广州电台交通广播	0.11	2.6

表 2.7.3 广州地区主要电台频率的周到达率和日到达率（%）

排名	电台名称	周到达率	日到达率
1	广东电台珠江经济台	18.6	10.3
2	广东电台音乐之声	12.4	6.2
3	广东电台羊城交通台	11.9	7.0
4	广州电台新闻资讯广播	7.9	4.8
5	广东电台城市之声	6.5	2.9
5	广州电台金曲广播	6.5	3.2
7	广东电台财经 927	6.4	3.0
8	广东电台南方生活广播	5.0	2.9
9	佛山电台千色 985	3.5	1.7
10	广州电台交通广播	2.9	1.8

表 2.7.4：广州地区主要电台的收听率（%）

时间	广东电台南方生活广播	广东电台财经927	广东电台珠江经济台	广东电台音乐之声	广东电台羊城交通台	广东电台城市之声	广州电台金曲广播	广州电台新闻资讯广播	广州电台交通广播	佛山电台真爱946
6:00	1.08	—	0.04	0.05	0.19	0.04	—	0.24	—	—
6:15	1.10	—	0.04	0.11	0.19	0.04	—	0.24	—	—
6:30	1.26	0.13	0.38	0.11	0.19	0.04	—	0.17	—	0.01
6:45	1.27	0.13	0.38	0.11	0.30	—	—	0.06	—	0.01
7:00	1.24	0.22	0.57	0.80	1.06	0.15	0.29	0.90	0.44	0.02
7:15	1.24	0.23	0.60	0.87	1.16	0.19	0.39	0.88	0.48	0.03
7:30	1.38	0.17	0.93	0.83	1.45	0.34	0.61	0.73	0.26	0.03
7:45	1.36	0.16	0.98	0.78	1.58	0.27	0.53	0.72	0.28	0.01
8:00	0.47	0.10	1.11	1.21	1.24	0.72	0.55	0.40	0.14	0.02
8:15	0.40	0.10	1.09	1.20	1.29	0.72	0.48	0.29	0.15	0.02
8:30	0.49	0.19	1.88	0.85	0.96	0.56	0.38	0.32	0.40	0.01
8:45	0.47	0.19	1.81	0.83	0.90	0.56	0.35	0.38	0.40	0.01
9:00	0.40	0.72	1.72	0.63	1.07	0.19	0.56	0.56	0.39	0.01
9:15	0.31	0.70	1.69	0.63	1.03	0.19	0.61	0.45	0.38	0.01
9:30	0.20	1.38	1.06	0.74	1.36	0.20	0.51	0.41	0.10	0.03
9:45	0.20	1.38	1.06	0.77	1.24	0.19	0.51	0.40	0.08	0.03
10:00	0.37	1.43	1.43	0.95	1.37	0.22	0.51	0.83	0.19	0.04
10:15	0.35	1.42	1.40	0.99	1.40	0.22	0.49	0.72	0.26	0.06
10:30	0.27	1.20	1.23	0.91	1.26	0.29	0.44	0.76	0.27	0.05
10:45	0.28	1.22	1.23	0.88	1.21	0.29	0.44	0.77	0.26	0.04
11:00	0.17	1.04	1.77	1.06	1.27	0.35	0.38	0.75	0.29	0.22
11:15	0.15	1.04	1.80	1.05	1.22	0.36	0.36	0.74	0.34	0.22
11:30	0.17	0.76	1.91	1.10	1.15	0.34	0.38	0.79	0.19	0.22
11:45	0.16	0.76	1.90	1.10	1.13	0.33	0.38	0.80	0.19	0.22
12:00	0.15	0.83	2.81	0.86	0.97	0.16	0.48	1.33	0.22	0.05
12:15	0.13	0.81	2.81	0.86	0.93	0.14	0.47	1.34	0.22	0.04
12:30	0.26	0.79	2.34	1.00	0.65	0.19	0.40	1.11	0.06	0.24
12:45	0.26	0.79	2.22	0.97	0.62	0.19	0.40	1.09	0.06	0.24
13:00	0.36	0.95	1.37	0.89	0.55	0.33	0.40	0.95	0.07	0.05
13:15	0.36	0.95	1.34	0.86	0.36	0.30	0.39	0.92	0.06	0.05
13:30	0.51	0.94	1.08	0.69	0.35	0.31	0.38	0.92	0.02	0.05
13:45	0.51	0.93	0.99	0.64	0.34	0.29	0.36	0.90	0.02	0.03
14:00	0.47	0.83	0.92	0.27	0.52	0.31	0.09	0.28	0.04	0.01
14:15	0.47	0.84	0.82	0.27	0.49	0.15	0.10	0.26	0.05	0.01
14:30	0.11	0.94	0.81	0.35	0.73	0.12	0.14	0.19	0.04	0.01
14:45	0.11	0.93	0.81	0.35	0.72	0.12	0.13	0.19	0.04	0.01

时间	广东电台南方生活广播	广东电台财经927	广东电台珠江经济台	广东电台音乐之声	广东电台羊城交通台	广东电台城市之声	广州电台金曲广播	广州电台新闻资讯广播	广州电台交通广播	佛山电台真爱946
15:00	0.03	0.40	0.65	0.34	0.64	0.14	0.17	0.06	0.05	0.01
15:15	0.03	0.40	0.44	0.33	0.64	0.10	0.17	0.06	0.05	0.01
15:30	0.03	0.22	0.26	0.23	0.73	0.09	0.18	0.05	0.02	0.01
15:45	0.03	0.22	0.26	0.21	0.71	0.10	0.18	0.05	0.02	0.01
16:00	0.03	0.08	0.40	0.10	0.63	0.20	0.26	0.03	0.17	0.01
16:15	0.03	0.08	0.36	0.13	0.66	0.21	0.25	0.03	0.19	—
16:30	0.03	0.06	0.29	0.13	0.51	0.21	0.43	0.15	0.15	—
16:45	0.03	0.04	0.29	0.11	0.48	0.19	0.43	0.14	0.14	—
17:00	0.01	0.32	0.40	0.22	0.56	0.21	0.57	0.44	0.06	0.02
17:15	0.01	0.33	0.35	0.23	0.62	0.17	0.56	0.45	0.06	0.03
17:30	0.03	0.36	0.35	0.24	0.51	0.15	0.56	0.24	0.13	0.03
17:45	0.03	0.36	0.36	0.22	0.44	0.15	0.47	0.24	0.10	0.03
18:00	—	0.35	0.53	0.38	0.54	0.10	0.26	0.28	0.05	0.03
18:15	0.01	0.35	0.54	0.38	0.54	0.09	0.25	0.29	0.05	0.03
18:30	0.01	0.24	0.72	0.40	0.58	0.06	0.18	0.24	0.03	0.03
18:45	0.01	0.22	0.68	0.35	0.51	0.06	0.16	0.24	0.02	0.03
19:00	0.19	0.19	0.47	0.39	0.38	0.07	0.03	0.03	0.01	0.01
19:15	0.19	0.19	0.53	0.39	0.24	0.06	0.03	0.03	0.01	0.02
19:30	0.19	0.22	0.45	0.43	0.12	0.15	0.08	0.05	0.01	0.02
19:45	0.20	0.22	0.54	0.43	0.09	0.16	0.08	0.05	0.01	0.02
20:00	0.20	0.19	0.50	0.43	0.09	0.19	0.20	0.44	0.01	0.02
20:15	0.19	0.19	0.51	0.44	0.10	0.17	0.19	0.42	0.01	0.02
20:30	0.01	0.11	0.37	0.58	0.09	0.06	0.15	0.41	—	0.03
20:45	0.01	0.11	0.40	0.58	0.08	0.05	0.13	0.42	—	0.01
21:00	0.01	0.08	0.68	0.47	0.15	0.03	0.13	0.29	—	0.01
21:15	0.01	0.07	0.68	0.49	0.15	0.03	0.15	0.29	0.01	0.04
21:30	0.01	0.03	0.62	0.29	0.12	0.03	0.16	0.33	0.01	0.05
21:45	0.01	0.03	0.61	0.24	0.09	0.03	0.13	0.33	0.01	0.03
22:00	—	0.01	0.15	0.24	0.10	0.08	0.06	0.17	0.01	0.03
22:15	—	0.01	0.09	0.24	0.10	0.08	0.06	0.17	0.01	0.03
22:30	—	0.01	0.08	0.24	0.08	0.10	0.08	0.19	0.01	0.03
22:45	—	0.01	0.08	0.24	0.08	0.10	0.08	0.19	0.01	0.03
23:00	—	—	0.05	0.06	0.08	0.12	0.13	0.15	0.01	0.04
23:15	—	—	0.04	0.06	0.07	0.12	0.13	0.15	0.01	0.03
23:30	—	—	0.03	0.01	0.01	0.03	0.03	0.13	—	0.01
23:45	—	—	0.03	0.01	0.01	0.03	0.01	0.13	—	—

表 2.7.5：广州地区主要电台的占有率（%）

时间	广东电台南方生活广播	广东电台财经927	广东电台珠江经济台	广东电台音乐之声	广东电台羊城交通台	广东电台城市之声	广州电台金曲广播	广州电台新闻资讯广播	广州电台交通广播	佛山电台真爱946
6:00	54.2	—	2.1	2.4	9.7	2.1	—	12.2	—	—
6:15	52.1	—	2.0	5.3	9.2	2.0	—	11.6	—	—
6:30	47.6	0.5	14.5	4.2	7.4	1.6	—	6.3	—	4.7
6:45	48.5	0.5	14.7	4.3	11.5	0.0	—	2.4	—	4.8
7:00	18.9	0.3	8.6	12.1	16.0	2.3	4.3	13.6	6.6	3.4
7:15	17.5	0.4	8.5	12.3	16.4	2.6	5.5	12.4	6.8	3.2
7:30	18.0	0.4	12.2	10.8	19.0	4.4	8.0	9.5	3.4	2.3
7:45	18.0	0.2	13.0	10.3	20.9	3.6	7.0	9.6	3.7	2.1
8:00	6.9	0.3	16.4	17.9	18.3	10.6	8.1	6.0	2.1	1.4
8:15	6.2	0.3	16.6	18.2	19.6	11.0	7.3	4.3	2.3	1.5
8:30	7.2	0.2	27.6	12.5	14.1	8.3	5.6	4.7	5.8	2.8
8:45	7.0	0.2	27.3	12.6	13.5	8.5	5.3	5.8	6.0	2.8
9:00	5.6	0.1	24.2	8.8	15.0	2.7	7.9	7.9	5.5	10.2
9:15	4.5	0.1	24.8	9.3	15.1	2.9	9.0	6.6	5.6	10.3
9:30	3.0	0.5	15.8	11.1	20.3	3.0	7.7	6.1	1.4	20.6
9:45	3.1	0.5	16.1	11.8	19.0	3.0	7.9	6.1	1.3	21.0
10:00	4.5	0.5	17.6	11.6	16.9	2.7	6.3	10.3	2.4	17.6
10:15	4.4	0.8	17.4	12.2	17.4	2.8	6.1	8.9	3.3	17.6
10:30	3.6	0.6	16.4	12.1	16.7	3.8	5.8	10.2	3.6	16.0
10:45	3.7	0.6	16.5	11.8	16.2	3.9	5.9	10.4	3.5	16.3
11:00	2.1	2.7	22.6	13.5	16.1	4.5	4.8	9.6	3.7	13.3
11:15	1.9	2.8	22.9	13.4	15.6	4.6	4.6	9.5	4.3	13.2
11:30	2.3	3.0	26.1	15.0	15.7	4.7	5.2	10.8	2.7	10.4
11:45	2.2	3.1	26.1	15.1	15.5	4.6	5.2	11.0	2.7	10.5
12:00	1.7	0.5	31.1	9.5	10.7	1.8	5.3	14.8	2.4	9.1
12:15	1.5	0.5	31.4	9.6	10.4	1.6	5.2	15.0	2.4	9.1
12:30	3.3	3.0	30.1	12.9	8.3	2.5	5.2	14.3	0.8	10.2
12:45	3.4	3.1	29.5	12.8	8.2	2.6	5.4	14.5	0.8	10.4
13:00	5.8	0.8	21.9	14.2	8.8	5.2	6.3	15.1	1.1	15.2
13:15	6.1	0.8	22.6	14.4	6.1	5.0	6.5	15.6	1.1	16.0
13:30	9.2	0.9	19.2	12.3	6.3	5.6	6.7	16.5	0.4	16.7
13:45	9.6	0.5	18.5	11.9	6.4	5.3	6.7	16.7	0.4	17.4
14:00	11.1	0.3	21.5	6.4	12.2	7.2	2.1	6.5	1.0	19.5
14:15	11.8	0.3	20.6	6.8	12.4	3.7	2.4	6.6	1.2	21.1
14:30	2.8	0.3	20.1	8.9	18.2	3.0	3.5	4.9	1.0	23.4
14:45	2.8	0.4	20.4	8.8	18.1	3.0	3.3	4.9	1.1	23.6

时间	广东电台南方生活广播	广东电台财经927	广东电台珠江经济台	广东电台音乐之声	广东电台羊城交通台	广东电台城市之声	广州电台金曲广播	广州电台新闻资讯广播	广州电台交通广播	佛山电台真爱946
15:00	1.2	0.5	22.2	11.6	21.7	4.7	5.7	1.9	1.7	13.4
15:15	1.3	0.5	16.5	12.3	23.7	3.6	6.2	2.3	1.8	14.7
15:30	1.2	0.6	11.6	10.1	32.0	4.0	7.9	2.1	0.9	9.8
15:45	1.2	0.6	11.8	9.3	31.7	4.3	8.1	2.2	0.9	9.9
16:00	1.2	0.3	17.1	4.5	27.3	8.7	11.1	1.5	7.5	3.3
16:15	1.2	—	15.4	5.3	28.1	8.9	10.7	1.5	8.0	3.3
16:30	1.5	—	12.3	5.3	21.7	8.8	18.2	6.2	6.2	2.6
16:45	1.5	—	13.0	5.0	21.4	8.7	19.2	6.2	6.2	1.9
17:00	0.4	0.6	12.0	6.5	17.1	6.3	17.3	13.5	1.9	9.7
17:15	0.4	0.8	10.6	7.0	18.9	5.1	17.0	13.8	1.9	10.0
17:30	0.9	0.9	11.3	7.9	16.6	5.0	18.4	7.7	4.1	11.8
17:45	1.0	1.2	12.5	7.7	15.1	5.0	16.3	8.4	3.6	12.5
18:00	—	1.1	16.7	12.1	17.2	3.1	8.4	8.8	1.5	11.2
18:15	0.2	1.1	16.9	12.1	17.1	2.9	7.9	9.0	1.5	11.0
18:30	0.2	0.9	21.9	12.3	17.9	1.7	5.5	7.4	1.1	7.2
18:45	0.2	0.9	22.4	11.6	16.7	2.1	5.3	7.8	0.7	7.1
19:00	8.9	0.7	22.5	18.5	17.9	3.3	1.3	1.3	0.7	8.9
19:15	9.3	1.0	26.3	19.4	11.8	3.1	1.4	1.4	0.3	9.7
19:30	9.5	1.1	22.8	21.8	6.0	7.7	4.2	2.5	0.4	11.2
19:45	10.1	1.0	26.8	21.6	4.5	8.0	4.2	2.4	0.7	11.1
20:00	7.9	0.8	19.7	17.0	3.6	7.4	7.9	17.3	0.3	7.4
20:15	7.7	0.8	20.2	17.7	3.9	6.9	7.5	16.9	0.3	7.7
20:30	0.7	1.4	18.5	29.3	4.5	2.8	7.3	20.6	—	5.6
20:45	0.7	0.7	20.4	29.6	4.2	2.5	6.3	21.1	—	5.6
21:00	0.3	0.7	31.9	22.1	7.2	1.3	5.9	13.4	—	3.6
21:15	0.3	1.9	30.8	22.3	6.6	1.3	6.9	13.2	0.6	3.1
21:30	0.4	2.6	32.6	15.0	6.2	1.8	8.4	17.2	0.7	1.8
21:45	0.4	2.0	35.3	13.7	5.2	1.6	7.2	18.9	0.8	2.0
22:00	—	2.2	12.2	19.4	7.8	6.1	4.4	13.3	0.6	1.1
22:15	—	2.3	7.5	19.7	8.1	6.4	4.6	13.9	0.6	1.2
22:30	—	2.8	6.7	18.9	6.7	8.3	6.7	15.6	0.6	0.6
22:45	—	2.9	6.9	19.7	6.4	8.1	6.4	15.6	0.6	0.6
23:00	—	4.5	5.2	6.7	8.2	12.7	14.2	16.4	0.7	—
23:15	—	4.0	4.8	6.3	7.9	13.5	15.1	17.5	0.8	—
23:30	—	3.1	6.3	3.1	1.6	7.8	7.8	29.7	—	—
23:45	—	—	8.7	4.3	2.2	10.9	2.2	39.1	—	—

八、重庆地区收听率数据

表 2.8.1 重庆地区听众构成及平均每天收听时长

听众群		听众构成%	平均每天收听时长（分钟）
所有听众			44
性别	男	52.6	47
	女	47.4	38
年龄	10-19 岁	5.9	42
	20-29 岁	30.3	35
	30-39 岁	25.1	42
	40-49 岁	25.7	49
	50-59 岁	8.6	46
	60-69 岁	4.4	56
教育程度	初中及以下	28.8	54
	高中	41.6	41
	大专及以上	29.6	34
职业	学生	7.1	39
	公职人员	6.3	34
	高级管理人员 私营业主	4.6	38
	白领	15.1	42
	工薪阶层	46.6	43
	个体业主	10.8	42
	离退休人员	0.4	55
	无业人员	6.6	56
个人月可支配收入	500 元以下	2.6	46
	500-999 元	8.4	42
	1000-1499 元	7.2	46
	1500-1999 元	28.2	34
	2000 元以上	24.3	48

表 2.8.2 重庆地区主要电台频率的平均收听率和市场份额（%）

排名	电台名称	平均收听率	市场份额
1	重庆电台交通频率	0.95	26.6
2	重庆电台音乐频率	0.87	24.3
3	重庆电台新闻频率	0.84	23.5
4	重庆电台都市频率	0.35	9.7
5	重庆电台经济频率	0.27	7.7
6	重庆电台故事广播	0.15	4.2
7	中央电台中国之声	0.06	1.5
8	中央电台音乐之声	0.03	0.8
9	中央电台经济之声	0.02	0.6
10	四川电台新闻频率	0.01	0.2

表 2.8.3 重庆地区主要电台频率的周到达率和日到达率（%）

排名	电台名称	周到达率	日到达率
1	重庆电台音乐频率	56.3	17.6
2	重庆电台新闻频率	50.4	16.4
3	重庆电台交通频率	29.4	10.4
4	重庆电台都市频率	26.2	6.4
5	重庆电台经济频率	23.6	5.6
6	重庆电台故事广播	11.4	2.8
7	中央电台中国之声	4.5	1.1
8	中央电台音乐之声	2.5	0.4
9	中央电台经济之声	1.3	0.4
10	四川电台新闻频率	0.9	0.1

表 2.8.4：重庆地区主要电台的收听率（%）

时间	重庆电台新闻频率	重庆电台经济频率	重庆电台交通频率	重庆电台音乐频率	重庆电台都市频率	重庆电台故事广播	四川电台新闻频率	中央电台中国之声	中央电台经济之声	中央电台音乐之声
6:00	0.46	0.02	0.19	0.05	—	—	—	—	—	—
6:15	0.48	0.02	0.22	0.05	—	—	—	0.02	—	—
6:30	0.54	0.17	0.22	0.08	0.02	—	—	0.09	—	—
6:45	0.55	0.17	0.22	0.09	0.02	—	—	0.09	—	—
7:00	0.82	0.32	0.78	0.38	0.12	—	0.01	0.07	0.01	0.02
7:15	0.78	0.31	0.76	0.42	0.14	—	0.01	0.04	0.01	0.02
7:30	0.88	0.33	0.83	0.48	0.14	—	0.01	0.03	0.01	0.02
7:45	0.94	0.33	0.88	0.45	0.12	—	0.01	0.02	0.01	0.02
8:00	1.5	0.41	2.08	0.85	0.36	0.04	—	0.01	—	0.02
8:15	1.52	0.39	2.21	0.96	0.37	0.04	—	0.01	—	0.02
8:30	1.18	0.27	2.17	0.79	0.35	0.04	—	—	—	0.03
8:45	1.03	0.21	2.05	0.74	0.31	0.04	—	—	—	0.02
9:00	0.86	0.21	1.49	0.47	0.18	0.09	—	0.04	—	0.04
9:15	0.84	0.21	1.47	0.44	0.18	0.08	—	0.04	—	0.03
9:30	0.69	0.20	1.47	0.44	0.15	0.07	—	0.07	—	0.03
9:45	0.65	0.20	1.46	0.38	0.11	0.05	—	0.06	—	0.04
10:00	0.76	0.11	1.41	0.42	0.17	0.10	0.02	0.07	—	0.04
10:15	0.72	0.17	1.39	0.45	0.22	0.10	0.02	0.06	0.01	0.04
10:30	0.66	0.19	1.30	0.41	0.27	0.08	0.02	0.07	0.01	0.04
10:45	0.60	0.17	1.27	0.37	0.26	0.05	0.02	0.04	0.01	0.04
11:00	0.66	0.13	0.86	0.30	0.13	0.06	0.01	0.05	0.02	0.03
11:15	0.59	0.13	0.85	0.35	0.15	0.05	0.01	0.03	0.02	0.04
11:30	0.50	0.10	0.74	0.48	0.13	0.04	—	0.03	0.01	0.02
11:45	0.46	0.08	0.73	0.46	0.12	0.04	—	0.02	0.01	0.02
12:00	2.14	0.21	0.78	1.00	0.24	0.06	0.03	0.15	—	0.02
12:15	2.21	0.26	0.73	1.03	0.28	0.06	0.03	0.15	0.01	0.01
12:30	1.80	0.47	0.81	1.13	0.35	0.08	0.04	0.14	0.01	0.03
12:45	1.58	0.46	0.78	1.01	0.33	0.07	0.04	0.12	0.01	0.03
13:00	0.89	0.43	0.80	1.00	0.29	0.07	0.04	0.08	—	0.03
13:15	0.76	0.39	0.77	0.89	0.29	0.06	0.02	0.05	—	0.02
13:30	0.47	0.17	0.69	0.58	0.19	0.05	0.02	0.03	—	0.01
13:45	0.41	0.15	0.63	0.51	0.17	0.05	—	—	—	—
14:00	0.66	0.14	0.83	0.46	0.21	0.12	—	0.01	—	—
14:15	0.73	0.14	0.82	0.49	0.18	0.12	—	0.02	—	0.01
14:30	0.53	0.10	0.76	0.46	0.17	0.11	—	0.02	—	0.01
14:45	0.46	0.12	0.75	0.45	0.17	0.11	—	0.01	—	0.01

时间	重庆电台新闻频率	重庆电台经济频率	重庆电台交通频率	重庆电台音乐频率	重庆电台都市频率	重庆电台故事广播	四川电台新闻频率	中央电台中国之声	中央电台经济之声	中央电台音乐之声
15:00	0.30	0.15	0.87	0.43	0.21	0.13	—	0.01	—	0.01
15:15	0.32	0.15	0.88	0.42	0.23	0.14	—	0.01	—	0.01
15:30	0.24	0.14	0.88	0.29	0.20	0.13	—	—	—	0.01
15:45	0.21	0.12	0.85	0.26	0.18	0.11	—	—	—	0.01
16:00	0.31	0.43	0.72	0.54	0.64	0.13	—	0.01	—	—
16:15	0.24	0.43	0.77	0.58	0.64	0.11	—	0.01	—	—
16:30	0.21	0.43	0.73	0.58	0.61	0.07	—	0.03	—	—
16:45	0.15	0.43	0.71	0.55	0.61	0.06	—	0.04	—	0.01
17:00	0.32	0.41	1.84	0.60	0.78	0.13	0.01	0.11	0.01	0.02
17:15	0.39	0.39	1.87	0.59	0.78	0.11	0.01	0.10	0.01	0.02
17:30	0.58	0.47	1.82	0.66	0.84	0.11	0.02	0.12	0.01	0.02
17:45	0.56	0.46	1.71	0.64	0.86	0.12	0.02	0.11	0.01	0.01
18:00	1.01	0.26	0.94	0.57	0.79	0.09	0.02	0.06	0.05	0.01
18:15	1.02	0.27	0.92	0.56	0.77	0.08	0.01	0.07	0.05	0.01
18:30	0.81	0.24	0.83	0.53	0.32	0.07	—	0.13	0.07	0.01
18:45	0.66	0.18	0.79	0.46	0.33	0.06	—	0.13	0.07	0.01
19:00	2.31	0.18	0.74	0.56	0.25	0.06	0.02	0.21	0.08	—
19:15	2.32	0.18	0.77	0.61	0.22	0.06	0.02	0.11	0.08	—
19:30	1.35	0.15	0.67	0.54	0.21	0.06	0.03	0.09	0.05	—
19:45	1.16	0.15	0.64	0.52	0.20	0.06	0.02	0.11	0.05	0.01
20:00	1.57	0.39	0.81	1.36	0.31	0.18	0.02	0.14	0.07	0.03
20:15	1.49	0.40	0.84	1.44	0.32	0.20	0.02	0.09	0.07	0.03
20:30	1.47	0.48	0.93	1.60	0.62	0.29	—	0.06	0.07	0.08
20:45	1.40	0.45	0.92	1.51	0.64	0.25	—	0.03	0.07	0.08
21:00	1.49	0.51	1.34	3.10	0.57	0.39	—	0.06	0.12	0.10
21:15	1.42	0.49	1.35	3.34	0.58	0.40	—	0.04	0.12	0.10
21:30	1.37	0.50	1.14	4.32	0.75	0.45	—	0.07	0.12	0.15
21:45	1.23	0.49	1.03	3.91	0.73	0.45	—	0.04	0.10	0.11
22:00	0.94	0.63	0.81	3.16	0.86	0.55	0.01	0.03	0.07	0.14
22:15	0.90	0.59	0.78	2.89	0.82	0.61	0.01	0.04	0.07	0.11
22:30	0.61	0.48	0.63	1.86	0.91	0.60	—	0.03	0.01	0.08
22:45	0.59	0.44	0.57	1.56	0.84	0.59	—	0.03	—	0.06
23:00	0.17	0.21	0.41	1.01	0.20	0.59	0.01	0.03	—	0.01
23:15	0.15	0.16	0.38	0.92	0.15	0.58	0.01	0.03	—	—
23:30	0.08	0.05	0.32	0.55	0.13	0.52	0.01	0.02	—	—
23:45	0.05	0.01	0.30	0.42	0.10	0.45	0.01	0.02	—	—

表 2.8.5：重庆地区主要电台的占有率（%）

时间	重庆电台新闻频率	重庆电台经济频率	重庆电台交通频率	重庆电台音乐频率	重庆电台都市频率	重庆电台故事广播	四川电台新闻频率	中央电台中国之声	中央电台经济之声	中央电台音乐之声
6:00	62.3	2.4	25.9	6.2	—	—	—	—	—	—
6:15	59.7	2.2	27.2	5.7	—	—	—	2.2	—	—
6:30	47.4	14.6	19.3	7.1	1.6	—	—	7.9	—	—
6:45	47.1	15.0	18.8	7.7	1.6	—	—	7.7	—	—
7:00	31.9	12.6	30.2	14.8	4.6	—	0.3	2.7	0.3	0.7
7:15	30.8	12.4	29.7	16.4	5.7	—	0.3	1.7	0.3	0.7
7:30	31.6	12.0	30.00	17.5	5.2	—	0.3	0.9	0.3	0.6
7:45	32.9	11.7	31.0	15.8	4.1	—	0.3	0.6	0.3	0.6
8:00	28.2	7.6	38.9	15.9	6.8	0.8	—	0.2	—	0.3
8:15	27.3	6.9	39.6	17.1	6.7	0.8	—	0.2	—	0.3
8:30	24.2	5.5	44.5	16.1	7.2	0.9	—	—	—	0.5
8:45	23.1	4.7	46.1	16.6	7.0	1.0	—	—	—	0.4
9:00	24.9	6.1	43.1	13.7	5.2	2.5	—	1.3	—	1.3
9:15	25.0	6.3	43.8	13.2	5.4	2.3	—	1.3	—	0.9
9:30	21.8	6.2	46.1	13.9	4.7	2.2	—	2.2	—	1.0
9:45	21.6	6.6	48.3	12.7	3.6	1.7	—	2.0	—	1.3
10:00	24.2	3.5	45.0	13.5	5.6	3.1	0.6	2.2	—	1.3
10:15	22.4	5.2	43.2	14.1	6.8	3.0	0.5	1.9	0.3	1.2
10:30	21.0	6.0	41.5	13.1	8.8	2.5	0.6	2.2	0.3	1.3
10:45	20.6	5.8	43.7	12.6	8.8	1.8	0.6	1.5	0.3	1.4
11:00	28.3	5.8	37.4	13.1	5.7	2.6	0.4	2.3	0.8	1.3
11:15	26.1	5.8	37.1	15.5	6.4	2.3	0.4	1.5	0.8	1.7
11:30	23.8	4.6	35.3	23.2	6.1	2.1	—	1.3	0.4	1.1
11:45	23.4	4.0	36.8	23.2	6.1	2.2	—	0.9	0.4	1.1
12:00	45.1	4.4	16.5	21.0	5.0	1.3	0.6	3.1	—	0.4
12:15	45.2	5.3	15.0	21.0	5.7	1.3	0.5	3.0	0.2	0.2
12:30	36.2	9.4	16.3	22.7	6.9	1.6	0.9	2.8	0.2	0.5
12:45	34.7	10.2	17.0	22.3	7.2	1.5	1.0	2.7	0.2	0.8
13:00	24.2	11.7	21.8	27.3	8.0	1.9	1.2	2.2	—	1.0
13:15	23.1	12.1	23.6	27.1	9.0	1.9	0.5	1.6	—	0.5
13:30	21.2	7.5	30.8	26.1	8.3	2.4	0.8	1.6	—	0.4
13:45	21.2	7.6	32.3	26.4	8.7	2.7	—	—	—	—
14:00	26.3	5.7	33.1	18.4	8.2	4.6	—	0.3	—	—
14:15	28.2	5.5	31.5	18.9	7.1	4.5	—	0.7	—	0.3
14:30	23.8	4.5	34.2	20.7	7.8	4.8	—	0.8	—	0.4
14:45	21.6	5.5	34.9	20.9	8.2	5.0	—	0.4	—	0.4

时间	重庆电台新闻频率	重庆电台经济频率	重庆电台交通频率	重庆电台音乐频率	重庆电台都市频率	重庆电台故事广播	四川电台新闻频率	中央电台中国之声	中央电台经济之声	中央电台音乐之声
15:00	14.0	6.9	40.2	19.9	9.7	5.8	—	0.4	—	0.4
15:15	14.5	6.8	39.8	19.1	10.3	6.5	—	0.4	—	0.4
15:30	12.2	7.1	45.1	15.1	10.5	6.4	—	—	—	0.4
15:45	11.6	6.5	47.6	14.5	9.9	6.2	—	—	—	0.5
16:00	10.9	15.0	25.5	19.1	22.4	4.4	—	0.3	—	—
16:15	8.6	15.0	27.1	20.3	22.5	3.8	—	0.3	—	—
16:30	7.8	15.7	26.8	21.2	22.4	2.7	—	1.0	—	—
16:45	5.8	16.3	27.1	21.0	23.4	2.2	—	1.7	—	0.3
17:00	7.6	9.6	43.2	14.0	18.3	2.9	0.2	2.7	0.2	0.4
17:15	9.1	9.0	43.4	13.8	18.2	2.6	0.2	2.2	0.2	0.4
17:30	12.4	10.1	38.9	14.1	18.0	2.4	0.4	2.6	0.2	0.4
17:45	12.4	10.1	37.9	14.2	19.0	2.7	0.4	2.5	0.2	0.2
18:00	26.4	6.7	24.5	14.8	20.6	2.3	0.5	1.6	1.4	0.2
18:15	26.7	7.0	24.2	14.8	20.3	2.1	0.2	1.8	1.4	0.2
18:30	26.7	7.9	27.3	17.5	10.5	2.3	—	4.3	2.3	0.3
18:45	24.4	6.7	29.0	17.0	12.1	2.3	—	4.8	2.6	0.3
19:00	51.9	4.0	16.7	12.7	5.6	1.3	0.4	4.8	1.8	—
19:15	52.6	4.2	17.4	13.8	5.1	1.3	0.4	2.5	1.8	—
19:30	42.3	4.8	21.2	17.1	6.4	1.8	0.8	2.8	1.7	—
19:45	39.3	5.1	21.8	17.5	6.7	2.2	0.6	3.7	1.8	0.3
20:00	31.8	8.0	16.5	27.6	6.2	3.6	0.4	2.9	1.4	0.7
20:15	30.1	8.1	17.0	29.2	6.5	4.0	0.4	1.8	1.4	0.7
20:30	26.1	8.5	16.5	28.5	11.0	5.1	—	1.1	1.2	1.4
20:45	25.9	8.3	17.1	28.1	11.8	4.7	—	0.5	1.3	1.5
21:00	19.3	6.6	17.4	40.2	7.3	5.1	—	0.8	1.6	1.2
21:15	18.0	6.2	17.1	42.3	7.4	5.1	—	0.6	1.5	1.3
21:30	15.3	5.6	12.8	48.3	8.4	5.1	—	0.8	1.3	1.7
21:45	15.1	6.0	12.6	47.8	8.9	5.6	—	0.5	1.2	1.4
22:00	13.0	8.7	11.2	43.7	11.9	7.6	0.1	0.5	1.0	2.0
22:15	13.2	8.6	11.4	42.1	11.9	8.9	0.1	0.6	1.0	1.7
22:30	11.7	9.1	12.0	35.6	17.3	11.5	—	0.7	0.2	1.5
22:45	12.5	9.3	12.2	33.1	17.9	12.4	—	0.7	—	1.3
23:00	6.2	7.7	15.1	37.8	7.5	22.2	0.3	1.0	—	0.5
23:15	6.2	6.5	15.7	38.1	6.2	24.0	0.4	1.1	—	0.2
23:30	4.6	3.1	18.5	32.3	7.7	30.3	0.5	1.0	—	—
23:45	3.8	0.6	21.8	30.6	7.0	32.5	0.6	1.3	—	—

九、成都地区收听率数据

表 2.9.1 成都地区听众构成及平均每天收听时长

听众群		听众构成%	平均每天收听时长（分钟）
所有听众			41
性别	男	46.9	43
	女	53.1	39
年龄	10-19 岁	8.2	31
	20-29 岁	24.8	37
	30-39 岁	24.9	45
	40-49 岁	21.2	37
	50-59 岁	11.8	43
	60-69 岁	9.0	48
教育程度	初中及以下	38.0	44
	高中	49.9	39
	大专及以上	12.0	40
职业	学生	11.1	32
	公职人员	3.0	27
	高级管理人员私营业主	3.0	29
	白领	15.5	45
	工薪阶层	38.1	41
	个体业主	14.9	46
	离退休人员	11.1	51
	无业人员	3.5	52
个人月可支配收入	500 元以下	12.0	38
	500-999 元	22.1	40
	1000-1499 元	25.3	40
	1500-1999 元	12.0	42
	2000 元以上	28.6	43

表 2.9.2 成都地区主要电台频率的平均收听率和市场份额（%）

排名	电台名称	平均收听率	市场份额
1	成都电台新闻广播	0.62	25.5
2	成都电台交通广播	0.54	22.2
3	四川电台珉江音乐	0.35	14.4
4	成都电台经济频道	0.30	12.2
5	成都电台文化休闲频道	0.24	10.1
6	四川电台交通广播	0.11	4.4
7	四川电台新闻频率	0.10	4.0
8	四川电台 City FM 城市之音	0.07	2.7
9	中央电台中国之声	0.05	2.3
10	四川电台经济频率	0.03	1.4

表 2.9.3 成都地区主要电台频率的周到达率和日到达率（%）

排名	电台名称	周到达率	日到达率
1	成都电台新闻广播	31.5	13.2
2	成都电台交通广播	24.2	10.7
3	四川电台珉江音乐	18.8	6.6
4	成都电台经济频道	15.6	5.8
5	成都电台文化休闲频道	12.3	4.2
6	四川电台新闻频率	8.6	2.0
7	四川电台交通广播	7.4	2.2
8	四川电台 City FM 城市之音	4.7	1.3
9	四川电台经济频率	4.3	0.8
9	中央电台中国之声	4.3	1.2

表 2.9.4：成都地区主要电台的收听率（%）

时间	成都电台新闻广播	成都电台经济频道	成都电台交通广播	成都电台文化休闲频道	四川电台新闻频率	四川电台经济频率	四川电台交通广播	四川电台珉江音乐	四川电台City FM城市之音	中央电台中国之声
6:00	0.53	—	0.06	0.03	0.01	—	—	0.01	—	—
6:15	0.55	—	0.06	0.03	0.01	—	—	0.01	—	—
6:30	0.80	—	0.06	0.03	0.01	—	0.01	—	—	0.04
6:45	0.76	—	0.06	0.03	0.01	—	0.01	—	—	0.04
7:00	1.51	0.47	0.55	0.07	0.08	0.04	0.08	0.06	—	0.22
7:15	1.55	0.47	0.55	0.07	0.10	0.04	0.08	0.07	—	0.24
7:30	0.86	0.42	0.49	0.04	0.21	0.07	0.15	0.11	—	0.14
7:45	0.87	0.37	0.44	0.04	0.19	0.06	0.15	0.11	—	0.14
8:00	0.98	0.75	2.07	0.07	0.14	0.11	0.65	0.58	0.03	0.03
8:15	1.04	0.78	2.14	0.06	0.14	0.11	0.64	0.60	0.11	0.03
8:30	0.68	0.65	1.68	0.10	0.08	0.06	0.53	0.62	0.14	0.01
8:45	0.50	0.57	1.48	0.14	0.07	0.04	0.40	0.49	0.14	0.01
9:00	0.90	0.24	0.31	0.25	0.08	0.04	0.21	0.15	0.10	0.01
9:15	0.82	0.24	0.37	0.26	0.08	0.06	0.18	0.15	0.07	0.01
9:30	0.83	0.37	0.39	0.24	0.04	0.01	0.15	0.12	0.06	—
9:45	0.55	0.39	0.37	0.22	0.04	0.01	0.06	0.07	0.06	—
10:00	0.78	0.39	0.47	0.28	—	0.03	0.04	0.39	0.03	0.03
10:15	0.80	0.35	0.50	0.26	—	0.03	0.04	0.39	0.03	0.03
10:30	0.89	0.24	0.46	0.31	—	0.01	0.06	0.44	0.03	0.03
10:45	0.42	0.21	0.44	0.28	—	0.01	0.06	0.44	0.03	0.03
11:00	0.26	0.33	0.75	0.24	0.03	—	0.12	0.37	—	0.01
11:15	0.21	0.33	0.82	0.24	0.03	—	0.14	0.40	—	0.01
11:30	0.28	0.22	0.82	0.21	0.03	0.01	0.11	0.33	—	0.01
11:45	0.28	0.21	0.78	0.17	0.03	0.01	0.10	0.40	—	0.01
12:00	2.65	0.43	0.61	0.37	0.14	0.07	0.24	0.65	0.12	—
12:15	2.62	0.43	0.58	0.37	0.14	0.07	0.24	0.71	0.12	—
12:30	0.67	0.25	0.49	0.33	0.11	0.04	0.15	0.55	0.06	0.04
12:45	0.58	0.11	0.46	0.26	0.11	0.01	0.14	0.47	0.06	0.01
13:00	0.98	0.22	0.19	0.10	0.07	0.07	0.07	0.21	0.36	0.01
13:15	0.98	0.21	0.19	0.10	0.06	0.07	0.07	0.17	0.36	0.01
13:30	1.12	0.31	0.19	0.10	0.01	0.11	0.07	0.15	0.28	—
13:45	1.07	0.18	0.17	0.08	0.01	0.08	0.07	0.11	0.26	—
14:00	0.50	0.40	0.74	0.40	0.03	0.06	0.07	0.39	0.06	—
14:15	0.57	0.40	0.72	0.40	0.03	0.06	0.07	0.42	0.06	—
14:30	0.65	0.40	0.78	0.22	0.04	0.01	0.08	0.28	0.04	—
14:45	0.55	0.33	0.68	0.17	0.03	0.01	0.07	0.29	0.04	—

时间	成都电台新闻广播	成都电台经济频道	成都电台交通广播	成都电台文化休闲频道	四川电台新闻频率	四川电台经济频率	四川电台交通广播	四川电台珉江音乐	四川电台City FM城市之音	中央电台中国之声
15:00	0.79	0.65	0.28	0.29	0.06	0.04	0.08	0.61	0.06	—
15:15	0.75	0.65	0.28	0.29	0.06	0.04	0.08	0.60	0.06	—
15:30	0.60	0.60	0.54	0.22	0.07	0.03	0.06	0.33	0.08	0.01
15:45	0.43	0.51	0.53	0.21	0.07	0.03	0.06	0.32	0.08	0.01
16:00	0.46	0.36	0.26	0.32	0.14	0.04	0.06	0.10	0.04	0.01
16:15	0.49	0.37	0.22	0.32	0.26	0.04	0.06	0.10	0.04	0.01
16:30	0.39	0.39	0.22	0.14	0.22	—	0.04	0.10	0.04	—
16:45	0.35	0.39	0.18	0.14	0.22	—	0.03	0.10	0.04	—
17:00	0.22	0.07	0.89	0.10	0.06	0.01	0.03	0.25	0.01	0.04
17:15	0.24	0.08	0.92	0.11	0.06	0.06	0.03	0.25	0.01	0.04
17:30	0.26	0.11	0.79	0.24	0.06	0.07	0.04	0.29	0.17	0.01
17:45	0.24	0.11	0.75	0.29	0.03	0.10	0.07	0.29	0.18	0.01
18:00	0.40	0.15	0.33	0.35	0.07	0.06	—	0.10	0.11	0.01
18:15	0.40	0.18	0.35	0.35	0.07	0.03	—	0.10	0.11	0.01
18:30	0.15	0.17	0.32	0.26	0.06	0.01	0.01	0.07	0.06	0.01
18:45	0.11	0.17	0.26	0.24	0.04	0.01	0.01	0.07	0.03	0.01
19:00	0.36	0.10	0.93	0.26	0.18	0.06	0.15	0.19	0.19	0.14
19:15	0.36	0.10	0.93	0.26	0.18	0.06	0.15	0.19	0.18	0.14
19:30	0.19	0.06	0.19	0.24	0.11	—	0.03	0.03	0.01	0.04
19:45	0.19	0.06	0.17	0.19	0.10	—	0.03	0.03	—	0.03
20:00	0.25	0.51	0.39	0.18	0.08	0.04	0.12	0.72	0.03	0.33
20:15	0.25	0.53	0.42	0.18	0.08	0.04	0.12	0.74	0.03	0.35
20:30	0.36	0.49	0.40	0.18	0.06	0.04	0.11	0.75	0.03	0.11
20:45	0.36	0.43	0.32	0.18	0.06	0.04	0.10	0.60	0.03	0.11
21:00	0.57	0.24	0.64	0.25	0.19	0.01	0.12	0.69	0.06	0.10
21:15	0.57	0.24	0.68	0.25	0.19	0.01	0.14	0.71	0.06	0.08
21:30	0.72	0.22	0.61	0.37	0.17	0.01	0.12	0.71	0.04	0.08
21:45	0.69	0.18	0.58	0.36	0.17	0.01	0.12	0.55	0.04	0.08
22:00	0.37	0.21	0.62	0.47	0.32	0.03	0.06	0.79	—	0.18
22:15	0.33	0.22	0.64	0.49	0.32	0.03	0.06	0.80	—	0.18
22:30	0.29	0.22	0.55	0.43	0.31	0.03	0.07	0.82	—	0.24
22:45	0.22	0.18	0.49	0.33	0.31	0.03	0.04	0.79	0.01	0.24
23:00	0.29	0.22	0.26	0.65	0.14	0.01	0.03	0.47	0.08	0.04
23:15	0.26	0.21	0.25	0.67	0.14	0.01	0.03	0.47	0.08	0.04
23:30	0.43	0.14	0.26	0.65	0.08	0.01	0.03	0.39	0.04	0.01
23:45	0.39	0.12	0.22	0.53	0.08	0.01	0.03	0.26	0.03	—

表 2.9.5：成都地区主要电台的占有率（%）

时间	成都电台新闻广播	成都电台经济频道	成都电台交通广播	成都电台文化休闲频道	四川电台新闻频率	四川电台经济频率	四川电台交通广播	四川电台岷江音乐	四川电台 City FM 城市之音	中央电台中国之声
6:00	79.2	—	8.3	4.2	2.1	—	—	2.1	—	—
6:15	80.0	—	8.0	4.0	2.0	—	—	2.0	—	—
6:30	82.9	—	5.7	2.9	1.4	—	1.4	—	—	4.3
6:45	82.1	—	6.0	3.0	1.5	—	1.5	—	—	4.5
7:00	48.9	15.2	17.9	2.2	2.7	1.3	2.7	1.8	—	7.2
7:15	48.9	14.8	17.5	2.2	3.1	1.3	2.6	2.2	—	7.4
7:30	34.3	16.6	19.3	1.7	8.3	2.8	6.1	4.4	—	5.5
7:45	36.2	15.5	18.4	1.7	8.0	2.3	6.3	4.6	—	5.7
8:00	18.0	13.7	37.7	1.3	2.5	2.0	11.9	10.6	0.5	0.5
8:15	18.2	13.6	37.4	1.0	2.4	1.9	11.2	10.4	1.9	0.5
8:30	14.4	13.8	35.5	2.1	1.8	1.2	11.1	13.2	2.9	0.3
8:45	12.4	14.1	36.9	3.4	1.7	1.0	10.0	12.1	3.4	0.3
9:00	38.9	10.2	13.2	10.8	3.6	1.8	9.0	6.6	4.2	0.6
9:15	36.0	10.4	16.5	11.6	3.7	2.4	7.9	6.7	3.0	0.6
9:30	37.0	16.7	17.3	10.5	1.9	0.6	6.8	5.6	2.5	—
9:45	30.8	21.5	20.8	12.3	2.3	0.8	3.1	3.8	3.1	—
10:00	31.6	15.8	19.2	11.3	—	1.1	1.7	15.8	1.1	1.1
10:15	32.8	14.1	20.3	10.7	—	1.1	1.7	15.8	1.1	1.1
10:30	35.6	9.4	18.3	12.2	—	0.6	2.2	17.8	1.1	1.1
10:45	21.3	10.6	22.7	14.2	—	0.7	2.8	22.7	1.4	1.4
11:00	12.3	15.5	34.8	11.0	1.3	—	5.8	17.4	—	0.6
11:15	9.4	15.0	36.9	10.6	1.3	—	6.3	18.1	—	0.6
11:30	13.4	10.7	39.6	10.1	1.3	0.7	5.4	16.1	—	0.7
11:45	13.7	10.3	38.4	8.2	1.4	0.7	4.8	19.9	—	0.7
12:00	49.7	8.1	11.5	7.0	2.6	1.3	4.4	12.2	2.3	—
12:15	49.2	8.1	10.9	7.0	2.6	1.3	4.4	13.3	2.3	—
12:30	24.5	9.2	17.9	12.2	4.1	1.5	5.6	20.4	2.0	1.5
12:45	25.9	4.9	20.4	11.7	4.9	0.6	6.2	21.0	2.5	0.6
13:00	42.5	9.6	8.4	4.2	3.0	3.0	3.0	9.0	15.6	0.6
13:15	43.8	9.3	8.6	4.3	2.5	3.1	3.1	7.4	16.0	0.6
13:30	47.4	12.9	8.2	4.1	0.6	4.7	2.9	6.4	11.7	—
13:45	51.7	8.7	8.1	4.0	0.7	4.0	3.4	5.4	12.8	—
14:00	18.6	14.9	27.3	14.9	1.0	2.1	2.6	14.4	2.1	—
14:15	20.5	14.5	26.0	14.5	1.0	2.0	2.5	15.0	2.0	—
14:30	25.5	15.8	30.4	8.7	1.6	0.5	3.3	10.9	1.6	—
14:45	25.0	15.0	30.6	7.5	1.3	0.6	3.1	13.1	1.9	—

时间	成都电台新闻广播	成都电台经济频道	成都电台交通广播	成都电台文化休闲频道	四川电台新闻频率	四川电台经济频率	四川电台交通广播	四川电台珉江音乐	四川电台City FM城市之音	中央电台中国之声
15:00	27.4	22.6	9.6	10.1	1.9	1.4	2.9	21.2	1.9	—
15:15	26.5	23.0	9.8	10.3	2.0	1.5	2.9	21.1	2.0	—
15:30	23.2	23.2	21.1	8.6	2.7	1.1	2.2	13.0	3.2	0.5
15:45	18.9	22.6	23.2	9.1	3.0	1.2	2.4	14.0	3.7	0.6
16:00	25.2	19.8	14.5	17.6	7.6	2.3	3.1	5.3	2.3	0.8
16:15	25.0	19.3	11.4	16.4	13.6	2.1	2.9	5.0	2.1	0.7
16:30	24.8	24.8	14.2	8.8	14.2	—	2.7	6.2	2.7	—
16:45	23.6	26.4	12.3	9.4	15.1	—	1.9	6.6	2.8	—
17:00	13.0	4.1	52.0	5.7	3.3	0.8	1.6	14.6	0.8	2.4
17:15	13.0	4.6	50.4	6.1	3.1	3.1	1.5	13.7	0.8	2.3
17:30	12.8	5.4	38.3	11.4	2.7	3.4	2.0	14.1	8.1	0.7
17:45	11.3	5.3	35.8	13.9	1.3	4.6	3.3	13.9	8.6	0.7
18:00	25.0	9.5	20.7	21.6	4.3	3.4	—	6.0	6.9	0.9
18:15	24.8	11.1	21.4	21.4	4.3	1.7	—	6.0	6.8	0.9
18:30	13.3	14.5	27.7	22.9	4.8	1.2	1.2	6.0	4.8	1.2
18:45	11.1	16.7	26.4	23.6	4.2	1.4	1.4	6.9	2.8	1.4
19:00	13.7	3.7	35.3	10.0	6.8	2.1	5.8	7.4	7.4	5.3
19:15	13.8	3.7	35.4	10.1	6.9	2.1	5.8	7.4	6.9	5.3
19:30	20.6	5.9	20.6	25.0	11.8	—	2.9	2.9	1.5	4.4
19:45	23.7	6.8	20.3	23.7	11.9	—	3.4	3.4	—	3.4
20:00	9.2	19.0	14.4	6.7	3.1	1.5	4.6	26.7	1.0	12.3
20:15	8.7	18.4	14.6	6.3	2.9	1.5	4.4	25.7	1.0	12.1
20:30	13.6	18.3	15.2	6.8	2.1	1.6	4.2	28.3	1.0	4.2
20:45	15.4	18.3	13.6	7.7	2.4	1.8	4.1	25.4	1.2	4.7
21:00	19.3	8.0	21.7	8.5	6.6	0.5	4.2	23.6	1.9	3.3
21:15	19.0	7.9	22.7	8.3	6.5	0.5	4.6	23.6	1.9	2.8
21:30	23.1	7.1	19.6	12.0	5.3	0.4	4.0	22.7	1.3	2.7
21:45	24.3	6.3	20.4	12.6	5.8	0.5	4.4	19.4	1.5	2.9
22:00	12.1	6.7	20.1	15.2	10.3	0.9	1.8	25.4	—	5.8
22:15	10.7	7.1	20.4	15.6	10.2	0.9	1.8	25.8	—	5.8
22:30	9.7	7.4	18.4	14.3	10.1	0.9	2.3	27.2	—	7.8
22:45	8.3	6.8	18.2	12.5	11.5	1.0	1.6	29.7	0.5	8.9
23:00	13.0	9.9	11.7	29.0	6.2	0.6	1.2	21.0	3.7	1.9
23:15	11.9	9.4	11.3	30.2	6.3	0.6	1.3	21.4	3.8	1.9
23:30	20.5	6.6	12.6	31.1	4.0	0.7	1.3	18.5	2.0	0.7
23:45	22.6	7.3	12.9	30.6	4.8	0.8	1.6	15.3	1.6	—

十、西安地区收听率数据

表 2.10.1 西安地区听众构成及平均每天收听时长

听众群		听众构成%	平均每天收听时长（分钟）
所有听众			94
性别	男	53.4	106
	女	46.6	89
年龄	10-19 岁	9.0	73
	20-29 岁	30.7	102
	30-39 岁	24.2	107
	40-49 岁	17.2	89
	50-59 岁	10.4	90
	60-69 岁	8.5	118
教育程度	初中及以下	26.2	130
	高中	51.5	87
	大专及以上	21.8	89
职业	学生	7.6	66
	公职人员	2.9	60
	高级管理人员私营业主	6.2	60
	白领	14.4	130
	工薪阶层	42.6	93
	个体业主	6.5	84
	离退休人员	12.9	112
	无业人员	6.9	113
个人月可支配收入	500 元以下	12.1	78
	500-999 元	6.0	67
	1000-1499 元	36.1	89
	1500-1999 元	20.4	98
	2000 元以上	25.5	127

表 2.10.2 西安地区主要电台频率的平均收听率和市场份额（%）

排名	电台名称	平均收听率	市场份额
1	西安电台音乐台	0.92	14.1
2	陕西电台音乐广播	0.88	13.5
3	陕西电台交通广播	0.73	11.1
4	西安电台新闻广播	0.68	10.4
5	西安电台交通旅游广播	0.64	9.8
6	陕西电台新闻广播	0.56	8.5
7	陕西电台财富广播	0.55	8.5
7	陕西电台戏曲广播	0.55	8.4
9	陕西电台都市广播	0.25	3.9
10	陕西电台农村广播	0.21	3.3

表 2.10.3 西安地区主要电台频率的周到达率和日到达率（%）

排名	电台名称	周到达率	日到达率
1	西安电台音乐台	21.1	7.8
2	陕西电台音乐广播	19.5	7.9
3	陕西电台交通广播	17.6	6.7
4	西安电台新闻广播	16.9	6.8
5	陕西电台新闻广播	12.6	4.9
6	西安电台交通旅游广播	11.3	4.8
7	陕西电台财富广播	11.1	4.7
8	陕西电台戏曲广播	6.5	3.6
9	西安电台资讯广播	6.3	1.9
10	陕西电台都市广播	5.7	2.2

表 2.10.4：西安地区主要电台的收听率（%）

时间	陕西电台新闻广播	陕西电台财富广播	陕西电台戏曲广播	陕西电台都市广播	陕西电台交通广播	陕西电台农村广播	陕西电台音乐广播	西安电台新闻广播	西安电台交通旅游广播	西安电台音乐台
6:00	0.85	0.05	0.02	0.02	0.03	0.22	1.72	1.65	0.15	0.06
6:15	0.85	0.05	0.02	0.02	0.03	0.22	1.73	1.65	0.15	0.06
6:30	0.89	0.05	0.02	0.02	0.03	0.22	1.73	1.54	0.15	0.06
6:45	0.96	0.05	—	0.02	0.03	0.22	1.73	1.57	0.15	0.09
7:00	0.79	0.07	0.15	0.09	0.42	0.06	1.73	2.77	0.47	0.29
7:15	0.79	0.12	0.15	0.09	0.42	0.04	1.60	2.77	0.54	0.26
7:30	0.73	0.10	0.12	0.09	0.61	0.04	1.31	2.20	0.60	0.28
7:45	0.68	0.05	0.10	0.09	0.61	0.04	1.16	2.01	0.60	0.28
8:00	0.35	0.03	0.60	0.02	0.95	0.08	0.31	0.84	1.13	0.46
8:15	0.32	0.03	0.63	0.02	0.89	0.03	0.29	0.70	1.16	0.49
8:30	0.20	0.03	0.63	—	0.78	0.03	0.26	0.65	1.30	0.63
8:45	0.19	0.03	0.55	—	0.75	0.03	0.24	0.62	1.27	0.59
9:00	0.37	0.12	0.51	0.09	1.19	—	0.54	0.29	1.31	0.49
9:15	0.34	0.12	0.48	0.09	1.17	—	0.52	0.22	1.34	0.48
9:30	0.26	0.12	0.44	0.10	1.08	—	0.50	0.13	1.33	0.28
9:45	0.26	0.09	0.44	0.10	0.97	—	0.47	0.09	1.28	0.30
10:00	0.27	0.15	0.57	0.27	0.72	0.19	0.31	0.10	1.15	0.66
10:15	0.27	0.15	0.57	0.27	0.67	0.19	0.29	0.07	1.08	0.66
10:30	0.26	0.10	0.67	0.39	0.32	0.19	0.24	0.07	0.97	0.68
10:45	0.24	0.10	0.67	0.41	0.23	0.19	0.24	0.07	0.96	0.67
11:00	0.13	0.02	0.38	0.61	0.21	0.09	0.18	0.17	0.20	0.33
11:15	0.13	0.02	0.38	0.61	0.21	0.09	0.18	0.20	0.19	0.30
11:30	0.13	0.02	0.38	0.48	0.23	0.08	0.18	0.28	0.20	0.27
11:45	0.19	0.02	0.15	0.48	0.23	0.08	0.21	0.32	0.18	0.28
12:00	1.19	0.92	0.81	0.15	0.98	0.49	1.12	0.57	0.18	0.84
12:15	1.19	0.92	0.81	0.15	0.98	0.49	1.12	0.61	0.21	0.84
12:30	1.07	0.87	0.79	0.15	0.91	0.49	1.10	0.56	0.20	0.81
12:45	1.02	0.75	0.69	0.15	0.90	0.49	0.98	0.39	0.18	0.84
13:00	0.65	0.14	0.36	0.09	0.28	0.03	0.34	0.20	0.10	0.55
13:15	0.62	0.14	0.36	0.09	0.26	0.02	0.32	0.30	0.08	0.54
13:30	0.71	0.12	0.38	0.09	0.28	0.02	0.27	0.24	0.07	0.47
13:45	0.69	0.12	0.38	0.09	0.26	0.02	0.20	0.24	0.07	0.44
14:00	0.42	0.09	0.96	0.17	0.18	—	0.33	0.24	0.07	0.25
14:15	0.42	0.09	0.96	0.17	0.20	0.02	0.37	0.24	0.07	0.24
14:30	0.42	0.09	1.16	0.14	0.27	0.02	0.40	0.16	0.09	0.30
14:45	0.44	0.09	1.16	0.14	0.30	0.02	0.42	0.15	0.09	0.28

时间	陕西电台新闻广播	陕西电台财富广播	陕西电台戏曲广播	陕西电台都市广播	陕西电台交通广播	陕西电台农村广播	陕西电台音乐广播	西安电台新闻广播	西安电台交通旅游广播	西安电台音乐台
15:00	0.18	0.08	0.63	0.05	0.44	0.08	0.45	0.20	0.16	0.49
15:15	0.18	0.08	0.63	0.05	0.40	0.08	0.44	0.22	0.16	0.47
15:30	0.15	0.06	0.82	0.02	0.32	0.08	0.44	0.16	0.15	0.37
15:45	0.15	0.04	0.82	—	0.32	0.08	0.42	0.15	0.15	0.36
16:00	0.07	0.30	0.60	0.03	0.32	0.05	0.21	0.19	0.10	0.43
16:15	0.07	0.32	0.60	0.03	0.30	0.05	0.20	0.19	0.09	0.41
16:30	0.07	0.30	0.44	0.03	0.28	0.05	0.16	0.19	0.07	0.39
16:45	0.07	0.28	0.41	0.03	0.25	0.05	0.16	0.19	0.07	0.36
17:00	0.11	0.15	0.07	0.14	0.49	0.03	0.59	0.11	0.75	0.51
17:15	0.11	0.14	0.07	0.12	0.47	0.02	0.59	0.11	0.80	0.54
17:30	0.11	0.22	0.08	0.24	0.49	0.02	0.59	0.11	0.83	0.54
17:45	0.12	0.20	0.08	0.24	0.49	0.02	0.55	0.11	0.83	0.50
18:00	0.38	0.34	0.23	0.23	1.24	0.03	0.44	0.15	0.74	0.84
18:15	0.38	0.34	0.23	0.23	1.24	0.03	0.44	0.15	0.74	0.73
18:30	0.31	0.32	0.20	0.20	1.19	0.03	0.39	0.04	0.71	0.64
18:45	0.31	0.31	0.19	0.20	1.19	0.03	0.36	0.04	0.71	0.57
19:00	0.18	0.04	0.27	0.05	0.28	0.27	0.19	0.11	0.29	0.27
19:15	0.18	0.02	0.20	0.06	0.28	0.27	0.20	0.11	0.26	0.26
19:30	0.15	0.02	0.15	0.06	0.26	0.27	0.18	0.11	0.18	0.26
19:45	0.12	0.02	0.15	0.06	0.26	0.27	0.20	0.11	0.17	0.23
20:00	0.17	0.25	0.15	0.17	0.61	0.12	0.96	0.07	0.11	1.25
20:15	0.20	0.26	0.15	0.19	0.62	0.10	0.99	0.03	0.09	1.20
20:30	0.20	0.37	0.14	0.19	0.64	0.10	0.97	0.03	0.09	1.20
20:45	0.26	0.38	0.14	0.20	0.61	0.09	0.97	0.03	0.10	1.20
21:00	0.43	1.05	0.09	0.43	0.35	0.58	0.63	0.18	0.15	1.60
21:15	0.46	1.03	0.09	0.46	0.28	0.61	0.65	0.28	0.17	1.56
21:30	0.46	2.24	0.03	0.53	0.23	0.61	0.61	0.28	0.19	1.49
21:45	0.46	2.25	0.02	0.51	0.21	0.59	0.53	0.26	0.17	1.38
22:00	0.10	2.02	0.03	0.30	0.15	0.32	0.51	0.66	0.49	1.67
22:15	0.10	2.01	0.03	0.28	0.15	0.26	0.48	0.63	0.49	1.62
22:30	0.09	1.85	0.04	0.14	0.15	0.13	0.44	0.61	0.11	1.54
22:45	0.09	1.77	0.03	0.15	0.14	0.13	0.43	0.61	0.11	1.52
23:00	—	0.12	—	0.02	0.05	—	0.13	0.01	0.01	0.16
23:15	—	0.12	—	0.02	0.05	—	0.13	0.01	0.01	0.16
23:30	—	0.11	—	0.02	0.07	—	0.13	0.01	0.01	0.14
23:45	—	0.08	—	0.02	0.07	—	0.13	0.01	0.01	0.14

表 2.10.5：西安地区主要电台的占有率（%）

时间	陕西电台新闻广播	陕西电台财富广播	陕西电台戏曲广播	陕西电台都市广播	陕西电台交通广播	陕西电台农村广播	陕西电台音乐广播	西安电台新闻广播	西安电台交通旅游广播	西安电台音乐台
6:00	17.4	1.0	0.3	0.3	0.7	4.5	34.9	33.5	3.0	1.2
6:15	17.3	1.0	0.3	0.3	0.7	4.5	35.1	33.4	2.9	1.2
6:30	18.2	1.1	0.4	0.4	0.7	4.6	35.6	31.5	3.0	1.2
6:45	19.1	1.0	—	0.3	0.7	4.4	34.6	31.4	2.9	1.7
7:00	10.8	0.9	2.1	1.3	5.7	0.8	23.8	38.1	6.4	4.0
7:15	10.9	1.7	2.1	1.3	5.8	0.6	22.1	38.4	7.4	3.5
7:30	11.1	1.5	1.8	1.4	9.3	0.6	19.8	33.2	9.0	4.2
7:45	11.1	0.8	1.7	1.5	10.0	0.7	18.9	32.6	9.7	4.6
8:00	6.4	0.6	10.9	0.3	17.3	1.4	5.6	15.3	20.6	8.4
8:15	6.1	0.6	12.0	0.3	16.8	0.6	5.5	13.2	22.0	9.2
8:30	4.1	0.7	12.7	—	15.6	0.7	5.2	13.1	26.1	12.7
8:45	4.0	0.7	11.6	—	15.9	0.7	5.1	13.2	26.9	12.5
9:00	6.9	2.2	9.6	1.6	22.2	—	10.0	5.4	24.4	9.3
9:15	6.5	2.3	9.1	1.6	22.3	—	10.0	4.2	25.6	9.1
9:30	5.4	2.5	9.4	2.2	23.0	—	10.7	2.7	28.3	6.0
9:45	5.7	1.9	9.9	2.3	21.8	—	10.5	2.1	28.7	6.7
10:00	6.0	3.4	12.5	6.0	15.6	4.1	6.7	2.2	25.1	14.3
10:15	6.2	3.5	12.9	6.2	15.2	4.2	6.6	1.5	24.3	14.8
10:30	6.2	2.5	16.4	9.5	7.7	4.6	5.8	1.7	23.6	16.6
10:45	6.0	2.6	16.8	10.2	5.7	4.7	6.0	1.7	24.0	16.6
11:00	5.3	0.7	15.5	25.4	8.8	3.9	7.4	7.1	8.1	13.8
11:15	5.3	0.7	15.6	25.5	8.9	3.9	7.4	8.5	7.8	12.4
11:30	5.4	0.7	15.8	20.1	9.7	3.2	7.5	11.8	8.2	11.5
11:45	8.2	0.7	6.7	21.0	10.1	3.4	9.4	13.9	7.9	12.4
12:00	15.8	12.2	10.7	1.9	13.0	6.5	14.8	7.6	2.4	11.0
12:15	15.6	12.1	10.6	1.9	12.8	6.5	14.6	7.9	2.8	11.0
12:30	14.6	11.9	10.9	2.0	12.5	6.8	15.1	7.7	2.8	11.1
12:45	15.1	11.2	10.3	2.2	13.3	7.4	14.6	5.8	2.7	12.4
13:00	16.7	3.5	9.2	2.4	7.3	0.9	8.8	5.1	2.6	14.1
13:15	16.1	3.5	9.3	2.4	6.8	0.4	8.4	7.7	2.0	13.9
13:30	18.9	3.2	10.0	2.5	7.5	0.5	7.3	6.4	1.8	12.6
13:45	19.2	3.3	10.5	2.6	7.1	0.5	5.7	6.7	1.9	12.1
14:00	14.2	2.9	32.5	5.8	6.1	—	11.3	8.1	2.3	8.4
14:15	13.9	2.8	31.8	5.7	6.5	0.6	12.2	8.0	2.3	8.0
14:30	12.7	2.6	35.3	4.2	8.3	0.5	12.2	4.9	2.6	9.1
14:45	13.1	2.6	35.0	4.1	9.0	0.5	12.6	4.6	2.6	8.5

时间	陕西电台新闻广播	陕西电台财富广播	陕西电台戏曲广播	陕西电台都市广播	陕西电台交通广播	陕西电台农村广播	陕西电台音乐广播	西安电台新闻广播	西安电台交通旅游广播	西安电台音乐台
15:00	5.8	2.5	20.5	1.7	14.4	2.5	14.7	6.4	5.3	15.8
15:15	5.9	2.5	20.8	1.7	13.2	2.5	14.4	7.3	5.4	15.5
15:30	5.1	2.1	28.7	0.6	11.3	2.7	15.2	5.7	5.1	12.8
15:45	5.4	1.6	30.6	—	11.8	2.9	15.6	5.7	5.4	13.4
16:00	2.8	12.2	24.3	1.0	13.2	2.1	8.7	7.6	4.2	17.4
16:15	2.8	13.2	24.9	1.1	12.5	2.1	8.2	7.8	3.6	17.1
16:30	3.3	14.3	21.2	1.2	13.5	2.4	7.8	9.0	3.3	18.8
16:45	3.5	14.3	20.8	1.3	12.6	2.6	8.2	9.5	3.5	18.2
17:00	3.5	4.6	2.2	4.3	15.7	1.1	18.6	3.5	23.8	16.2
17:15	3.5	4.3	2.2	3.8	14.9	0.5	18.7	3.5	25.5	17.1
17:30	3.2	6.5	2.2	7.0	14.2	0.5	17.2	3.2	24.1	15.7
17:45	3.6	6.1	2.3	7.1	14.5	0.5	16.5	3.3	24.7	15.0
18:00	7.9	7.2	4.8	4.8	26.0	0.5	9.1	3.2	15.6	17.7
18:15	8.1	7.4	5.0	5.0	26.7	0.6	9.4	3.3	16.0	15.6
18:30	6.9	7.3	4.6	4.6	27.0	0.6	8.9	1.0	16.0	14.5
18:45	7.2	7.2	4.4	4.8	27.9	0.6	8.4	1.0	16.5	13.3
19:00	7.8	1.9	11.9	2.2	12.3	11.9	8.2	4.8	12.6	11.9
19:15	8.2	0.8	9.3	2.7	12.8	12.5	9.3	5.1	12.1	12.1
19:30	8.4	1.0	8.9	3.5	15.3	15.8	10.4	6.4	10.4	15.3
19:45	7.0	1.0	9.0	3.5	14.9	15.9	11.4	6.5	1—	13.4
20:00	4.1	6.0	3.7	4.1	14.7	2.9	23.2	1.7	2.7	30.3
20:15	4.7	6.1	3.5	4.3	14.3	2.4	22.7	0.8	2.0	27.6
20:30	4.6	8.3	3.1	4.2	14.5	2.3	22.0	0.8	1.9	27.2
20:45	5.7	8.6	3.1	4.6	13.5	1.9	21.8	0.8	2.3	26.9
21:00	6.8	16.6	1.4	6.8	5.5	9.2	1—	2.8	2.4	25.3
21:15	7.3	16.4	1.4	7.3	4.5	9.6	10.3	4.5	2.7	24.8
21:30	6.3	30.6	0.5	7.2	3.2	8.3	8.4	3.9	2.6	20.4
21:45	6.7	32.8	0.2	7.5	3.1	8.6	7.7	3.7	2.5	20.1
22:00	1.6	31.4	0.5	4.6	2.4	4.9	7.9	10.2	7.5	26.0
22:15	1.6	32.2	0.5	4.5	2.5	4.1	7.7	10.2	7.8	26.1
22:30	1.6	35.1	0.8	2.6	2.9	2.4	8.4	11.5	2.1	29.3
22:45	1.7	34.4	0.7	2.8	2.7	2.5	8.3	11.8	2.2	29.6
23:00	—	14.6	—	2.1	6.3	—	15.6	1.0	1.0	19.8
23:15	—	14.9	—	2.1	6.4	—	16.0	1.1	1.1	20.2
23:30	—	14.4	—	2.2	8.9	—	16.7	1.1	1.1	17.8
23:45	—	10.5	—	2.3	9.3	—	17.4	1.2	1.2	18.6

十一、呼和浩特地区收听率数据

表 2. 11. 1 呼和浩特地区主要电台频率的平均收听率和市场份额（%）

排名	电台名称	平均收听率	市场份额
1	内蒙古电台评书曲艺广播	0.68	16.7
2	内蒙古电台经济生活广播	0.51	12.5
3	内蒙古电台汉语新闻广播	0.50	12.4
4	内蒙古电台交通之声广播	0.48	11.9
5	中央电台音乐之声	0.43	10.7
6	内蒙古电台汉语新闻综合广播	0.35	8.7
6	内蒙古电台音乐之声广播	0.35	8.7
8	呼和浩特电台交通广播	0.24	6.0
9	中央电台中国之声	0.16	4.0
10	呼和浩特电台城市生活广播	0.13	3.3

表 2. 11. 2 呼和浩特地区主要电台频率的周到达率和日到达率（%）

排名	电台名称	周到达率	日到达率
1	内蒙古电台评书曲艺广播	26.7	17.6
2	内蒙古电台汉语新闻广播	18.5	12.1
3	内蒙古电台经济生活广播	17.5	9.7
4	内蒙古电台音乐之声广播	16.0	8.2
5	内蒙古电台交通之声广播	15.1	9.4
6	中央电台音乐之声	11.8	7.5
7	内蒙古电台汉语新闻综合广播	10.0	7.1
8	呼和浩特电台交通广播	7.8	4.9
9	呼和浩特电台城市生活广播	6.5	3.2
10	中央电台中国之声	4.5	2.7

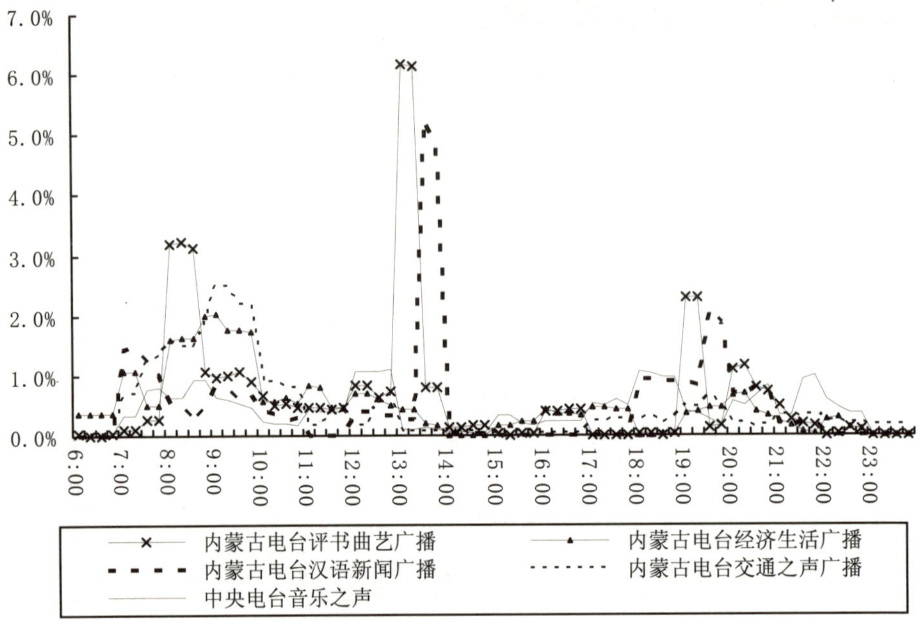

图 2.11.1 2008 呼和浩特地区主要电台的时段收听率（一）

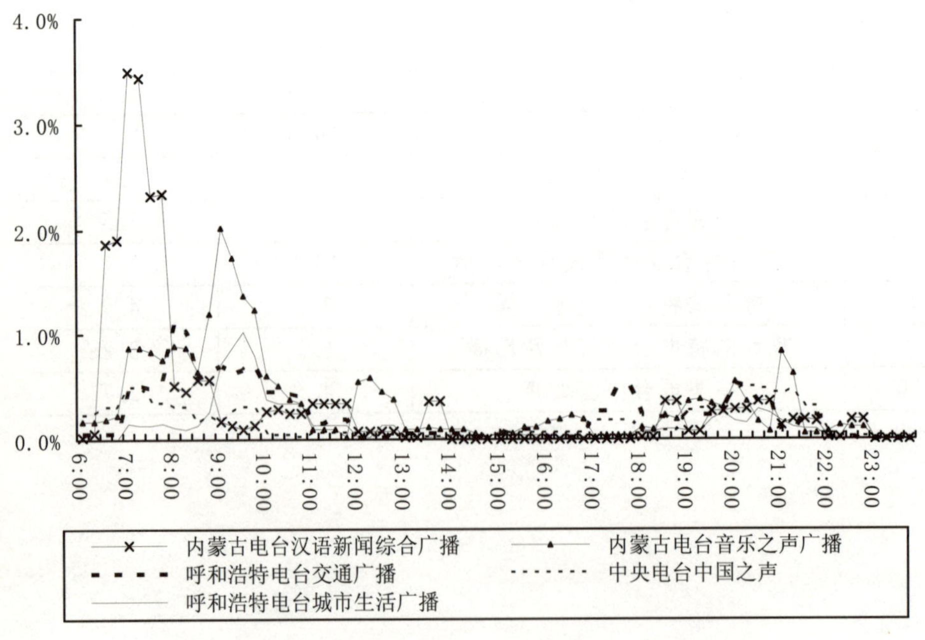

图 2.11.2 2008 呼和浩特地区主要电台的时段收听率（二）

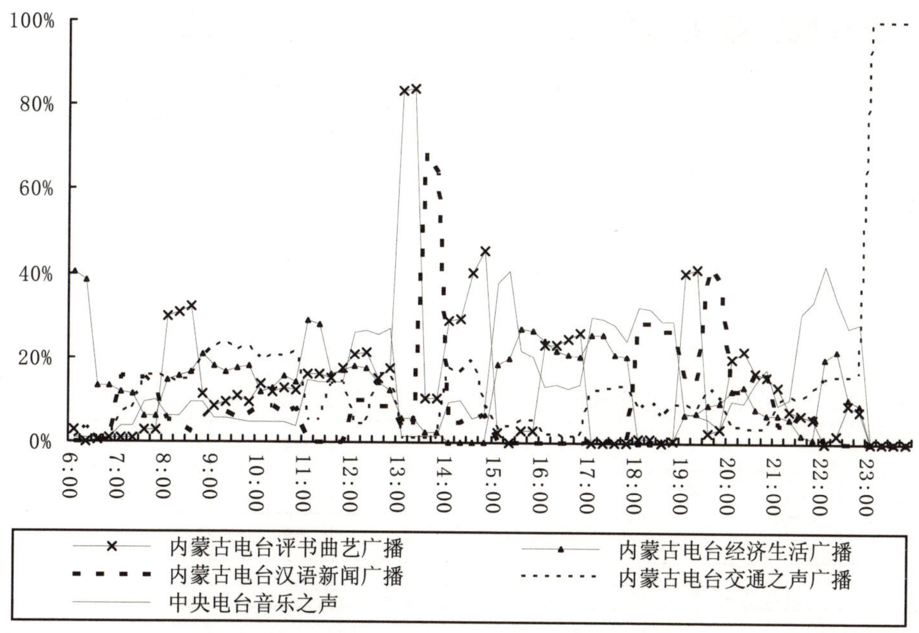

图 2.11.3 2008 年呼和浩特地区主要电台的时段占有率（一）

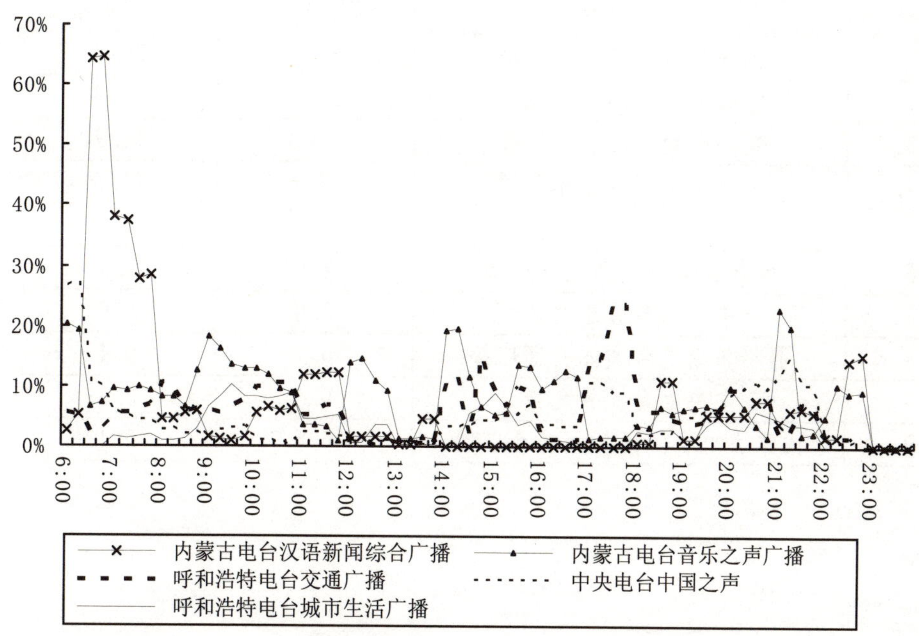

图 2.11.4 2008 年呼和浩特地区主要电台的时段占有率（二）

十二、包头地区收听率数据

表 2.12.1 包头地区主要电台频率的平均收听率和市场份额（%）

排名	电台名称	平均收听率	市场份额
1	包头电台交通文艺广播	1.50	37.2
2	包头电台城乡音乐广播	1.05	26.1
3	包头电台新闻综合频率	0.66	16.4
4	包头电台生活娱乐广播	0.46	11.5
5	中央电台中国之声	0.16	4.0
6	内蒙古电台交通之声广播	0.10	2.5
7	中央电台音乐之声	0.04	1.1
8	中央电台民族之声	0.02	0.5
9	内蒙古电台汉语新闻综合广播	0.01	0.3
9	鄂尔多斯电台文体交通广播	0.01	0.3

表 2.12.2 包头地区主要电台频率的周到达率和日到达率（%）

排名	电台名称	周到达率	日到达率
1	包头电台交通文艺广播	37.5	26.4
2	包头电台新闻综合频率	22.6	12.9
3	包头电台生活娱乐广播	19.3	11.2
4	包头电台城乡音乐广播	14.6	11.6
5	中央电台中国之声	4.2	2.4
6	内蒙古电台交通之声广播	2.7	1.3
7	中央电台音乐之声	2.0	1.0
8	鄂尔多斯电台文体交通广播	0.7	0.4
9	中央电台民族之声	0.5	0.3
9	内蒙古电台汉语新闻综合广播	0.5	0.4

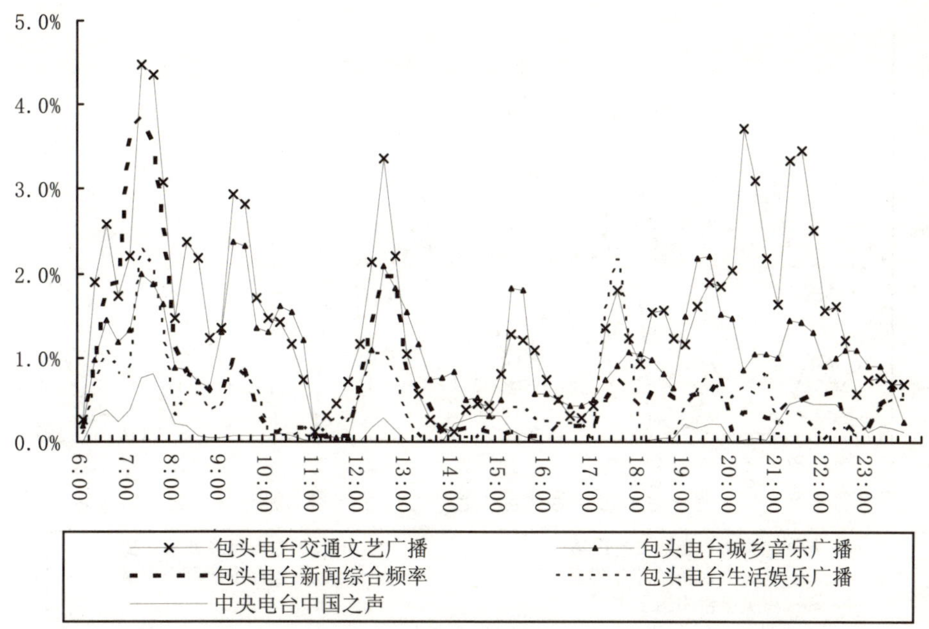

图 2.12.1 2008 包头地区主要电台的时段收听率（一）

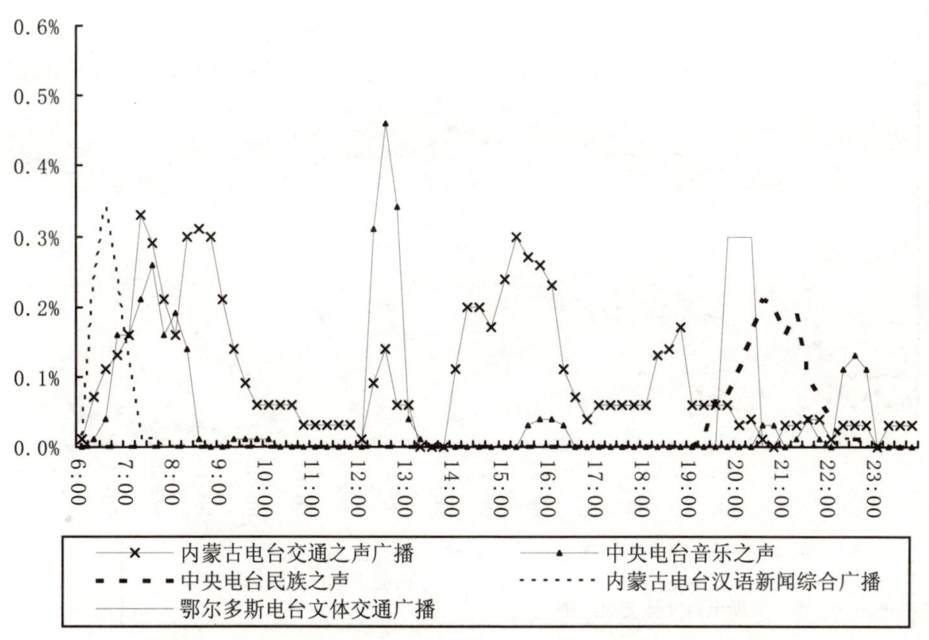

图 2.12.2 2008 包头地区主要电台的时段收听率（二）

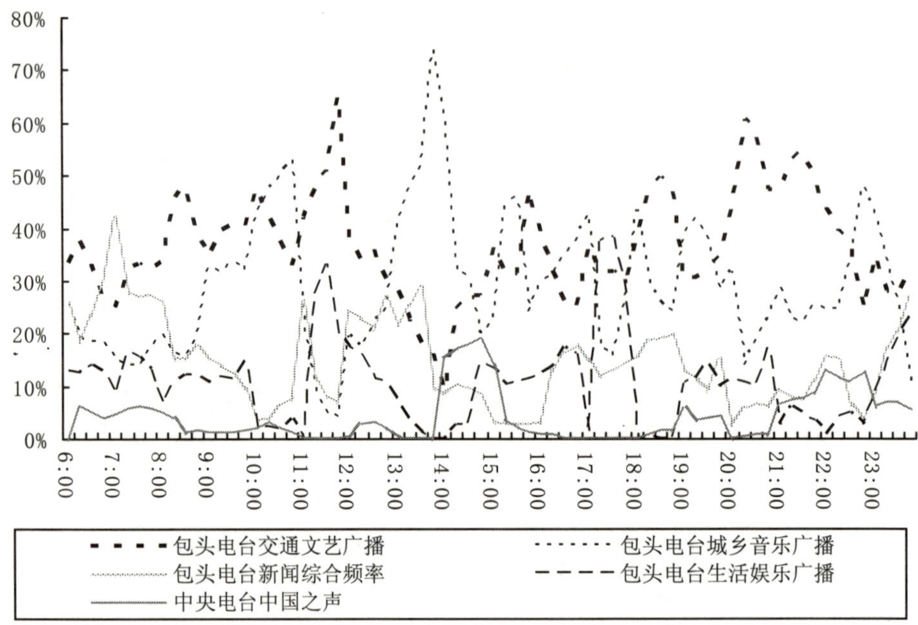

图 2.12.3 2008 年包头地区主要电台的时段占有率（一）

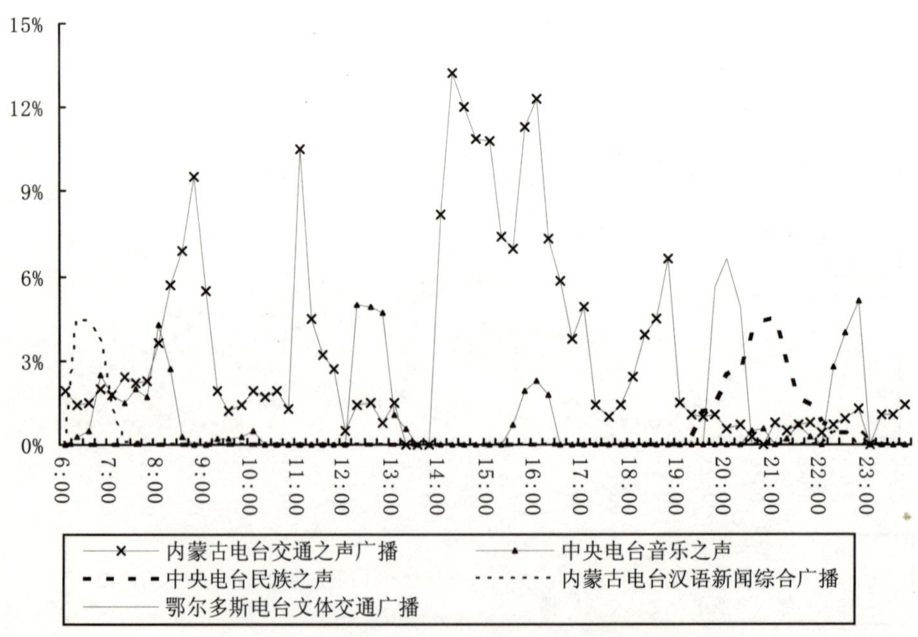

图 2.12.4 2008 年包头地区主要电台的时段占有率（二）

十三、抚顺地区收听率数据

表 2.13.1 抚顺地区主要电台频率的平均收听率和市场份额（%）

排名	电台名称	平均收听率	市场份额
1	抚顺电台新闻广播	1.18	20.9
2	抚顺电台音乐广播	0.92	16.2
3	抚顺电台交通广播	0.80	14.2
4	抚顺电台评书广播	0.63	11.1
5	中央电台中国之声	0.47	8.3
6	辽宁电台经济广播	0.46	8.1
7	辽宁电台交通广播	0.39	6.9
8	辽宁电台新闻广播	0.29	5.1
9	沈阳电台交通广播	0.21	3.8
10	辽宁电台文艺广播	0.18	3.1

表 2.13.2 抚顺地区主要电台频率的周到达率和日到达率（%）

排名	电台名称	周到达率	日到达率
1	抚顺电台新闻广播	20.8	16.1
2	抚顺电台音乐广播	14.2	11.2
3	抚顺电台交通广播	12.1	10.0
4	抚顺电台评书广播	11.0	9.8
5	中央电台中国之声	9.3	6.5
5	辽宁电台经济广播	9.3	6.0
7	辽宁电台新闻广播	7.9	6.7
8	辽宁电台交通广播	6.7	5.0
9	辽宁电台文艺广播	4.2	2.1
10	沈阳电台交通广播	2.5	1.8

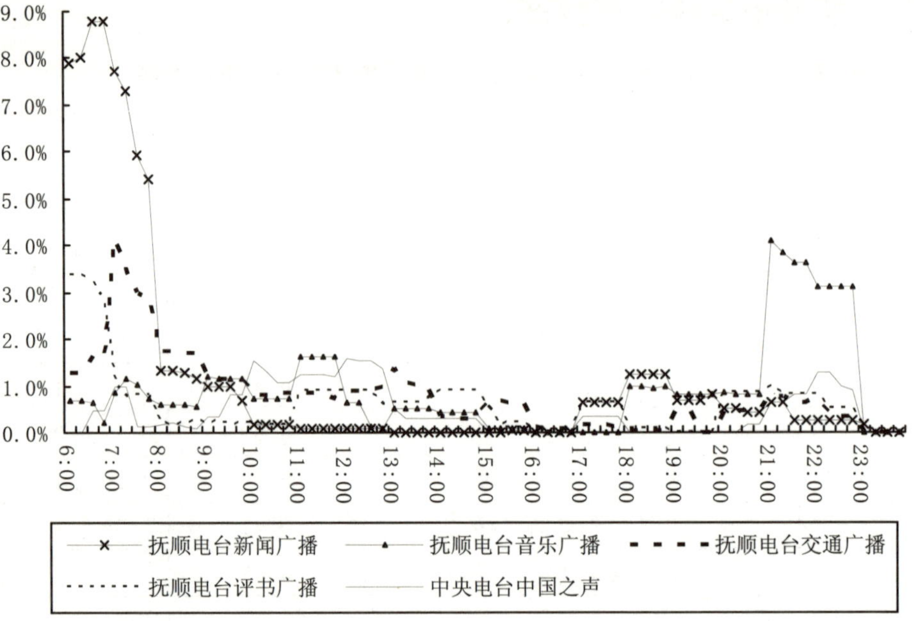

图 2.13.1 2008 抚顺地区主要电台的时段收听率（一）

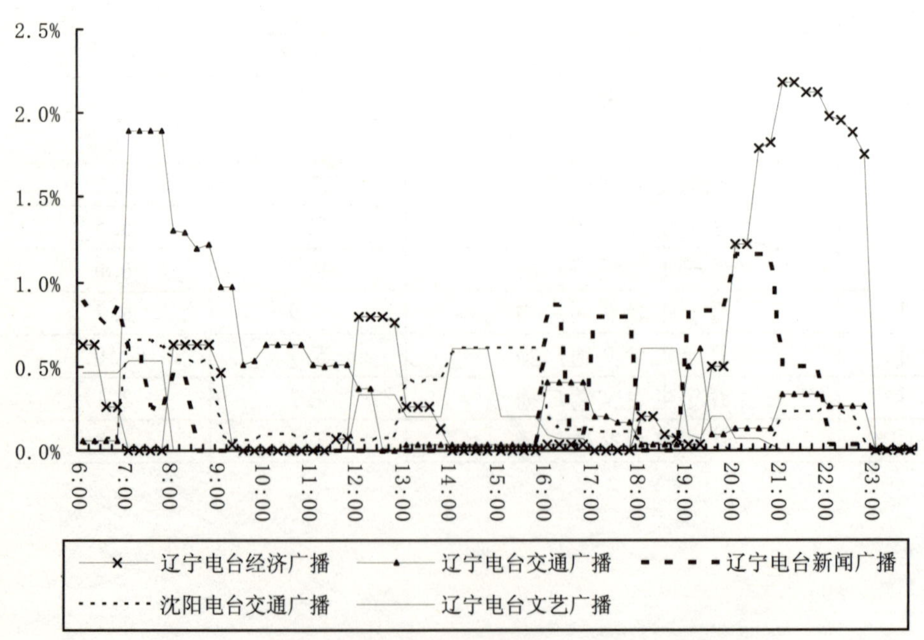

图 2.13.2 2008 抚顺地区主要电台的时段收听率（二）

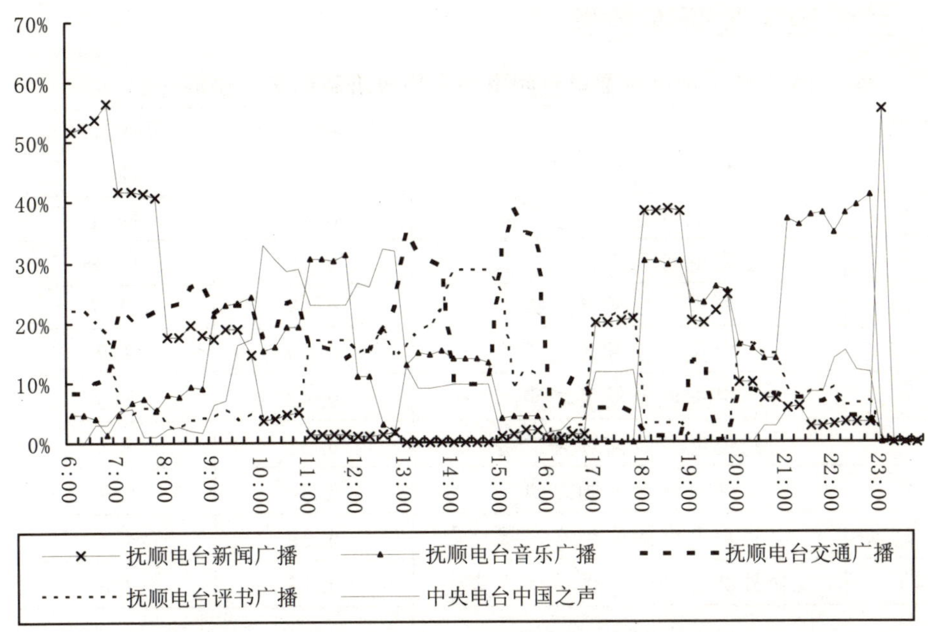

图 2.13.3 2008 年抚顺地区主要电台的时段占有率（一）

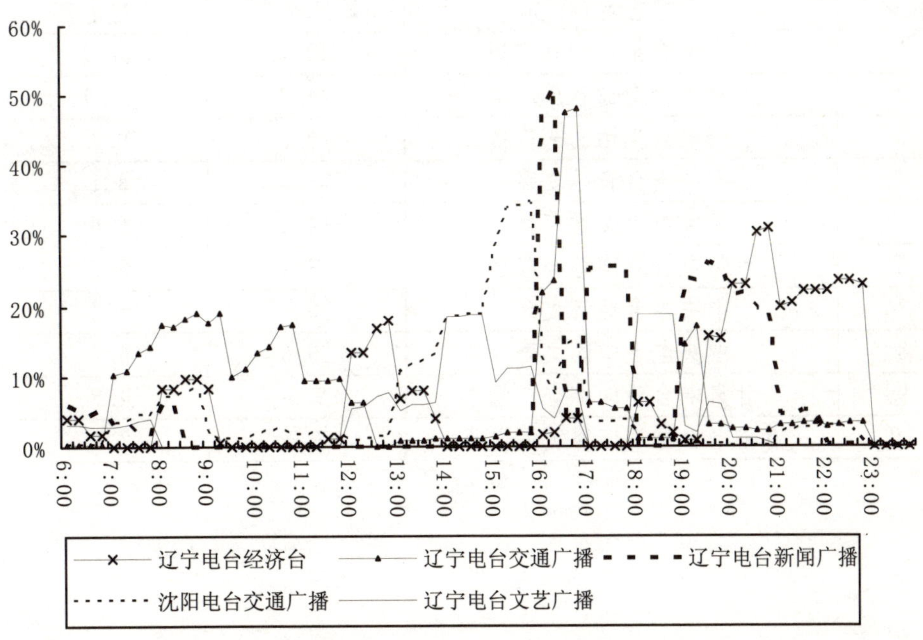

图 2.13.4 2008 年抚顺地区主要电台的时段占有率（二）

十四、兰州地区收听率数据

表 2.14.1 兰州地区主要电台频率的平均收听率和市场份额（%）

排名	电台名称	平均收听率	市场份额
1	兰州电台交通音乐广播	1.09	18.5
2	兰州电台生活文艺广播	0.83	14.1
3	甘肃电台都市调频广播	0.76	12.8
4	甘肃电台交通广播	0.69	11.7
5	中央电台音乐之声	0.59	9.9
6	中央电台经济之声	0.43	7.3
7	兰州电台新闻综合广播	0.35	5.8
8	中央电台中国之声	0.34	5.7
9	甘肃电台新闻综合广播	0.28	4.8
10	甘肃电台经济广播黄河之声	0.13	2.3

表 2.14.2 兰州地区主要电台频率的周到达率和日到达率（%）

排名	电台名称	周到达率	日到达率
1	甘肃电台都市调频广播	30.1	11.9
2	兰州电台交通音乐广播	24.8	11.9
3	兰州电台生活文艺广播	20.6	9.2
4	中央电台音乐之声	16.8	8.1
5	甘肃电台交通广播	14.2	6.6
6	兰州电台新闻综合广播	13.7	5.3
7	中央电台经济之声	10.7	5.7
8	中央电台中国之声	10.6	6.2
9	甘肃电台新闻综合广播	9.5	4.5
10	甘肃电台经济广播黄河之声	7.9	2.4

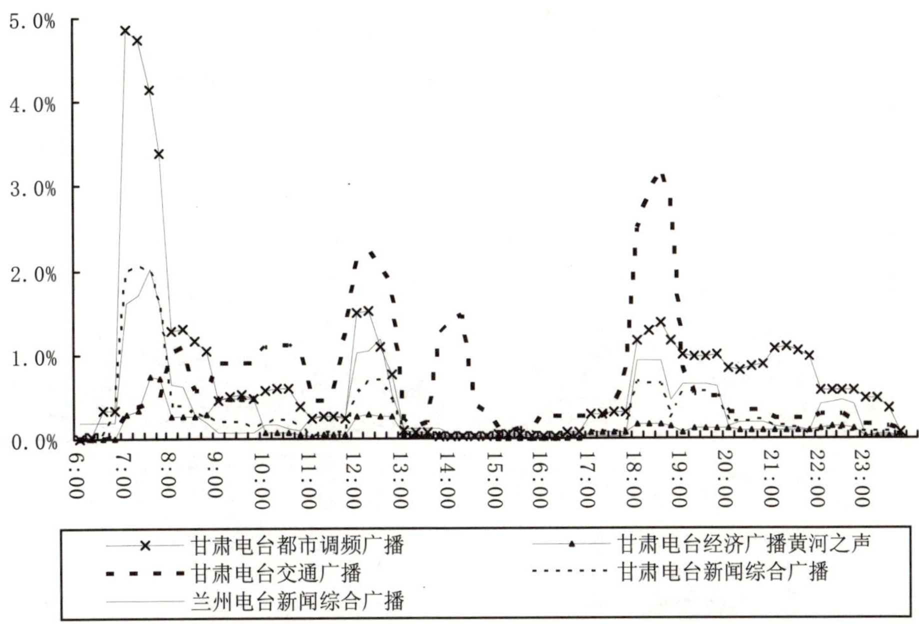

图 2.14.1 2008 年兰州地区主要电台的时段收听率（一）

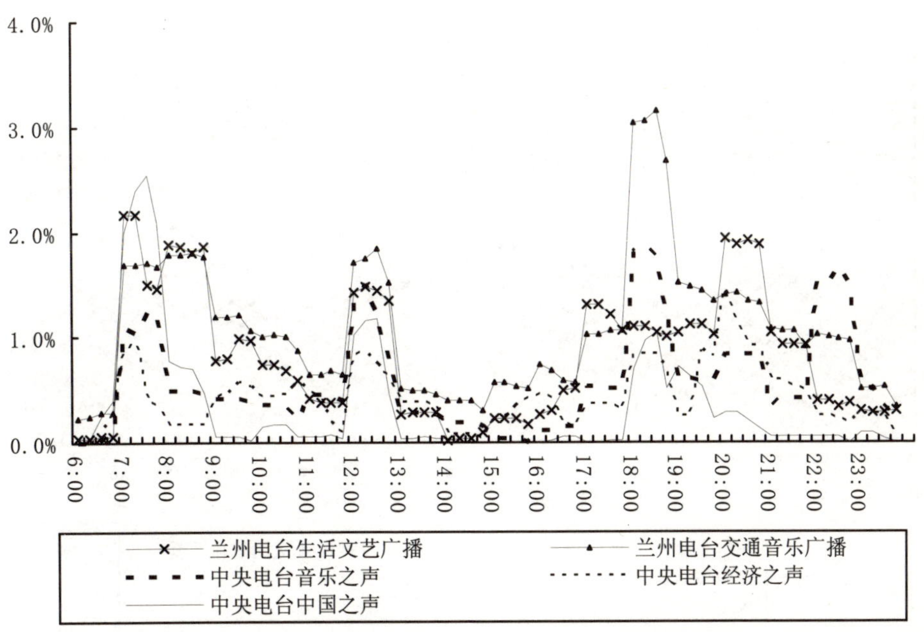

图 2.14.2 2008 年兰州地区主要电台的时段收听率（二）

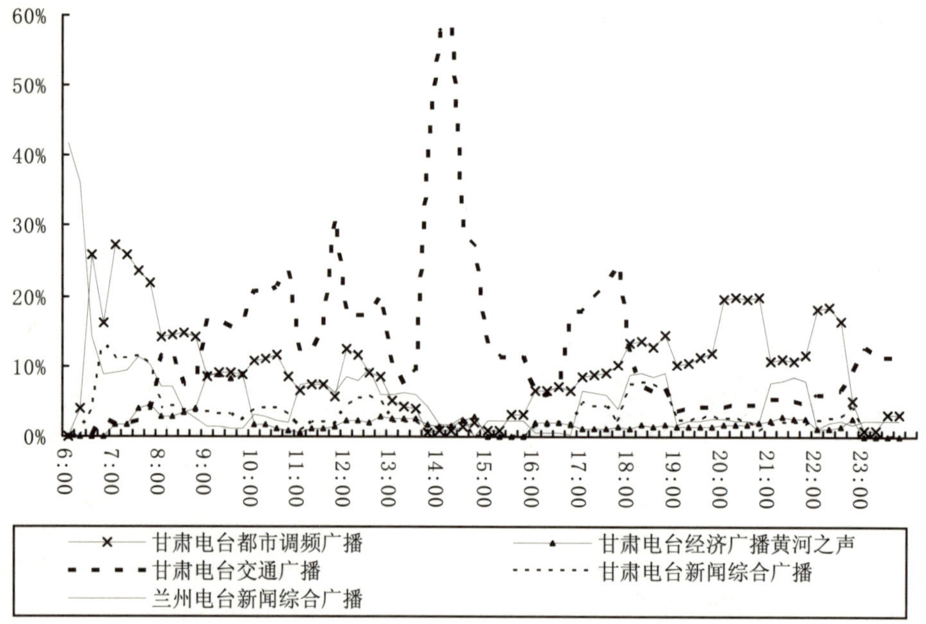

图 2.14.3 2008 年兰州地区主要电台的时段占有率（一）

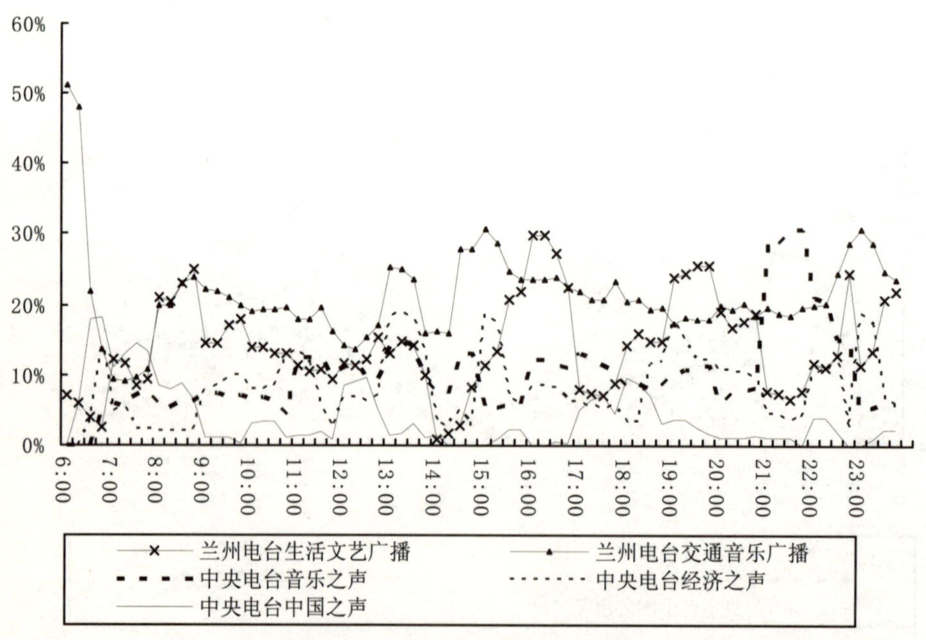

图 2.14.4 2008 年兰州地区主要电台的时段占有率（二）

十五、廊坊地区收听率数据

表 2.15.1 廊坊地区主要电台频率的平均收听率和市场份额（%）

排名	电台名称	平均收听率	市场份额
1	北京电台交通广播	0.83	13.3
2	北京电台文艺广播	0.57	9.1
3	天津电台交通广播	0.49	7.9
4	廊坊电台交通长书广播	0.48	7.7
4	北京电台音乐广播	0.48	7.6
6	北京电台新闻广播	0.41	6.5
7	廊坊电台新闻综合广播	0.37	5.9
8	廊坊电台戏曲曲艺广播	0.36	5.7
9	中央电台音乐之声	0.29	4.6
10	天津电台新闻广播	0.27	4.3

表 2.15.2 廊坊地区主要电台频率的周到达率和日到达率（%）

排名	电台名称	周到达率	日到达率
1	北京电台交通广播	24.4	12.4
2	北京电台文艺广播	23.2	10.2
3	北京电台音乐广播	19.3	8.9
4	廊坊电台戏曲曲艺广播	15.7	7.6
5	北京电台首都生活广播	15.6	4.5
6	廊坊电台交通长书广播	13.3	8.6
7	天津电台交通广播	11.2	6.3
8	廊坊电台新闻综合广播	10.8	6.4
9	中央电台音乐之声	8.4	4.7
10	北京电台新闻广播	8.3	5.7

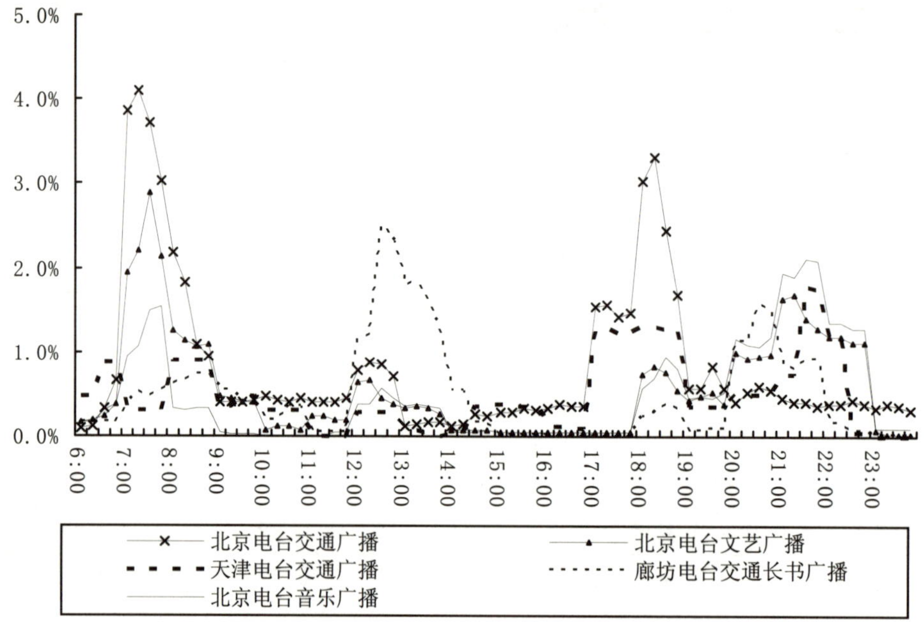

图 2.15.1 2008 年廊坊地区主要电台的时段收听率（一）

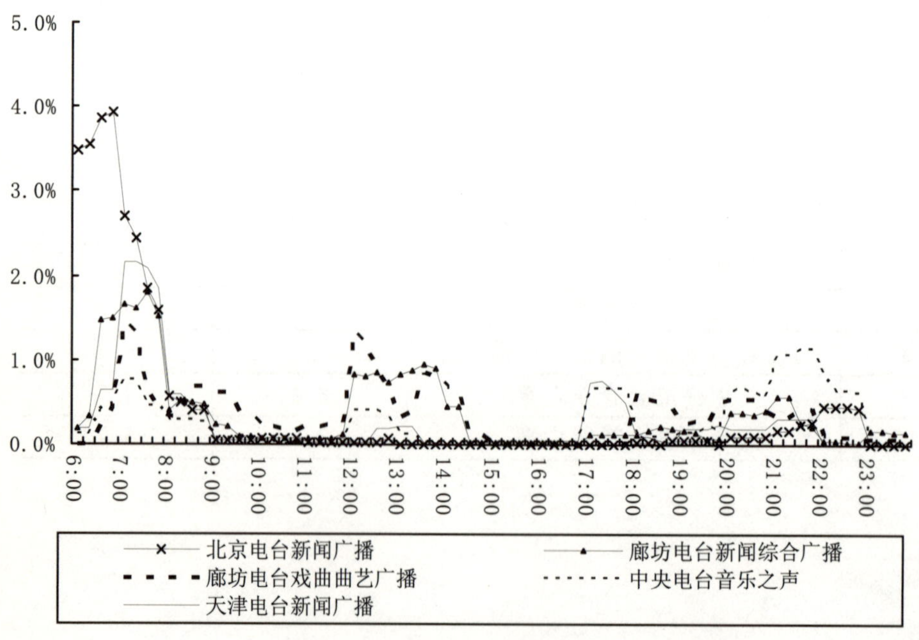

图 2.15.2 2008 年廊坊地区主要电台的时段收听率（二）

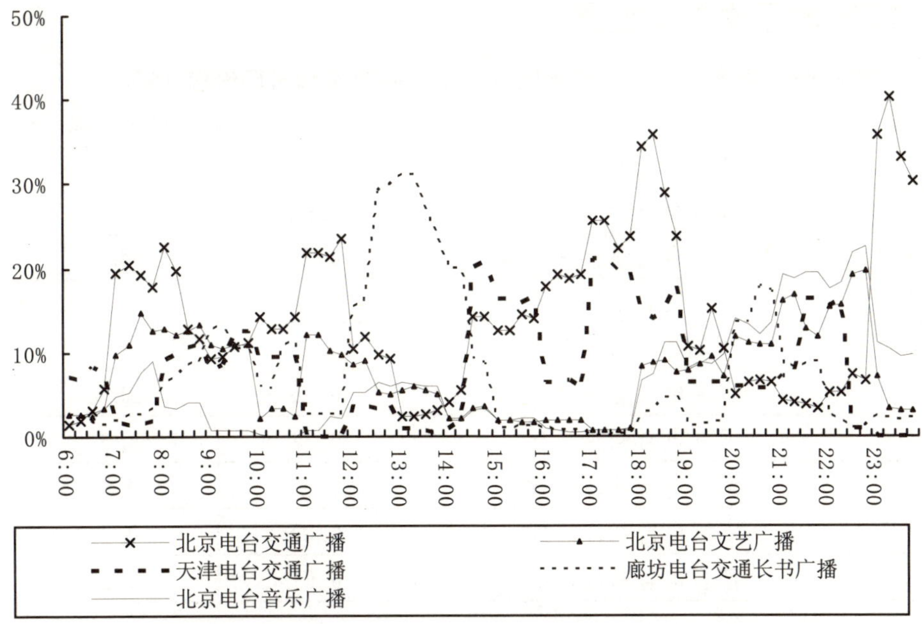

图 2.15.3 2008 年廊坊地区主要电台的时段占有率（一）

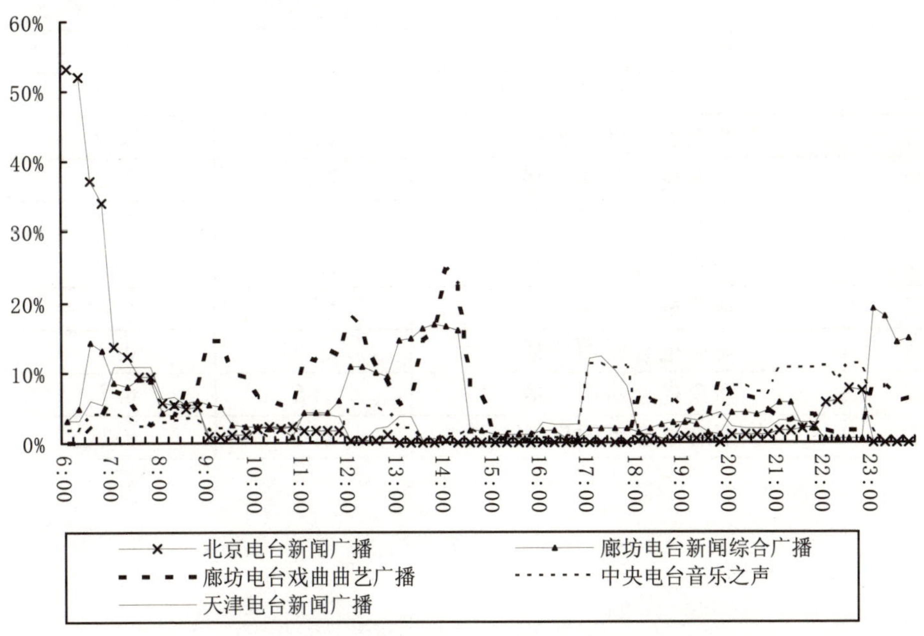

图 2.15.4 2008 年廊坊地区主要电台的时段占有率（二）

十六、邯郸地区收听率数据

表 2.16.1 邯郸地区主要电台频率的平均收听率和市场份额（%）

排名	电台名称	平均收听率	市场份额
1	邯郸电台新闻综合广播	0.79	22.9
2	邯郸电台交通音乐广播	0.62	17.7
3	邯郸电台经济文艺广播	0.54	15.5
4	中央电台中国之声	0.46	13.3
5	河北电台新闻广播	0.39	11.3
6	中央电台音乐之声	0.36	10.4
7	河北电台交通广播	0.22	6.3
8	河南电台新闻广播	0.03	0.9
9	安阳电台新闻广播	0.02	0.7
10	邢台电台新闻广播	0.01	0.2

表 2.16.2 邯郸地区主要电台频率的周到达率和日到达率（%）

排名	电台名称	周到达率	日到达率
1	邯郸电台新闻综合广播	36.7	19.1
2	邯郸电台交通音乐广播	29.2	13.6
3	邯郸电台经济文艺广播	28.4	12.8
4	河北电台新闻广播	21.0	9.2
5	中央电台中国之声	20.1	9.3
6	中央电台音乐之声	15.4	7.0
7	河北电台交通广播	13.7	5.4
8	安阳电台新闻广播	3.0	0.9
9	河南电台新闻广播	1.6	0.7
10	邢台电台新闻广播	0.7	0.1

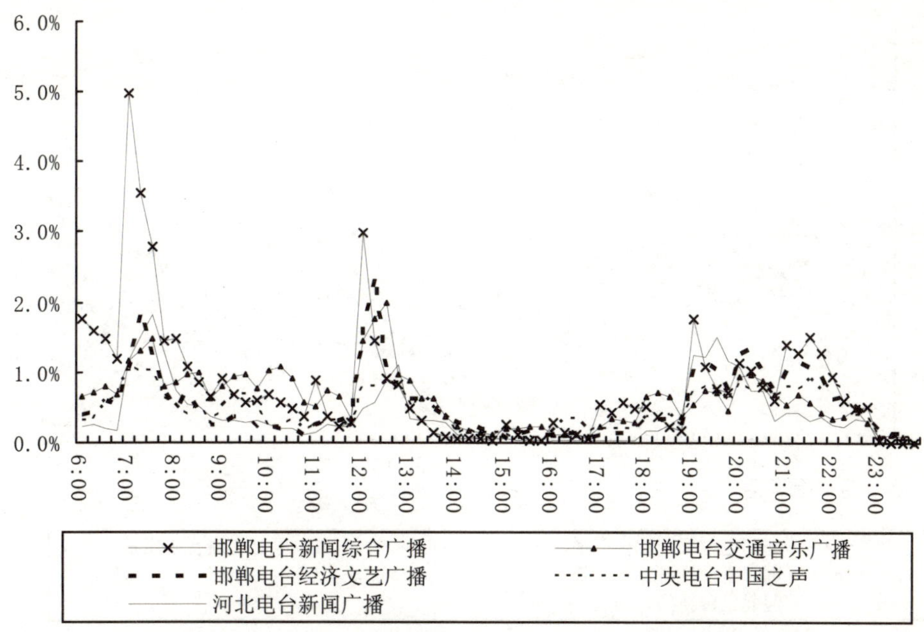

图 2.16.1 2008 年邯郸地区主要电台的时段收听率（一）

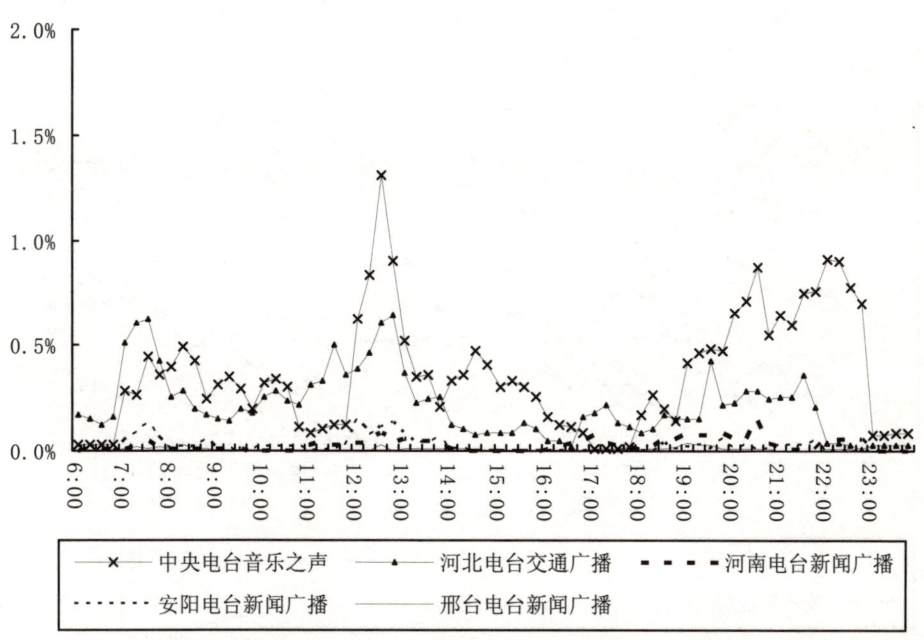

图 2.16.2 2008 年邯郸地区主要电台的时段收听率（二）

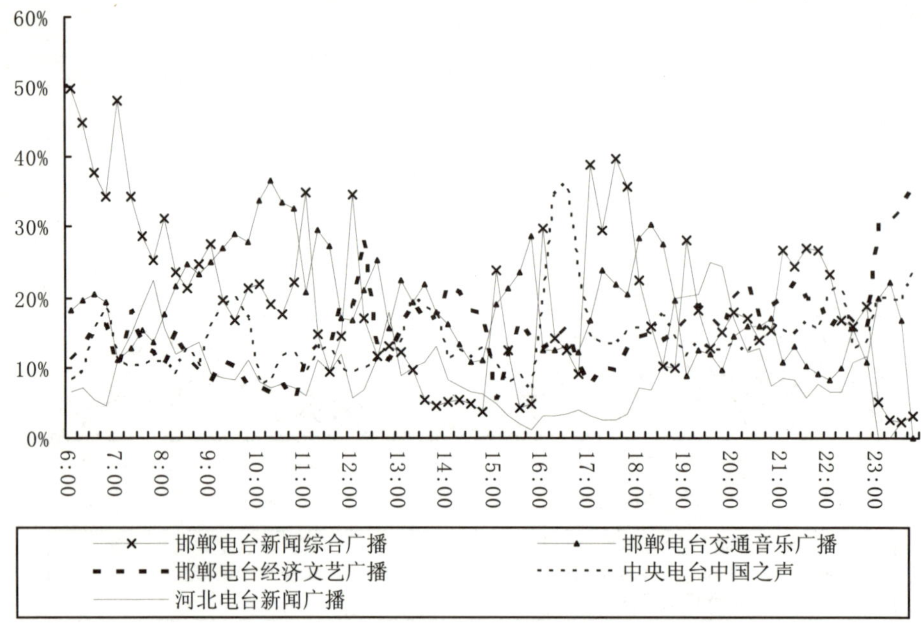

图 2.16.3 2008 年邯郸地区主要电台的时段占有率（一）

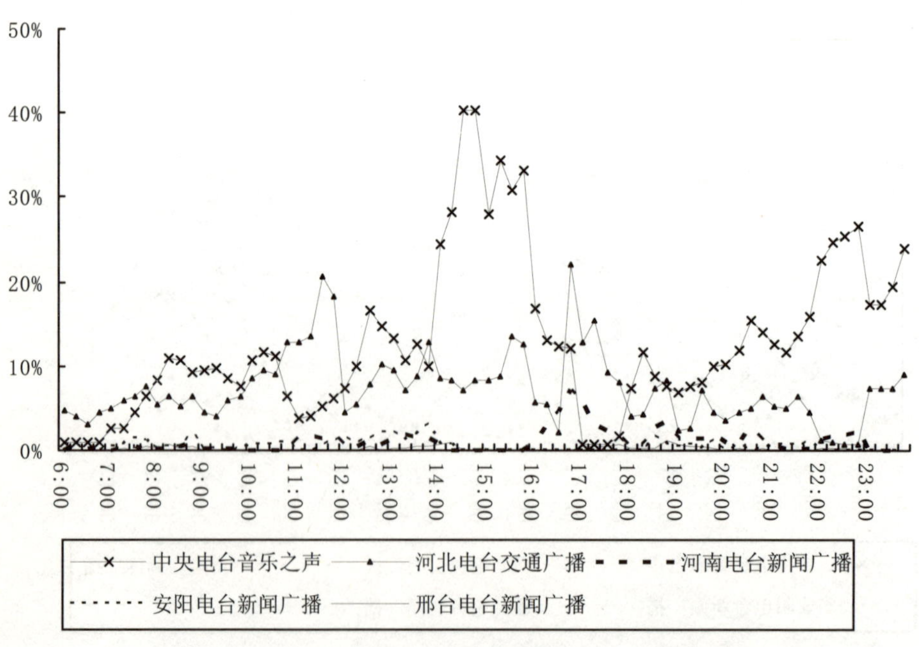

图 2.16.4 2008 年邯郸地区主要电台的时段占有率（二）

十七、邢台地区收听率数据

表 2.17.1 邢台地区主要电台频率的平均收听率和市场份额（%）

排名	电台名称	平均收听率	市场份额
1	邢台电台交通频道	1.08	26.8
2	邢台电台生活频道	0.56	14.0
3	中央电台中国之声	0.55	13.8
4	邢台电台新闻综合频道	0.51	12.8
5	河北电台新闻广播	0.33	8.2
6	河北电台经济广播	0.29	7.1
7	河北电台音乐广播	0.19	4.7
8	河北电台交通广播	0.17	4.4
9	邢台县戏曲频道	0.06	1.5
10	中央电台音乐之声	0.05	1.1

表 2.17.2 邢台地区主要电台频率的周到达率和日到达率（%）

排名	电台名称	周到达率	日到达率
1	邢台电台交通频道	29.5	12.5
2	邢台电台新闻综合频道	18.6	6.9
3	中央电台中国之声	14.5	6.9
4	邢台电台生活频道	13.4	6.1
5	河北电台新闻广播	9.6	4.9
6	河北电台经济广播	8.5	4.2
7	河北电台音乐广播	8.4	2.3
8	河北电台交通广播	6.5	3.0
9	河北电台文艺广播	2.6	0.5
10	中央电台音乐之声	2.3	0.7

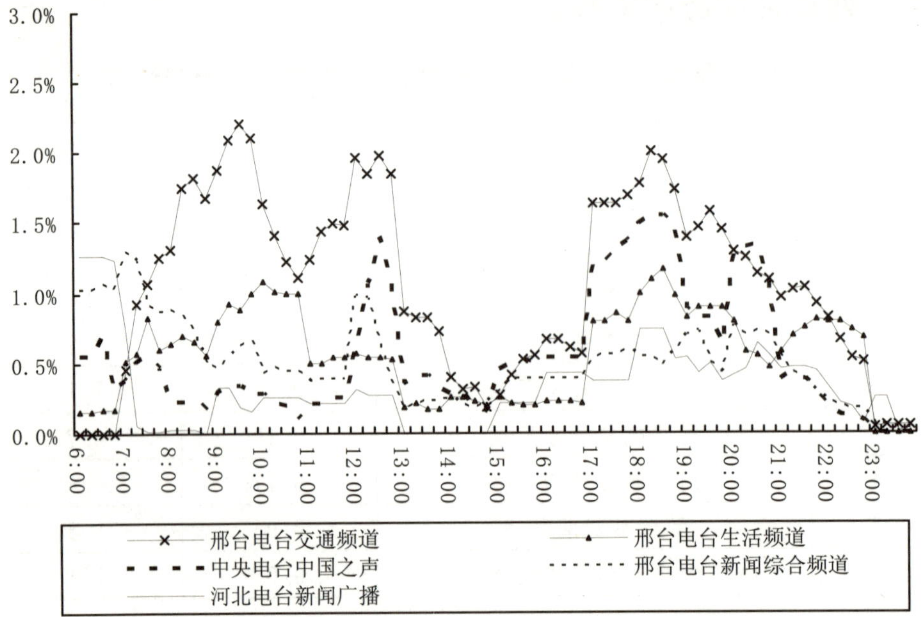

图 2.17.1 2008 年邢台地区主要电台的时段收听率（一）

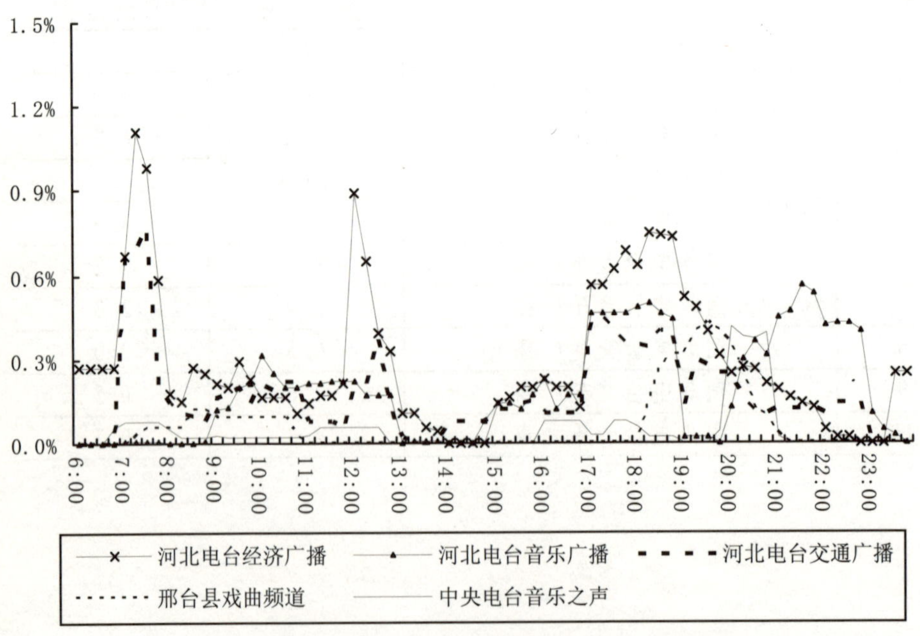

图 2.17.2 2008 年邢台地区主要电台的时段收听率（二）

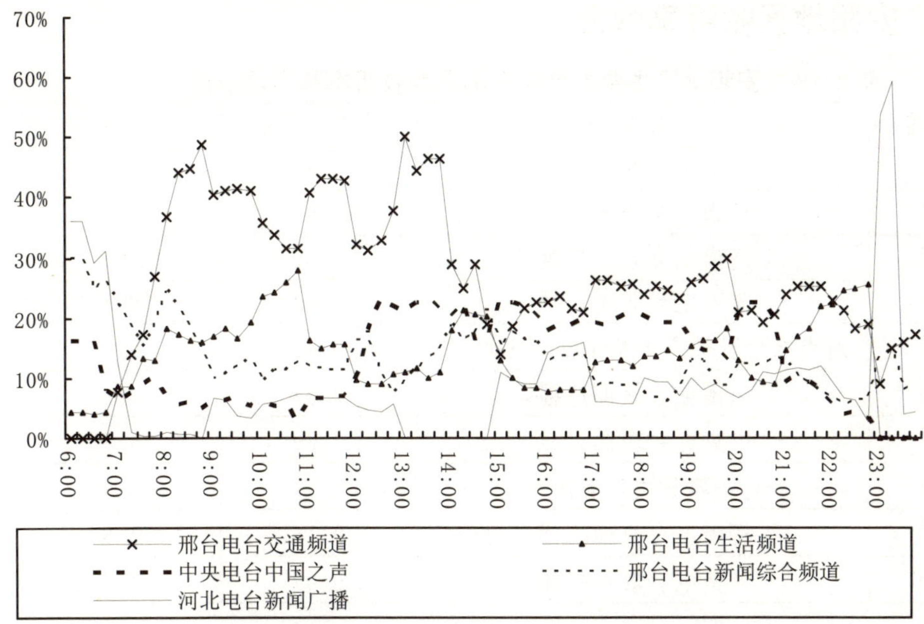

图 2.17.3 2008 年邢台地区主要电台的时段占有率（一）

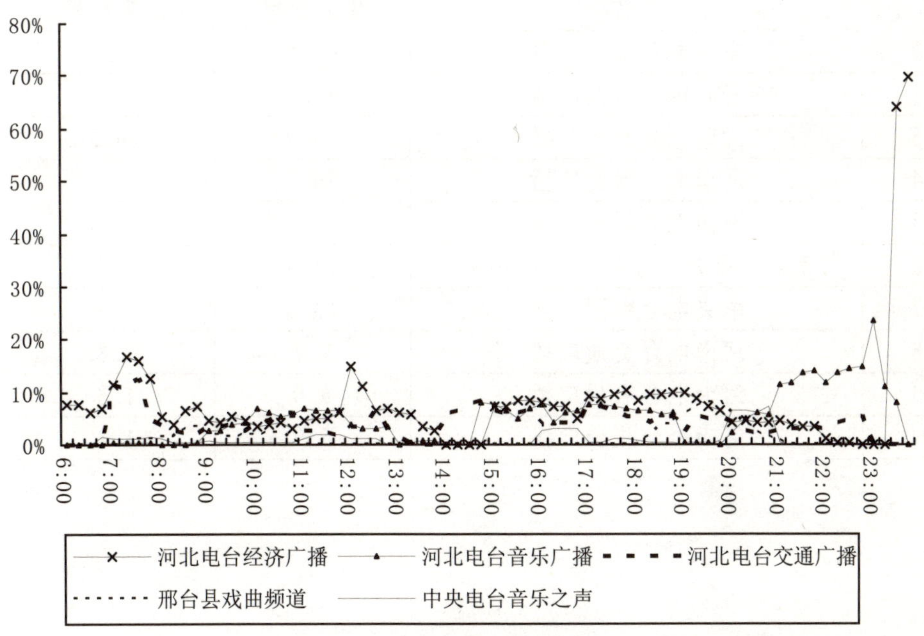

图 2.17.4 2008 年邢台地区主要电台的时段占有率（二）

十八、安阳地区收听率数据

表 2.18.1 安阳地区主要电台频率的平均收听率和市场份额（%）

排名	电台名称	平均收听率	市场份额
1	安阳电台交通广播	0.85	19.9
2	河南电台戏曲广播	0.67	15.7
3	河南电台音乐广播	0.60	14.1
4	安阳电台新闻广播	0.42	9.8
5	河南电台影视广播 Myradio FM90.0	0.41	9.6
6	河南电台新闻广播	0.37	8.6
7	中央电台中国之声	0.29	6.7
8	安阳县快乐安阳	0.17	3.9
9	河南电台交通广播	0.16	3.8
10	河南电台农村广播	0.09	2.2

表 2.18.2 安阳地区主要电台频率的周到达率和日到达率（%）

排名	电台名称	周到达率	日到达率
1	安阳电台交通广播	44.6	16.5
2	安阳电台新闻广播	31.4	9.7
3	河南电台音乐广播	30.9	10.3
4	河南电台戏曲广播	26.3	10.4
5	河南电台新闻广播	24.1	11.0
6	河南电台影视广播 Myradio FM90.0	14.9	5.7
7	中央电台中国之声	13.3	4.7
8	河南电台交通广播	9.7	2.8
9	河南电台农村广播	6.0	1.8
10	河南电台旅游广播	5.9	1.2

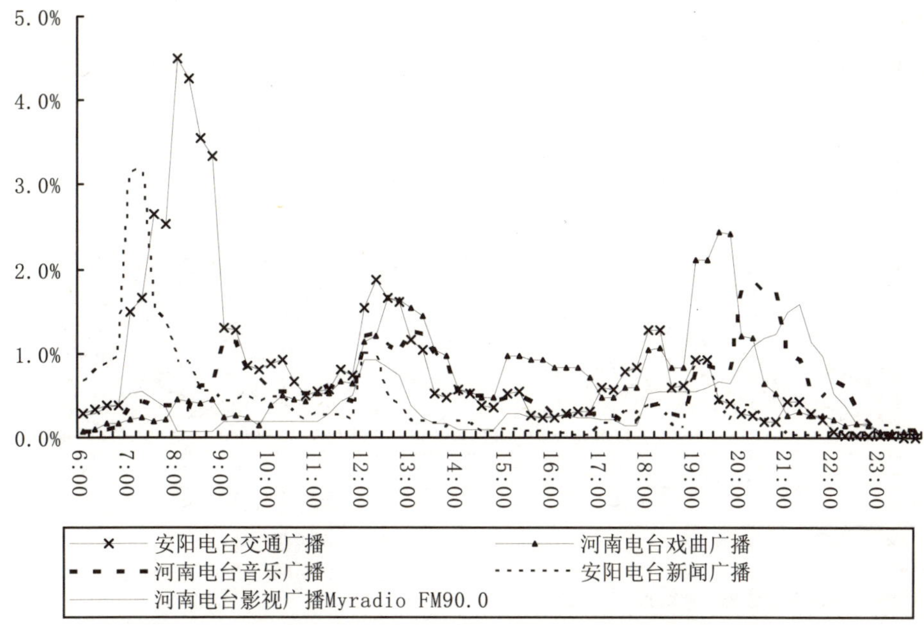

图 2.18.1 2008 年安阳地区主要电台的时段收听率（一）

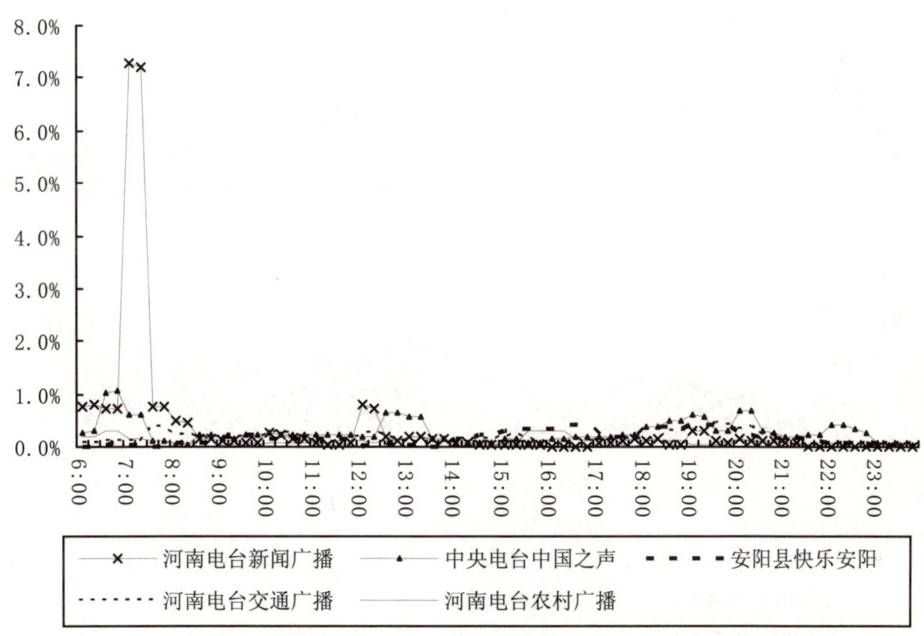

图 2.18.2 2008 年安阳地区主要电台的时段收听率（二）

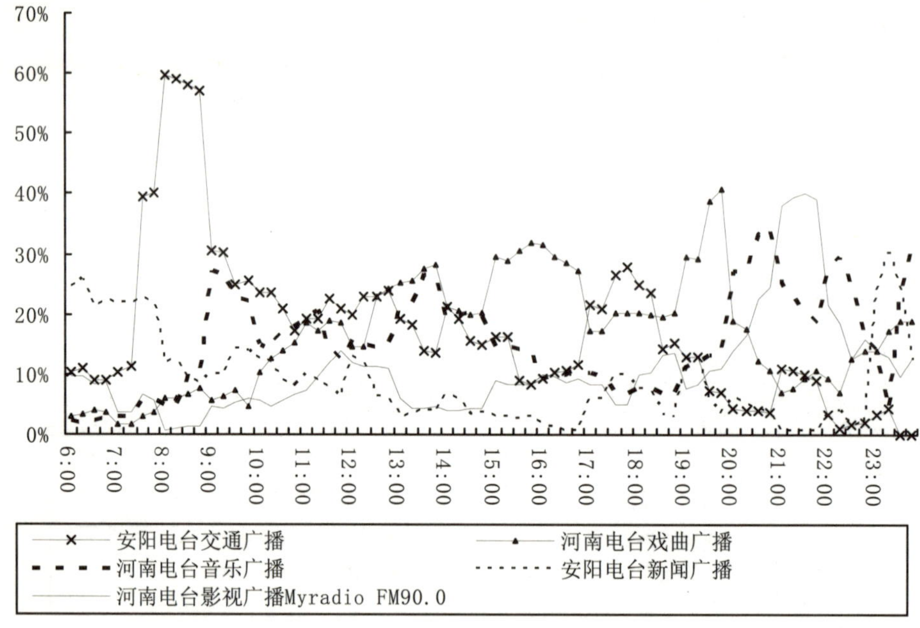

图 2.18.3 2008 年安阳地区主要电台的时段占有率（一）

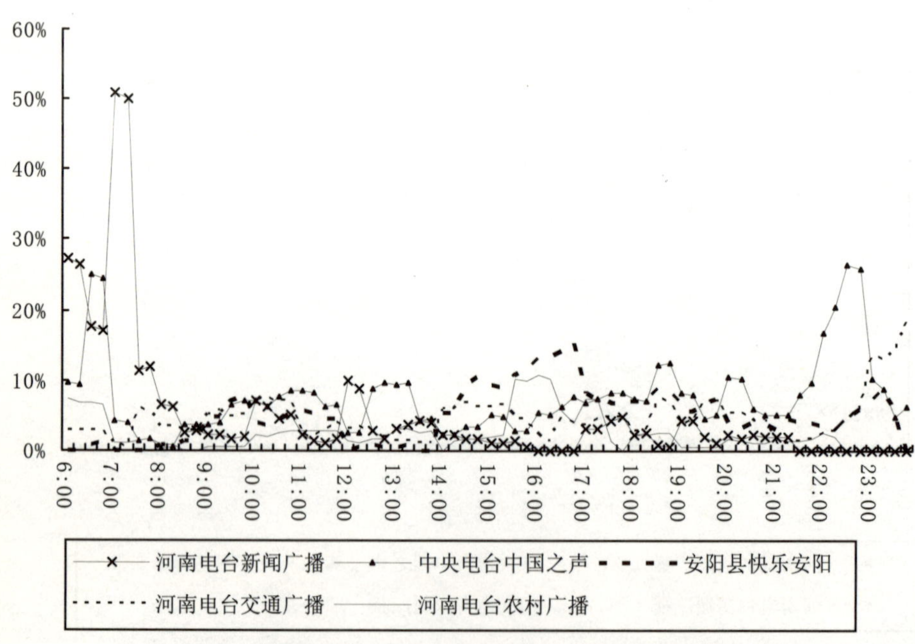

图 2.18.4 2008 年安阳地区主要电台的时段占有率（二）

十九、合肥地区收听率数据

表 2.19.1 合肥地区主要电台频率的平均收听率和市场份额（%）

排名	电台名称	平均收听率	市场份额
1	安徽电台音乐广播	0.92	20.4
2	安徽电台交通广播	0.76	17.0
3	合肥电台故事广播	0.57	12.8
4	安徽电台新闻综合广播	0.42	9.3
5	安徽电台生活广播	0.38	8.5
6	安徽电台小说评书广播	0.25	5.7
7	合肥电台交通台	0.23	5.2
8	安徽电台经济广播	0.20	4.5
9	合肥电台文艺台	0.18	3.9
10	安徽电台农村广播	0.14	3.2

表 2.19.2 合肥地区主要电台频率的周到达率和日到达率（%）

排名	电台名称	周到达率	日到达率
1	安徽电台音乐广播	33.6	13.4
2	安徽电台交通广播	23.5	9.0
3	安徽电台新闻综合广播	17.8	7.5
4	安徽电台生活广播	16.2	5.9
5	合肥电台故事广播	11.3	5.0
6	安徽电台经济广播	10.0	3.4
7	安徽电台小说评书广播	9.3	3.9
8	合肥电台文艺台	8.7	2.5
9	合肥电台交通台	7.5	2.6
10	中央电台音乐之声	7.0	1.9

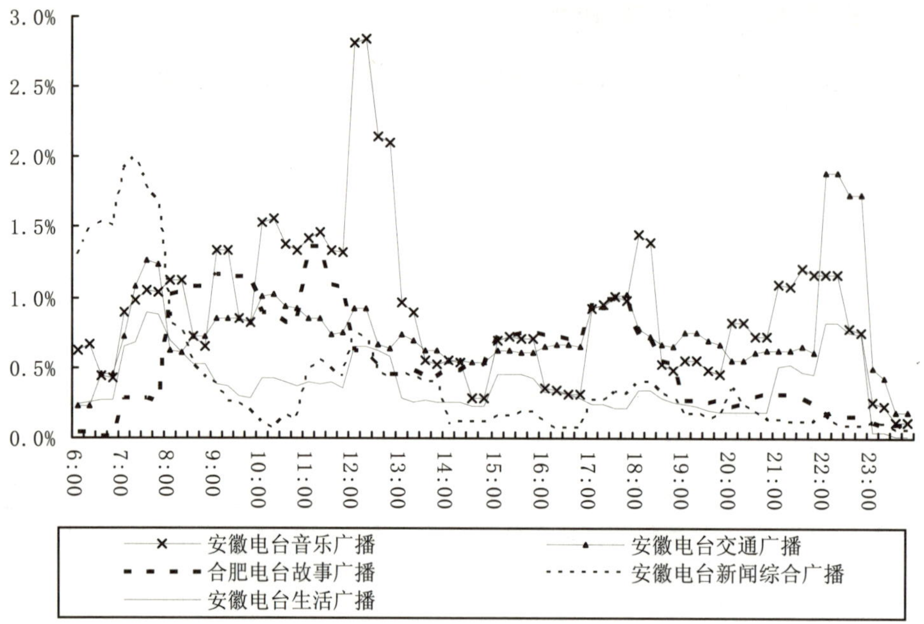

图 2.19.1 2008 年合肥地区主要电台的时段收听率（一）

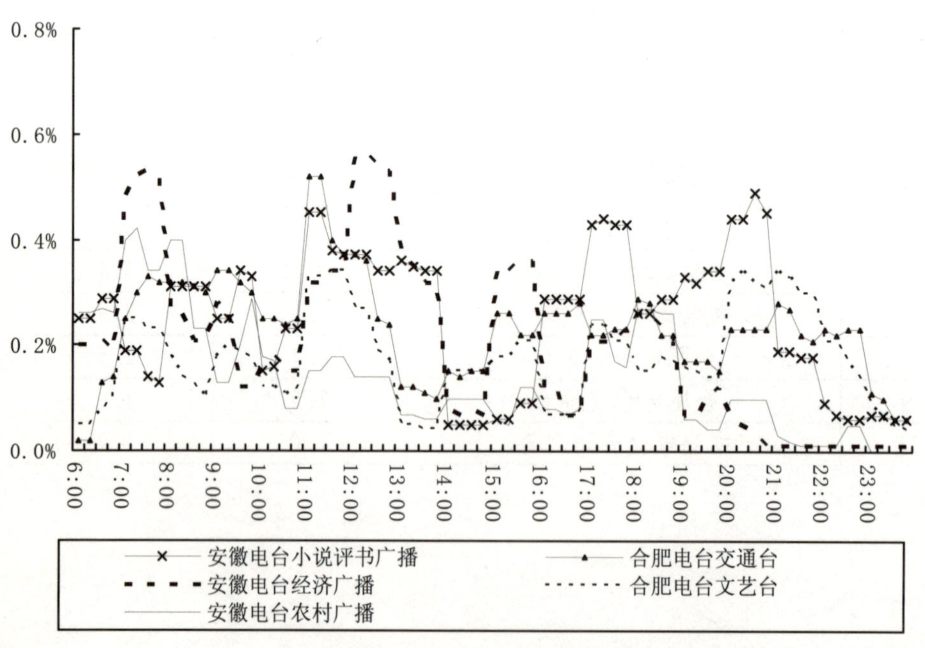

图 2.19.2 2008 年合肥地区主要电台的时段收听率（二）

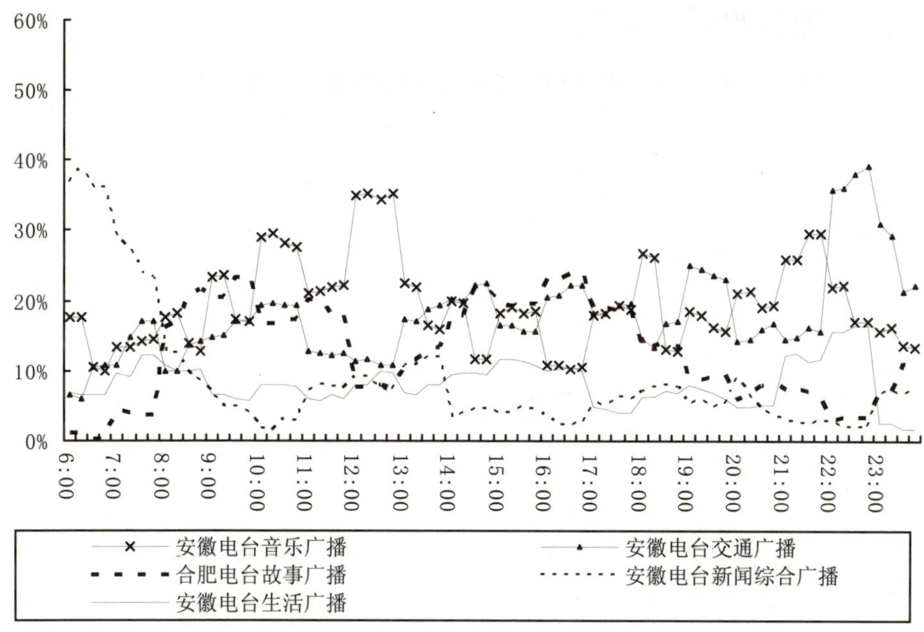

图 2.19.3 2008 年合肥地区主要电台的时段占有率（一）

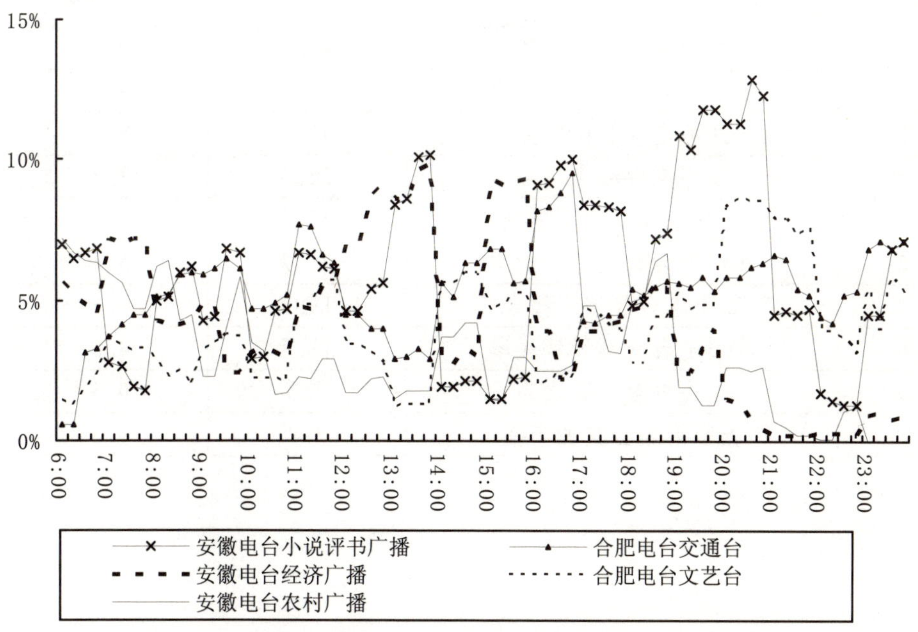

图 2.19.4 2008 年合肥地区主要电台的时段占有率（二）

二十、苏州地区收听率数据

表 2.20.1 苏州地区主要电台频率的平均收听率和市场份额（%）

排名	电台名称	平均收听率	市场份额
1	苏州电台生活广播	0.51	17.8
2	苏州电台都市音乐频率	0.49	17.1
3	江苏电台新闻广播	0.35	12.0
4	苏州电台城市之声	0.32	11.1
5	江苏电台交通广播网	0.30	10.3
6	苏州电台新闻综合频率	0.25	8.5
7	苏州电台交通经济频率	0.24	8.2
8	苏州电台经济广播台	0.20	6.9
9	中央电台中国之声	0.02	0.6
10	常熟电台新闻综合频率	0.01	0.5

表 2.20.2 苏州地区主要电台频率的周到达率和日到达率（%）

排名	电台名称	周到达率	日到达率
1	苏州电台生活广播	46.1	10.2
2	苏州电台都市音乐频率	42.3	9.7
3	江苏电台新闻广播	41.3	8.2
4	苏州电台城市之声	36.3	7.3
5	江苏电台交通广播网	29.5	6.1
6	苏州电台新闻综合频率	27.2	5.6
7	苏州电台经济广播台	19.7	4.4
8	苏州电台交通经济频率	18.7	4.6
9	中央电台中国之声	2.3	0.5
10	张家港电台交通广播	2.2	0.3

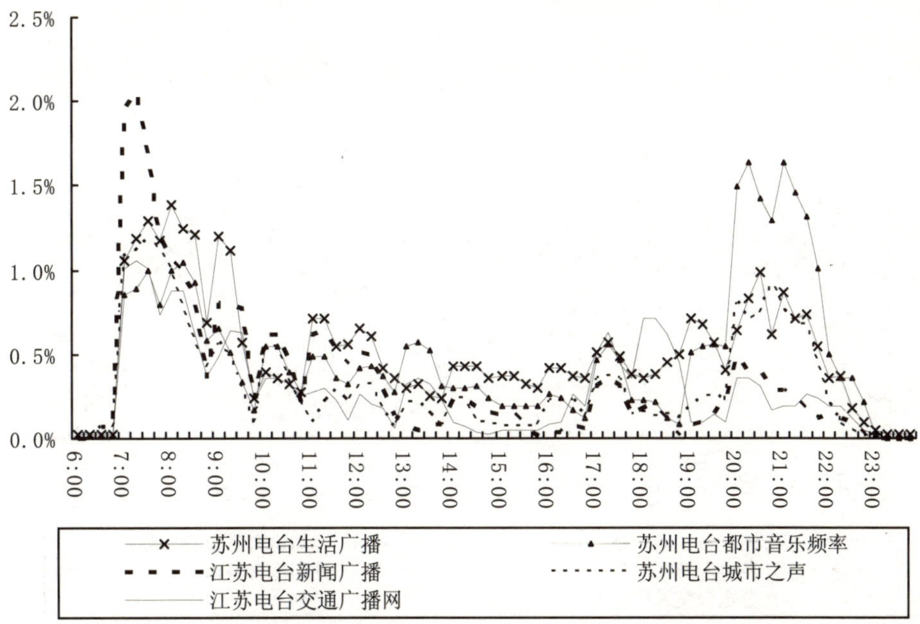

图 2.20.1 2008 年苏州地区主要电台的时段收听率（一）

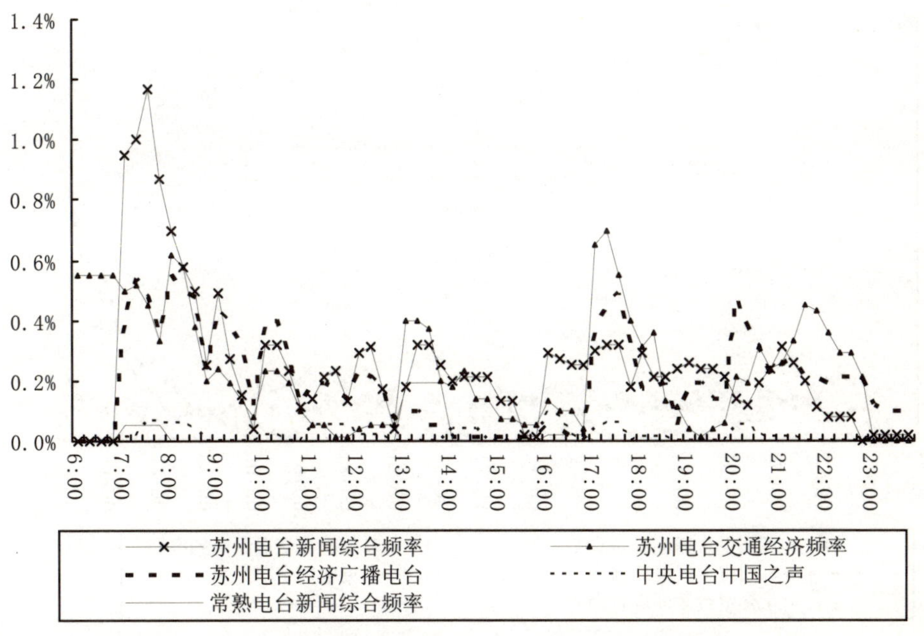

图 2.20.2 2008 年苏州地区主要电台的时段收听率（二）

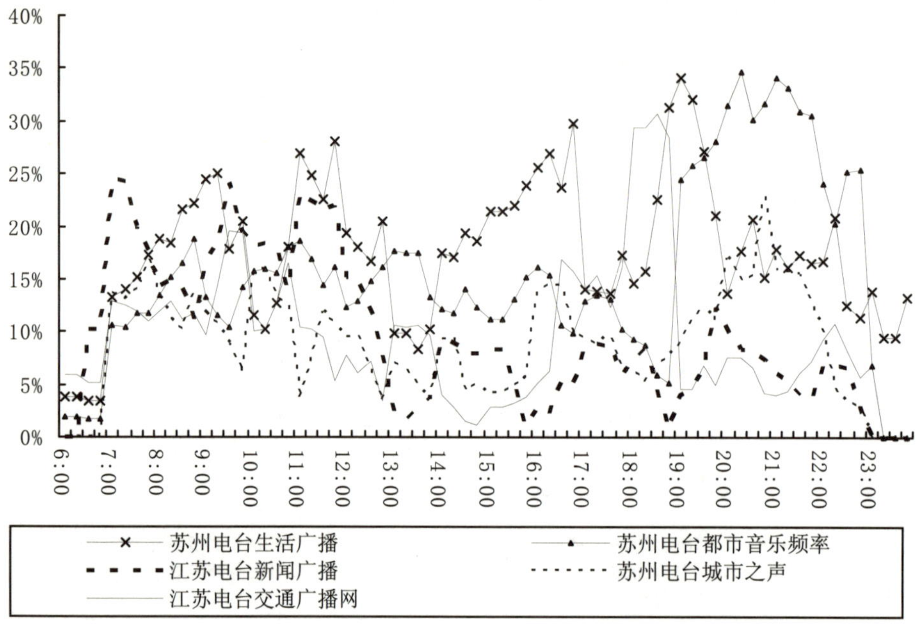

图 2.20.3 2008 年苏州地区主要电台的时段占有率（一）

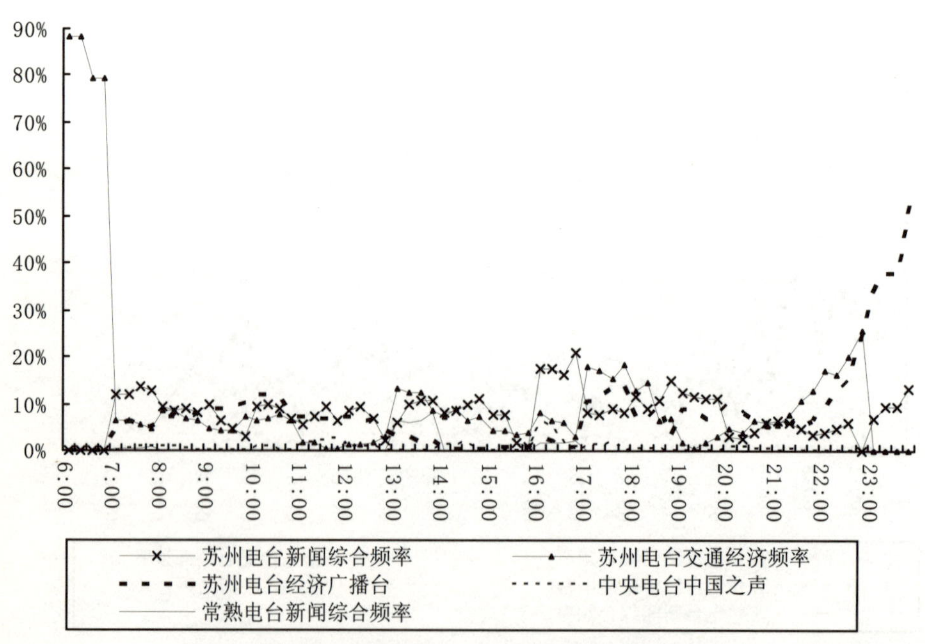

图 2.20.4 2008 年苏州地区主要电台的时段占有率（二）

二十一、徐州地区收听率数据

表 2.21.1 徐州地区主要电台频率的平均收听率和市场份额（%）

排名	电台名称	平均收听率	市场份额
1	徐州电台新闻广播	1.03	28.8
2	徐州电台音乐广播	0.93	26.1
3	徐州电台交通广播	0.49	13.8
4	徐州电台文艺广播	0.48	13.5
5	徐州电台生活广播	0.34	9.6
6	江苏电台交通广播网	0.09	2.4
7	江苏电台经典音乐广播	0.07	1.9
8	江苏电台新闻综合广播	0.05	1.5
9	中央电台中国之声	0.04	1.3
10	铜山电台	0.02	0.6

表 2.21.2 徐州地区主要电台频率的周到达率和日到达率（%）

排名	电台名称	周到达率	日到达率
1	徐州电台新闻广播	30.4	19.6
2	徐州电台音乐广播	26.2	16.7
3	徐州电台交通广播	14.6	8.4
4	徐州电台文艺广播	13.2	7.9
5	徐州电台生活广播	11.8	6.8
6	江苏电台交通广播网	4.1	1.7
7	江苏电台经典音乐广播	2.9	1.4
8	中央电台中国之声	2.1	0.9
9	江苏电台新闻综合广播	1.8	1.0
10	铜山电台	1.2	0.5

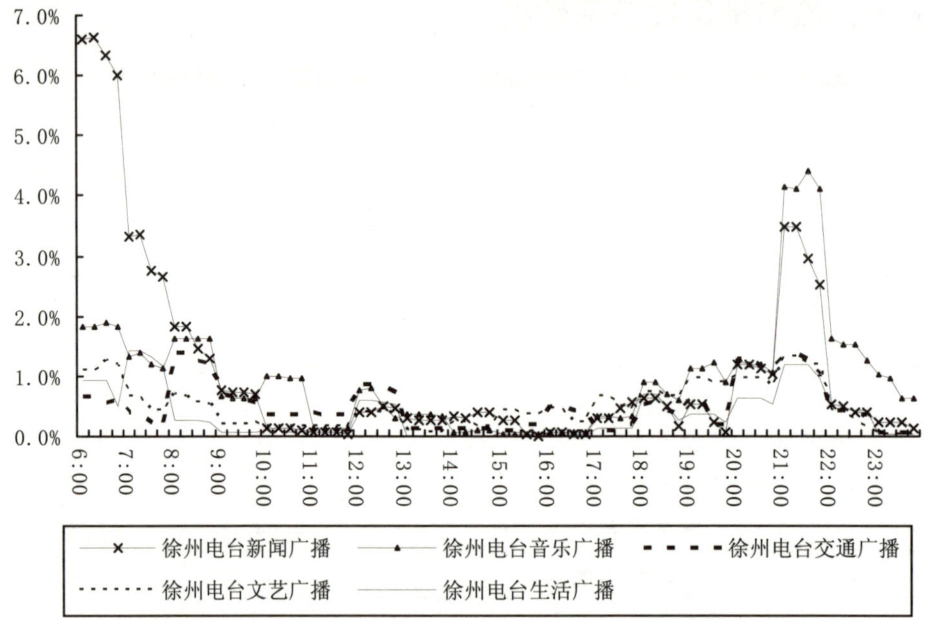

图 2.21.1 2008 年徐州地区主要电台的时段收听率（一）

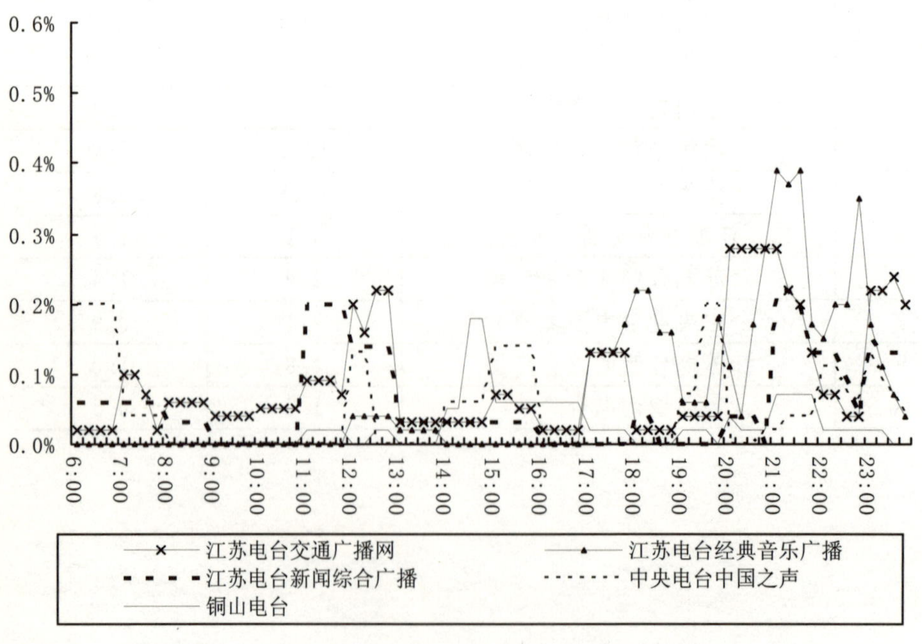

图 2.21.2 2008 年徐州地区主要电台的时段收听率（二）

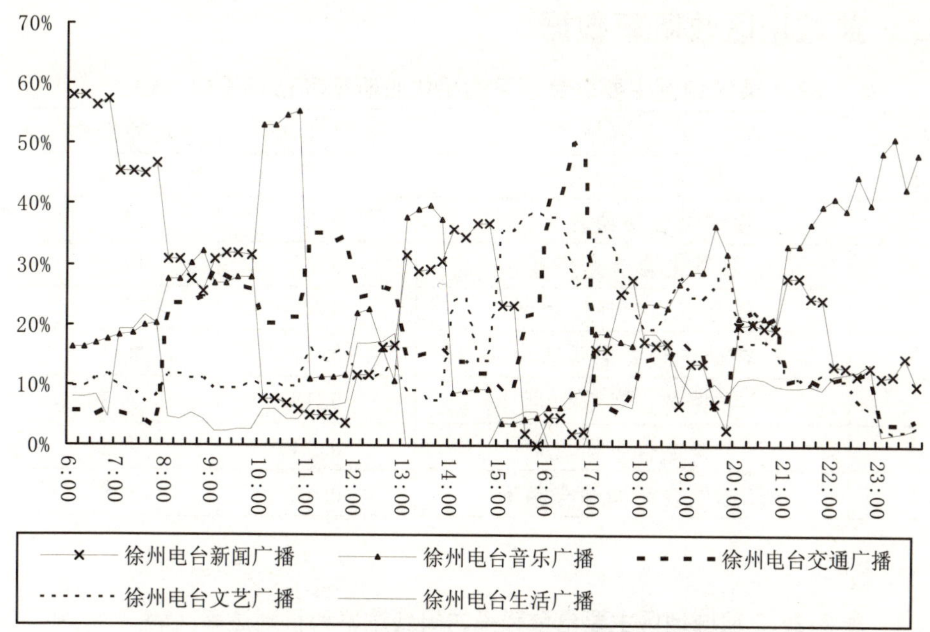

图 2.21.3 2008 年徐州地区主要电台的时段占有率（一）

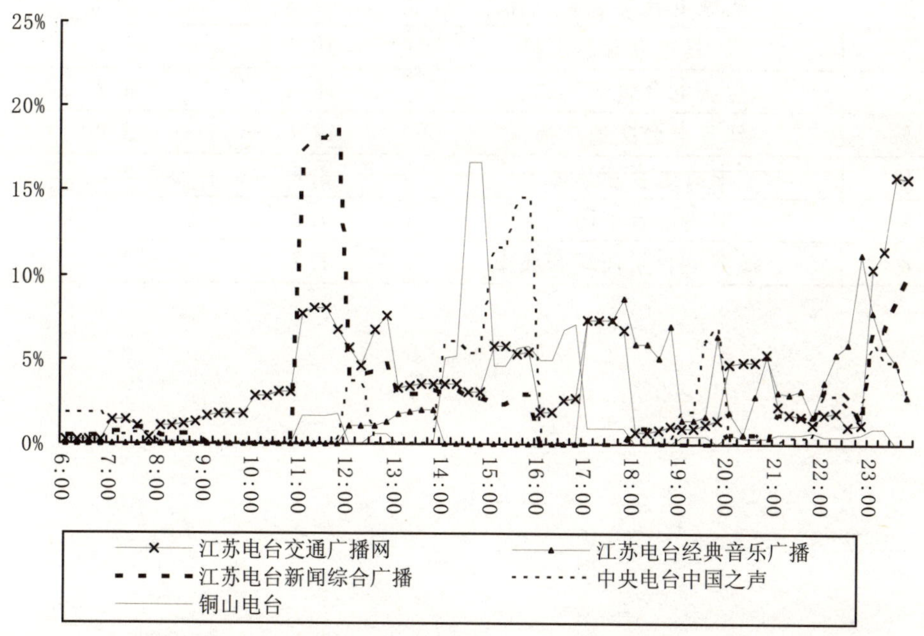

图 2.21.4 2008 年徐州地区主要电台的时段占有率（二）

二十二、盐城地区收听率数据

表 2.22.1 盐城地区主要电台频率的平均收听率和市场份额（%）

排名	电台名称	平均收听率	市场份额
1	盐城电台新闻台	0.71	27.9
2	盐城电台交通音乐台	0.64	24.9
3	江苏电台音乐广播	0.32	12.7
4	江苏电台交通广播网	0.26	10.2
5	盐城电台黄海明珠台	0.22	8.7
6	中央电台音乐之声	0.19	7.3
7	中央电台中国之声	0.11	4.5
8	江苏电台新闻综合频率	0.10	3.8

表 2.22.2 盐城地区主要电台频率的周到达率和日到达率（%）

排名	电台名称	周到达率	日到达率
1	盐城电台新闻台	43.5	12.3
2	盐城电台交通音乐台	42.8	10.6
3	江苏电台音乐广播	30.5	7.7
4	盐城电台黄海明珠台	18.2	4.2
5	江苏电台交通广播网	12.6	3.9
6	中央电台音乐之声	8.8	2.2
7	中央电台中国之声	7.8	1.7
8	江苏电台新闻综合频率	1.2	0.9

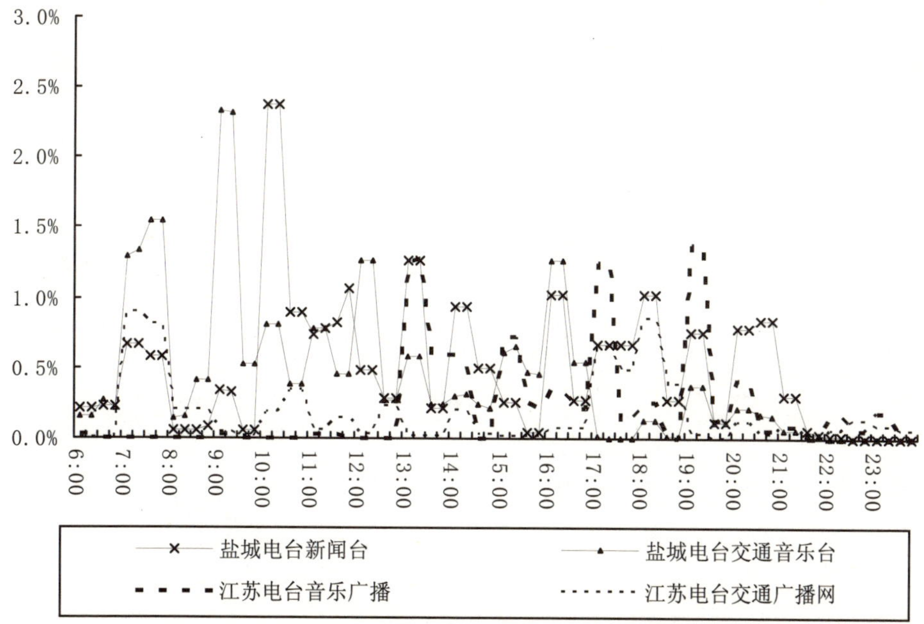

图 2.22.1 2008 年盐城地区主要电台的时段收听率（一）

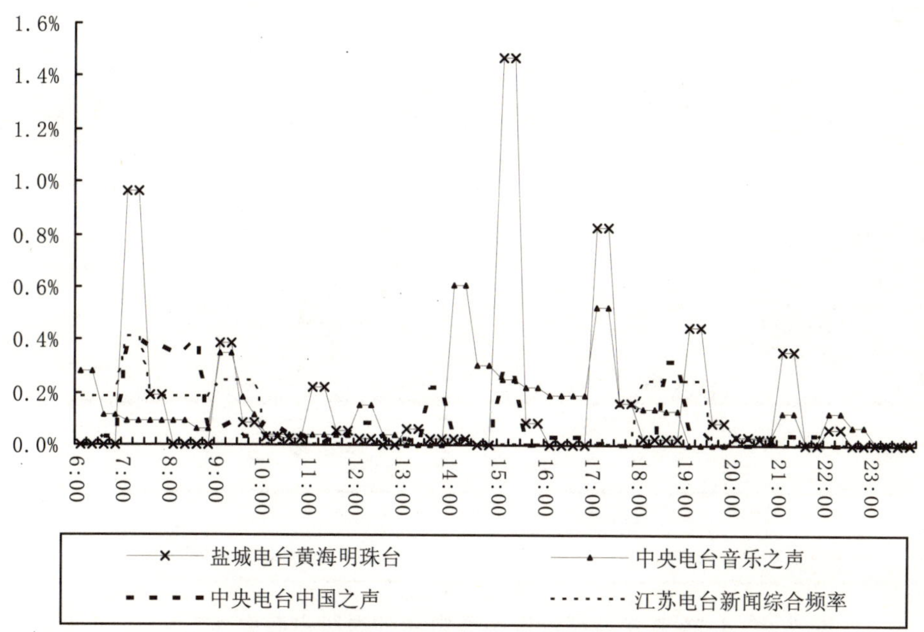

图 2.22.2 2008 年盐城地区主要电台的时段收听率（二）

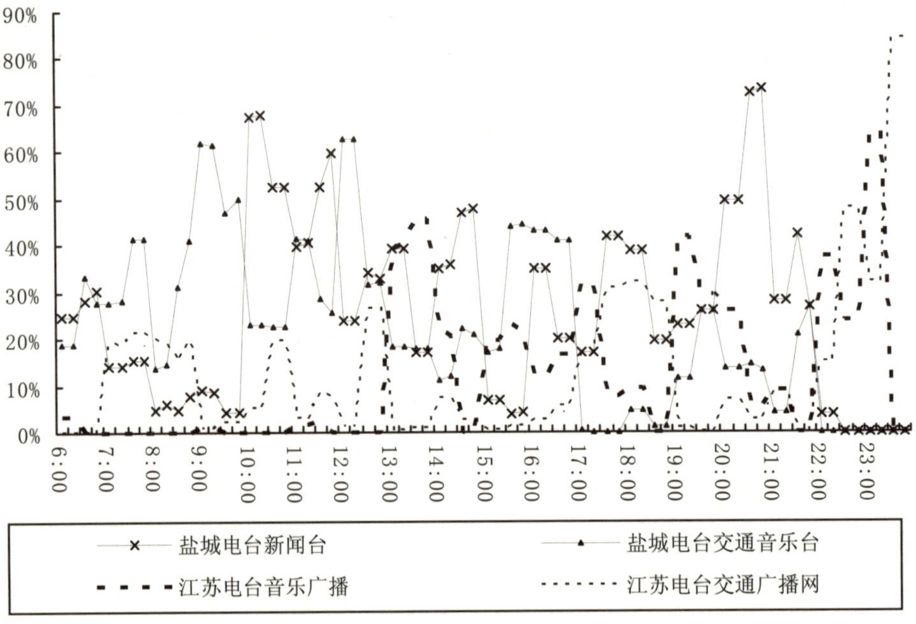

图 2.22.3 2008 年盐城地区主要电台的时段占有率（一）

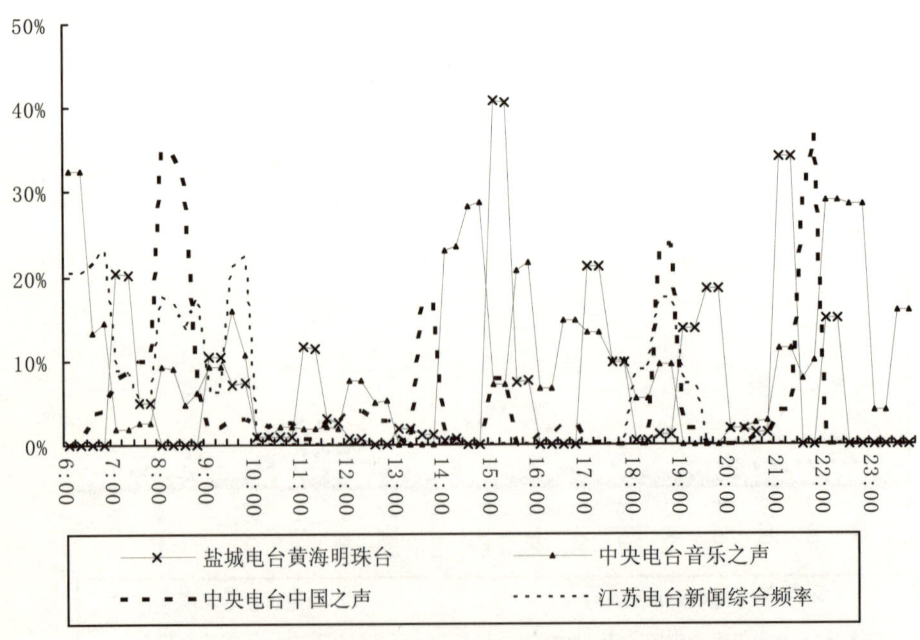

图 2.22.4 2008 年盐城地区主要电台的时段占有率（二）

二十三、张家港地区收听率数据

表 2.23.1 张家港地区主要电台频率的平均收听率和市场份额（%）

排名	电台名称	平均收听率	市场份额
1	张家港电台新闻广播	0.88	27.8
2	张家港电台音乐广播	0.60	19.0
3	张家港电台交通广播	0.48	15.3
4	江苏电台交通广播	0.42	13.3
5	苏州电台生活广播	0.16	5.0
6	中央电台中国之声	0.10	3.1
7	无锡电台新闻台	0.08	2.5
8	苏州电台交通经济频道	0.07	2.2
8	无锡电台音乐台	0.07	2.1
10	江苏电台新闻频道	0.06	1.9

表 2.23.2 张家港地区主要电台频率的周到达率和日到达率（%）

排名	电台名称	周到达率	日到达率
1	张家港电台新闻广播	45.4	16.0
2	张家港电台音乐广播	31.2	9.4
3	张家港电台交通广播	27.3	7.8
4	江苏电台交通广播	19.5	5.5
5	苏州电台生活广播	11.6	2.8
6	中央电台中国之声	7.2	1.7
7	无锡电台新闻台	7.1	1.4
8	苏州电台交通经济频道	5.9	1.1
8	无锡电台音乐台	5.9	1.4
10	南通电台音乐交通频率	4.5	0.9

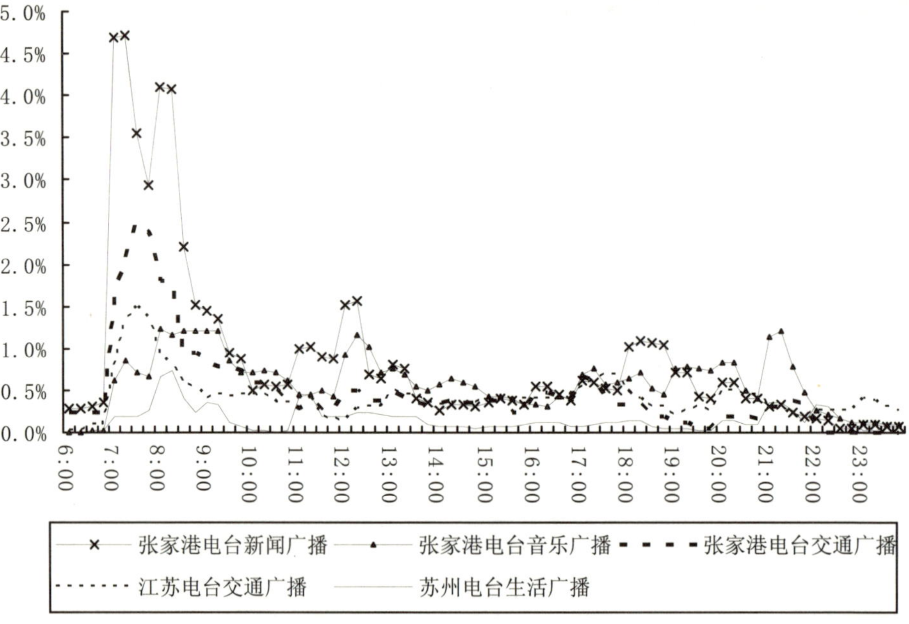

图 2.23.1 2008 年张家港地区主要电台的时段收听率（一）

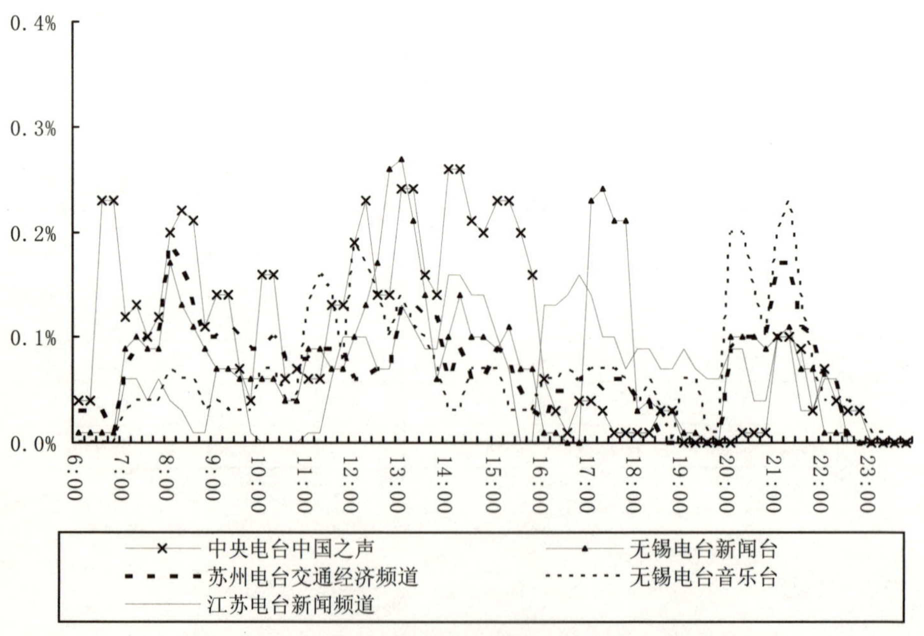

图 2.23.2 2008 年张家港地区主要电台的时段收听率（二）

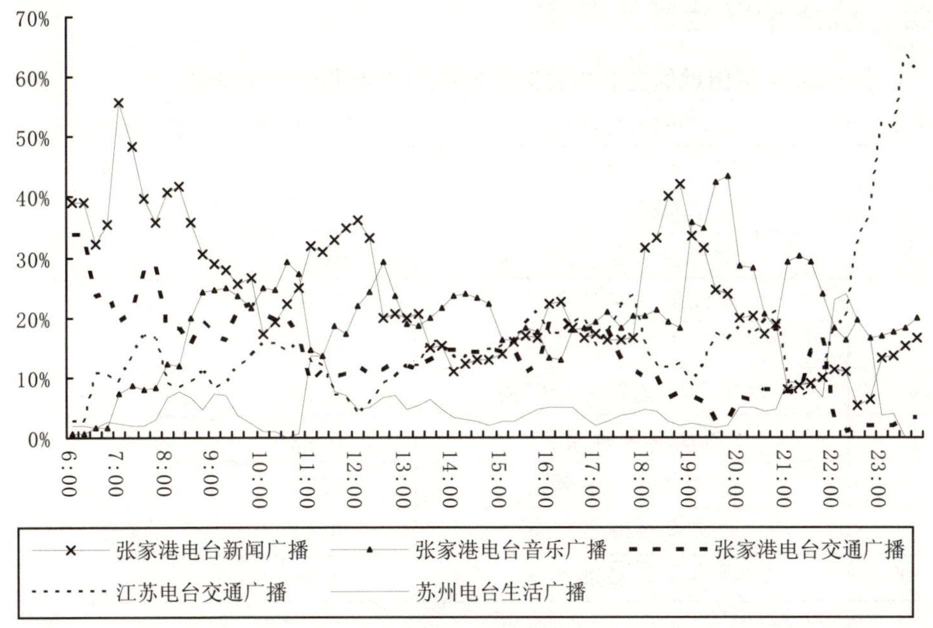

图 2.23.3 2008 年张家港地区主要电台的时段占有率（一）

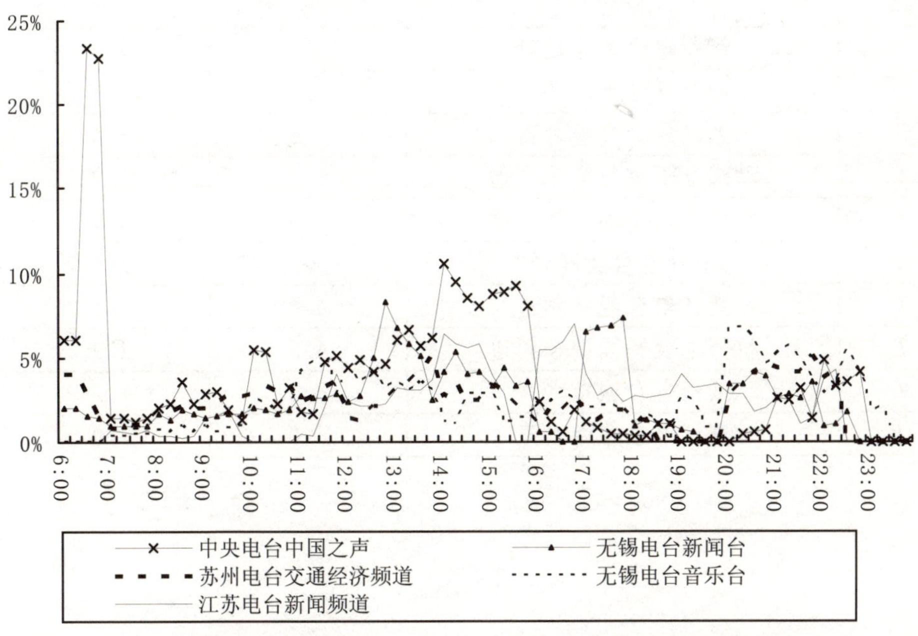

图 2.23.4 2008 年张家港地区主要电台的时段占有率（二）

二十四、杭州地区收听率数据

表 2.24.1 杭州地区主要电台频率的平均收听率和市场份额（%）

排名	电台名称	平均收听率	市场份额
1	杭州电台西湖之声	0.71	25.7
2	杭州电台新闻综合频道	0.30	10.7
3	杭州电台交通经济广播	0.27	9.8
3	浙江电台交通之声	0.27	9.5
5	动听 968 音乐调频	0.25	8.9
6	动感 996 流行音乐广播	0.22	7.8
6	浙江电台新闻台	0.22	7.8
8	浙江电台经济频道	0.18	6.6
9	浙江电台城市之声	0.12	4.2
10	中央电台经济之声	0.09	3.1

表 2.24.2 杭州地区主要电台频率的周到达率和日到达率（%）

排名	电台名称	周到达率	日到达率
1	杭州电台西湖之声	12.5	7.0
2	动听 968 音乐调频	8.4	3.3
3	浙江电台交通之声	7.6	3.4
4	动感 996 流行音乐广播	6.5	2.9
5	杭州电台交通经济广播	5.9	2.9
6	浙江电台新闻台	5.1	2.7
7	浙江电台经济频道	4.5	2.1
7	杭州电台新闻综合频道	4.5	2.9
9	浙江电台城市之声	3.3	1.2
10	浙江电台旅游之声	3.0	1.0

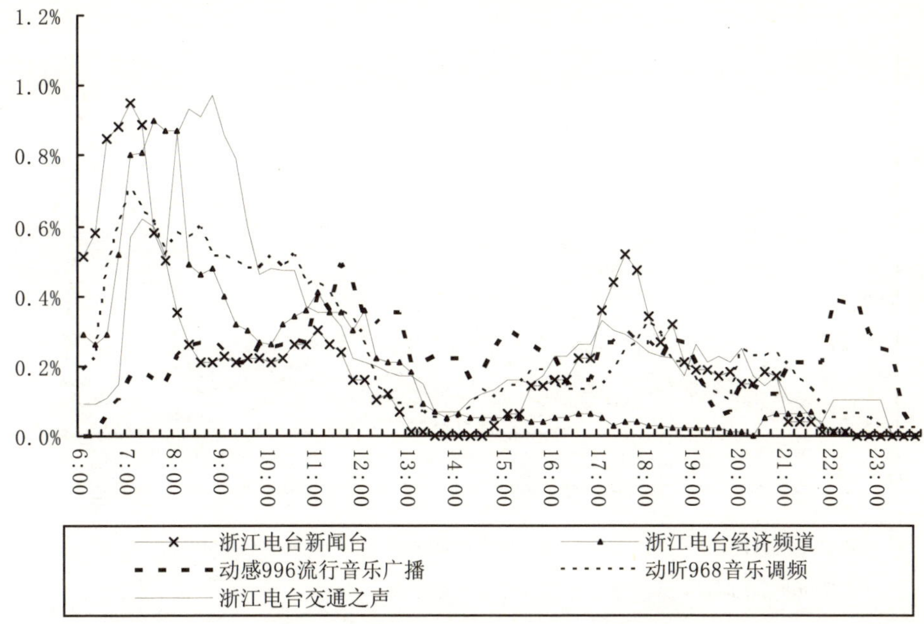

图 2.24.1 2008 年杭州地区主要电台的时段收听率（一）

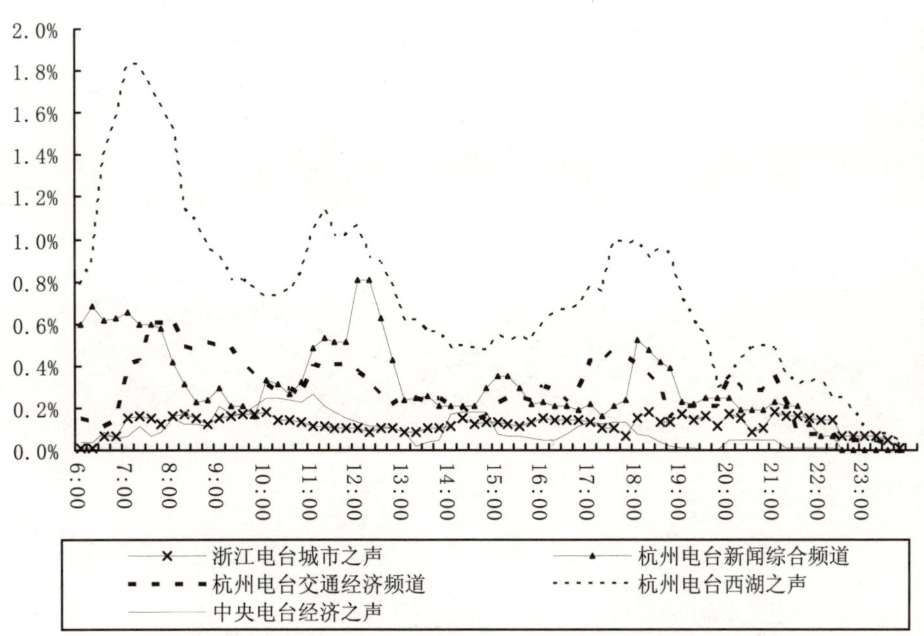

图 2.24.2 2008 年杭州地区主要电台的时段收听率（二）

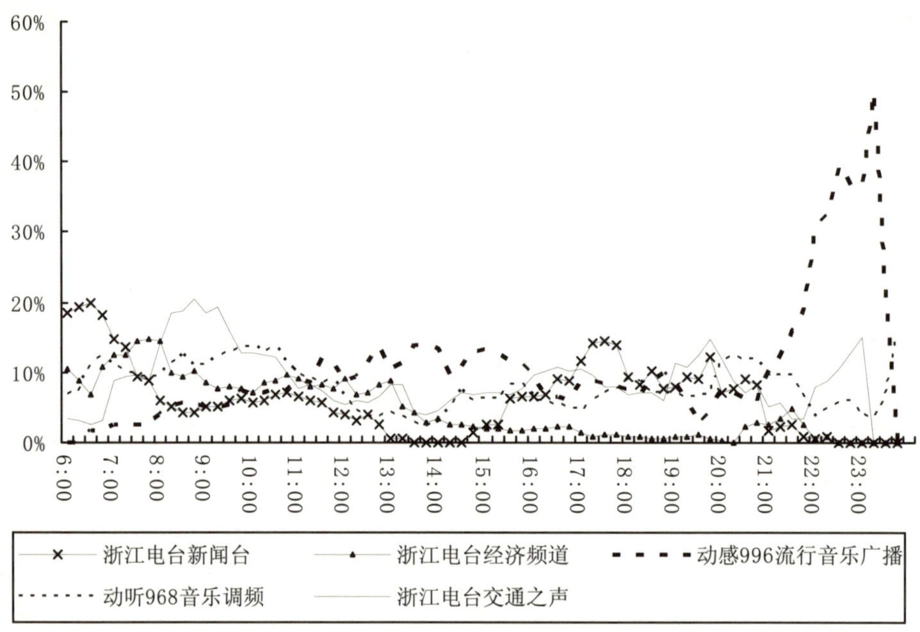

图 2.24.3 2008 年杭州地区主要电台的时段占有率（一）

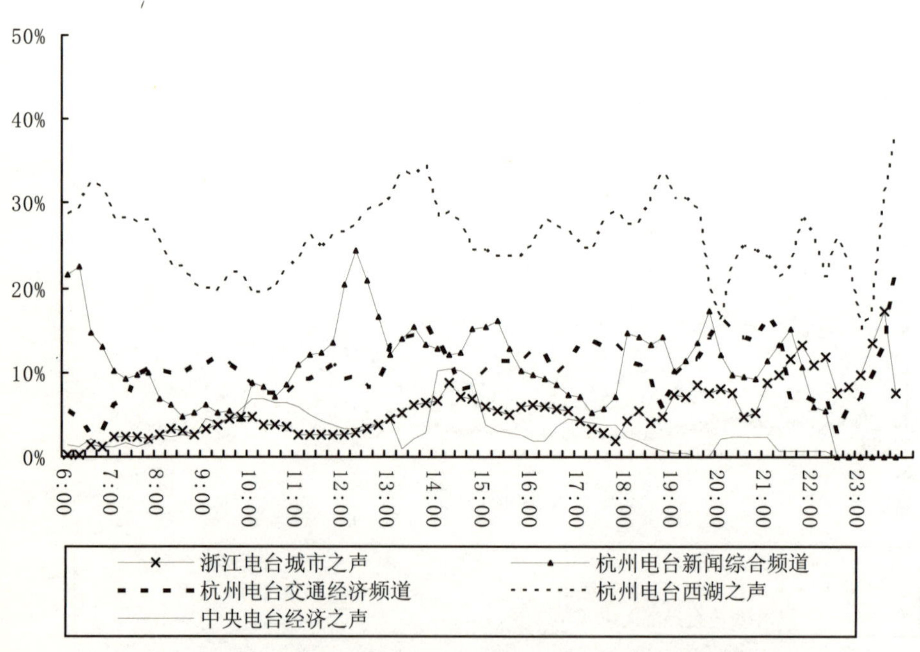

图 2.24.4 2008 年杭州地区主要电台的时段占有率（二）

二十五、台州地区收听率数据

表 2.25.1 台州地区主要电台频率的平均收听率和市场份额（%）

排名	电台名称	平均收听率	市场份额
1	台州电台音乐广播	0.87	29.8
2	台州电台交通广播	0.81	27.8
3	台州电台新闻广播/阳光调频	0.58	19.9
4	浙江电台交通之声	0.24	8.2
5	浙江电台新闻台	0.16	5.4
6	浙江电台城市之声	0.13	4.6
7	浙江电台经济频道	0.08	2.6
8	中央电台中国之声	0.05	1.6

表 2.25.2 台州地区主要电台频率的周到达率和日到达率（%）

排名	电台名称	周到达率	日到达率
1	台州电台音乐广播	31.7	15.3
2	台州电台交通广播	24.5	11.4
3	台州电台新闻广播/阳光调频	21.6	8.8
4	浙江电台交通之声	9.0	4.0
5	浙江电台新闻台	7.9	2.7
6	浙江电台城市之声	7.4	2.5
7	浙江电台经济频道	4.3	1.2
8	中央电台中国之声	2.2	0.8

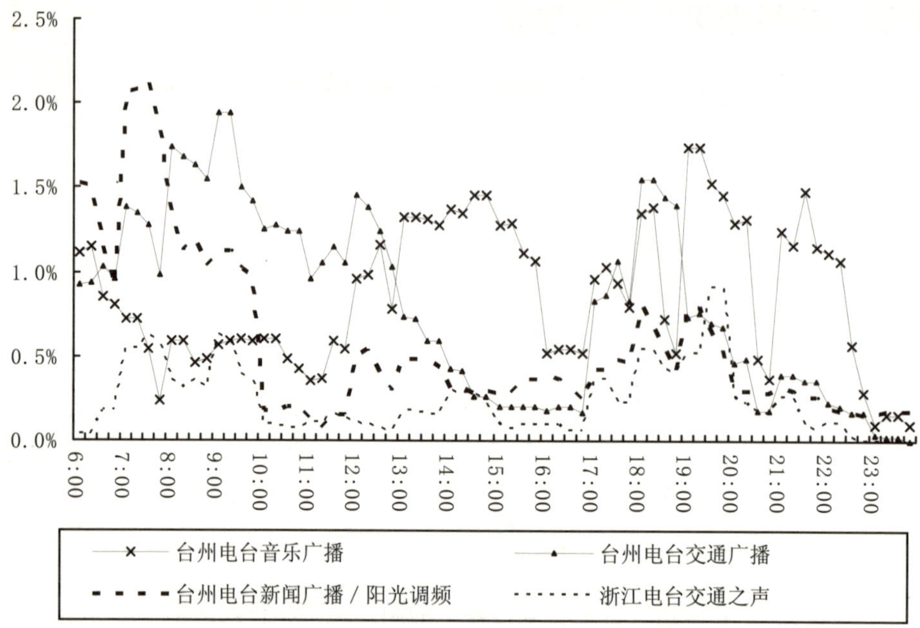

图 2.25.1 2008 年台州地区主要电台的时段收听率（一）

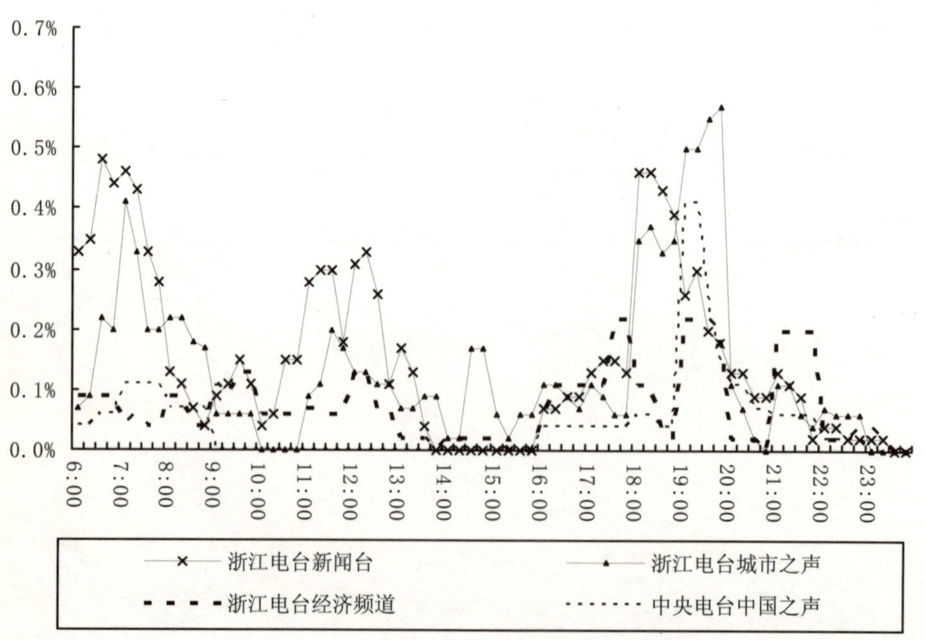

图 2.25.2 2008 年台州地区主要电台的时段收听率（二）

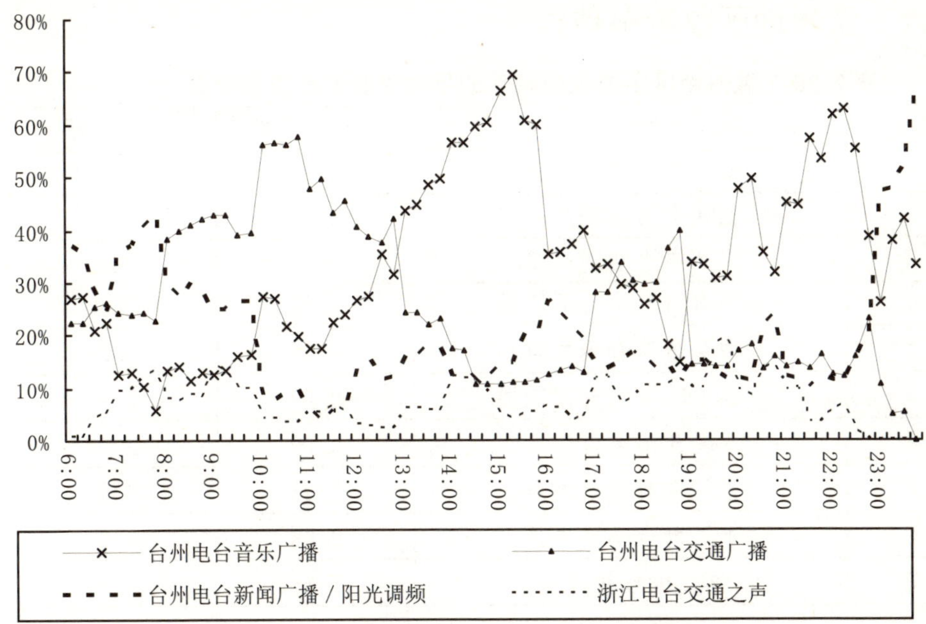

图 2.25.3 2008 年台州地区主要电台的时段占有率（一）

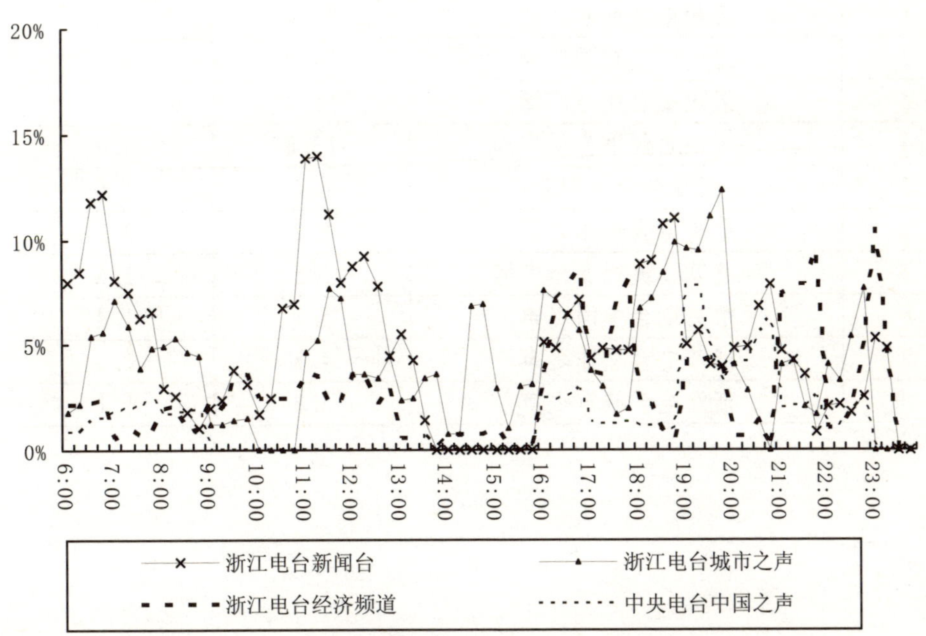

图 2.25.4 2008 年台州地区主要电台的时段占有率（二）

二十六、温州地区收听率数据

表 2.26.1 温州地区主要电台频率的平均收听率和市场份额（%）

排名	电台名称	平均收听率	市场份额
1	温州电台音乐之声	0.72	26.6
2	温州电台新闻广播	0.53	19.7
3	温州电台交通广播	0.43	15.8
4	温州电台经济生活广播	0.28	10.4
5	中央电台音乐之声	0.15	5.5
6	动感 996 流行音乐广播	0.09	3.4
6	乐清电台	0.09	3.3
8	浙江电台城市之声	0.08	3.0
8	浙江电台交通之声	0.08	3.0
8	浙江电台新闻台	0.08	2.9

表 2.26.2 温州地区主要电台频率的周到达率和日到达率（%）

排名	电台名称	周到达率	日到达率
1	温州电台音乐之声	27.4	11.2
2	温州电台新闻广播	24.0	9.1
3	温州电台交通广播	17.7	6.2
4	温州电台经济生活广播	13.8	4.4
5	浙江电台新闻台	6.6	1.6
6	中央电台音乐之声	6.2	2.2
7	动感 996 流行音乐广播	5.5	1.6
8	中央电台中国之声	5.1	1.4
9	浙江电台交通之声	4.2	1.3
10	浙江电台城市之声	3.8	1.1

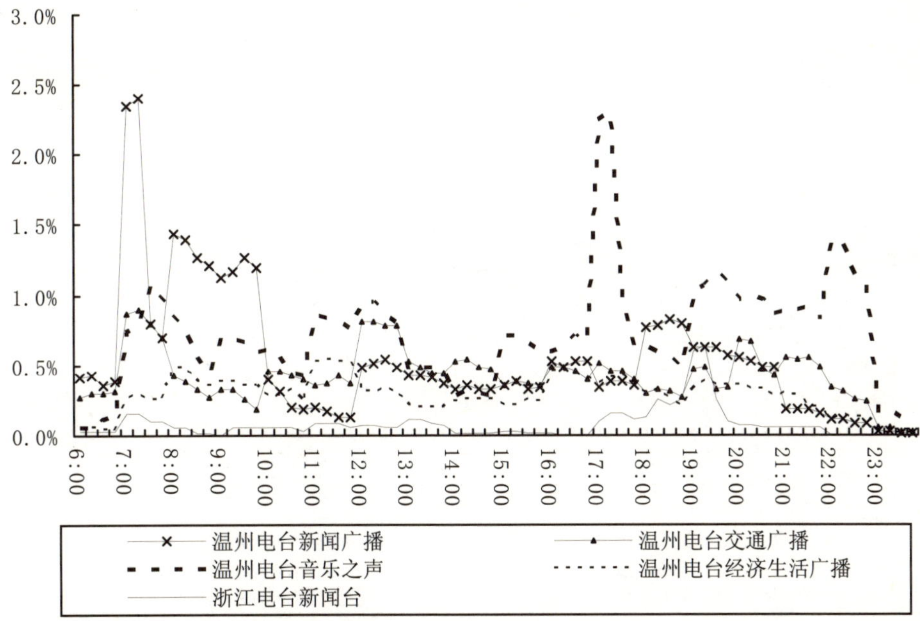

图 2.26.1 2008 年温州地区主要电台的时段收听率（一）

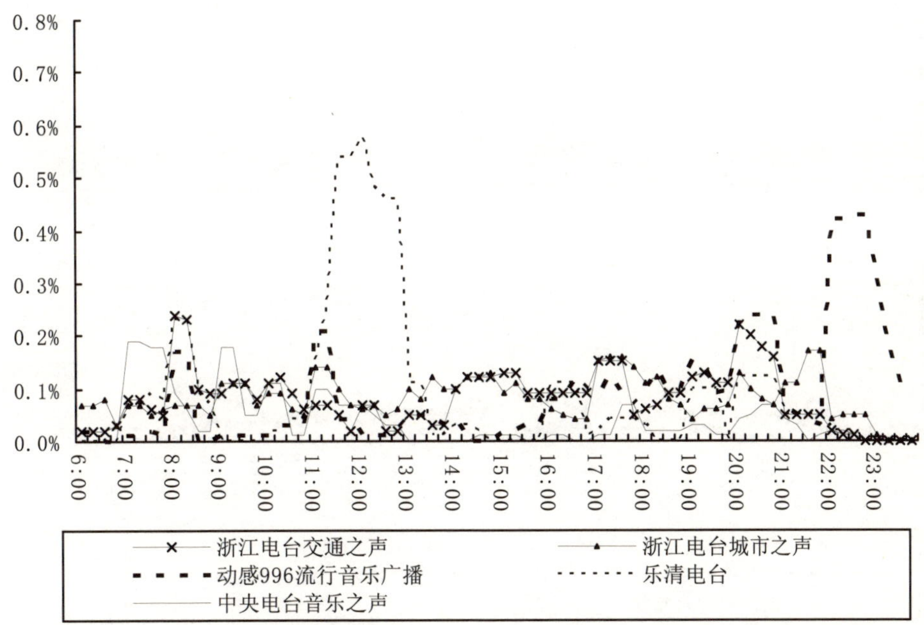

图 2.26.2 2008 年温州地区主要电台的时段收听率（二）

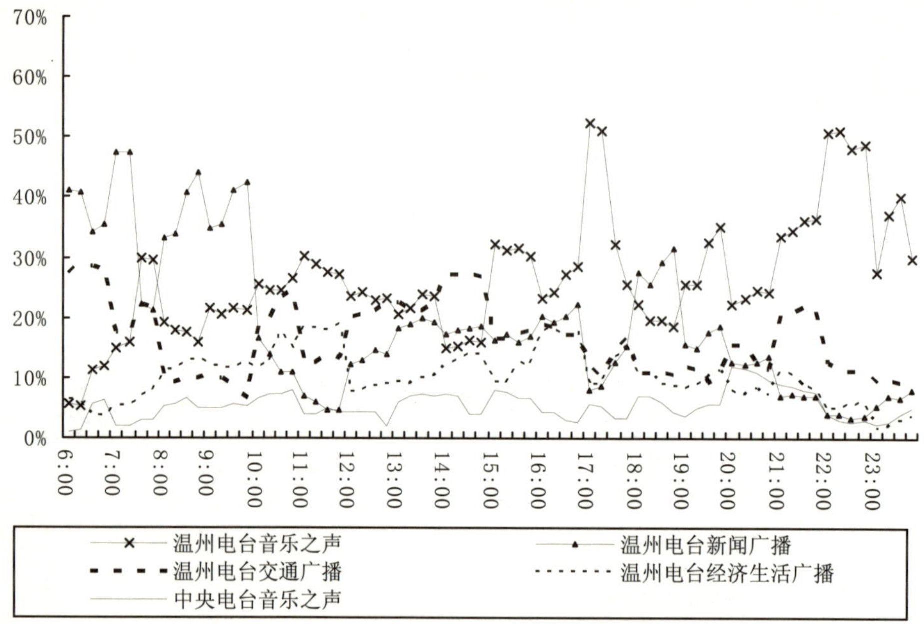

图 2.26.3 2008 年温州地区主要电台的时段占有率（一）

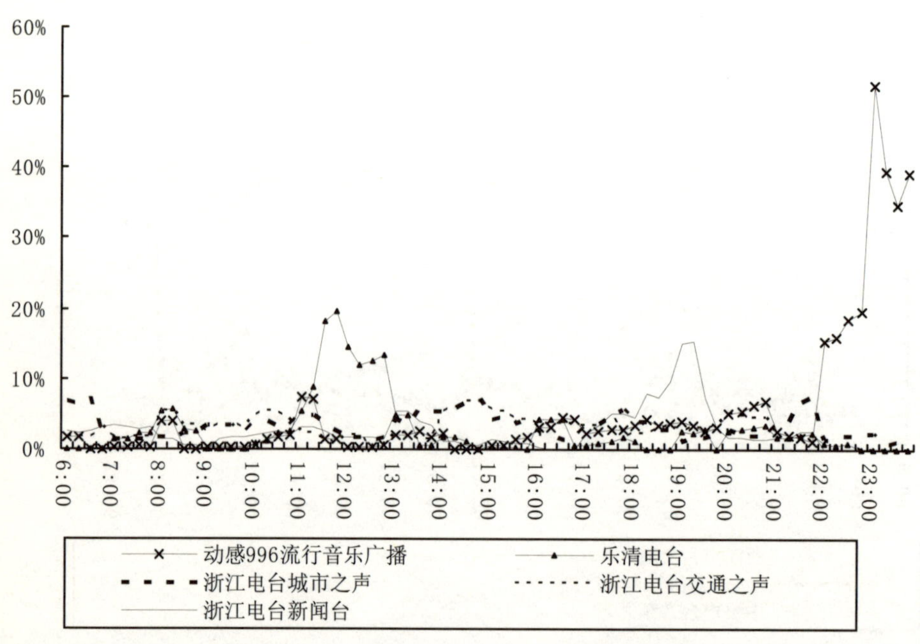

图 2.26.4 2008 年温州地区主要电台的时段占有率（二）

二十七、长沙地区收听率数据

表 2.27.1 长沙地区主要电台频率的平均收听率和市场份额（%）

排名	电台名称	平均收听率	市场份额
1	湖南电台交通频道	1.38	36.6
2	长沙电台星沙之声	0.76	20.2
3	长沙电台音乐频道	0.50	13.3
4	湖南电台经济频道	0.20	5.4
5	湖南电台文艺频道	0.16	4.2
6	湖南经济电视台金鹰之声	0.15	4.0
7	湖南电台音乐之声	0.13	3.5
8	长沙电台城市之音 City FM	0.12	3.3
8	湖南电台乡村之声	0.12	3.1
10	长沙电台经济广播	0.10	2.8

表 2.27.2 长沙地区主要电台频率的周到达率和日到达率（%）

排名	电台名称	周到达率	日到达率
1	湖南电台交通频道	49.2	25.7
2	长沙电台星沙之声	23.5	13.6
3	长沙电台音乐频道	18.4	8.3
4	湖南电台经济频道	10.1	3.7
5	湖南经济电视台金鹰之声	9.6	3.1
6	湖南电台文艺频道	8.6	2.9
7	长沙电台城市之音 City FM	7.2	2.0
8	湖南电台音乐之声	6.2	2.2
9	湖南电台乡村之声	6.0	2.0
10	湖南电台卫星频道	5.0	1.2

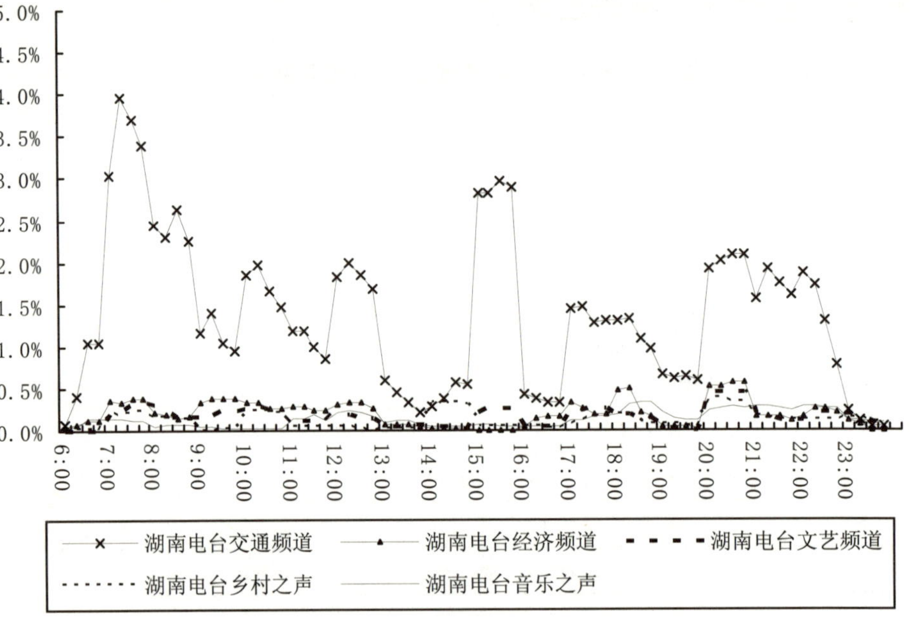

图 2.27.1 2008 年长沙地区主要电台的时段收听率（一）

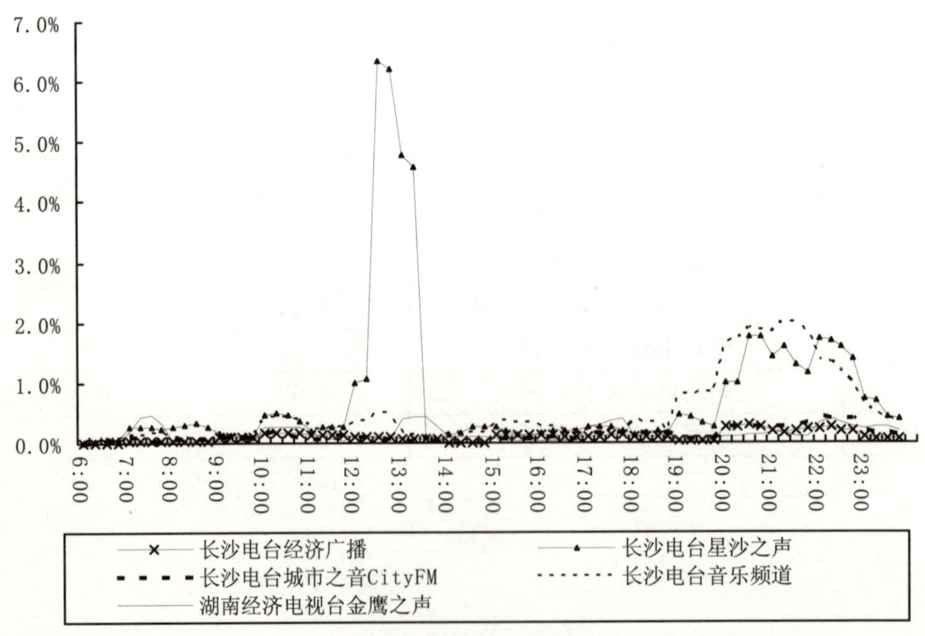

图 2.27.2 2008 年长沙地区主要电台的时段收听率（二）

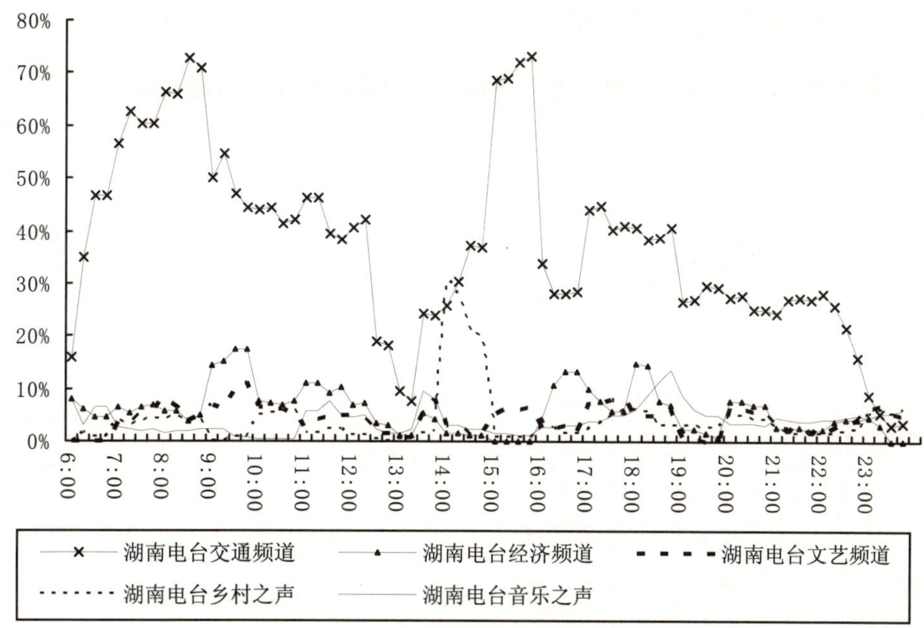

图 2.27.3 2008 年长沙地区主要电台的时段占有率（一）

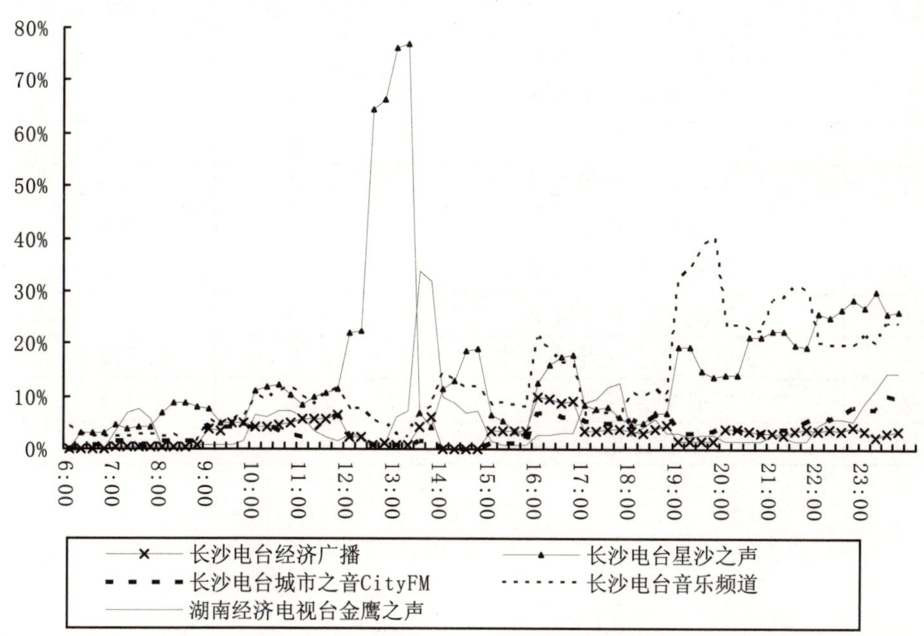

图 2.27.4 2008 年长沙地区主要电台的时段占有率（二）

二十八、抚州地区收听率数据

表 2.28.1 抚州地区主要电台频率的平均收听率和市场份额（%）

排名	电台名称	平均收听率	市场份额
1	抚州电台交通音乐频率	0.44	23.9
2	抚州电台新闻频率	0.36	19.7
3	江西电台文艺音乐频率	0.18	10.0
4	中央电台中国之声	0.17	9.4
5	江西电台综合新闻频率	0.15	8.3
5	江西电台信息交通频率	0.15	8.0
7	中央电台音乐之声	0.11	6.1
8	江西电台生活经济频率	0.09	5.1
8	中央电台经济之声	0.09	4.7
10	江西电台健康老年频率	0.07	3.7

表 2.28.2 抚州地区主要电台频率的周到达率和日到达率（%）

排名	电台名称	周到达率	日到达率
1	抚州电台交通音乐频率	30.3	8.2
2	抚州电台新闻频率	24.1	6.6
3	江西电台文艺音乐频率	16.5	3.9
4	中央电台中国之声	11.6	3.4
5	江西电台信息交通频率	11.5	2.8
6	江西电台综合新闻频率	10.4	3.0
7	中央电台音乐之声	10.3	2.3
8	江西电台生活经济频率	7.3	1.8
9	中央电台经济之声	5.6	1.8
10	江西电台健康老年频率	4.9	1.4

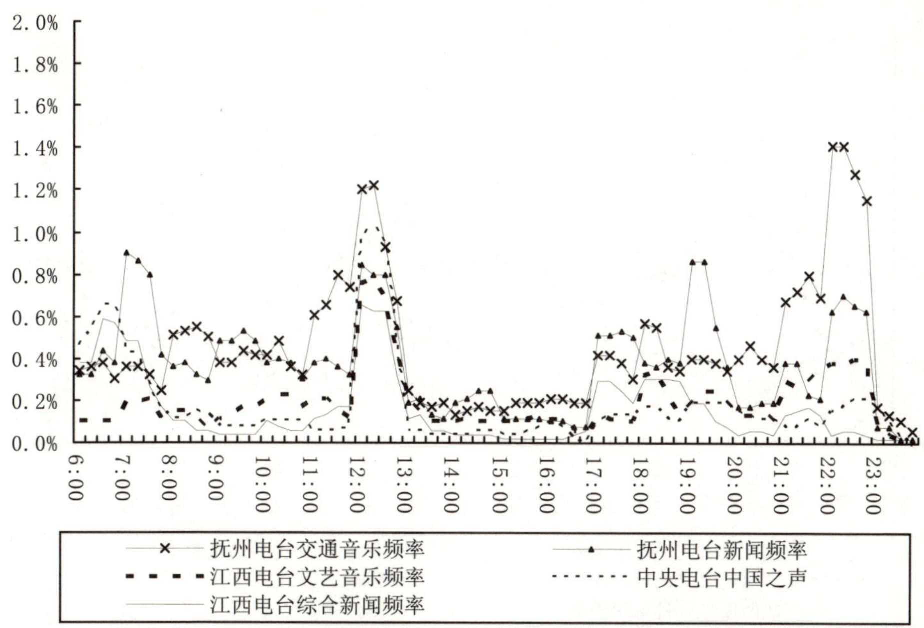

图 2.28.1 2008 年抚州地区主要电台的时段收听率（一）

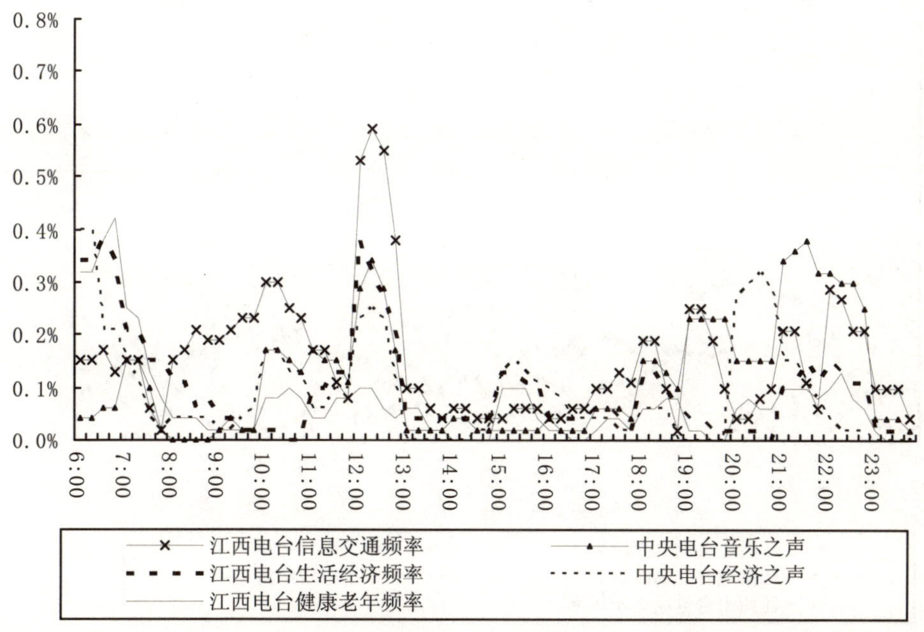

图 2.28.2 2008 年抚州地区主要电台的时段收听率（二）

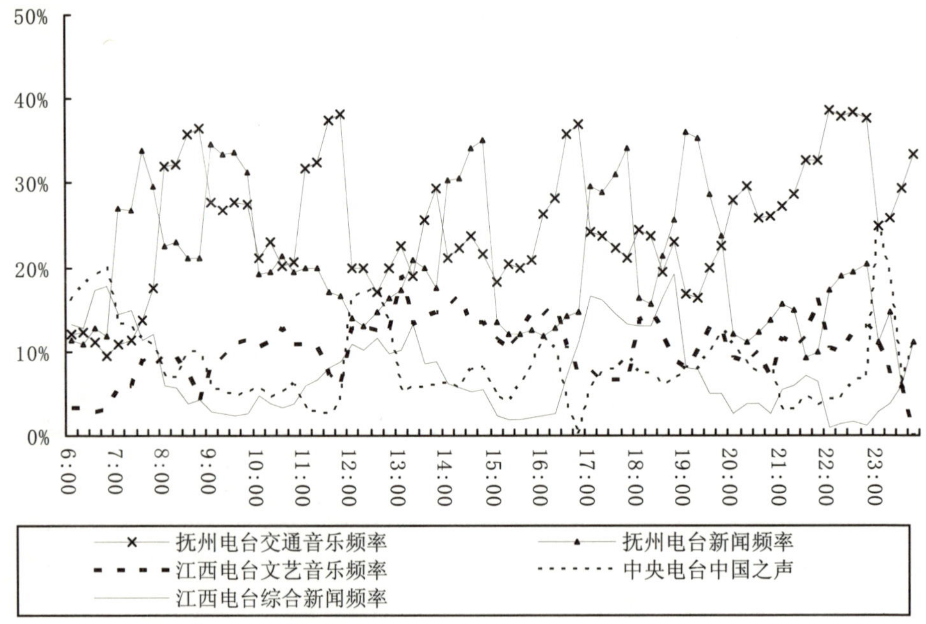

图 2.28.3 2008 年抚州地区主要电台的时段占有率（一）

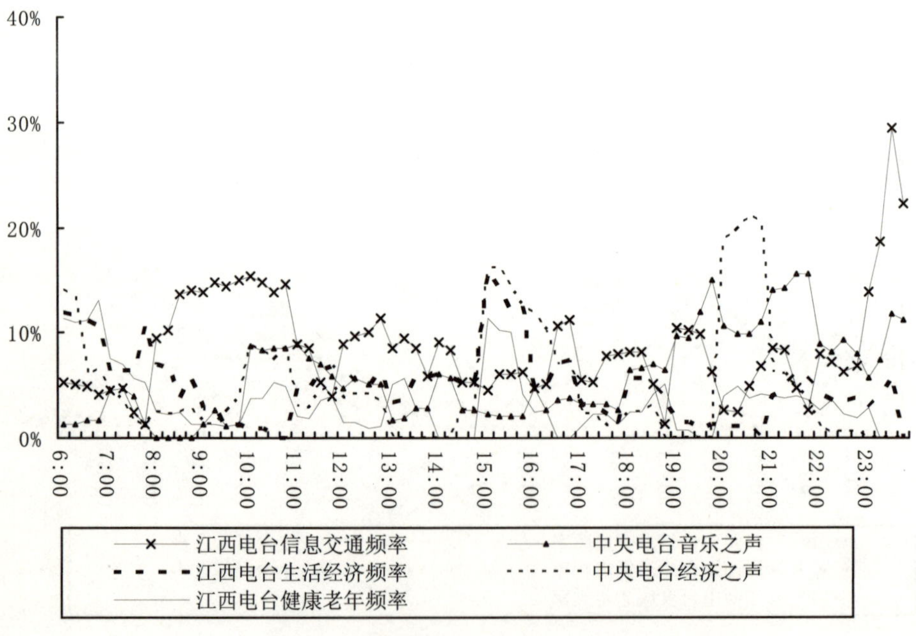

图 2.28.4 2008 年抚州地区主要电台的时段占有率（二）

二十九、赣州地区收听率数据

表 2.29.1 赣州地区主要电台频率的平均收听率和市场份额（%）

排名	电台名称	平均收听率	市场份额
1	赣州电台交通音乐台	0.74	32.8
2	赣州电台经济台	0.26	11.4
3	江西电台综合新闻频率	0.23	10.3
4	中央电台中国之声	0.22	9.8
5	赣州电台新闻综合台	0.21	9.3
6	江西电台文艺音乐频率	0.17	7.6
7	江西电台健康老年频率	0.13	5.9
8	江西电台生活经济频率	0.12	5.2
9	中央电台音乐之声	0.07	3.3
10	中央电台经济之声	0.06	2.5

表 2.29.2 赣州地区主要电台频率的周到达率和日到达率（%）

排名	电台名称	周到达率	日到达率
1	赣州电台交通音乐台	30.5	10.9
2	江西电台综合新闻频率	15.0	4.7
3	赣州电台新闻综合台	11.3	3.7
4	赣州电台经济台	11.1	3.8
4	江西电台文艺音乐频率	11.1	3.3
6	中央电台中国之声	8.5	3.0
7	江西电台生活经济频率	8.3	1.7
8	江西电台健康老年频率	8.0	2.3
9	中央电台音乐之声	6.3	1.5
10	中央电台经济之声	2.4	0.8

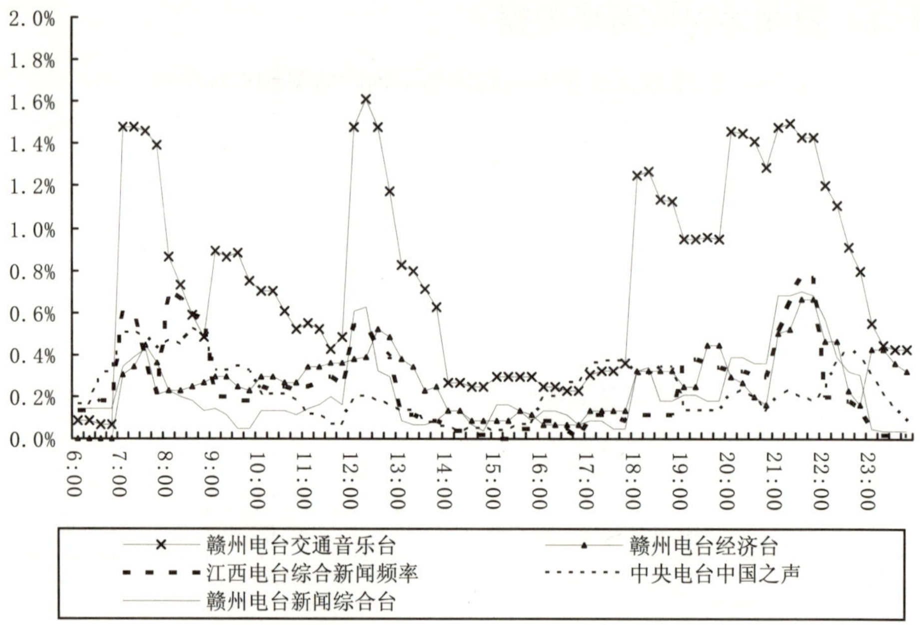

图 2.29.1 2008 年赣州地区主要电台的时段收听率（一）

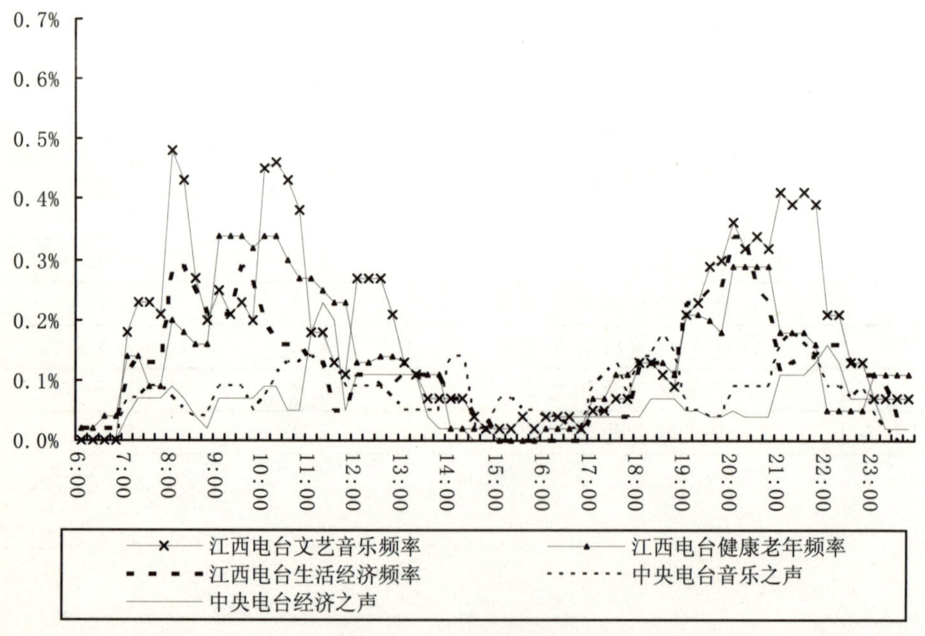

图 2.29.2 2008 年赣州地区主要电台的时段收听率（二）

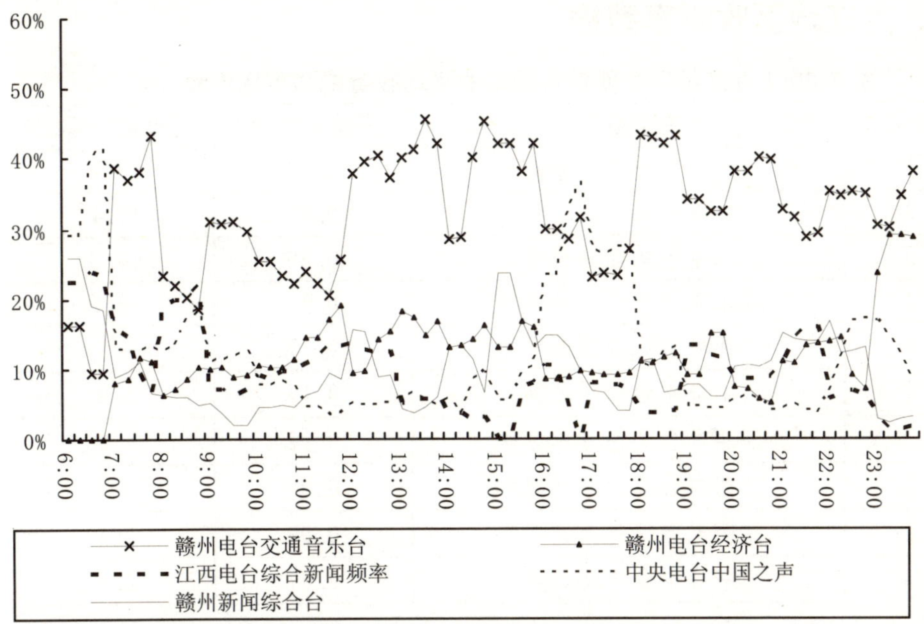

图 2.29.3 2008 年赣州地区主要电台的时段占有率（一）

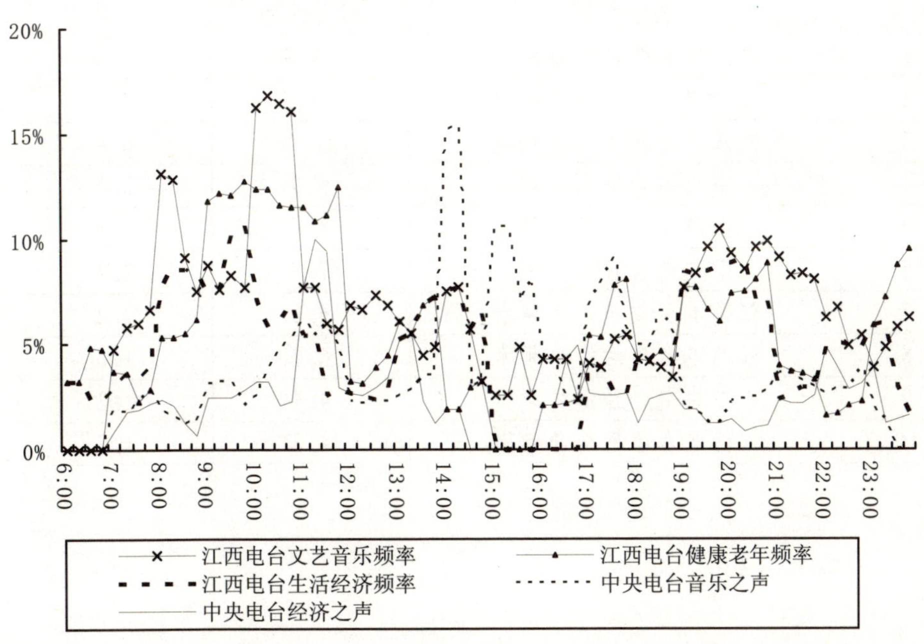

图 2.29.4 2008 年赣州地区主要电台的时段占有率（二）

三十、九江地区收听率数据

表 2.30.1 九江地区主要电台频率的平均收听率和市场份额（%）

排名	电台名称	平均收听率	市场份额
1	九江电台交通音乐频道	0.74	27.9
2	中央电台中国之声	0.45	17.1
3	九江电台新闻综合频道	0.38	14.3
4	九江电台城市生活频道	0.33	12.5
5	江西电台综合新闻频率	0.17	6.5
6	中央电台音乐之声	0.13	5.0
7	江西电台文艺音乐频率	0.12	4.5
8	江西电台生活经济频率	0.09	3.3
8	江西电台信息交通频率	0.09	3.2
10	中央电台经济之声	0.07	2.5

表 2.30.2 九江地区主要电台频率的周到达率和日到达率（%）

排名	电台名称	周到达率	日到达率
1	九江电台交通音乐频道	34.9	13.9
2	九江电台新闻综合频道	19.3	7.4
3	九江电台城市生活频道	16.1	6.4
4	中央电台中国之声	9.9	3.5
5	江西电台综合新闻频率	8.7	3.1
6	中央电台音乐之声	7.3	2.4
7	江西电台文艺音乐频率	6.3	2.2
8	江西电台生活经济频率	5.7	1.6
9	中央电台经济之声	4.4	1.2
10	江西电台信息交通频率	4.3	1.2

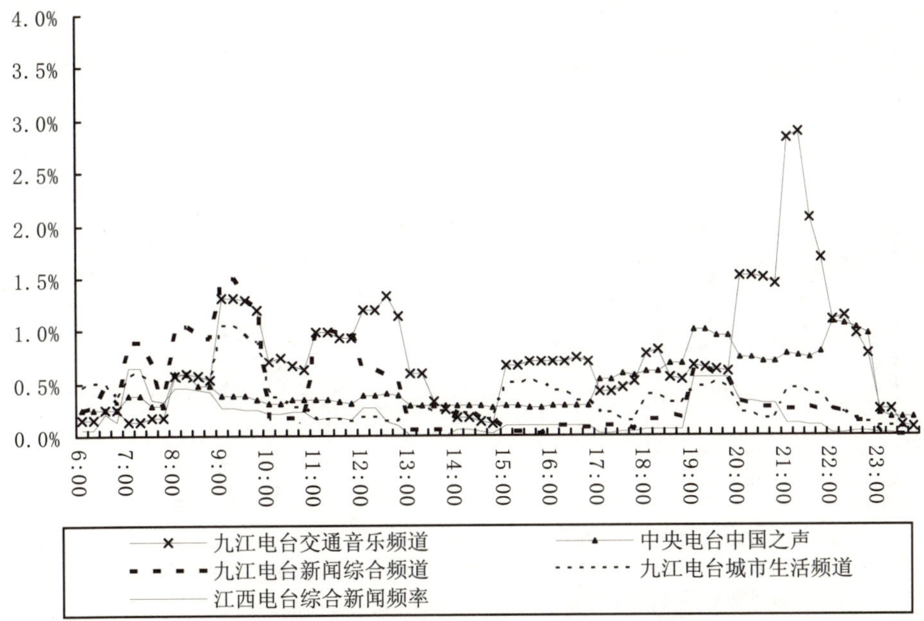

图 2.30.1 2008 年九江地区主要电台的时段收听率（一）

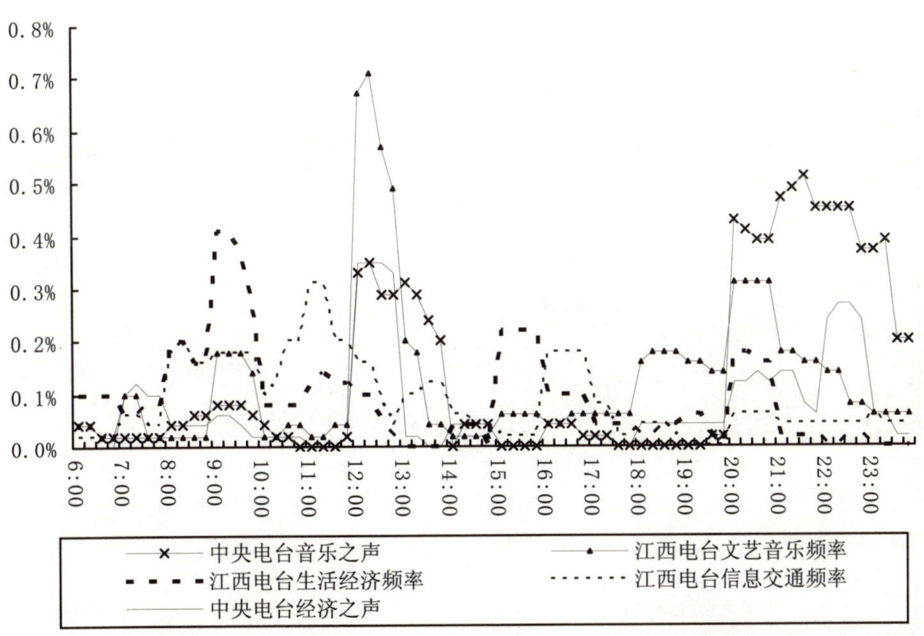

图 2.30.2 2008 年九江地区主要电台的时段收听率（二）

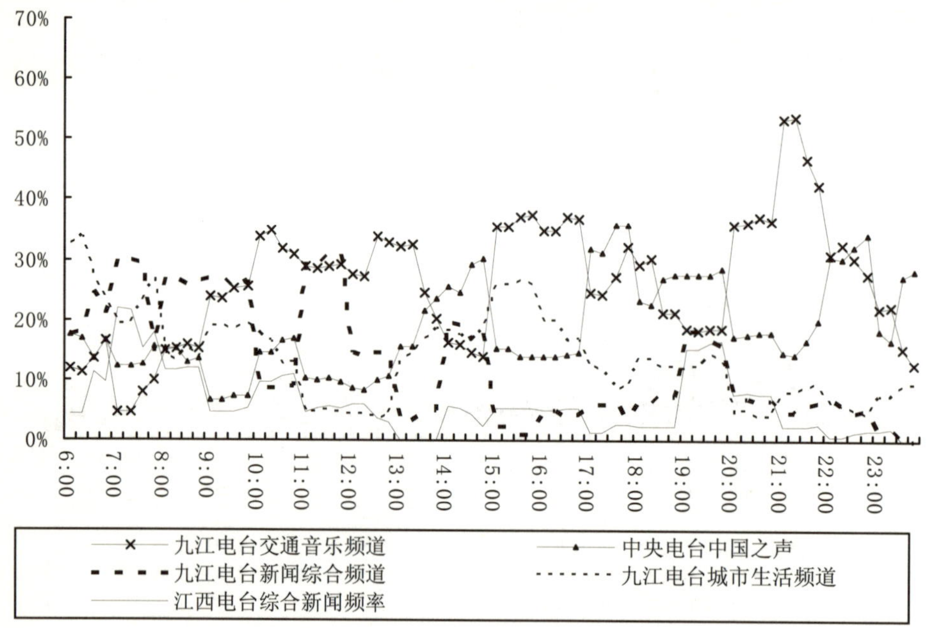

图 2.30.3 2008 年九江地区主要电台的时段占有率（一）

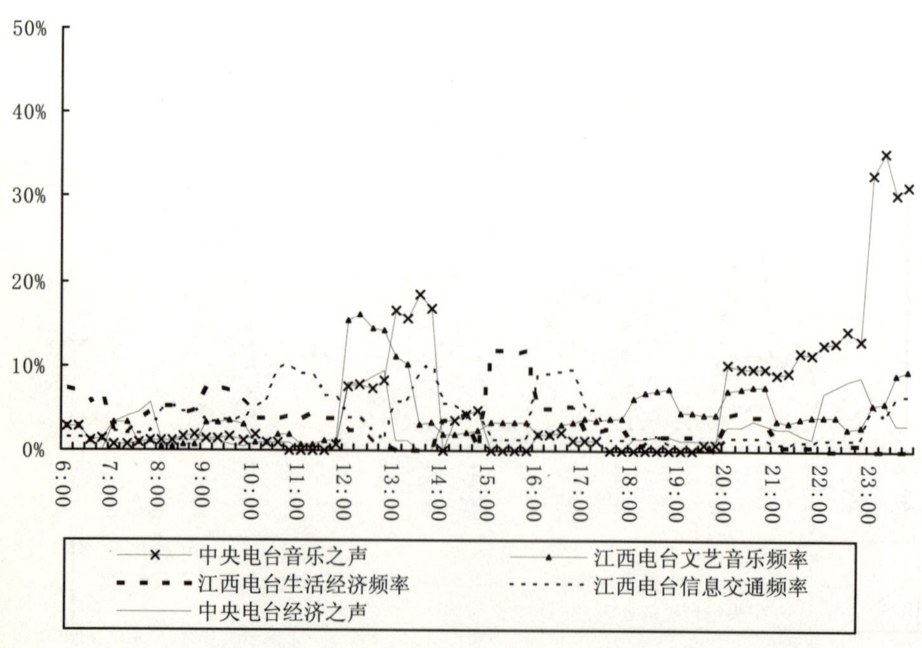

图 2.30.4 2008 年九江地区主要电台的时段占有率（二）

三十一、上饶地区收听率数据

表 2.31.1 上饶地区主要电台频率的平均收听率和市场份额（%）

排名	电台名称	平均收听率	市场份额
1	上饶电台新闻综合频道	0.57	29.0
2	上饶电台交通音乐频道	0.40	20.3
3	中央电台音乐之声	0.25	12.5
4	江西电台文艺音乐频率	0.22	11.1
5	中央电台中国之声	0.17	8.5
6	江西电台综合新闻频率	0.13	6.4
7	江西电台信息交通频率	0.12	6.2
8	江西电台生活经济频率	0.06	3.0
9	江西电台健康老年频率	0.03	1.3
10	江西电台科教农村频率	0.02	0.8

表 2.31.2 上饶地区主要电台频率的周到达率和日到达率（%）

排名	电台名称	周到达率	日到达率
1	上饶电台新闻综合频道	32.9	11.6
2	中央电台音乐之声	21.0	5.2
3	上饶电台交通音乐频道	17.3	6.7
4	江西电台文艺音乐频率	16.7	4.4
5	中央电台中国之声	15.3	3.5
6	江西电台综合新闻频率	12.4	2.8
7	江西电台信息交通频率	10.1	2.6
8	江西电台生活经济频率	6.4	1.2
9	江西电台健康老年频率	1.9	0.7
10	中央电台经济之声	1.7	0.3

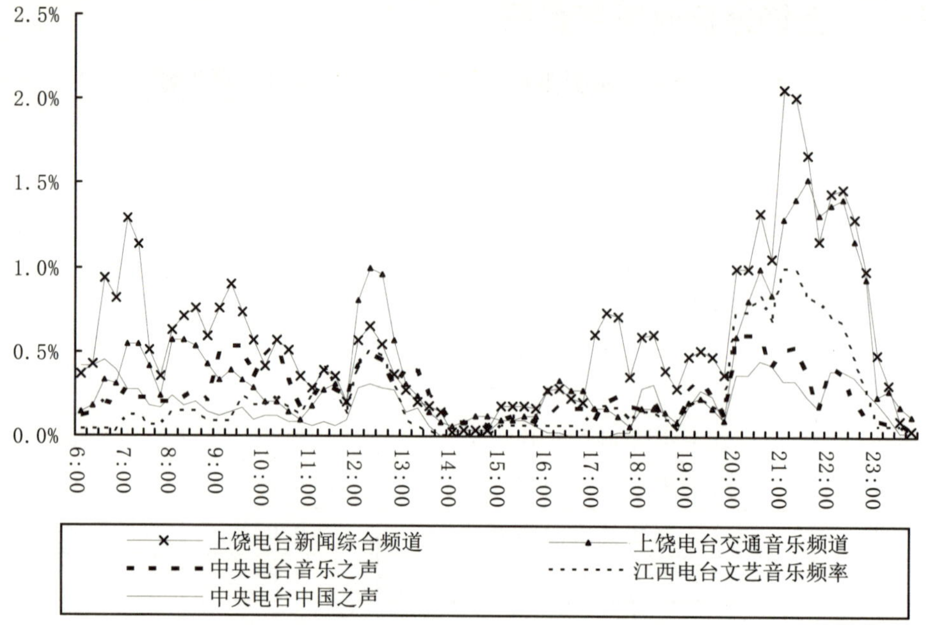

图 2.31.1 2008 年上饶地区主要电台的时段收听率（一）

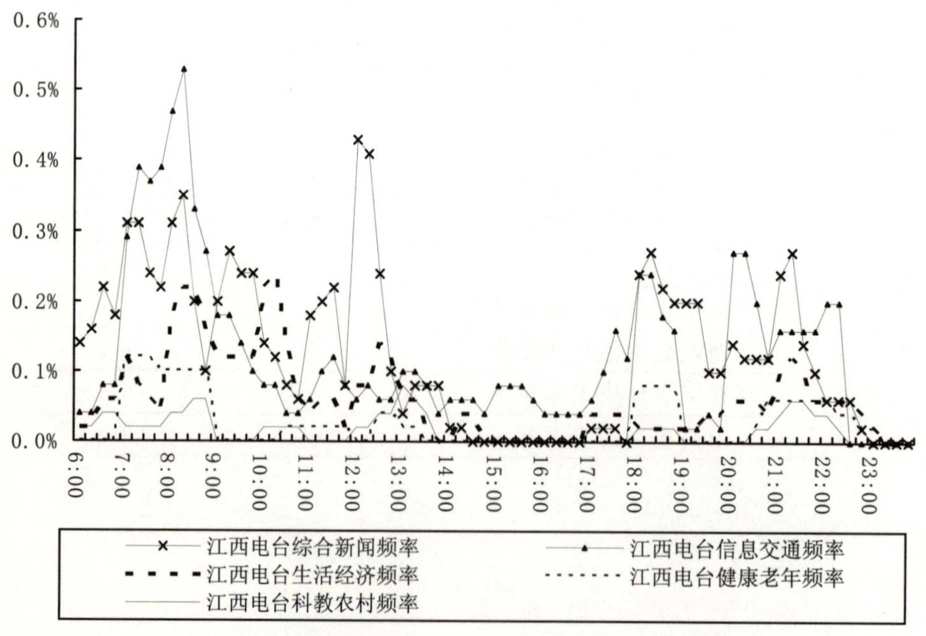

图 2.31.2 2008 年上饶地区主要电台的时段收听率（二）

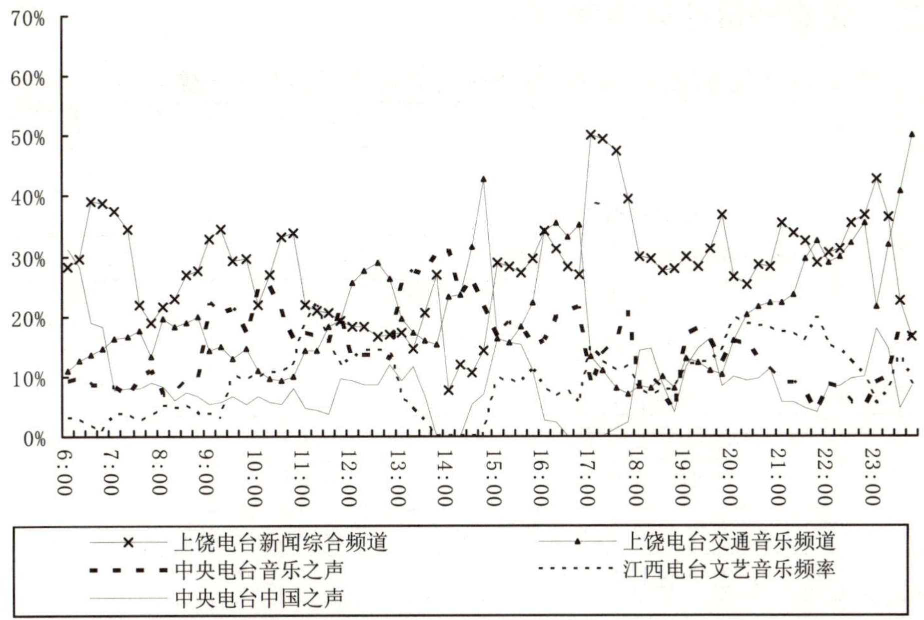

图 2.31.3 2008 年上饶地区主要电台的时段占有率（一）

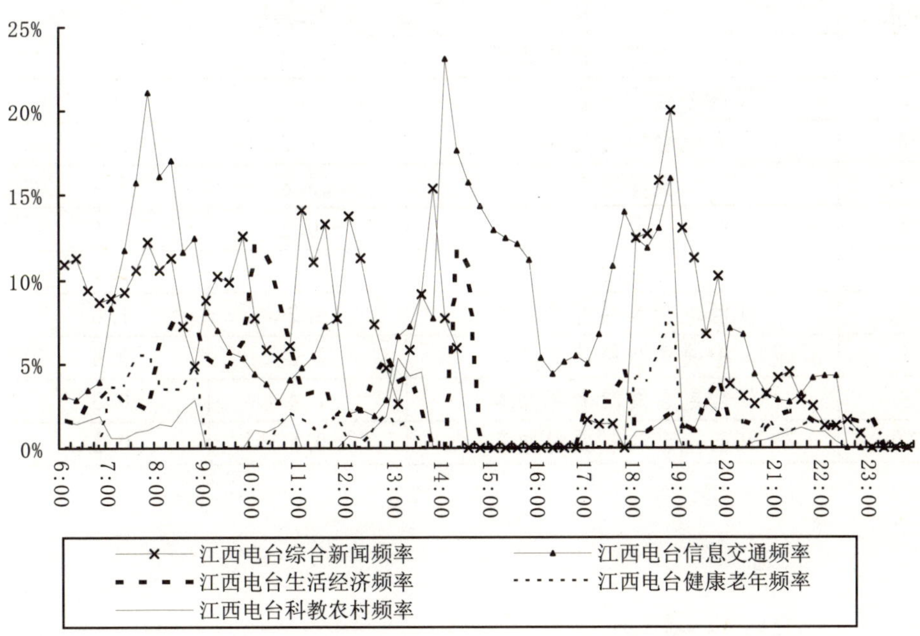

图 2.31.4 2008 年上饶地区主要电台的时段占有率（二）

三十二、宜春地区收听率数据

表 2.32.1 宜春地区主要电台频率的平均收听率和市场份额（%）

排名	电台名称	平均收听率	市场份额
1	江西电台文艺音乐频率	0.48	28.8
2	江西电台综合新闻频率	0.44	26.2
3	江西电台信息交通频率	0.31	18.4
4	宜春电台	0.19	11.4
5	中央电台中国之声	0.10	6.0
6	中央电台音乐之声	0.09	5.2
7	江西电台生活经济频率	0.04	2.2
8	中央电台经济之声	0.02	0.9
9	江西电台健康老年频率	0.01	0.5
10	江西电台科教农村频率	-	0.3

表 2.32.2 宜春地区主要电台频率的周到达率和日到达率（%）

排名	电台名称	周到达率	日到达率
1	江西电台综合新闻频率	41.3	11.7
2	江西电台文艺音乐频率	41.1	12.2
3	江西电台信息交通频率	31.3	8.3
4	宜春电台	23.8	5.8
5	中央电台中国之声	10.3	2.6
6	中央电台音乐之声	8.4	2.1
7	江西电台生活经济频率	4.2	1.0
8	中央电台经济之声	2.2	0.4
9	江西电台健康老年频率	1.4	0.3
10	江西电台科教农村频率	0.8	0.2

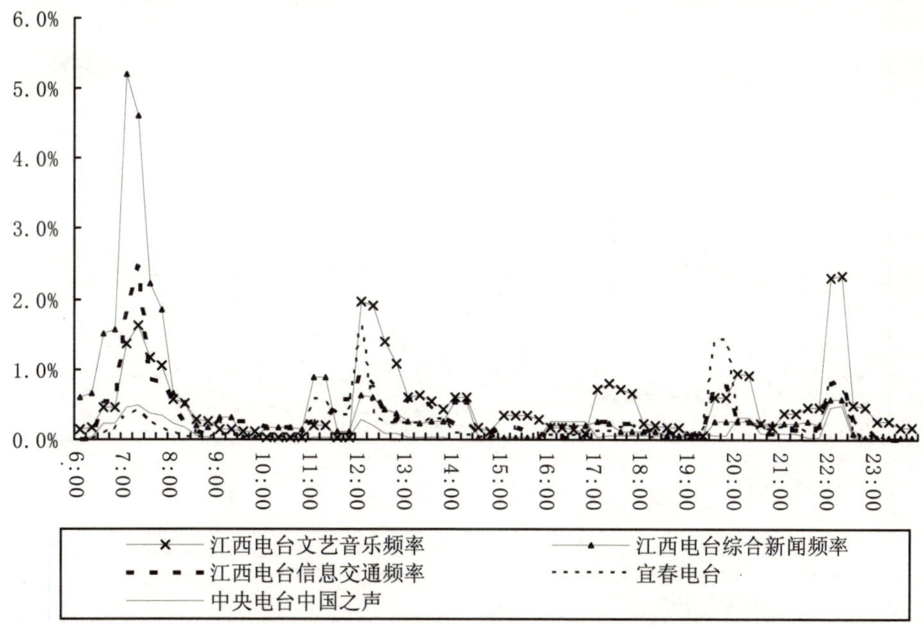

图 2.32.1 2008 年宜春地区主要电台的时段收听率（一）

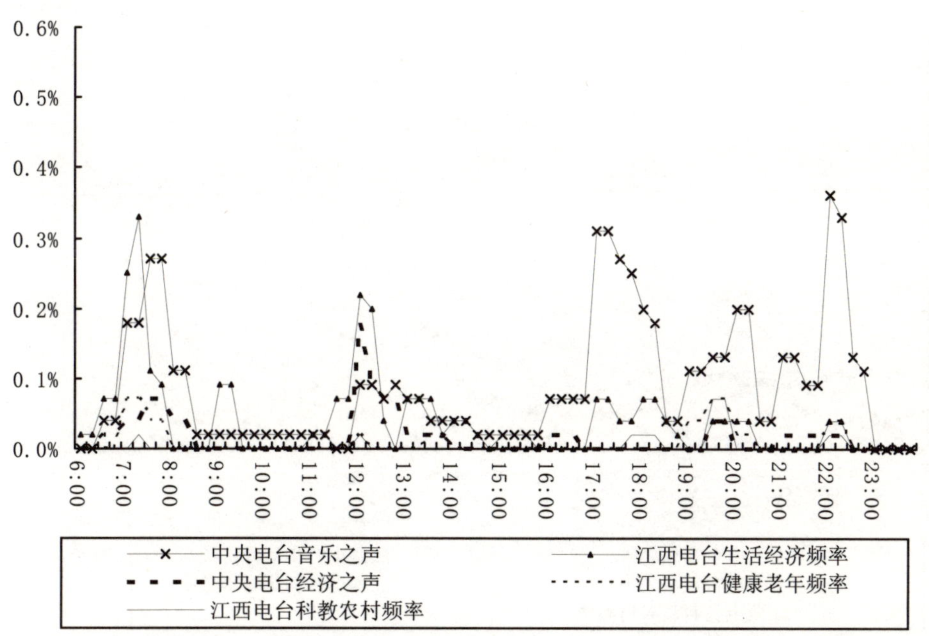

图 2.32.2 2008 年宜春地区主要电台的时段收听率（二）

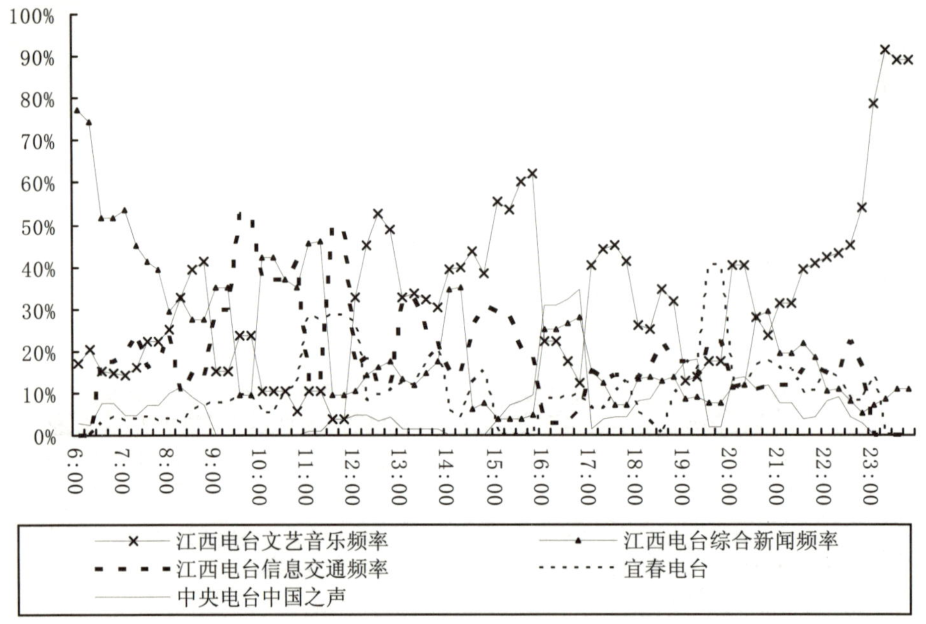

图 2.32.3 2008 年宜春地区主要电台的时段占有率（一）

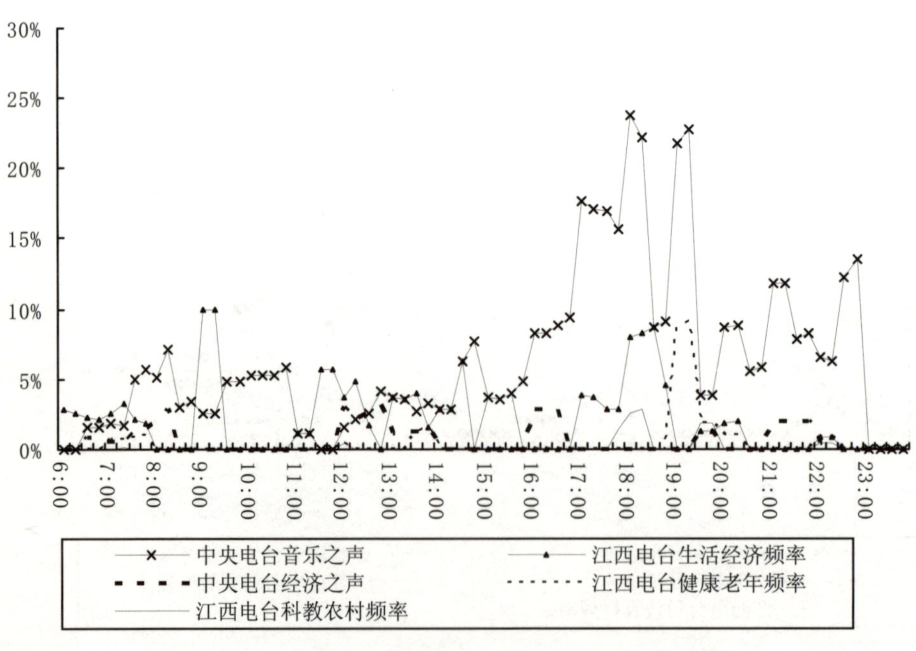

图 2.32.4 2008 年宜春地区主要电台的时段占有率（二）

三十三、厦门地区收听率数据

表 2.33.1 厦门地区主要电台频率的平均收听率和市场份额（%）

排名	电台名称	平均收听率	市场份额
1	厦门电台音乐广播	1.41	34.8
2	厦门电台经济交通广播	1.19	29.3
3	厦门电台新闻广播	0.41	10.0
4	厦门电台闽南之声广播	0.34	8.4
5	福建电台经济广播	0.14	3.3
6	福建电台都市生活频道	0.08	2.0
7	福建电台交通广播	0.07	1.8
7	福建电台音乐广播	0.07	1.7
9	海峡之声音乐资讯频道	0.06	1.4
10	海峡之声闽南话频道	0.05	1.3

表 2.33.2 厦门地区主要电台频率的周到达率和日到达率（%）

排名	电台名称	周到达率	日到达率
1	厦门电台音乐广播	36.5	20.2
2	厦门电台经济交通广播	20.8	14.6
3	厦门电台新闻广播	13.2	5.8
4	厦门电台闽南之声广播	6.1	4.1
5	福建电台都市生活频道	5.6	2.1
6	福建电台经济广播	4.7	1.8
7	海峡之声音乐资讯频道	3.6	0.9
8	福建电台新闻综合广播	3.2	0.9
9	中央电台中国之声	3.0	0.6
10	福建电台音乐广播	2.2	0.7

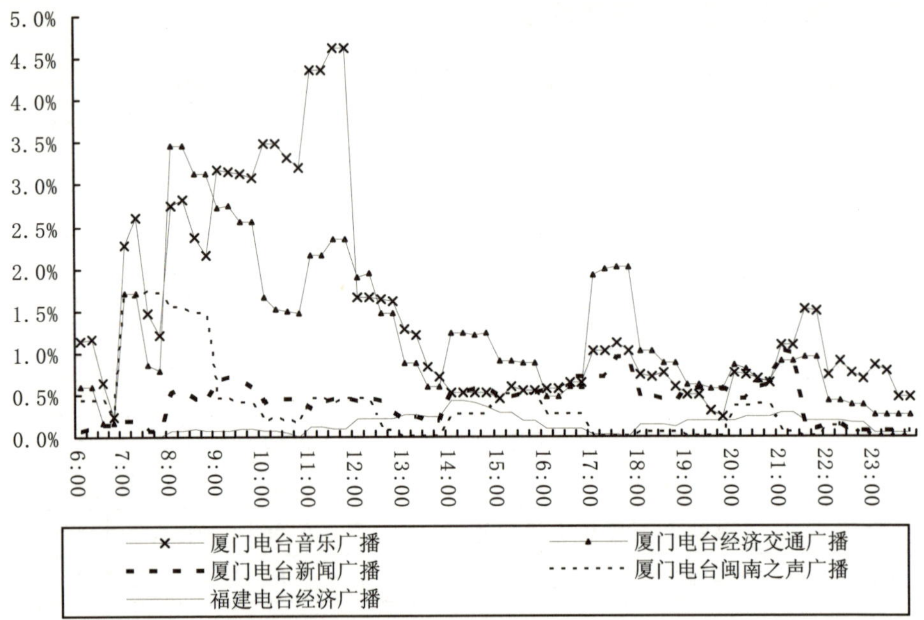

图 2.33.1 2008 年厦门地区主要电台的时段收听率（一）

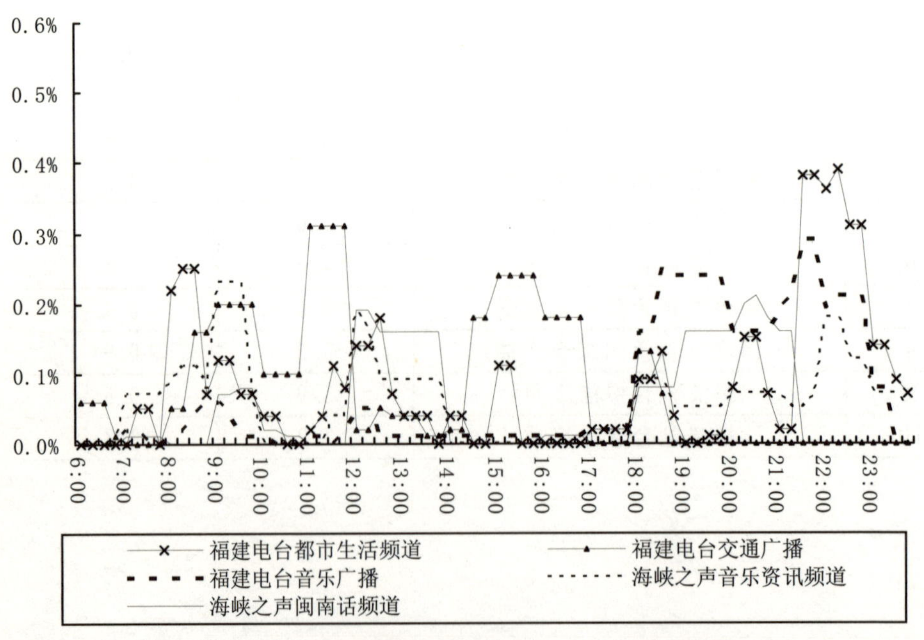

图 2.33.2 2008 年厦门地区主要电台的时段收听率（二）

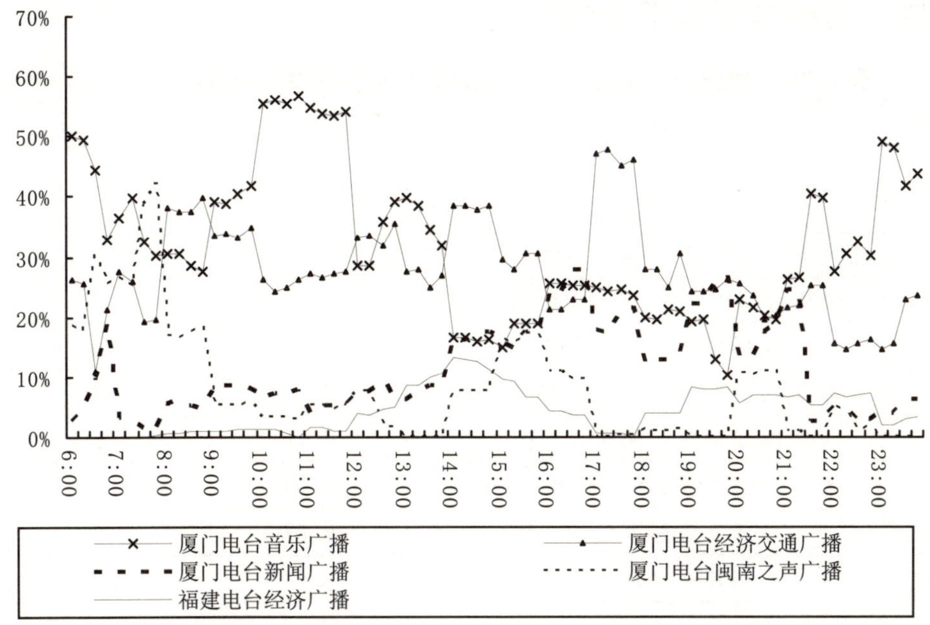

图 2.33.3 2008 年厦门地区主要电台的时段占有率（一）

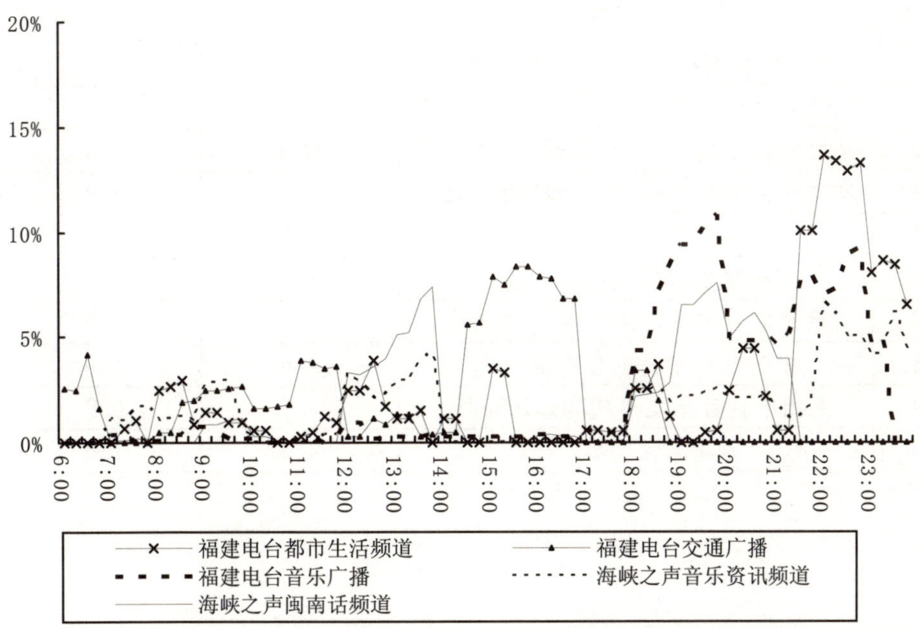

图 2.33.4 2008 年厦门地区主要电台的时段占有率（二）

三十四、泉州地区收听率数据

表2.34.1 泉州地区主要电台频率的平均收听率和市场份额（%）

排名	电台名称	平均收听率	市场份额
1	泉州电台刺桐之声/1059刺桐之声	0.69	27.6
2	泉州电台交通之声/泉广904交通之声	0.34	13.8
2	泉州电台新闻频道/泉广889新闻频道	0.34	13.6
4	泉州电台都市之声/泉广923都市之声	0.22	8.8
5	福建电台经济广播	0.15	6.0
6	泉州电台体育之声/914体育之声	0.11	4.2
7	福建电台新闻综合广播	0.10	3.8
8	泉州电台音乐之声/QZMusicRadio	0.07	3.0
8	福建电台都市生活广播	0.07	3.0
8	福建电台音乐广播	0.07	3.0

表2.34.2 泉州地区主要电台频率的周到达率和日到达率（%）

排名	电台名称	周到达率	日到达率
1	泉州电台刺桐之声/1059刺桐之声	33.3	8.9
2	泉州电台新闻频道/泉广889新闻频道	22.8	6.1
3	泉州电台交通之声/泉广904交通之声	22.6	5.4
4	泉州电台都市之声/泉广923都市之声	13.5	3.2
5	福建电台经济广播	9.2	2.2
6	福建电台新闻综合广播	8.7	1.7
7	泉州电台体育之声/914体育之声	7.4	1.9
8	中央电台中央电台中国之声	4.6	1.0
9	泉州电台音乐之声/QZMusicRadio	4.5	0.9
10	福建电台音乐广播	4.2	1.0

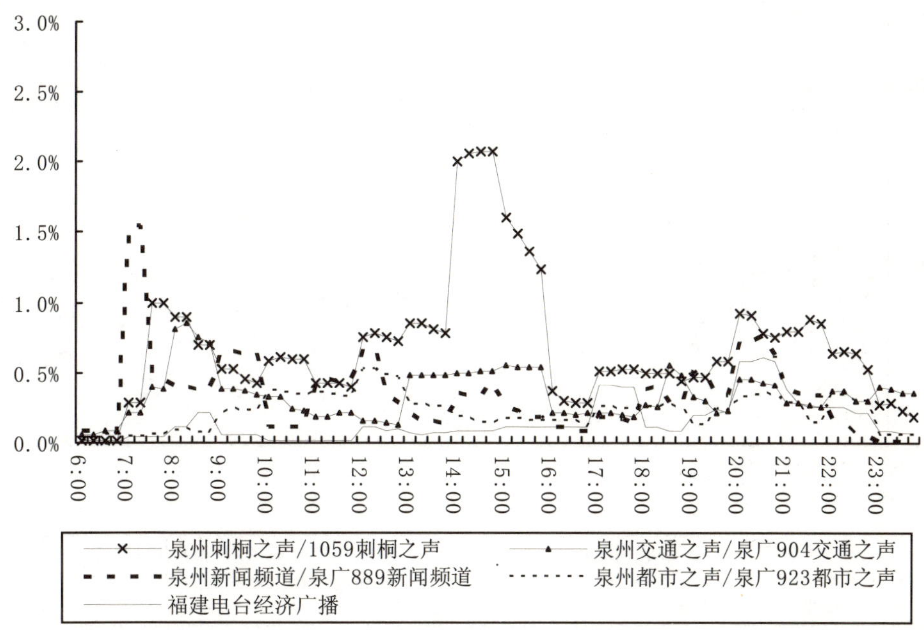

图 2.34.1 2008 年泉州地区主要电台的时段收听率（一）

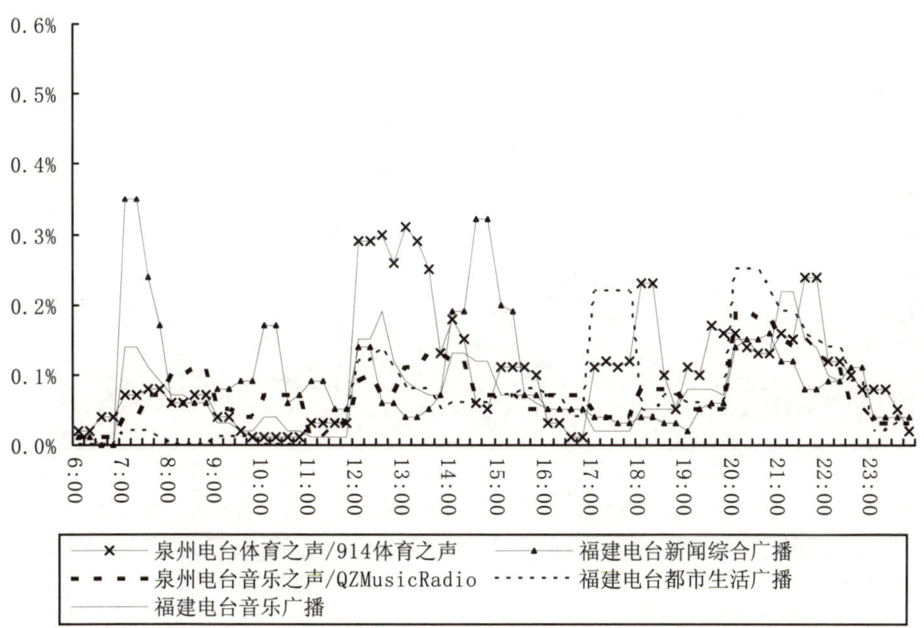

图 2.34.2 2008 年泉州地区主要电台的时段收听率（二）

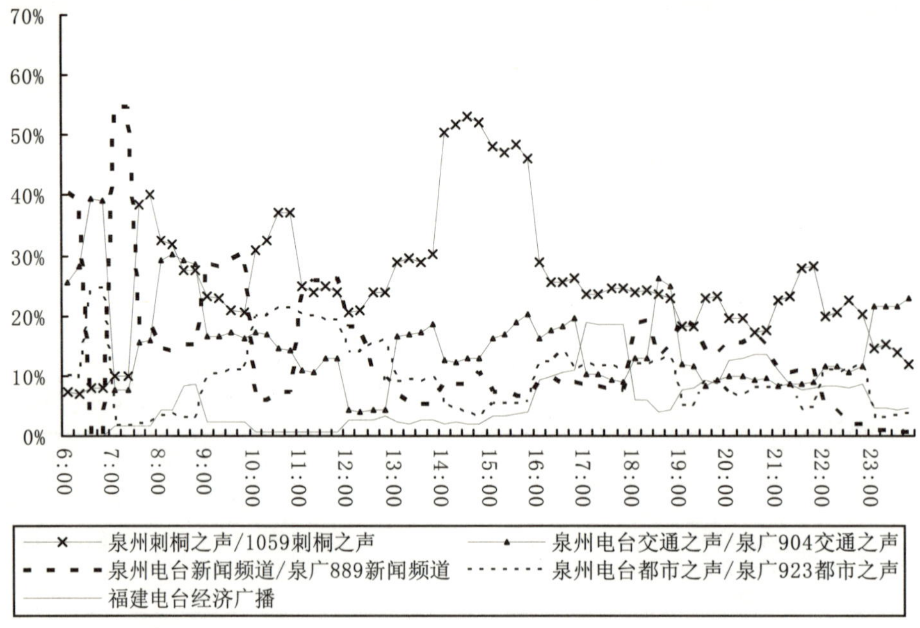

图 2.34.3 2008 年泉州地区主要电台的时段占有率（一）

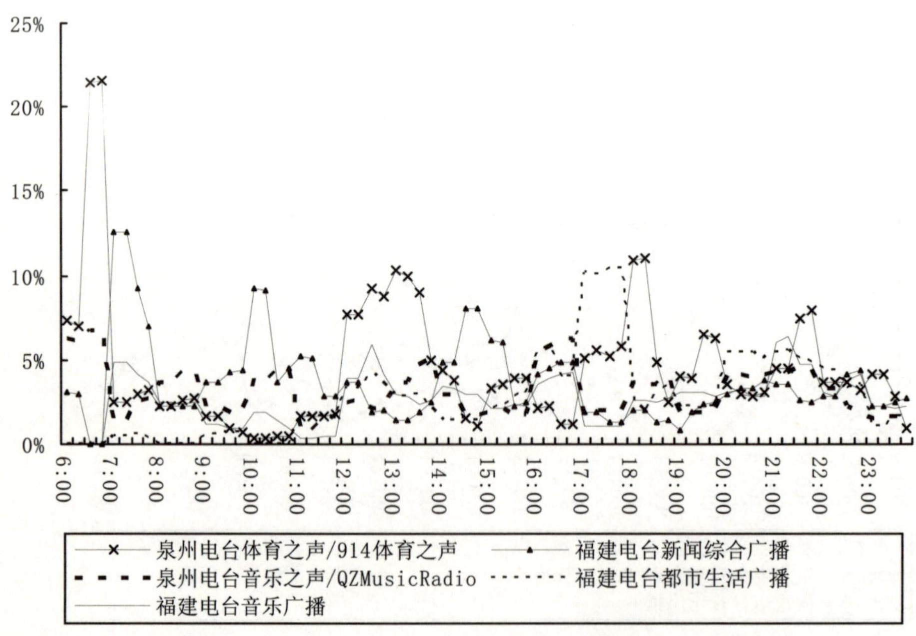

图 2.34.4 2008 年泉州地区主要电台的时段占有率（二）

三十五、南宁地区收听率数据

表 2.35.1 南宁地区主要电台频率的平均收听率和市场份额（%）

排名	电台名称	平均收听率	市场份额
1	广西电台交通台	0.79	22.8
2	南宁电台新闻综合广播	0.76	22.1
3	南宁电台交通音乐广播	0.59	17.0
4	中央电台中国之声	0.57	16.4
5	南宁电台乡村生活广播 LIFE RADIO	0.28	8.2
6	广西电台卫星广播	0.22	6.3
7	广西电台经济广播	0.11	3.1
8	广西电台文艺广播	0.09	2.7
9	广西电台教育生活广播	0.05	1.5

表 2.35.2 南宁地区主要电台频率的周到达率和日到达率（%）

排名	电台名称	周到达率	日到达率
1	南宁电台新闻综合广播	32.5	11.6
2	广西电台交通台	30.3	10.2
3	南宁电台交通音乐广播	24.3	8.0
4	中央电台中国之声	24.1	8.1
5	南宁电台乡村生活广播 LIFE RADIO	14.3	4.2
6	广西电台卫星广播	11.7	3.8
7	广西电台文艺广播	7.0	1.5
8	广西电台经济广播	6.2	1.9
9	广西电台教育生活广播	3.4	0.8

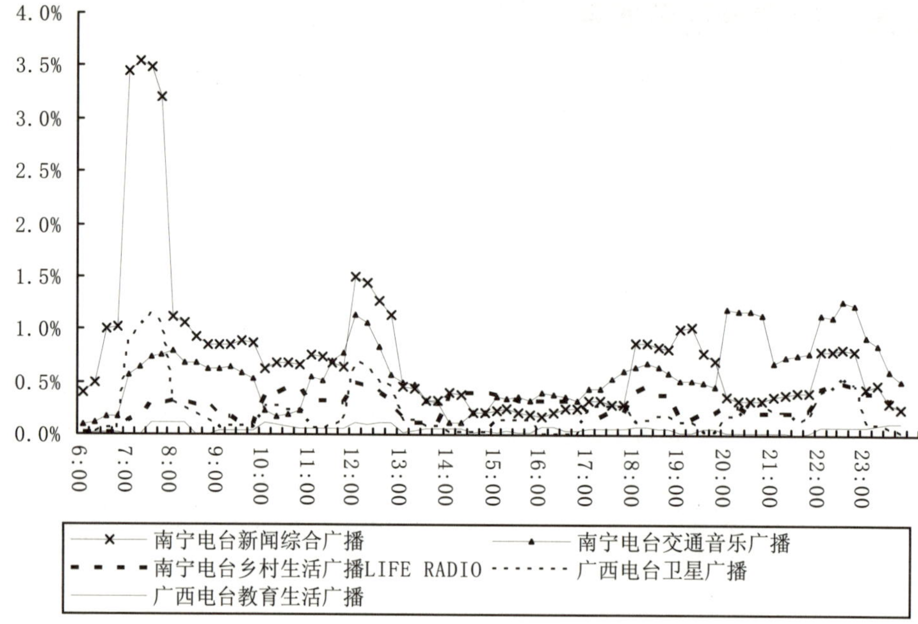

图 2.35.1 2008 年南宁地区主要电台的时段收听率（一）

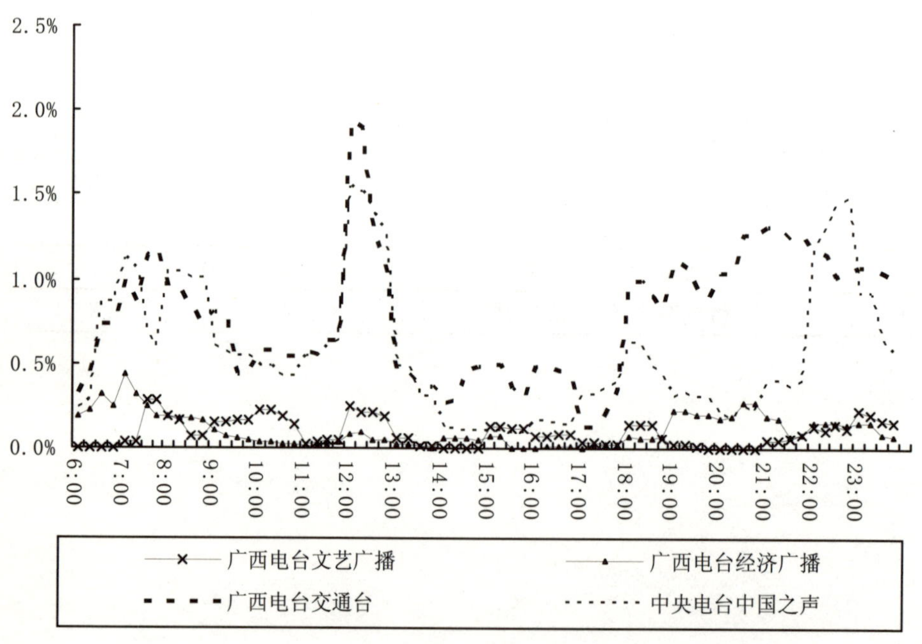

图 2.35.2 2008 年南宁地区主要电台的时段收听率（二）

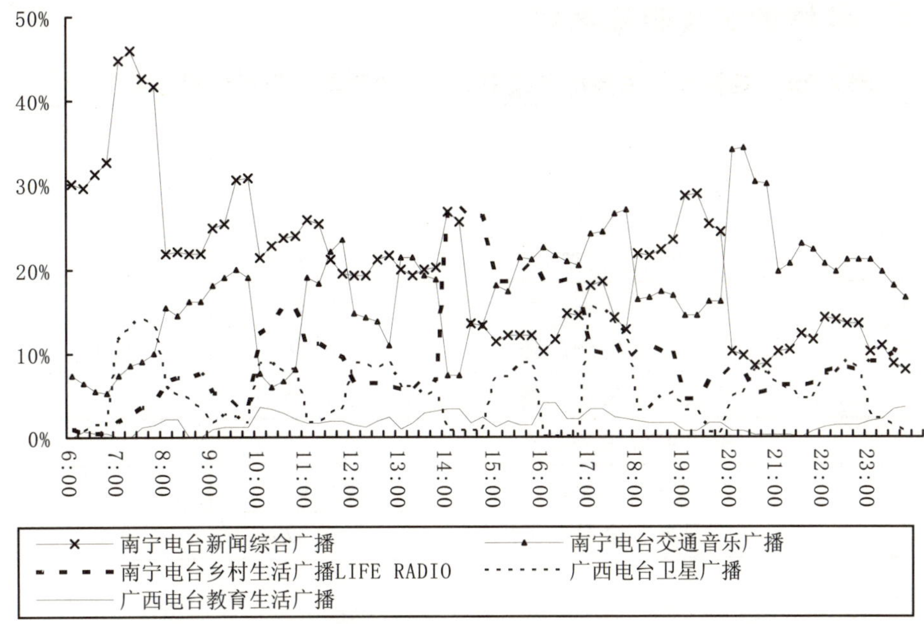

图 2.35.3 2008 年南宁地区主要电台的时段占有率（一）

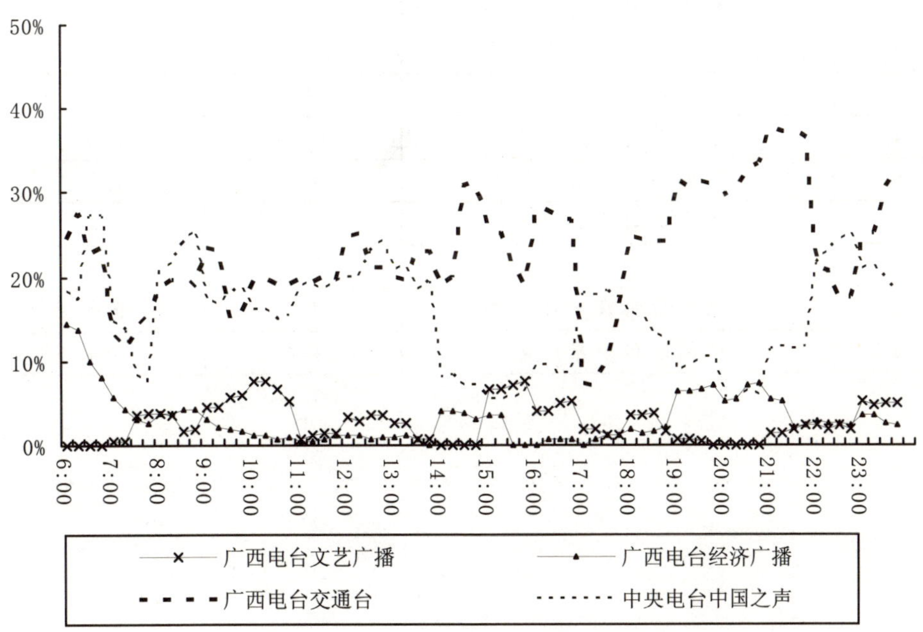

图 2.35.4 2008 年南宁地区主要电台的时段占有率（二）

三十六、桂林地区收听率数据

表 2.36.1 桂林地区主要电台频率的平均收听率和市场份额（%）

排名	电台名称	平均收听率	市场份额
1	桂林电台旅游音乐广播	0.88	40.2
2	桂林电台新闻综合广播	0.45	20.7
3	广西电台交通台	0.41	18.6
4	中央电台中国之声	0.20	9.3
5	广西电台经济广播	0.08	3.8
6	广西电台文艺广播	0.06	2.6
6	中央电台经济之声	0.06	2.5
8	广西电台教育生活广播	0.03	1.3
9	广西电台卫星广播	0.02	0.8

表 2.36.2 桂林地区主要电台频率的周到达率和日到达率（%）

排名	电台名称	周到达率	日到达率
1	桂林电台旅游音乐广播	36.0	11.8
2	桂林电台新闻综合广播	24.9	7.5
3	广西电台交通台	24.3	6.3
4	中央电台中国之声	13.0	3.0
5	广西电台经济广播	4.9	1.2
6	中央电台经济之声	4.5	1.1
7	广西电台文艺广播	3.9	0.9
8	广西电台教育生活广播	2.5	0.5
9	广西电台卫星广播	1.4	0.4

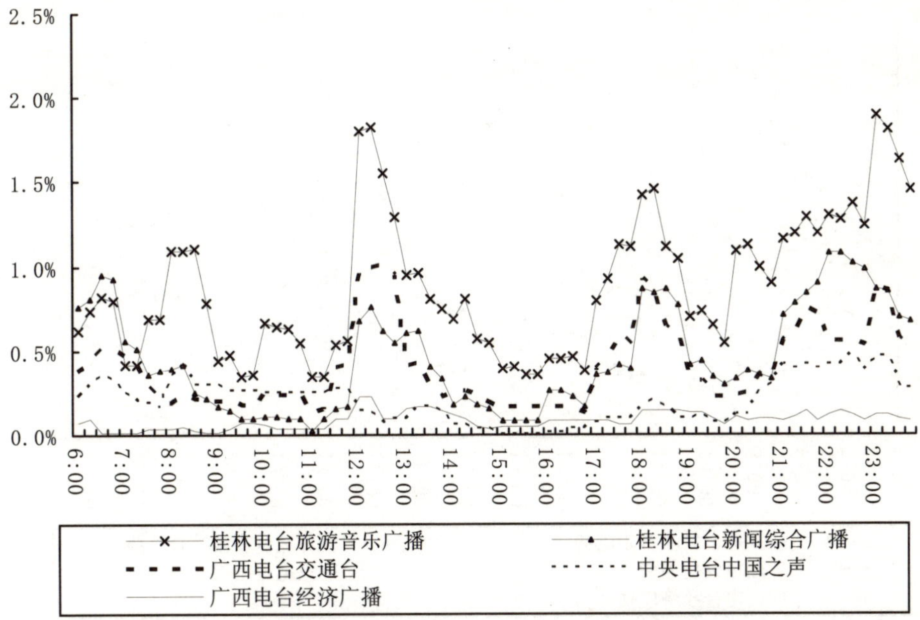

图 2.36.1 2008 年桂林地区主要电台的时段收听率（一）

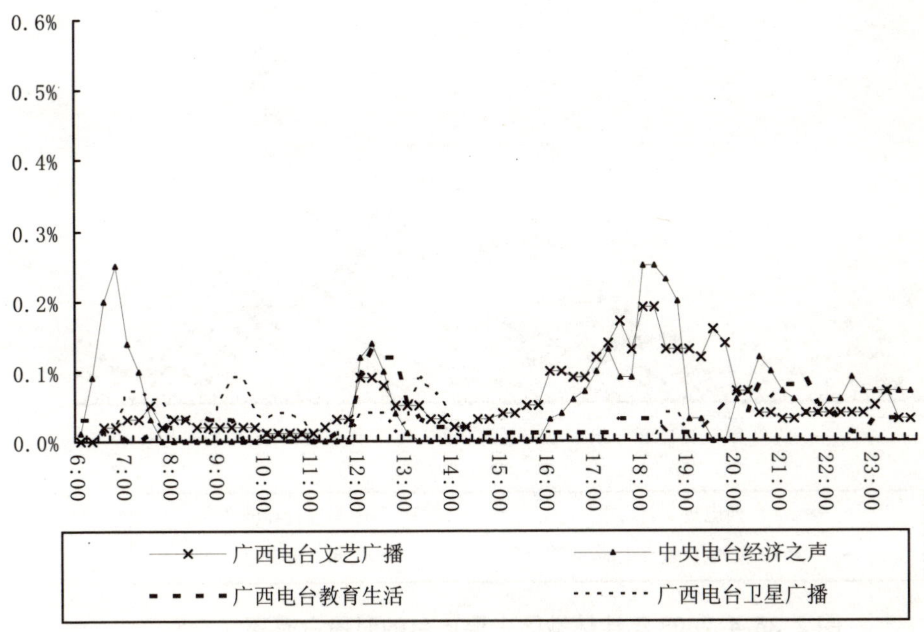

图 2.36.2 2008 年桂林地区主要电台的时段收听率（二）

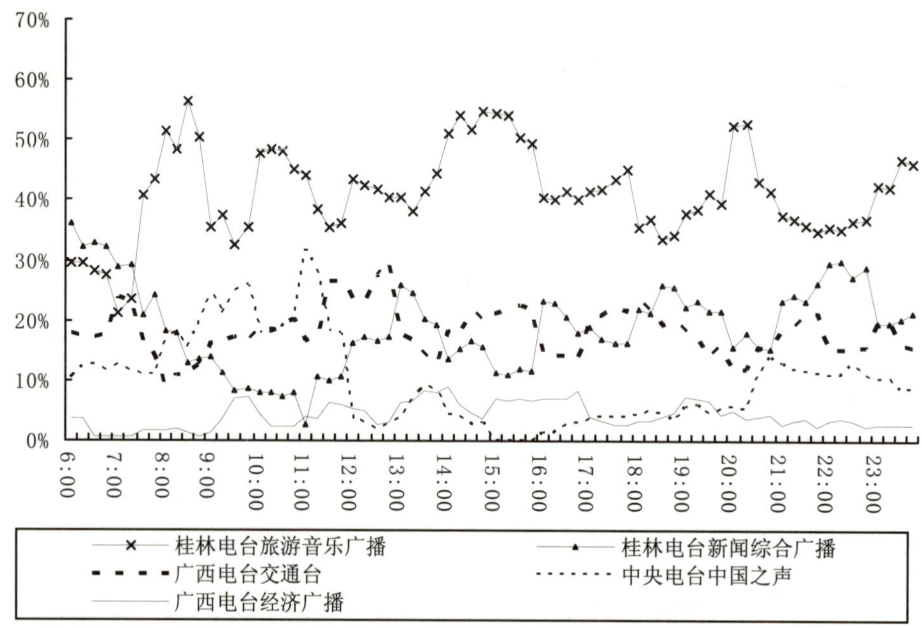

图 2.36.3 2008 年桂林地区主要电台的时段占有率（一）

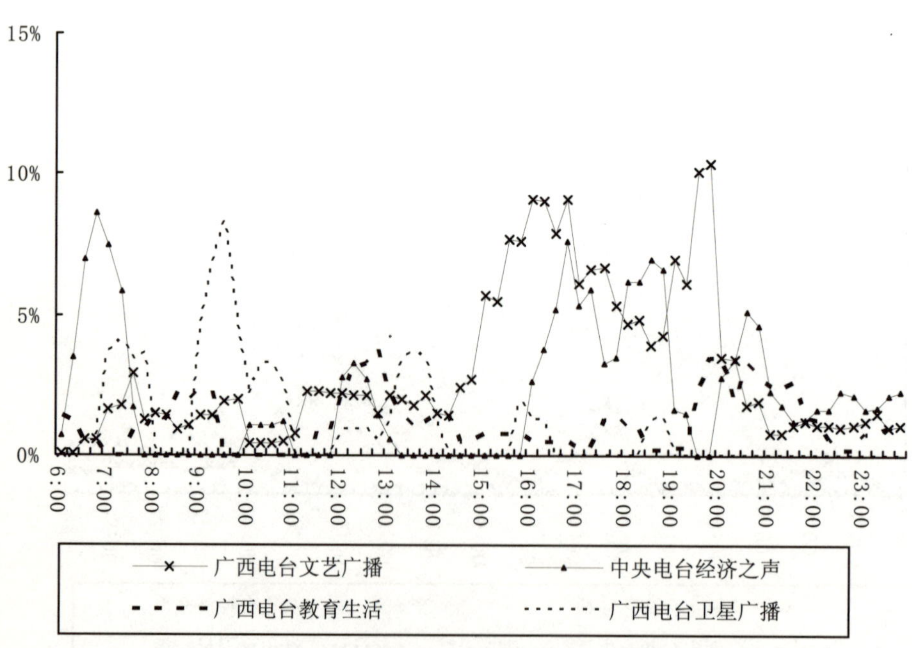

图 2.36.4 2008 年桂林地区主要电台的时段占有率（二）

三十七、东莞地区收听率数据

表 2.37.1 东莞地区主要电台频率的平均收听率和市场份额（%）

排名	电台名称	平均收听率	市场份额
1	东莞电台新闻综合频道	1.34	39.1
2	东莞电台交通音乐频道	1.05	30.5
3	广东电台珠江经济台	0.18	5.2
4	广东电台音乐之声	0.16	4.6
5	广东电台新闻台	0.11	3.1
6	广东电台城市之声	0.10	2.9
7	广东电台南方生活广播	0.06	1.8
8	中国国际电台	0.05	1.5
9	广州电台金曲广播	0.04	1.2
9	中央电台音乐之声	0.04	1.2

表 2.37.2 东莞地区主要电台频率的周到达率和日到达率（%）

排名	电台名称	周到达率	日到达率
1	东莞电台新闻综合频道	52.2	19.9
2	东莞电台交通音乐频道	42.9	16.5
3	广东电台珠江经济台	13.2	3.7
4	广东电台音乐之声	7.9	2.7
5	广东电台城市之声	7.1	1.8
6	广东电台新闻台	5.7	1.8
7	广东电台南方生活广播	5.2	1.2
8	中国国际电台	3.5	1.0
9	中央电台音乐之声	3.2	0.8
10	广州电台金曲广播	2.9	0.6

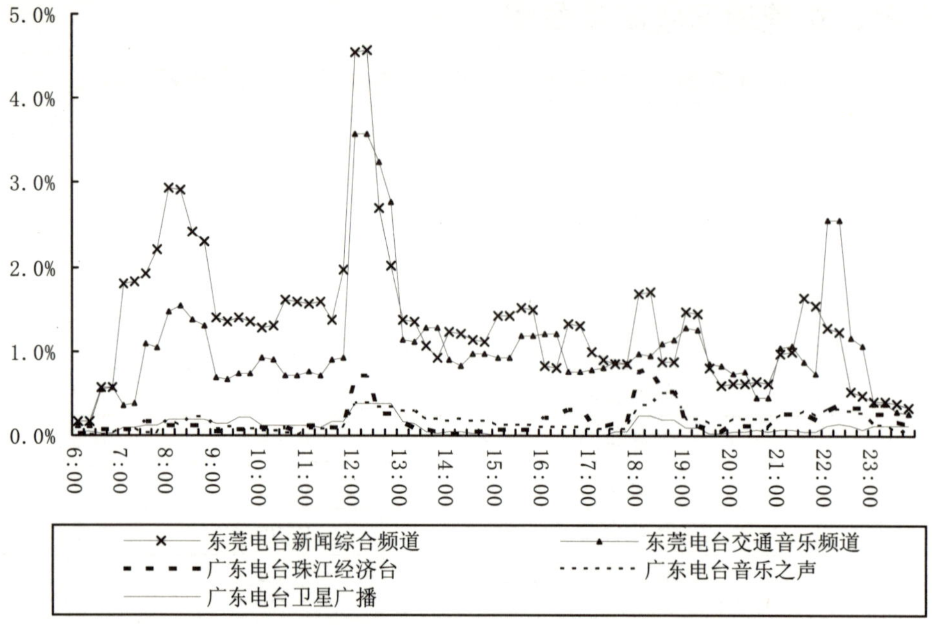

图 2.37.1 2008 年东莞地区主要电台的时段收听率（一）

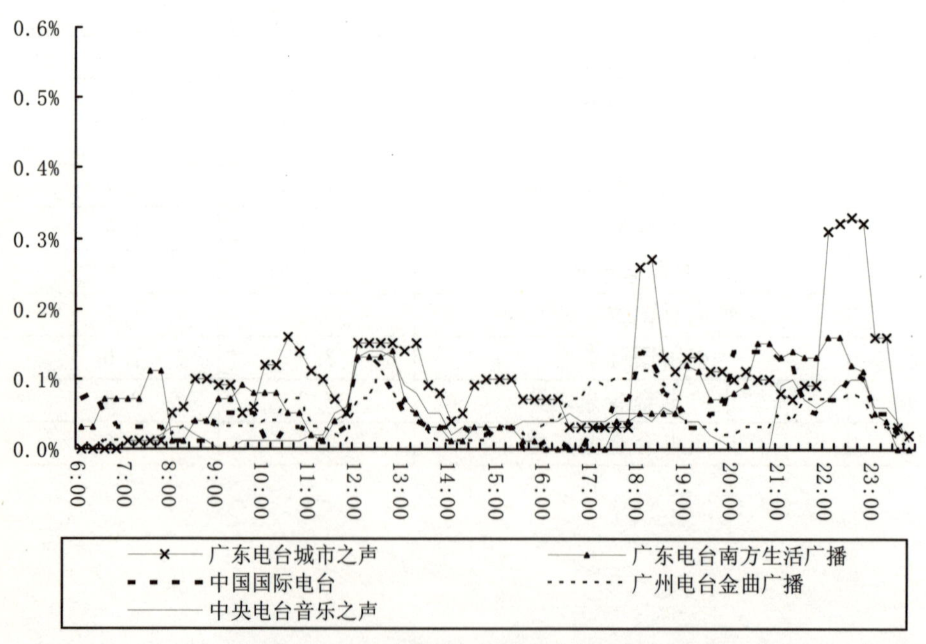

图 2.37.2 2008 年东莞地区主要电台的时段收听率（二）

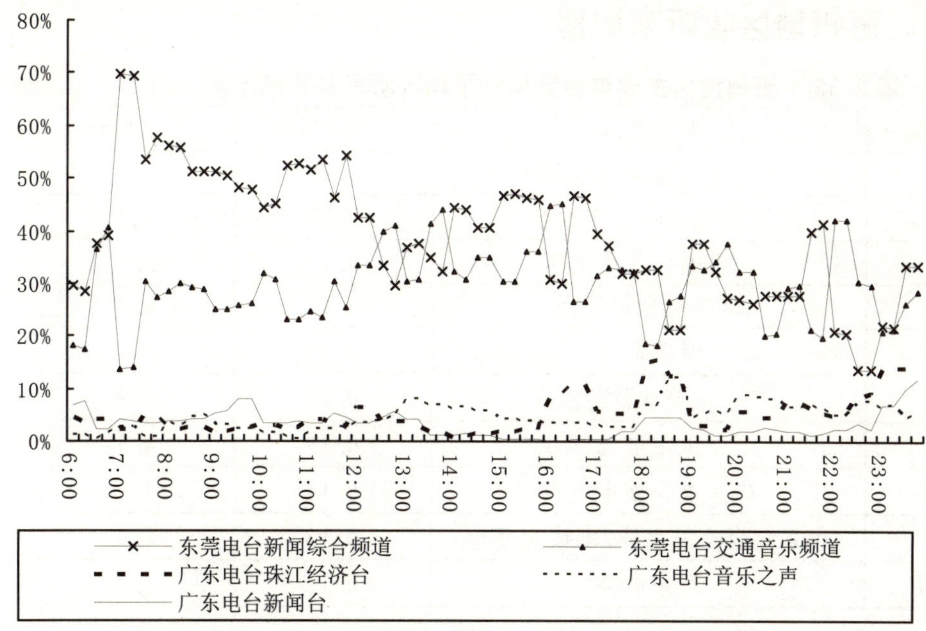

图 2.37.3 2008 年东莞地区主要电台的时段占有率（一）

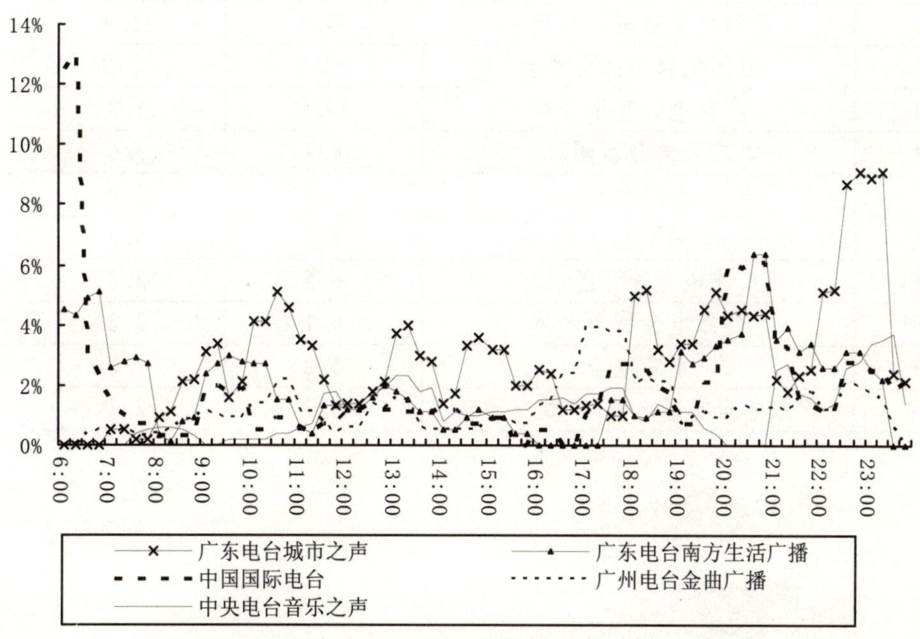

图 2.37.4 2008 年东莞地区主要电台的时段占有率（二）

三十八、惠州地区收听率数据

表 2.38.1 惠州地区主要电台频率的平均收听率和市场份额（%）

排名	电台名称	平均收听率	市场份额
1	惠州电台新闻综合频率	0.88	26.0
1	惠州电台环保交通台	0.88	25.9
3	广东电台音乐之声	0.33	9.7
4	广东电台新闻台	0.21	6.1
5	博罗电台	0.18	5.4
6	广东电台珠江经济台	0.17	4.9
7	惠阳电台	0.15	4.5
8	广东电台城市之声	0.14	4.2
9	广东电台交通之声/羊城交通台	0.13	4.0
10	惠东电台	0.11	3.2

表 2.38.2 惠州地区主要电台频率的周到达率和日到达率（%）

排名	电台名称	周到达率	日到达率
1	惠州电台新闻综合频率	33.1	16.4
2	惠州电台环保交通台	30.0	13.9
3	广东电台音乐之声	14.8	5.8
4	广东电台新闻台	8.7	3.6
5	惠阳电台	7.3	3.0
6	博罗电台	7.2	3.0
7	广东电台珠江经济台	6.5	2.8
8	广东电台城市之声	6.1	2.3
9	惠东电台	5.8	2.0
10	广东电台交通之声/羊城交通台	5.7	2.3

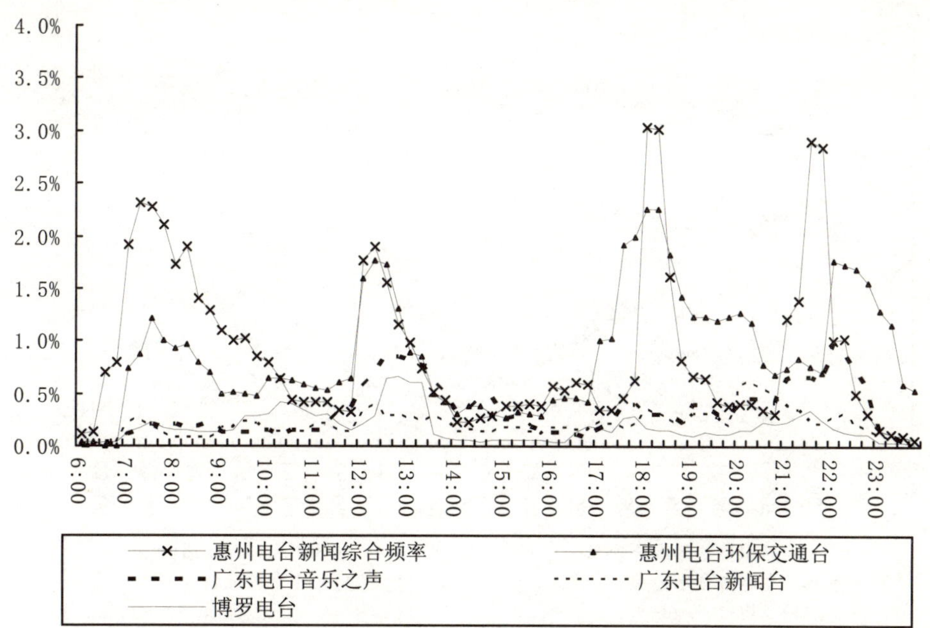

图 2.38.1 2008 年惠州地区主要电台的时段收听率（一）

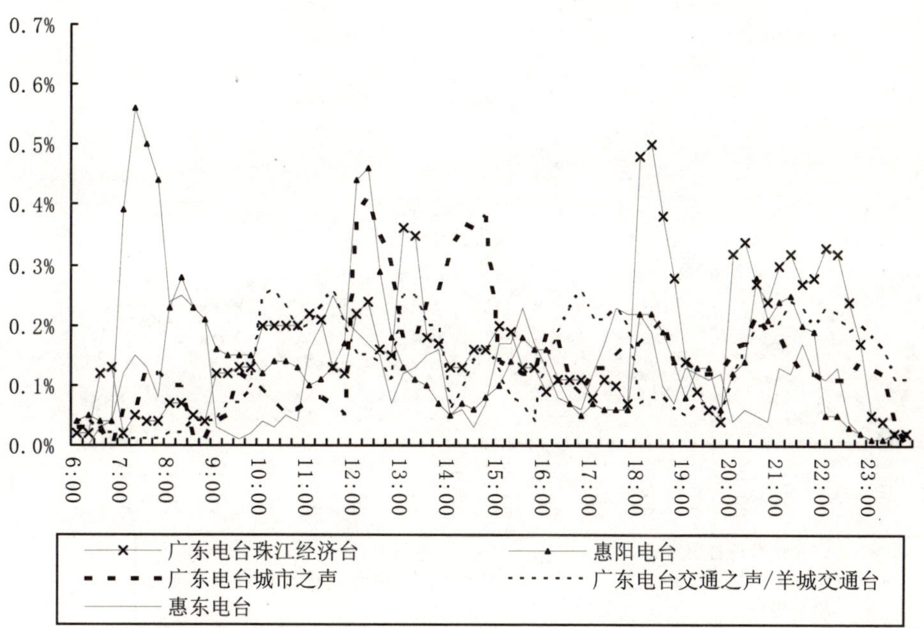

图 2.38.2 2008 年惠州地区主要电台的时段收听率（二）

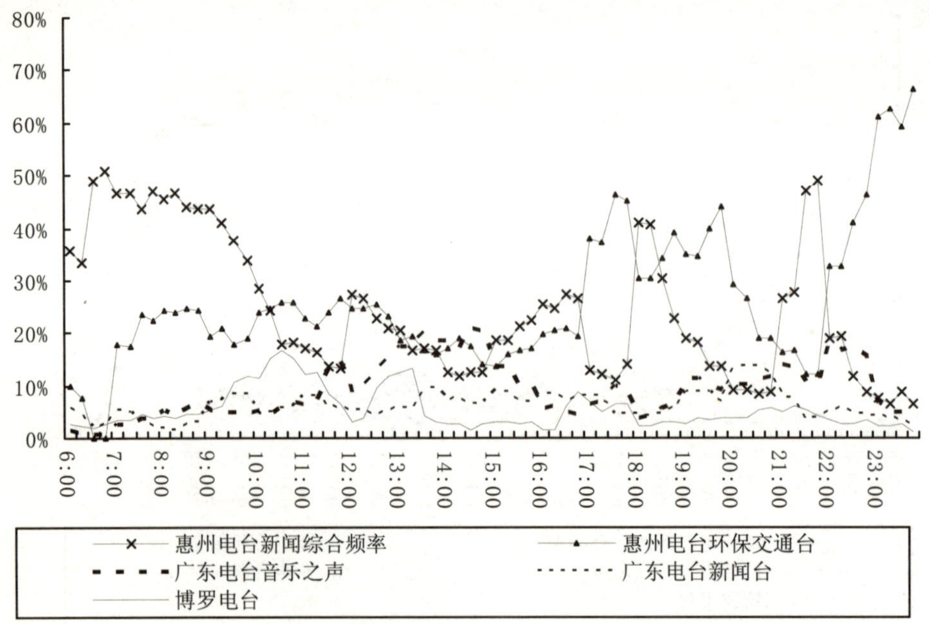

图 2.38.3 2008 年惠州地区主要电台的时段占有率（一）

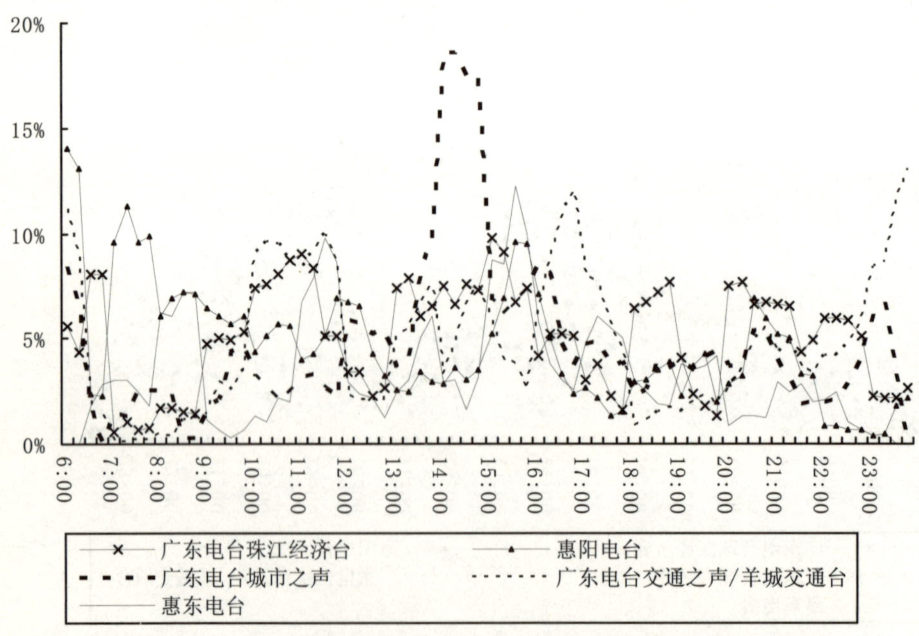

图 2.38.4 2008 年惠州地区主要电台的时段占有率（二）

三十九、江门地区收听率数据

表 2.39.1 江门地区主要电台频率的平均收听率和市场份额（%）

排名	电台名称	平均收听率	市场份额
1	江门电台	1.41	33.7
2	江门电台旅游音乐台	1.34	32.1
3	广东电台音乐之声	0.27	6.5
4	广东电台珠江经济台	0.21	5.0
5	鹤山电台	0.16	3.8
6	广东电台城市之声	0.15	3.5
7	新会电台	0.12	2.9
8	中央电台经济之声	0.11	2.5
9	佛山电台真爱946	0.08	1.9
10	中央电台中国之声	0.06	1.4

表 2.39.2 江门地区主要电台频率的周到达率和日到达率（%）

排名	电台名称	周到达率	日到达率
1	江门电台	48.3	20.5
2	江门电台旅游音乐台	47.2	19.0
3	广东电台音乐之声	11.6	3.9
4	广东电台珠江经济台	8.9	3.2
5	广东电台城市之声	6.3	2.3
6	新会电台	6.1	1.8
7	鹤山电台	5.4	1.9
8	中央电台经济之声	4.7	1.5
9	佛山电台真爱946	3.9	1.2
10	台山电台	2.3	0.7

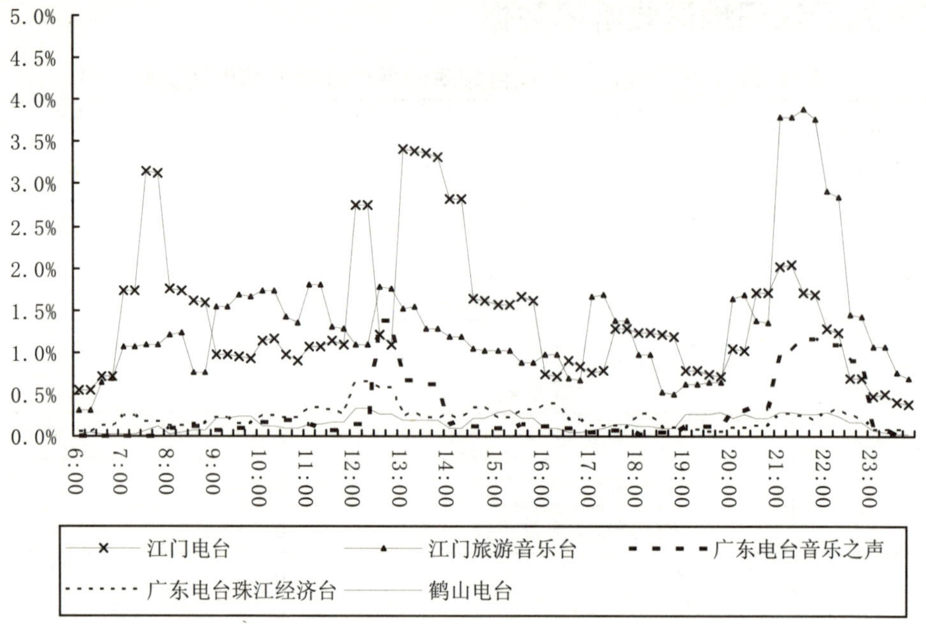

图 2.39.1 2008 年江门地区主要电台的时段收听率（一）

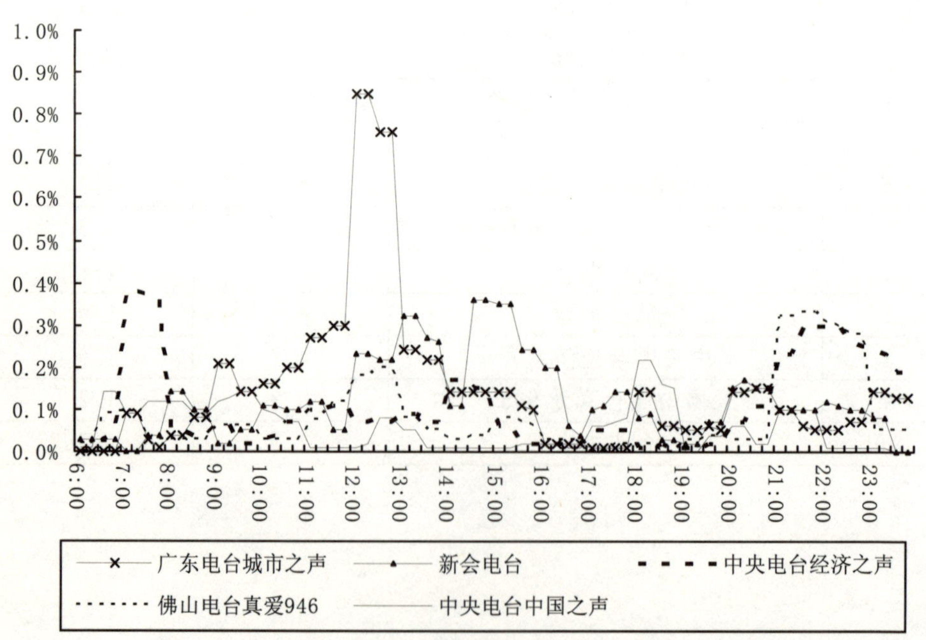

图 2.39.2 2008 年江门地区主要电台的时段收听率（二）

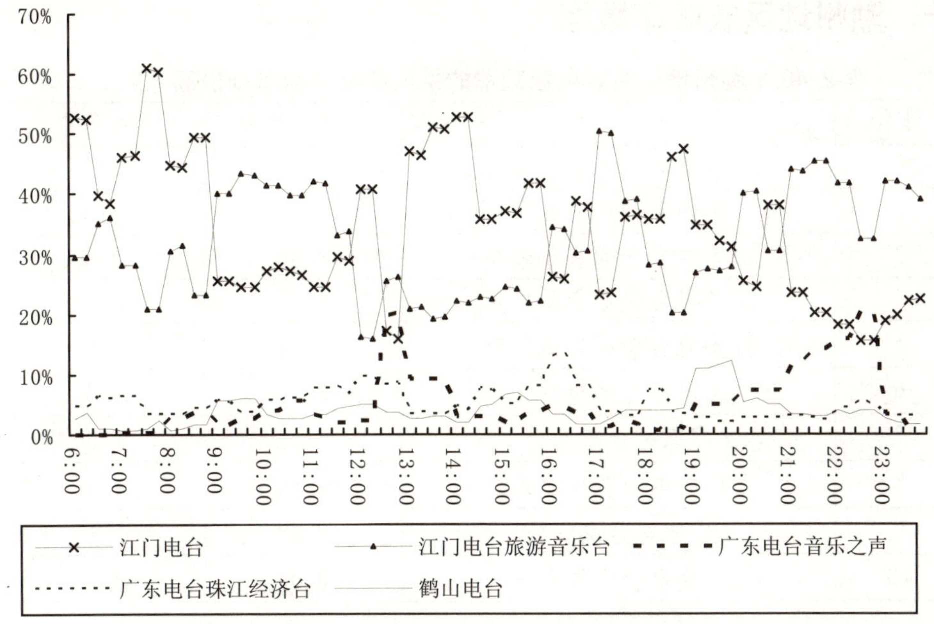

图 2.39.3 2008 年江门地区主要电台的时段占有率（一）

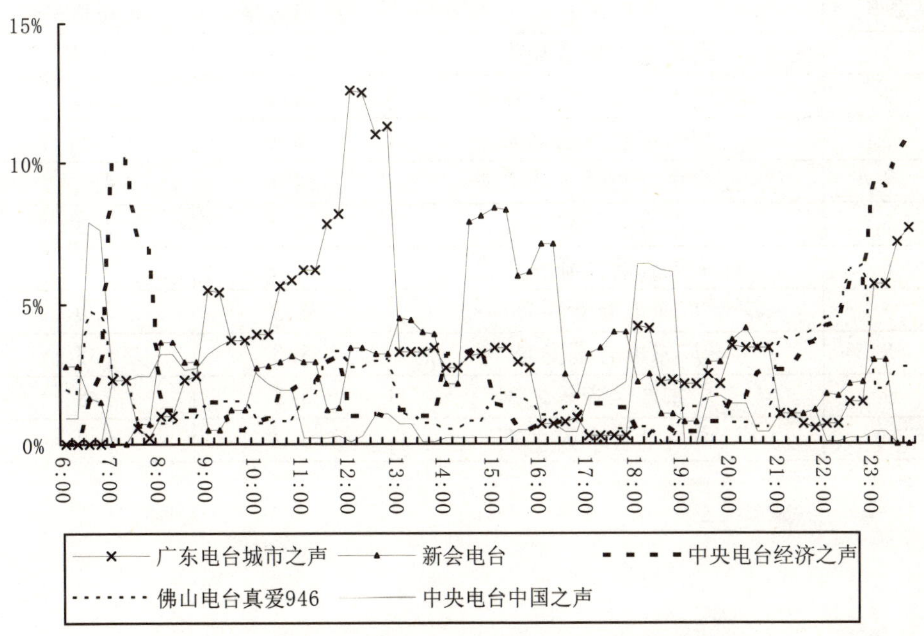

图 2.39.4 2008 年江门地区主要电台的时段占有率（二）

四十、潮州地区收听率数据

表 2.40.1 潮州地区主要电台频率的平均收听率和市场份额（%）

排名	电台名称	平均收听率	市场份额
1	潮州电台戏曲之声	2.30	31.1
2	潮州电台综合频率	2.07	28.1
3	潮州电台交通音乐频率	1.86	25.2
4	汕头电台交通音乐之声	0.27	3.7
5	汕头电台新闻资讯之声	0.21	2.8
6	汕头电台生活经济之声	0.17	2.3
7	广东电台新闻台	0.12	1.6
8	广东电台音乐之声	0.10	1.4
9	广东电台潮安台	0.08	1.1
10	中央电台中国之声	0.04	0.6

表 2.40.2 潮州地区主要电台频率的周到达率和日到达率（%）

排名	电台名称	周到达率	日到达率
1	潮州电台综合频率	47.9	26.0
2	潮州电台交通音乐频率	39.1	22.2
3	潮州电台戏曲之声	36.6	24.8
4	汕头电台交通音乐之声	14.8	4.1
5	汕头电台生活经济之声	11.5	3.3
6	汕头电台新闻资讯之声	11.2	3.7
7	广东电台新闻台	6.3	2.0
8	广东电台潮安台	5.3	1.3
9	广东电台音乐之声	5.1	1.8
10	中央电台中国之声	3.2	0.8

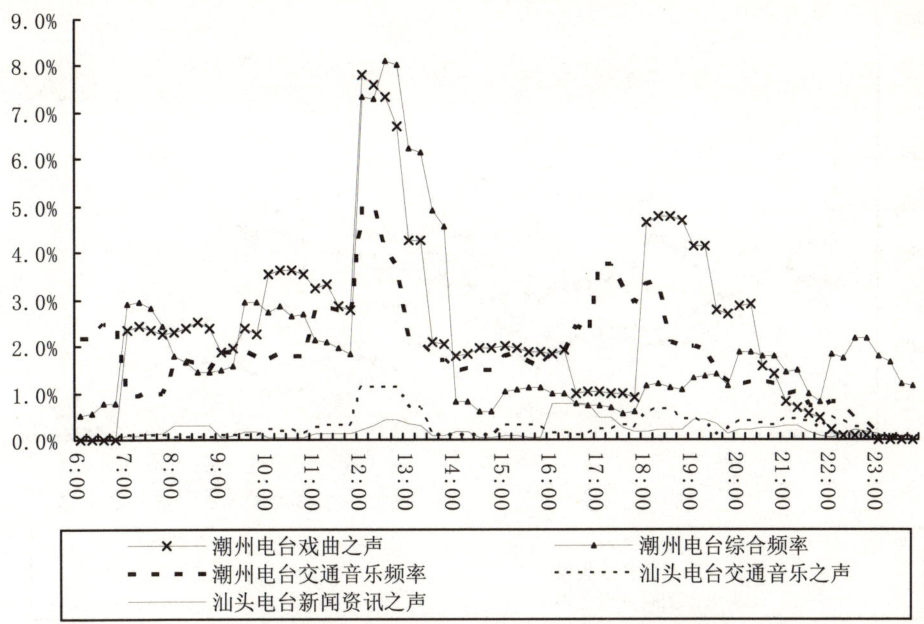

图 2.40.1 2008 年潮州地区主要电台的时段收听率（一）

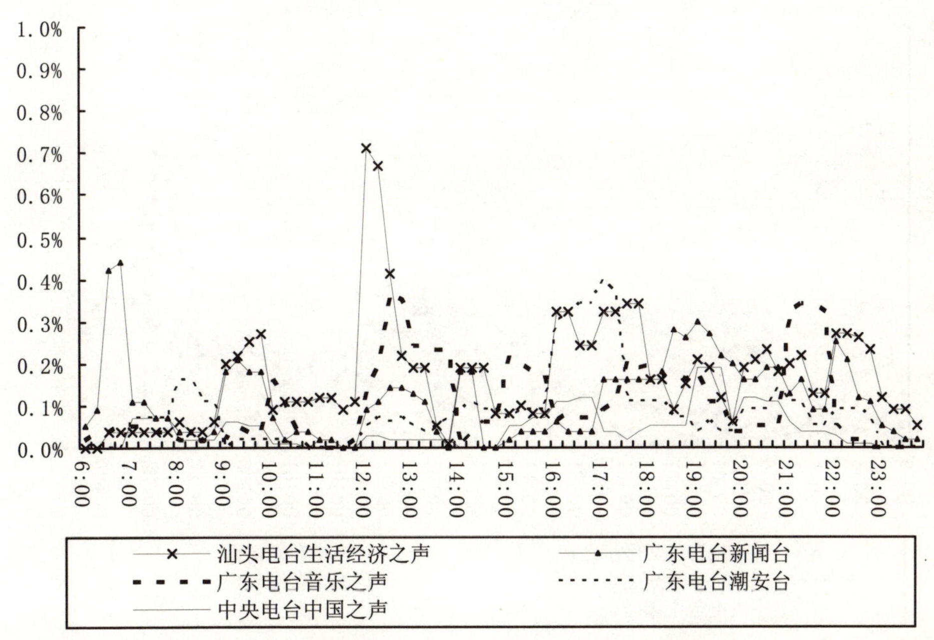

图 2.40.2 2008 年潮州地区主要电台的时段收听率（二）

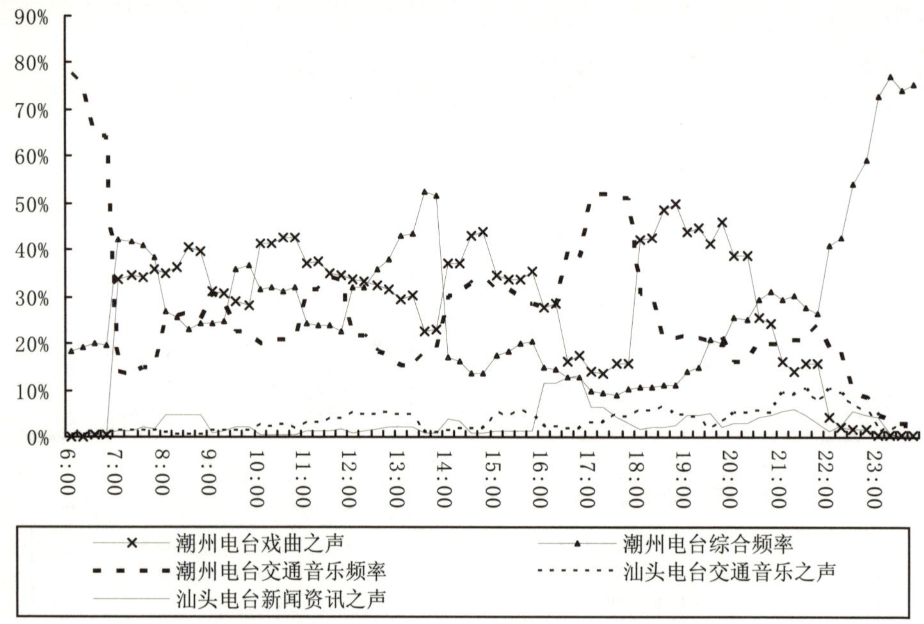

图 2.40.3 2008 年潮州地区主要电台的时段占有率（一）

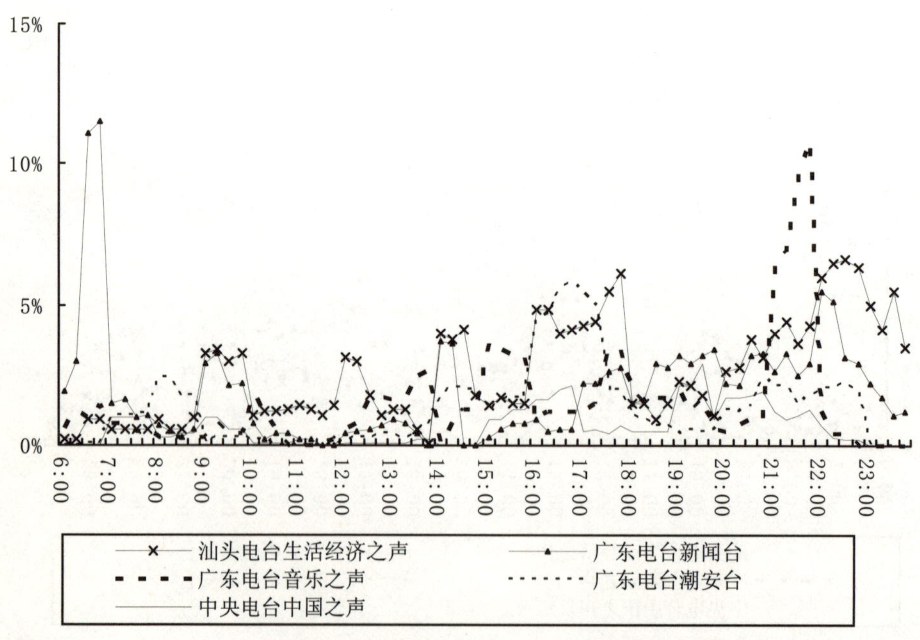

图 2.40.4 2008 年潮州地区主要电台的时段占有率（二）

四十一、揭阳地区收听率数据

表 2.41.1 揭阳地区主要电台频率的平均收听率和市场份额（%）

排名	电台名称	平均收听率	市场份额
1	揭阳电台第二频道	0.98	27.8
2	揭阳电台第一频道	0.89	25.3
3	潮州电台戏曲之声	0.41	11.7
4	潮州电台综合频率	0.36	10.3
5	普宁电台	0.24	6.7
6	广东电台音乐之声	0.17	4.7
7	潮州电台交通音乐频率	0.15	4.1
8	汕头电台交通音乐之声	0.08	2.4
9	汕头电台新闻资讯之声	0.06	1.6
9	中央电台中国之声	0.06	1.6

表 2.41.2 揭阳地区主要电台频率的周到达率和日到达率（%）

排名	电台名称	周到达率	日到达率
1	揭阳电台第一频道	44.1	15.5
2	揭阳电台第二频道	43.7	15.7
3	潮州电台综合频率	20.1	6.2
4	潮州电台戏曲之声	15.7	6.1
5	普宁电台	12.0	4.2
6	潮州电台交通音乐频率	9.2	2.6
7	广东电台音乐之声	8.9	3.0
8	汕头电台交通音乐之声	4.8	1.5
9	汕头电台新闻资讯之声	3.8	1.0
10	广东电台新闻台	3.7	1.1

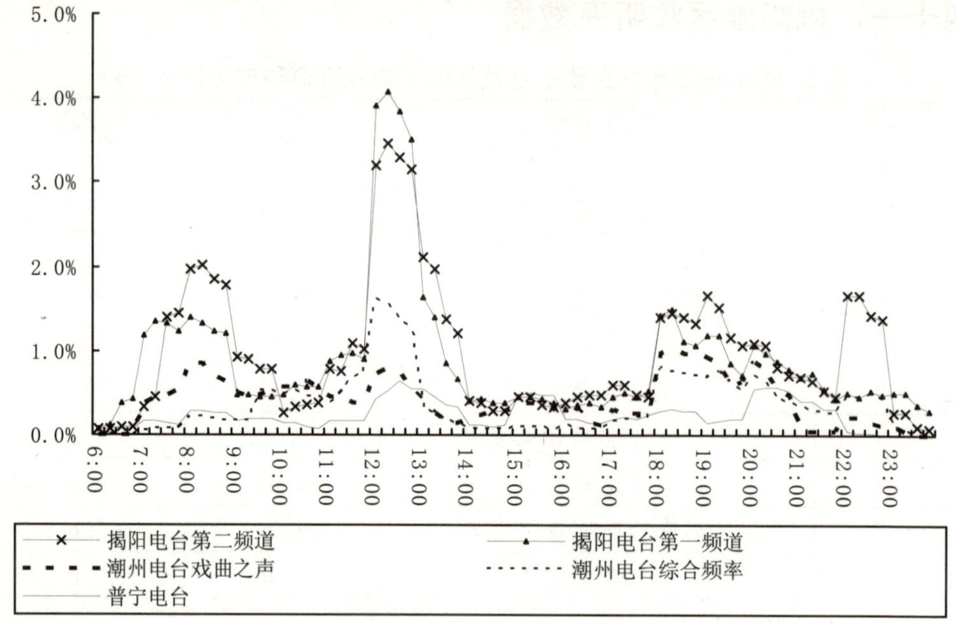

图 2.41.1 2008 年揭阳地区主要电台的时段收听率（一）

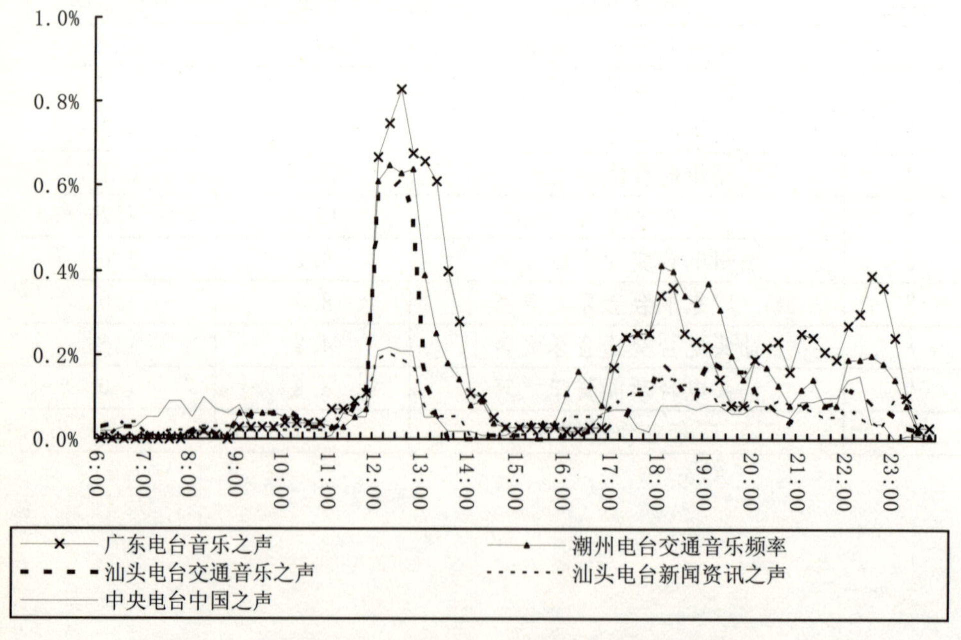

图 2.41.2 2008 年揭阳地区主要电台的时段收听率（二）

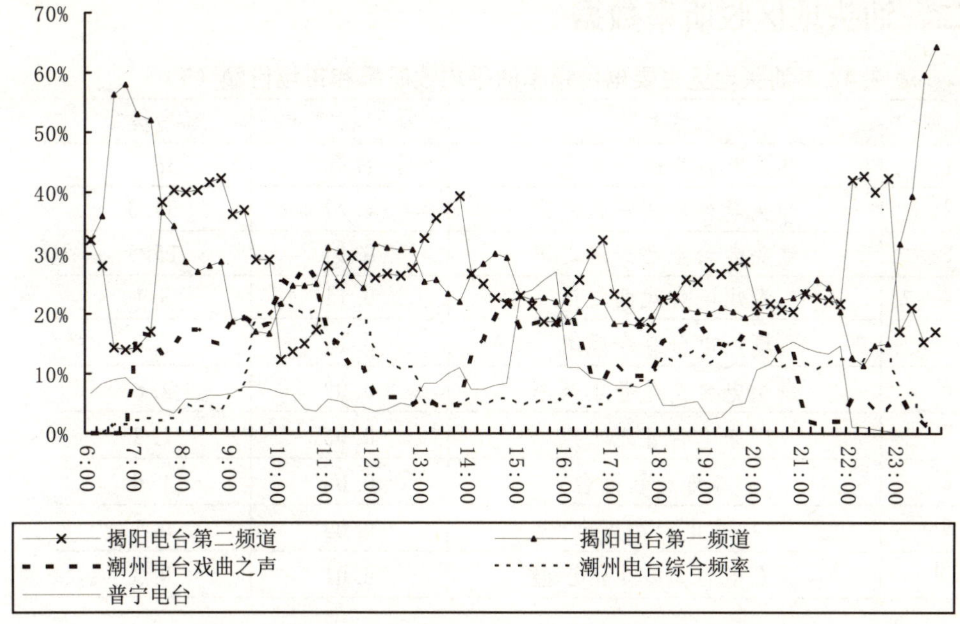

图 2.41.3 2008 年揭阳地区主要电台的时段占有率（一）

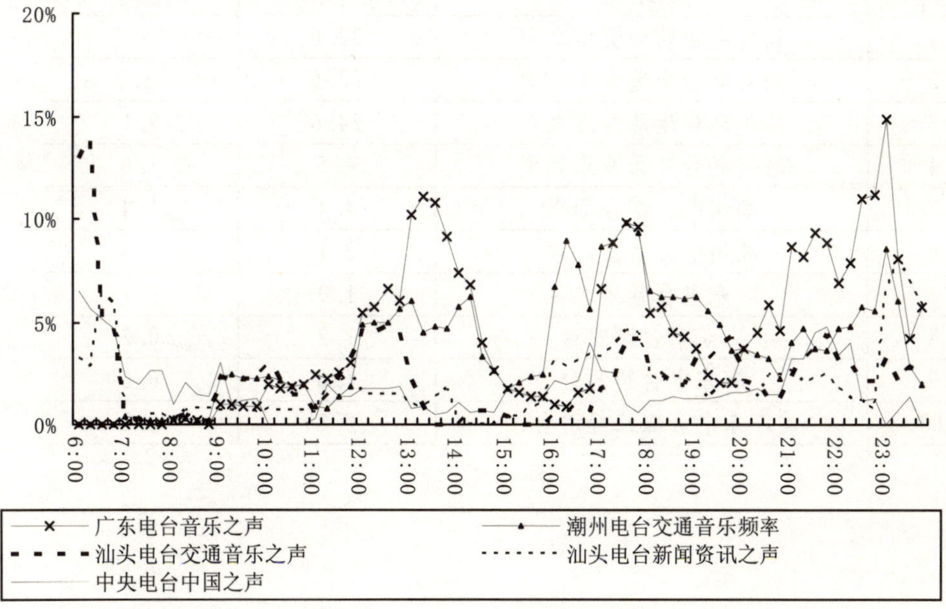

图 2.41.4 2008 年揭阳地区主要电台的时段占有率（二）

四十二、汕头地区收听率数据

表 2.42.1 汕头地区主要电台频率的平均收听率和市场份额（%）

排名	电台名称	平均收听率	市场份额
1	汕头电台交通音乐之声	1.30	36.7
2	汕头电台新闻资讯之声	1.22	34.5
3	汕头电台生活经济之声	0.55	15.5
4	潮州电台戏曲之声	0.11	3.1
4	潮州电台综合频率	0.11	3.0
6	潮州电台交通音乐频率	0.09	2.6
7	广东电台音乐之声	0.05	1.3
8	广东电台新闻台	0.04	1.0
9	广东电台潮安台	0.02	0.5
10	广东电台南方生活广播	0.01	0.3

表 2.42.2 汕头地区主要电台频率的周到达率和日到达率（%）

排名	电台名称	周到达率	日到达率
1	汕头电台新闻资讯之声	33.0	15.7
2	汕头电台交通音乐之声	32.6	15.7
3	汕头电台生活经济之声	24.6	9.1
4	潮州电台交通音乐频率	4.5	1.6
5	潮州电台综合频率	4.4	1.4
6	潮州电台戏曲之声	3.1	1.3
7	广东电台音乐之声	1.9	0.7
8	广东电台潮安台	1.2	0.2
9	广东电台新闻台	1.0	0.6
10	广东电台珠江经济台	0.8	0.2

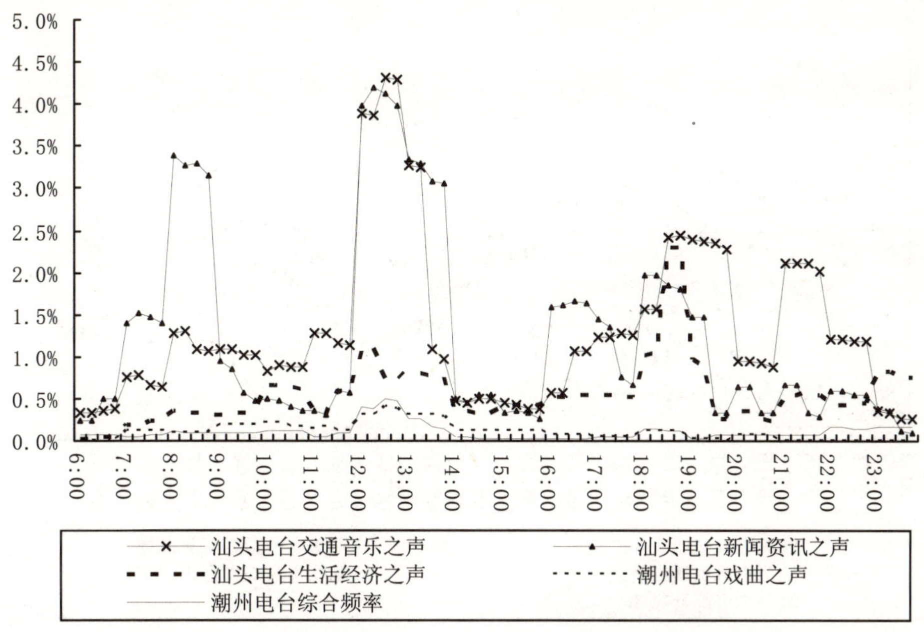

图 2.42.1 2008 年汕头地区主要电台的时段收听率（一）

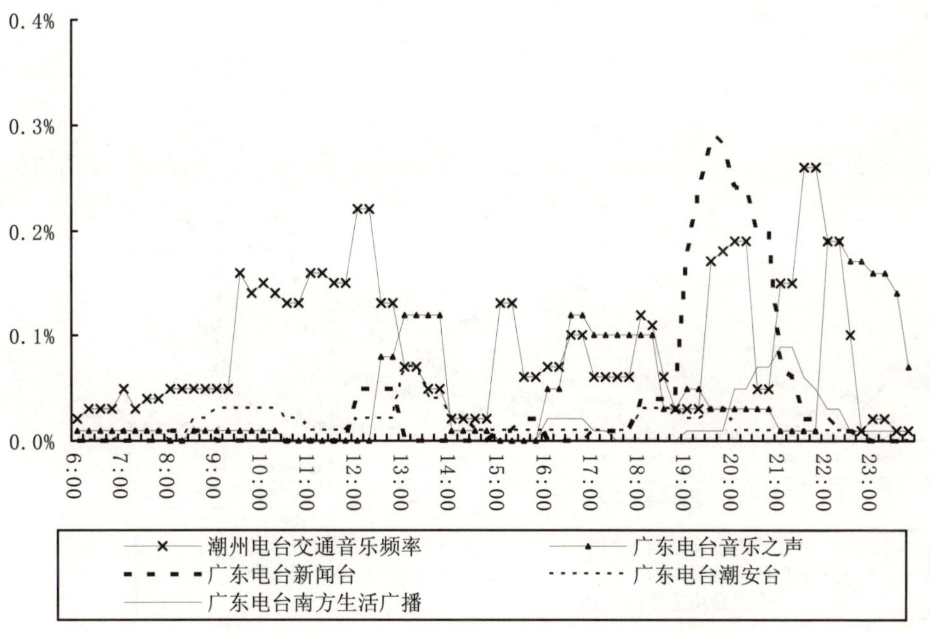

图 2.42.2 2008 年汕头地区主要电台的时段收听率（二）

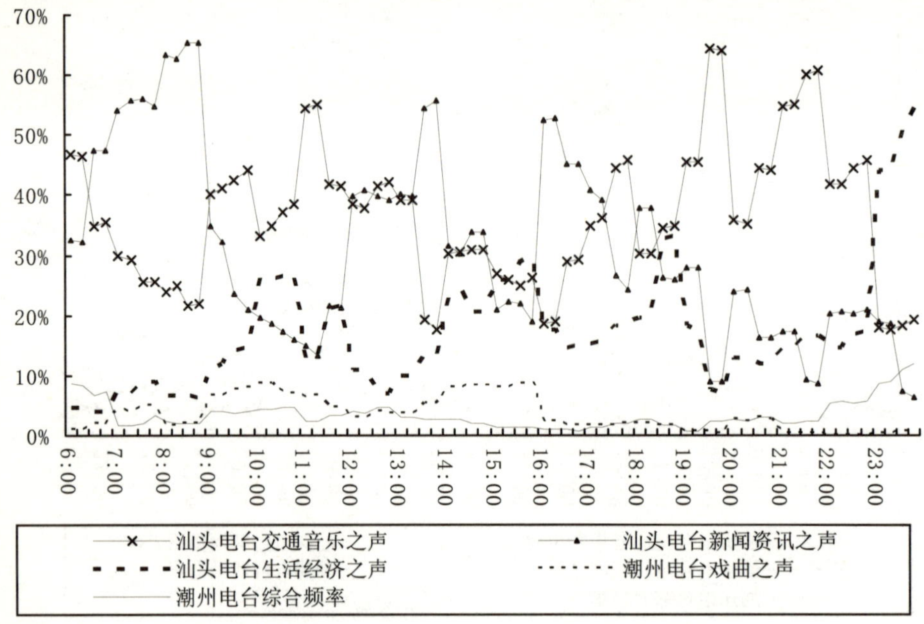

图 2.42.3 2008 年汕头地区主要电台的时段占有率（一）

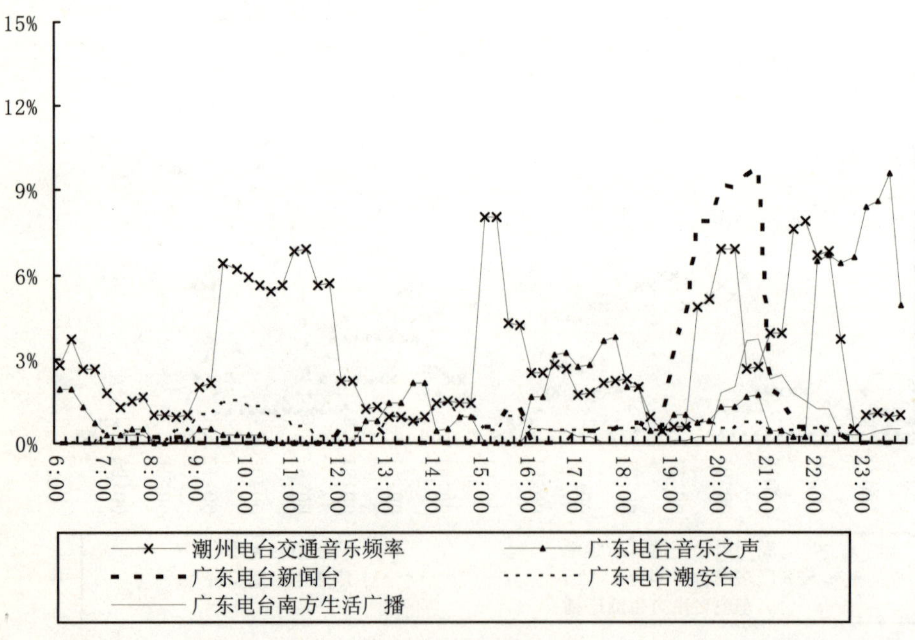

图 2.42.4 2008 年汕头地区主要电台的时段占有率（二）

四十三、梅州地区收听率数据

表 2.43.1 梅州地区主要电台频率的平均收听率和市场份额（%）

排名	电台名称	平均收听率	市场份额
1	梅州电台快乐广播	0.40	20.4
2	梅州电台生活广播 FM97.8	0.38	19.6
3	广东电台新闻台	0.36	18.8
4	梅州电台生活广播 FM94.8	0.24	12.4
5	梅县电台	0.22	11.1
6	广东电台音乐之声	0.18	9.4
7	广东电台城市之声	0.11	5.5
8	中央电台音乐之声	0.02	1.2
9	中央电台经济之声	0.01	0.5
9	广东电台珠江经济台	0.01	0.4

表 2.43.2 梅州地区主要电台频率的周到达率和日到达率（%）

排名	电台名称	周到达率	日到达率
1	梅州电台快乐广播	25.6	7.2
2	梅州电台生活广播 FM97.8	22.8	7.0
3	广东电台新闻台	22.2	7.2
4	梅州电台生活广播 FM94.8	18.8	5.1
5	梅县电台	15.8	4.2
6	广东电台音乐之声	10.8	3.2
7	广东电台城市之声	7.6	2.4
8	中央电台音乐之声	1.4	0.5
9	中央电台经济之声	0.8	0.3
10	广东电台珠江经济台	0.6	0.2

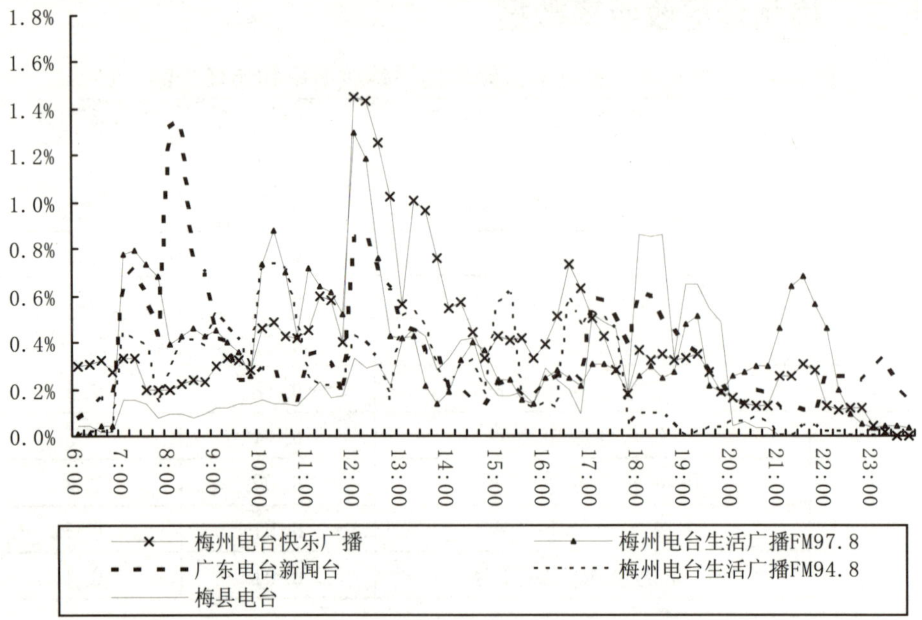

图 2.43.1 2008 年梅州地区主要电台的时段收听率（一）

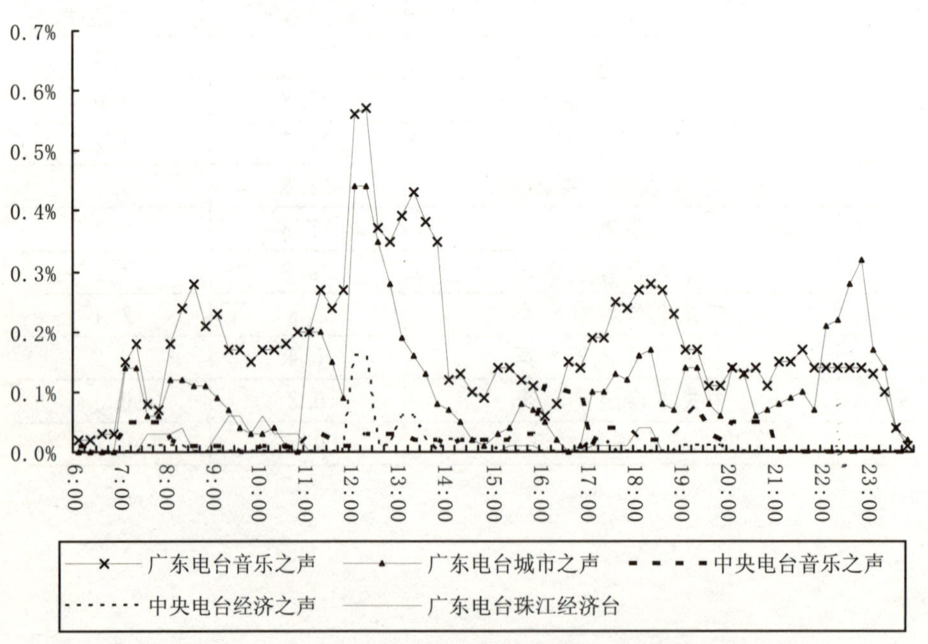

图 2.43.2 2008 年梅州地区主要电台的时段收听率（二）

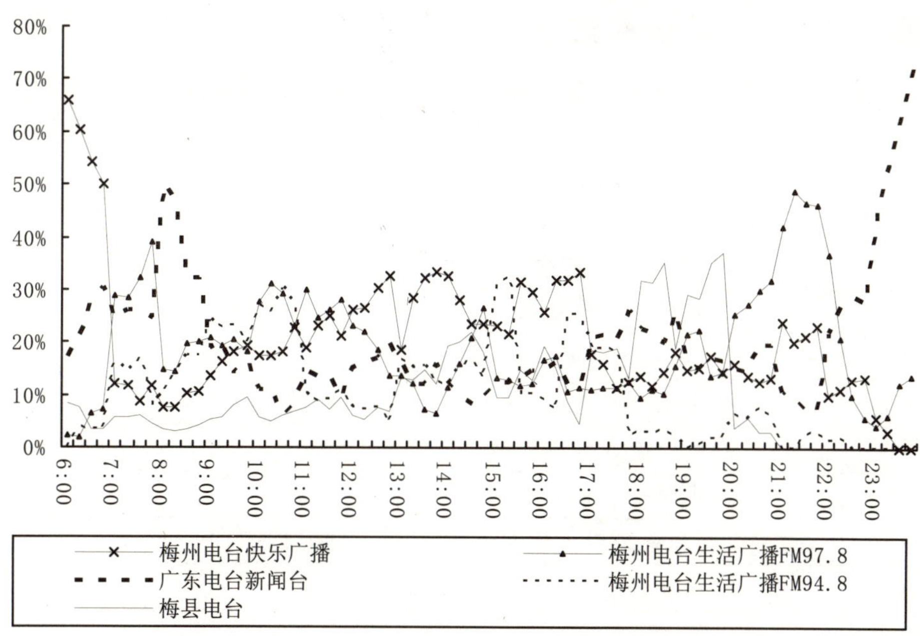

图 2.43.3 2008 年梅州地区主要电台的时段占有率（一）

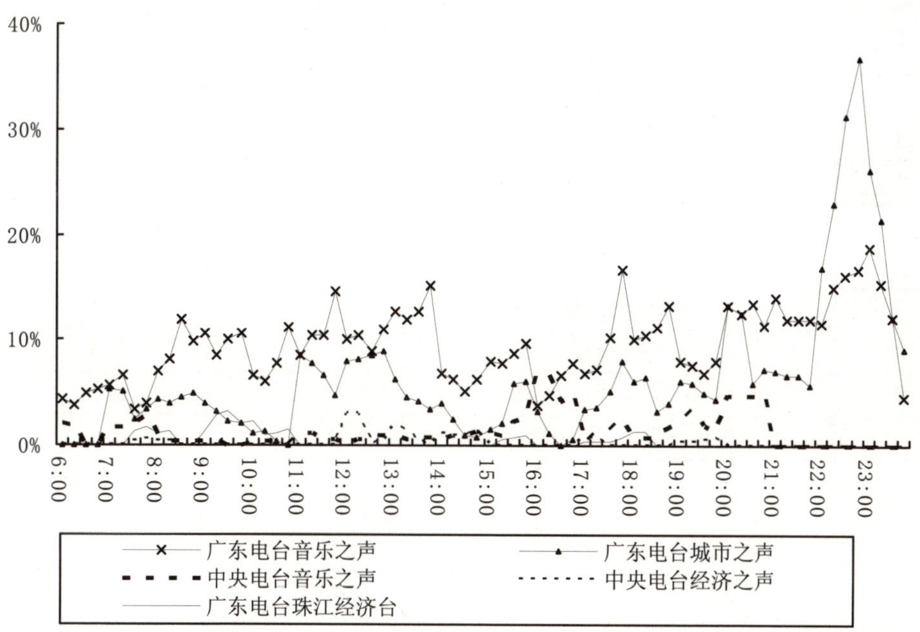

图 2.43.4 2008 年梅州地区主要电台的时段占有率（二）

四十四、韶关地区收听率数据

表2.44.1 韶关地区主要电台频率的平均收听率和市场份额（%）

排名	电台名称	平均收听率	市场份额
1	韶关电台北江之声	1.30	36.0
2	韶关电台（普通话）	1.07	29.7
3	广东电台珠江经济台	0.32	8.9
3	广东电台音乐之声	0.32	8.7
5	广东电台新闻台	0.22	6.2
6	中央电台经济之声	0.08	2.2
7	广东电台南方生活广播	0.07	2.1
7	中央电台音乐之声	0.07	1.8
9	中央电台华夏之声（粤语版）	0.04	1.1
9	广东电台城市之声	0.04	1.0

表2.44.2 韶关地区主要电台频率的周到达率和日到达率（%）

排名	电台名称	周到达率	日到达率
1	韶关电台（普通话）	65.4	21.7
2	韶关电台北江之声	57.0	24.0
3	广东电台珠江经济台	19.0	5.8
4	广东电台新闻台	18.3	4.7
5	广东电台音乐之声	16.8	5.3
6	广东电台南方生活广播	6.5	1.5
7	中央电台音乐之声	5.0	1.1
8	中央电台经济之声	4.7	1.8
9	广东电台城市之声	3.2	0.5
10	中央电台华夏之声（粤语版）	3.1	0.6

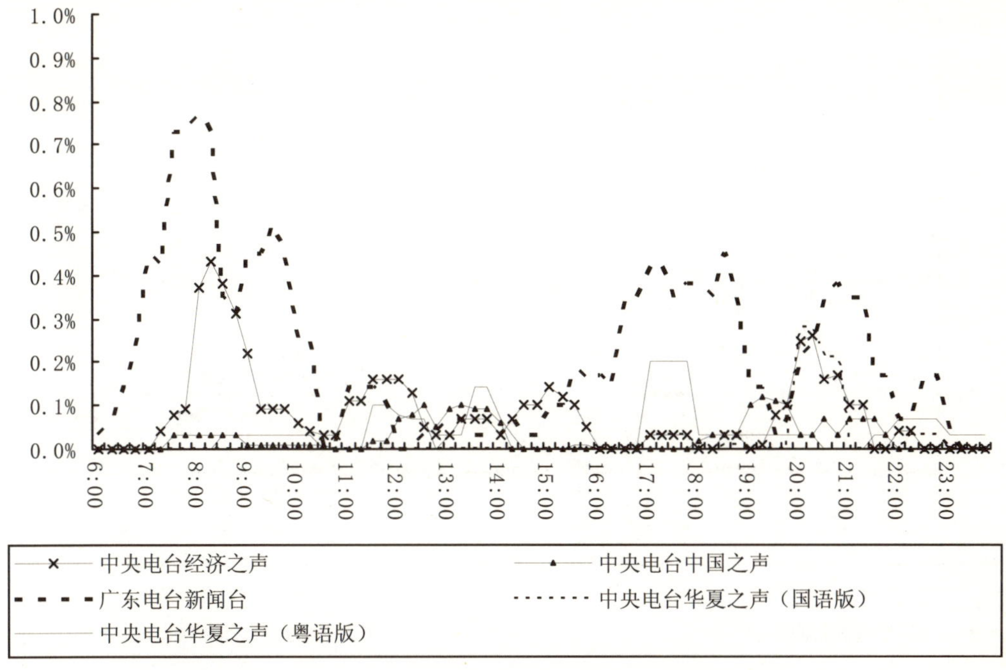

图 2.44.1 2008 年韶关地区主要电台的时段收听率（一）

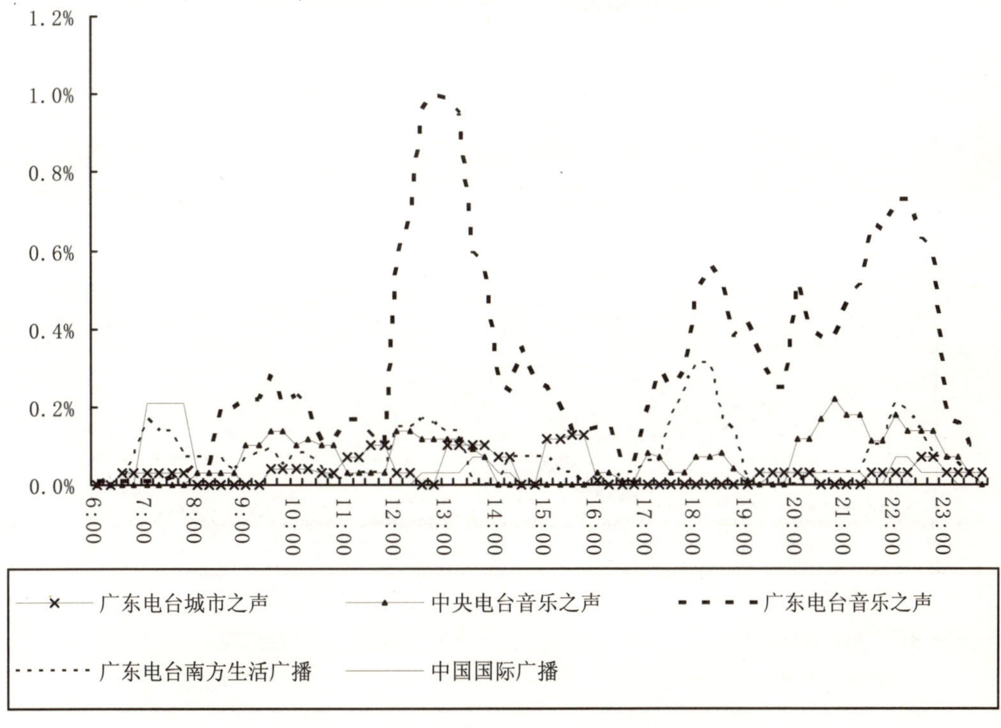

图 2.44.2 2008 年韶关地区主要电台的时段收听率（二）

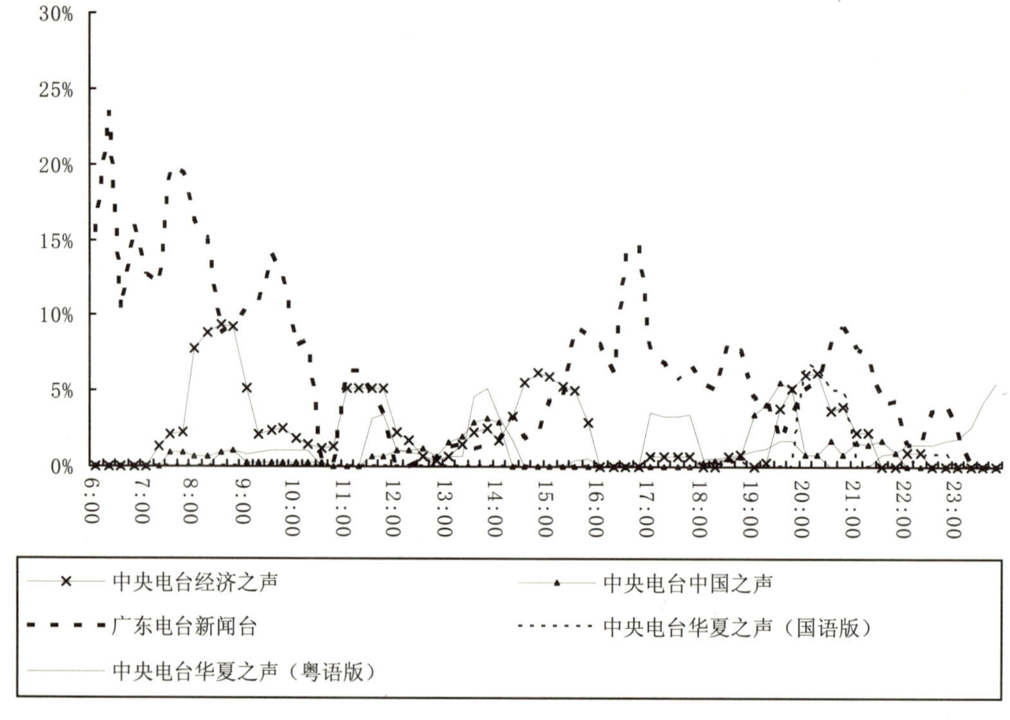

图 2.44.3 2008 年韶关地区主要电台的时段占有率（一）

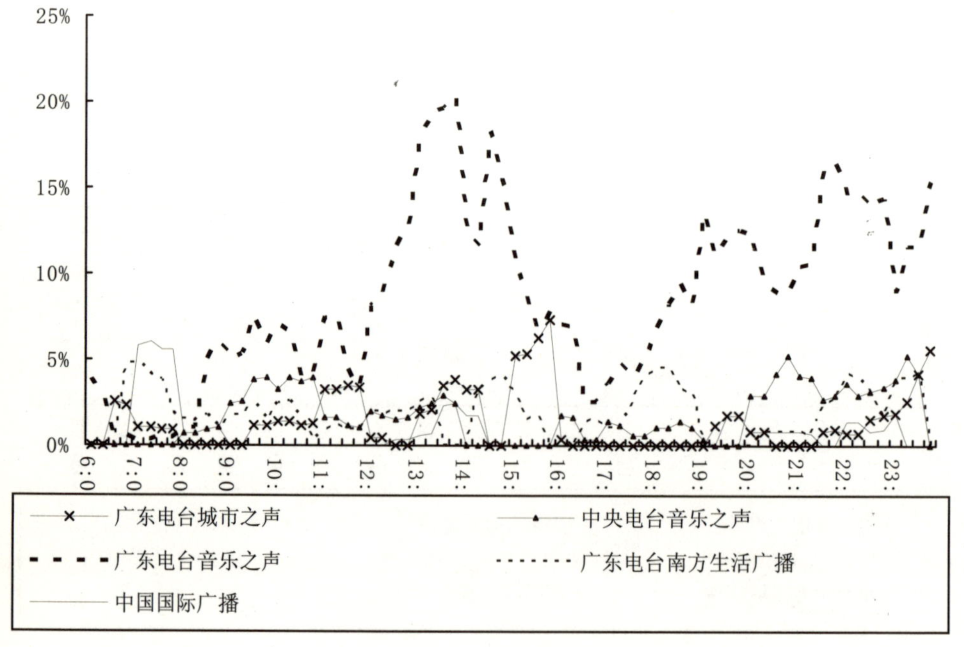

图 2.44.4 2008 年韶关地区主要电台的时段占有率（二）

四十五、佛山地区收听率数据

表 2.45.1 佛山地区主要电台频率的平均收听率和市场份额（%）

排名	电台名称	平均收听率	市场份额
1	佛山电台真爱946	0.59	22.2
2	佛山电台千色985	0.50	18.9
3	佛山电台南海广播/飞跃924	0.25	9.5
4	广东电台音乐之声	0.17	6.5
5	广东电台珠江经济台	0.16	6.1
6	番禺电台	0.15	5.5
7	广东电台南方生活广播	0.12	4.5
8	广东电台新闻台	0.11	4.2
9	广东电台财经927	0.07	2.6
9	广州电台新闻资讯广播	0.07	2.5

表 2.45.2 佛山地区主要电台频率的周到达率和日到达率（%）

排名	电台名称	周到达率	日到达率
1	佛山电台千色985	25.2	7.1
2	佛山电台真爱946	18.4	7.1
3	佛山电台南海广播/飞跃924	13.9	4.4
4	广东电台珠江经济台	10.2	3.0
5	广东电台音乐之声	8.0	2.8
6	广东电台南方生活广播	7.1	1.9
7	广州电台新闻资讯广播	6.2	1.7
8	广东电台新闻台	5.8	1.8
9	番禺电台	4.4	1.8
10	中央电台经济之声	2.7	0.5

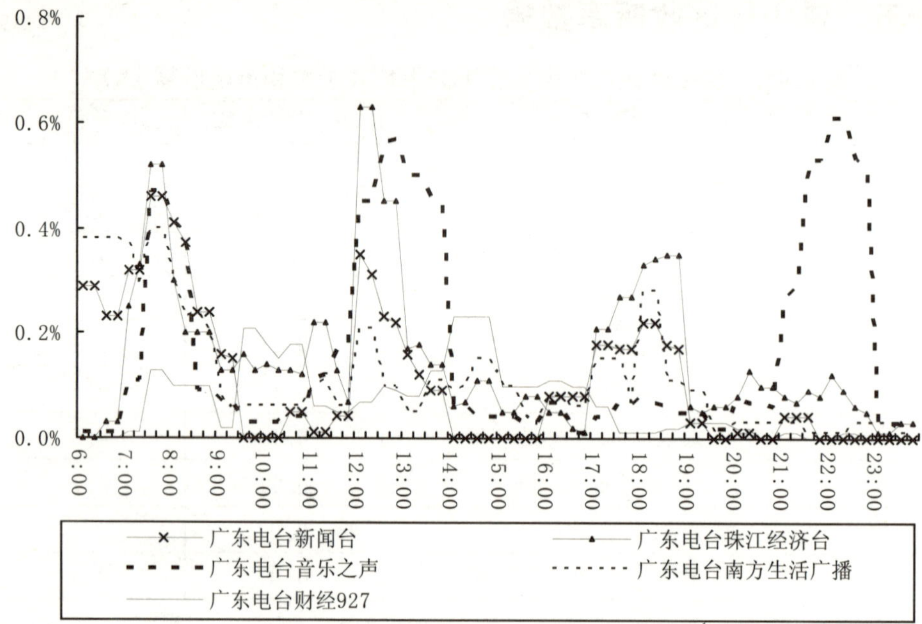

图 2.45.1 2008 年佛山地区主要电台的时段收听率（一）

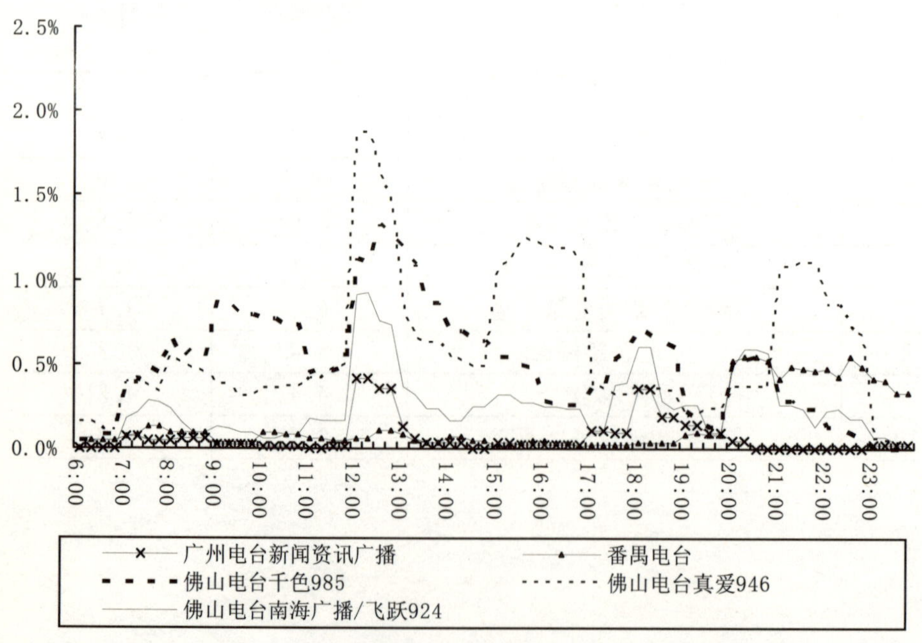

图 2.45.2 2008 年佛山地区主要电台的时段收听率（二）

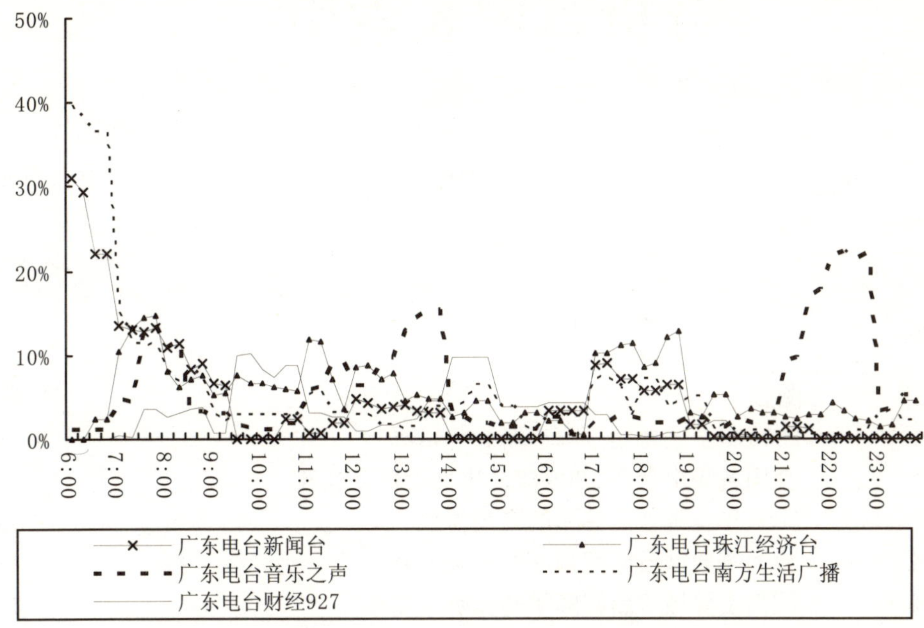

图 2.45.3 2008 年佛山地区主要电台的时段占有率（一）

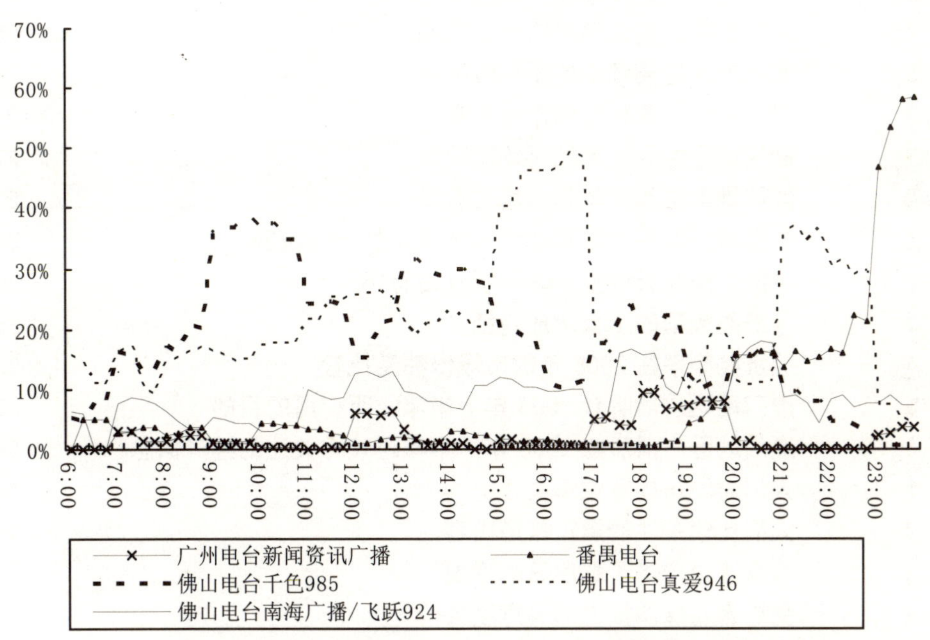

图 2.45.4 2008 年佛山地区主要电台的时段占有率（二）

分析篇图表索引

说明：本索引分图和表格两类，其中图包括结构图、柱状图、曲线图和比例图等，共计 175 幅；表格 131 张。索引以页码先后为序排列，其内容按图表序号、标题、页码顺序排列。

一、图

二、表格

[14] 区域分隔为六行政区域的基本划分。

全国广播媒体频率一览表

地区	电台名称	频率名称	FM/AM
中央	中央人民广播电台	中国之声	
		经济之声	
		音乐之声	
		都市之声	
		中华之声	
		神州之声	
		华夏之声普通话频率	
		双语频率	
		对民族地区广播	
		文艺之声	
		老年之声	
		藏语频率	
	中国国际广播	环球调频广播	
		华语广播	
		环球资讯广播	FM90.5
		轻松调频 EASY FM	FM91.5
		劲曲调频 HIT FM	FM88.7
北京	北京人民广播电台	城市管理广播	FM107.3/AM1026
		交通广播	FM103.9
		故事广播	AM603
		体育广播	FM102.5/AM927
		外语广播	AM77.4
		文艺广播	FM87.6
		新闻广播	FM100.6/AM828
		音乐广播	FM97.4
天津	天津人民广播电台	新闻广播	FM97.2/AM909
		交通广播	FM106.8
		相声广播	FM92.1/AM567
		文艺广播	FM104.6/AM1098
		音乐广播	FM99.0/AM1008
		经济广播	FM101.4/AM1071
		生活广播	FM91.1/AM1386

天津	天津人民广播电台	滨海广播	FM87.8/AM747
		小说广播	AM666
河北	河北人民广播电台	交通广播	FM99.2
		新闻频道	FM104.3
		经济频道	FM107.8/FM95.8 FM93.6/AM1125
		文艺频道	FM90.7
		音乐频道	FM92.5/AM783/AM1278
		农村广播	AM558
		生活广播	FM102.4
		旅游文化广播	AM603
	石家庄人民广播电台	经济频率	FM100.9
		音乐频率	FM106.7
		新闻频率	FM88.2/AM882
		交通频率	FM94.6
	保定人民广播电台	新闻频道	FM101.7
		音乐广播	FM93.7
		交通广播	FM104.8/ AM603
	廊坊人民广播电台	新闻综合频道	FM95.1/AM846
		交通长书频道	FM100.3/AM585
		戏曲曲艺频道	FM104.9/AM1521
山西	山西广播电视台	经济广播	FM95.8
		健康之声广播	FM105.9
		综合广播	AM819
		音乐广播	FM94.0
		农村广播	AM603
		交通广播	FM88.0
	太原人民广播电台	新闻频率	FM91.2
		交通广播	FM107.0
		生活广播	FM104.4
		太原音乐台	FM102.6
内蒙古	内蒙古人民广播电台	音乐之声广播	FM93.6
		经济生活广播	FM101.4
		评书曲艺广播	FM102.8
		交通之声广播	FM105.6/FM95.6/FM90.0

内蒙古	内蒙古人民广播电台	蒙古语广播	FM95.9/ FM89.6/AM1458
		汉语新闻广播	FM89
		新闻综合广播	FM102.7/FM102.9
		绿野之声	FM91.1
	呼和浩特人民广播电台	新闻综合频率“首府之声”	FM92.9/AM882
		交通广播	FM107.4
		城市生活广播	FM90.1
	赤峰人民广播电台	交通文艺广播	FM105.7
		城市生活广播	FM100.7
		汉语综合广播	AM1143 /AM1512/ FM96
		蒙语综合广播	FM89.4/ AM1440
		农牧民文艺广播	FM101.8/AM900
		交通广播	FM102.6
	通辽人民广播电台	第一频率科尔沁之声	FM93.7/AM1350
		第二频率通辽之声	FM97.2/AM702
		第三频率交通广播	
		第四频率评书曲艺广播	
辽宁	辽宁人民广播电台	交通广播	FM97.5
		经济广播	FM89.5/AM999
		音乐广播	FM102.9
		文艺广播	FM95.9
		新闻广播	AM1089
		乡村广播	AM927
		故事广播	FM101.8
		资讯广播(大连分台)	FM90.6
	沈阳人民广播电台	新闻广播	FM104.5/AM792
		经济广播	FM90.4/AM882
		体育休闲广播	FM105.9/AM1341
		文艺广播	FM92.1
		交通广播	FM98.6
		都市广播	FM103.4
	大连人民广播电台	新闻广播	FM100.8/AM882
		财经广播	FM99.1

辽宁	大连人民广播电台	社区广播	FM95.6/AM1575
		交通广播	FM103.3
		都市之声	FM93.1/AM1152
		文体频率	FM105.7
		少儿广播	FM106.7
	鞍山人民广播电台	新闻台	FM101.0/AM954
		经济台	FM89.7/AM1071
		交通台	FM105.1
		评书台	FM87.9
	抚顺人民广播电台	交通广播	FM106.1/AM1143
		音乐广播	FM100.6
		评书台	FM88.2
		新闻广播	FM93.0/AM884
	本溪人民广播电台	新闻综合台	FM94/AM1296
		交通经济台	FM107.4/AM900
		生活娱乐台	FM96.4
	丹东人民广播电台	交通频率	FM101.7/AM891
		新闻频率	FM103.6
		生活频率	FM104.3
		评书频率	FM93.8
		故事频率	FM88.0
	锦州人民广播电台	经济台	FM97.7
		交通文艺台	FM100.3
	葫芦岛人民广播电台	交通文艺频道	FM87.8
		新闻频道	FM95.2
		汽车频道	
		旅游频道	
	盘锦人民广播电台	经济生活广播	FM97.1
		新闻综合广播	FM104.2/AM1485
		交通文艺广播	FM90.1
	辽阳人民广播电台	经济台	FM102.0
		人民台	AM837
	铁岭人民广播电台	辽宁电台新闻广播铁岭之声	FM101.2/AM1413
		辽宁电台乡村广播铁岭之声	FM90.8/AM810

辽宁		辽宁电台交通广播铁岭之声	FM102.8
	朝阳人民广播电台	交通台	FM93.8
		生活娱乐台	FM99.5
		农村台	FM96.1/AM810
		故事台	FM106.5/AM648
		新闻台	FM96.1
	瓦房店人民广播电台		FM89.9 /FM98.9
	庄河人民广播电台		FM97.0
	海城人民广播电台	新闻综合广播	FM90.4/AM900
		交通娱乐广播	FM106.9/AM1350
	兴城人民广播电台		FM91.9
	北票人民广播电台		FM91.5
	普兰店人民广播电台		FM90.8
吉林	吉林人民广播电台	经济广播	FM95.3
		音乐广播	FM92.7
		健康娱乐广播	FM101.9
		新闻综合广播	FM91.6/AM783
		交通广播	FM103.8
		乡村广播	FM97.6
		资讯广播	FM100.1
		故事广播	FM103.3
	长春人民广播电台	交通之声广播	FM96.8
		乡村戏曲广播	FM88.0/AM900
		文艺广播	FM99.6
		长春电台	FM88.9/AM585
		经济广播	FM90.0/AM1332
		少儿与老年广播	AM648
黑龙江	黑龙江人民广播电台	朝鲜语广播	AM873
		97 频道	FM97.0
		都市女性广播	FM102.1
		交通广播	FM99.8
		乡村广播	AM94.5
		生活广播	FM104.5
		新闻广播	FM94.6/AM621
		音乐广播	FM95.8

黑龙江	哈尔滨人民广播电台	交通广播	FM92.5
		经济广播	AM972
		音乐广播	FM90.9
		文艺广播	FM98.4
		新闻广播	AM837
	齐齐哈尔人民广播电台	新闻广播	FM87.8/AM1197
		交通广播	FM94.1
		生活文艺广播	FM89.4/AM693
	鹤岗人民广播电台	综合台	FM97.2
		交通文艺广播	FM106.1
	大庆人民广播电台	新闻广播	FM96.7
		交通广播	FM95.0
		长书广播	FM103.9
		音乐广播	FM106.0
	伊春人民广播电台	综合台	FM91.0
	牡丹江人民广播电台	新闻广播	FM88.5
		经济广播	FM91.6
		交通广播	FM98.2
	佳木斯人民广播电台	新闻综合广播	FM88.0
		经济广播	FM95.0
		交通文艺广播	FM98.0
	七台河人民广播电台	综合台	FM89.1
	鸡西人民广播电台	交通广播	FM95.9
上海	上海人民广播电台	交通频率	FM105.7/AM648
		开心调频	FM96.8
		戏剧曲艺频率	FM97.2
		新闻频率	FM93.4/AM990
	上海东方广播电台	第一财经频率	FM97.7/AM1422
		动感 101 流行音乐频率	FM101.7
		经典 947	FM94.7
		都市 792	AM792
		上海东方广播 LOVE RADIO	FM103.7
		东广新闻	FM90.9/AM1296
	宝山人民广播电台		FM96.2
	崇明人民广播电台		FM102.5

上海	奉贤人民广播电台		FM95.9
	嘉定人民广播电台		FM100.3
	金山人民广播电台		FM105.1
	闵行人民广播电台		FM102.7
	南汇人民广播电台		FM100.3
	浦东人民广播电台		FM106.5
	青浦人民广播电台		FM106.7
	松江人民广播电台		FM100.9
	金山人民广播电台		FM105.1
江苏	江苏广播电视总台	新闻综合广播	AM702
		新闻广播	FM93.7
		文艺广播	AM1053
		音乐广播	FM89.7
		金陵之声	FM99.7
		交通广播网	FM101.1
		经典流行音乐广播	FM97.5
		健康广播	AM846
		财经广播	AM1406
		故事广播	AM585
	南京人民广播电台	交通广播	FM102.4
		经济台	AM900
		新闻台	AM1008
		音乐台	FM105.8
		体育台	FM104.3
		城市管理广播	AM1170
	苏州人民广播电台	交通经济频率	FM104.8/AM1521
		新闻综合频率	FM91.1/AM1080
		戏曲广播	AM846
		音乐广播	FM94.8
	扬州人民广播电台	情感949	FM94.9/AM801
		交通广播	FM103.5/AM1521
		新闻广播	FM98.5/AM1179
	徐州人民广播电台	交通频率	FM103.3
		经济生活广播	FM91.6
		文艺频率	FM89.6/AM1098

江苏	徐州人民广播电台	新闻频率	FM93.0/AM1269
		音乐频率	FM99.6
	栖霞人民广播电台		FM97.1
	雨花人民广播电台		FM96.6
	大厂人民广播电台		FM102.0
	江宁人民广播电台		FM88.5
	浦口人民广播电台		FM93.9
	六合人民广播电台		FM103.5
	连云港人民广播电台	经济生活频率	FM90.2/AM1251
		新闻综合频率	FM93.6/AM1458
		交通音乐频率	FM102.1/AM900
	淮阴人民广播电台	综合台	FM96.5
		经济广播	FM105.0
	盐城人民广播电台	交通音乐频率	FM105.3/AM747
		新闻台	FM99.6/AM1026
		黄海明珠台	FM93.9/AM900
	扬州大学英语教学台	英语教学台	FM99.0
	靖江人民广播电台		FM102.4
	扬中人民广播电台		FM105.6
	高邮人民广播电台		FM92.4
	仪征人民广播电台		FM94.3
	江都人民广播电台		FM100.7
	泰州人民广播电台	经济生活广播	FM97.3
		新闻综合广播	FM106.2/AM1341
		交通广播	FM92.1
	姜郾人民广播电台		FM91.6
	宿迁人民广播电台		FM92.1
	宿豫人民广播电台		FM106.9
	南通人民广播电台	经济生活频率	FM103.0/AM603
		音乐交通频率	FM92.9AM1143
		新闻综合频率	FM97.0/AM1233
	如东人民广播电台		FM89.6
	如皋人民广播电台		FM98.3
	海门人民广播电台		FM100.5
	海安人民广播电台		FM94.1

江苏	镇江人民广播电台	交通广播	FM96.3
		经济广播	FM99.4
		新闻综合频率	FM104.5
	金坛人民广播电台		FM89.0
	润州人民广播电台		FM100.3
	丹徒人民广播电台		FM102.7
	丹阳人民广播电台		FM97.9
	句容人民广播电台		FM91.7
	溧水人民广播电台		FM92.3
	溧阳人民广播电台		FM97.2
	高淳人民广播电台		FM92.0/FM102.3
	常州人民广播电台	经济广播	FM105.2
		交通广播	FM90.0
		新闻广播	FM103.4/AM846
		音乐广播	FM100.1
	武进人民广播电台		FM89.9
	无锡人民广播电台	新闻广播	FM105/AM1161
		音乐广播	FM91.4/AM900
		经济广播	FM104
		交通广播	FM106.9 / AM1008
		江南之声	FM92.6
		健康生活广播	FM98.7
	江阴人民广播电台	先锋106	FM106
		飞扬907 /江阴汽车电台	FM90.7
	宜兴人民广播电台		FM96.1
	吴江人民广播电台		FM89.1
	常熟人民广播电台	新闻综合频率	AM1116
		交通音乐频率	FM100.8/AM747
		经济服务频率	AM927
	张家港人民广播电台	新闻广播	AM1098
		交通广播	FM102.0
		音乐广播	AM1521
	昆山人民广播电台	综合台	FM88.9
		交通音乐台	FM102.3

江苏	太仓人民广播电台		FM96.7
	常熟英语教学台	英语教学台	FM86.9
浙江	浙江人民广播电台	浙江之声	FM88.0/AM810
		经济广播	FM95.0
		动感996流行音乐广播	FM99.6
		动听968音乐调频	FM96.8/FM103.2
		交通之声	FM93.0
		城市之声	FM107.0
		汽车调频	FM104.5
	杭州人民广播电台	交通经济广播	FM91.8
		西湖之声	FM105.4
		丽人广播	FM102.1
		新闻广播	FM89.0
		新闻谈话电台	AM954
	温州人民广播电台	新闻广播	FM94.9/AM666
		交通广播	FM103.9
		音乐之声	FM100.3
		经济生活广播	FM88.8/AM801
		购物广播	FM93.8
	海宁人民广播电台		FM96.0
	宁波人民广播电台	交通音乐频	FM93.9
		经济娱乐	FM102.9
		新闻广播	FM92.0
		老少广播	FM90.4
		音乐之声	FM98.6
	上虞人民广播电台		FM89.7
	绍兴广播电视总台	交通频率	FM94.1/AM1251
		戏曲音乐频率	FM103.5/ FM102.5
		新闻综合频率	FM96/AM738
	绍兴县人民广播电台		FM106
	萧山人民广播电台		FM107.9
	余姚人民广播电台		FM96.6
	黄岩人民广播电台		FM95.7
	椒江人民广播站		FM88.9
	台州广播电视总台	新闻广播/阳光调频	FM98.7/ FM88.0

浙江	台州广播电视总台	交通广播	FM102.7
		音乐广播 easy radio	FM100.1
	余杭人民广播电台		FM102.1
	富阳人民广播电台		FM100.4
	临安人民广播电台		FM96.4
	桐庐人民广播电台		FM92.8
	奉化人民广播电台		FM99.4
	镇海人民广播电台		FM104.7
	宁海人民广播电台		FM93.9
	慈溪人民广播电台		FM106.4
	象山人民广播电台		FM107.3
	嘉兴人民广播电台	新闻频率	FM104.1/AM1107
		经济频率	FM92.2/AM927
		城郊对农频率	FM88.2
	嘉善人民广播电台		FM99.3
	桐乡人民广播电台		FM97.1
	平湖人民广播电台		FM90.6
	海盐人民广播电台		FM106.0
	湖州人民广播电台	交通经济频率	FM89.6
		都市文艺频率	FM98.5
		新闻综合频率	FM105.0
	长兴人民广播电台		FM97.1
	德清人民广播电台		FM106.5
	越城人民广播电台		FM89.7
	天台人民广播电台		FM103.2
	金华人民广播电台	新闻综合频率	FM104.4
		经济生活频率	FM101.4
		交通音乐频率	FM94.2
	义乌人民广播电台		FM106.2
	浦江人民广播电台		FM105.7
	江山人民广播电台		FM102.6
	兰溪人民广播电台		FM94.8
	舟山人民广播电台	新闻综合广播	FM99.8
		交通经济广播	FM94.8/AM1098
		文艺教育广播	FM91.0

浙江	丽水人民广播电台	新闻综合频率	FM94.0
		交通音乐频率	FM106.9
	瑞安人民广播电台		FM91.0
	衢州人民广播电台	新闻综合频率	FM105.3/AM711
		交通音乐频率	FM97.5/AM1250
安徽	安徽人民广播电台	新闻综合广播	FM99.5/AM936
		经济广播	FM97.1
		音乐广播	FM103.1
		生活广播	AM603
		交通广播	FM90.8
		农村广播	AM1008
		小说评书广播	FM107.4
		戏曲广播	FM95.5
		旅游广播	FM96.1 FM106.5
	合肥人民广播电台	故事广播	FM98.8/AM1170
		交通广播	FM102.6/AM1053
		新闻综合广播	FM91.5/AM666
		文艺广播	FM87.6
	蚌埠人民广播电台	新闻台	FM107.9
		经济广播电台	FM104.2
		交通文艺台	FM98.4
	阜阳人民广播电台	经济交通台	FM94.1/AM801
		新闻综合台	FM91.6/AM1116
		交通广播	FM103.5
	淮南人民广播电台	交通文艺台	FM97.7
		新闻广播	FM103.7/AM648
	芜湖人民广播电台	交通经济台	FM96.3/AM1143
		新闻台	FM100.4/AM1494
		故事台	FM98.2
	安庆人民广播电台	新闻台	FM90.3/AM1581
		交通音乐台	FM97.7
	黄山人民广播电台	黄山人民广播电台	FM93.3/AM1431
		黄山交通台	FM100.4
	淮北人民广播电台	新闻综合台	FM94.9/AM1431
		经济广播电台	FM89.3

安徽	包河区人民广播电台		FM106.1
	铜陵人民广播电台	铜陵人民广播电台	FM100.0
		交通文艺台	FM88.7
	马鞍山人民广播电台	新闻综合频率	FM105.1
		生活故事频率	FM95.4
		交通音乐频率	FM92.8
	滁州人民广播电台	新闻综合频道	FM95.0
		交通音乐广播	FM105.4
		文艺故事频道	FM97.0
	明光人民广播电台		FM105.0
	泗县人民广播电台		FM99.5
	五河人民广播电台		FM93.3
	巢湖人民广播电台		FM87.9
	贵池人民广播电台		FM98.1
	宿州人民广播电台		FM105.0
	六安人民广播电台		FM99.9
福建	福建人民广播电台	新闻综合广播	FM103.9/103.6/AM1386
		经济广播	FM96.1/FM88.5/AM1467
		都市生活广播	FM101.5/FM98.7
		音乐广播	FM91.3
		交通广播	FM100.7
	福州人民广播电台	商务交通频道	FM87.6
		新闻频道	FM94.4
		音乐频道	FM89.3
	厦门人民广播电台	经济交通广播	FM107/AM1278
		新闻广播	FM99.6/AM1107
		音乐广播	FM90.9
		闽南之声广播	FM101.2/AM801
	泉州人民广播电台	泉州刺桐之声/1059刺桐之声	FM105.9
		泉州都市之声/泉广923都市之声	FM92.3
		泉州交通之声/泉广904交通之声	FM90.4

福建	泉州人民广播电台	泉州体育之声/914 体育之声	FM91.4
		泉州新闻频道/泉广889 新闻频道	FM88.9
		泉州音乐之声/QZMusicRadio	FM88.1
	福建经济广播电台	财富广播	FM96.1
	中国华艺广播公司	综合台	FM107.1/AM783/AM4830、6185
	海峡之声广播电台	生活资讯频道	FM90.6
		新闻时政频道	AM666
		音乐资讯频道	FM99.6
		闽南话频道	AM873
	莆田人民广播电台	综合台	FM93.7
		音乐台	FM103
	龙岩人民广播电台		FM92.5
	漳州人民广播电台	文艺广播	FM92.7/FM96.6
		综合广播	FM96.2/FM89.6
江西	江西人民广播电台	综合新闻频率	FM104.4/ AM729
		生活经济频率	FM99.2/106.5
		信息交通频率	FM105.4/FM96.9
		文艺音乐频率	FM103.4
		健康老年频率	FM101.9
		科教农村频率	FM98.5
	南昌人民广播电台	新闻综合频率	FM 91.7
		交通音乐之声	FM 95.1
		经济生活频率-财富之声	FM 89.7
		音乐故事广播	FM 90.6
山东	山东人民广播电台	新闻频道	FM95.0/AM918/1485/891
		经济频道/财富传媒	AM594
		娱乐调频	FM97.5/89.3
		生活频道	FM105.0/107.8
		交通音乐之声	FM101.1
		音乐频道	FM99.1

山东	山东人民广播电台	乡村频道-绿色之声	FM91.9/AM1251
		经济频道/泉城96	FM96.0
		体育休闲广播	FM102.1
	济南人民广播电台	音乐广播Music88.7	FM88.7
		交通频道	FM103.1/ AM1512
		经济频道	FM90.9/AM846
		文艺频道	FM93.6/AM1305
		新闻综合频道	FM106.6
		故事广播	FM104.4/FM101.6 /AM1512
	青岛人民广播电台	新闻广播	FM107.6/AM1377
		经济广播	FM102.9/AM1251
		文艺广播	FM96.4/AM1008
		交通广播	FM89.7/AM900
		音乐体育广播	FM91.5
	烟台人民广播电台	新闻广播	FM101/AM1314
		交通广播	FM103
		经济广播	FM105.9/AM801
		音乐广播	FM91.2
		评书广播	FM88.4
	淄博人民广播电台	都市之声	FM92.6
		交通文艺广播	FM100
		经济频道	FM106.7/AM801
		新闻广播	FM89/AM1143
	临沂人民广播电台	新闻广播	FM97.6/AM873
		故事广播	FM104.5
		交通广播	FM89.9/AM801
		文艺广播	FM93.2/AM1143
		都市广播	FM101/AM747
	济宁人民广播电台	孔孟之乡娱乐广播/济宁电台娱乐广播	FM103.3
		经济台	FM99.3
		文艺台	FM101.8
		新闻台	FM104.2
	菏泽人民广播电台	新闻台	FM92.7 /AM1197

山东	菏泽人民广播电台	交通文艺台	FM94.8/AM1521
		戏曲之声	AM1071
	德州人民广播电台	新闻综合广播	FM92.9/AM1098
		文艺广播	FM104.1/AM1008
		交通音乐广播	FM94.1/AM1341
	日照人民广播电台	新闻综合频道	FM95/AM1449
		交通生活频道	FM88.1/AM747
		文艺体育频道	FM104.0
	潍坊人民广播电台	新闻频道	FM100.2/AM1161
		经济生活频道	FM93.3/AM1287
		交通音乐频道	FM95.9/AM846
		健康娱乐频道	FM98.3
		音乐频率	FM88.7
	威海人民广播电台	新闻频道	FM105.1
		故事频道	FM95.0
		交通频道	FM96.1
	平度人民广播电台		FM101.1
	寿光人民广播电台		FM106.4
	恒台人民广播电台		FM93.7
	广饶人民广播电台		FM103.9
	临朐人民广播电台		FM102.1
	安丘人民广播电台		FM89.2
	临淄人民广播电台		FM97.3
	枣庄人民广播电台	新闻综合广播	FM97.6
		生活娱乐广播	FM103.7
		交通文艺广播	FM105.2
	东营人民广播电台	新闻频道	FM102.2/AM1449
		交通音乐频道	FM94.9
		经济频道	FM105.3
	蓬莱人民广播电台		FM101.9
	滨州人民广播电台	交通文艺频道	FM93.1
		新闻综合频道	FM86.4
		经济生活频道	AM1170
	青州人民广播电台		FM95.4
	曲阜人民广播电台		FM98.4

山东	聊城人民广播电台	新闻综合频道	FM96.8
		经济生活频道	FM92.4
		交通频道	FM98.9
河南	河南人民广播电台	新闻广播	FM95.4/AM657
		经济广播	FM103.2/AM972
		交通广播	FM104.1/AM900
		戏曲广播	FM97.6
		音乐广播	FM88.1
		农村广播	FM107.4/AM846
		旅游广播	FM99.9
		Myradio 90.0 音乐有话说	FM90.0
	郑州人民广播电台	新闻广播	FM98.6/AM549
		经济广播	FM93.1/AM711
		音乐广播	FM94.4
		文化娱乐广播 文艺广播	FM91.8/AM1008
		都市广播 都市交通广播	FM91.2
		故事广播	FM107.9
		城市广播	FM88.9
	开封人民广播电台	新闻广播	FM105.2
		经济广播	FM100.2
	洛阳人民广播电台	新闻广播	AM576
		经济广播	AM1053
		交通广播	FM92.7
	焦作人民广播电台	新闻综合广播	AM828
		生活文艺广播	FM89.4 AM1251
		交通旅游广播	FM99.5
	鹤壁人民广播电台	综合广播	FM94.2/AM882
		经济广播	FM104.3/AM1251
	安阳人民广播电台	交通广播	FM89.0/AM1251
		新闻广播	FM94.2/AM882
		生活广播	FM100.8
	濮阳人民广播电台	新闻综合广播	FM100.1

河南	濮阳人民广播电台	文艺广播	FM91.0
		交通音乐广播	FM89.6
	许昌人民广播电台		FM93.8
	漯河人民广播电台	新闻广播	AM1251
		交通音乐广播	FM106.7
		城市广播	FM100
	南阳人民广播电台	新闻频率	FM104.2
		综合频率	FM93.6/AM585
		文艺生活频率	FM106/ AM927
		交通音乐频率	FM97.7/AM846
	商丘人民广播电台	新闻频道	AM729/FM89
		都市频道	AM927/FM100.7
		交通频道	FM94.5
	周口人民广播电台	新闻广播	AM828
		经济广播	AM567
		交通广播	FM89.3
		音乐广播	FM96.0
	新密人民广播电台		FM93.0
	沁阳人民广播电台		FM104.9
	巩义人民广播电台		FM98.2/FM107.5
	三门峡人民广播电台		FM98.9/AM801
	邯郸人民广播电台	经济文艺广播	FM102.8/AM1206
		新闻综合广播	FM96.4/AM963
		交通广播	FM106.8 AM1008
		戏曲长书广播	FM104.8 AM846
湖北	湖北广播电视总台	新闻综合广播	FM104.6/AM774/AM1404
		经济广播	FM99.8
		音乐广播/Fun music radio	FM103.8
		交通广播	FM107.8
		生活广播	FM96.6
		妇女儿童广播/阳光调频	FM102.6
		楚天音乐广播	FM105.8
		楚天交通体育广播	FM92.7

湖北	湖北广播电视总台	楚天卫星广播	FM91.6
		楚天新闻广播	AM1179
	武汉人民广播电台	长江经济广播	FM100.6
		交通广播	FM89.6/AM603
		音乐广播	FM101.8
		人民台	AM873
		少儿故事广播	FM93.6
	荆门人民广播电台	新闻经济台	FM89.7
		交通文艺台	FM103.0
		健康音乐台	FM93.2
	襄樊人民广播电台	交通音乐频率	FM89.0
		文艺台	FM105.3
		新闻频率	FM104.0
		综合频率	FM90.9/FM92.5/AM1314
	襄阳人民广播电台		FM96.5/AM1521
	黄冈人民广播电台	新闻综合频道	FM91.4
		交通音乐频率	FM107.6
	黄石人民广播电台	新闻频率	FM101.2/AM963
		交通经济频率	FM103.3
		磁湖之声	FM105.0
	十堰人民广播电台	新闻频率	FM106.2
		音乐交通频率	FM101.9
		车城之声频率	FM99.1
	荆州人民广播电台	交通音乐台	FM96.3
		新闻台	FM90.1/AM585
		汽车台	FM90.1
	宜昌人民广播电台	新闻综合频率	FM97.6/AM621
		城市之声频率	FM100.6
		交通音乐频率	FM105.9
	孝感人民广播电台	新闻综合频率	FM91.2/AM927
		交通音乐频率	FM87.7
	老河口人民广播电台		FM102.3/AM1476
	丹江口人民广播电台	新闻综合频率	FM92.5
	石首人民广播电台		FM100.0
	广水人民广播电台		FM88.0/FM89.2

湖北	应城人民广播电台	教育音乐台	FM100.2
湖北	麻城人民广播电台	教育音乐台	FM105.1
湖北	赤壁人民广播电台	教育音乐台	FM103.9
湖北	随州人民广播电台		FM96.8
湖北	仙桃人民广播电台		FM90.4
湖北	潜江人民广播电台		FM88.4
湖南	湖南人民广播电台	交通频道	FM91.8/FM100.3
湖南	湖南人民广播电台	经济频道	FM90.1/FM91.0
湖南	湖南人民广播电台	新闻频道	FM102.8/FM93.0
湖南	湖南人民广播电台	文艺频道	FM96.9/FM97.5
湖南	湖南人民广播电台	乡村之声	FM93.8/AM738
湖南	湖南人民广播电台	音乐之声/超级893	FM89.3
湖南	湖南人民广播电台	旅游频率	FM106.9
湖南	湖南经济电视台	金鹰之声	FM95.5
湖南	长沙人民广播电台	星沙之声	FM105.1
湖南	长沙人民广播电台	音乐频道	FM106.1
湖南	长沙人民广播电台	传奇886/经济广播	FM88.6
湖南	长沙人民广播电台	城市之音	FM101.7
湖南	长沙人民广播电台	长沙县星空调频	FM102.2
湖南	衡阳人民广播电台		FM98.9
湖南	浏阳人民广播电台	交通生活频道	FM99.5
湖南	湘潭人民广播电台	交通频道	FM104.2
湖南	湘潭人民广播电台	红色经典频道	FM98.6
湖南	岳阳人民广播电台	音乐商务频道/云梦之声	FM100.1/FM106.1
湖南	岳阳人民广播电台	新闻交通频道/金鹗之声	FM104.1
湖南	株洲人民广播电台	交通频道	FM98.4
湖南	株洲人民广播电台	新闻频道	FM101.2
广东	广东人民广播电台	新闻台	FM91.4
广东	广东人民广播电台	珠江经济台	FM97.4
广东	广东人民广播电台	音乐之声	FM99.3
广东	广东人民广播电台	城市之声	FM103.6
广东	广东人民广播电台	羊城交通台	FM105.2
广东	广东人民广播电台	南方生活广播	FM93.6

广东	广东人民广播电台	股市广播/财经927	FM95.3
		文体广播/驾势1077	FM107.7
		南粤之声	FM105.7
	广州人民广播电台	广州电台第一台	FM96.2
		金曲广播	FM102.7
		交通电台	FM106.1
		青少年广播	FM88.0
	深圳人民广播电台	交通频率	FM106.2
		新闻频率	FM89.8
		音乐频率	FM97.1
		生活调频	FM94.2
	鹤山人民广播电台		FM104.3
	花都人民广播电台		FM100.5
	番禺人民广播电台		FM101.7
	佛山人民广播电台	飞跃924	FM92.4
		千色985	FM98.5
		南海分台	FM94.6
		高明分台	FM88.3
		三水分台	FM90.6
		顺德分台	FM90.1
	珠海人民广播电台	新闻资讯广播	FM95.1
		交通文艺广播	FM87.5
	韶关人民广播电台	北江之声	FM95.2/AM76.5
		韶关人民广播电台（普通话）	FM105.7
	中山广播电视台	综合频率	FM96.7
		环保旅游之声	FM88.8
	宝安人民广播电台	缤纷1043	FM104.3
	江门人民广播电台	新闻综合台	FM100.2
		旅游音乐台	FM93.3
	清远人民广播电台		FM88.7
	湛江人民广播电台	新闻综合频道	FM95.1
		交通音乐之声	FM98.1
	云浮人民广播电台	云浮一台	FM100.6
		云浮二台	FM107.3

广东	梅州人民广播电台	音乐频道	FM100.3
		综合频道	FM97.8
	惠州人民广播电台	新闻综合频率	FM100.0
		环保交通台	FM98.8
	惠阳人民广播电台		FM99.5
	惠东人民广播电台		FM96.1
	博罗人民广播电台		FM107.3
	潮州人民广播电台	综合频率	FM93.9
		戏曲之声	FM103.1
		交通音乐频率	FM105.9
	汕头人民广播电台	新闻资讯之声	FM99.3/AM1080
		生活经济之声	FM102.5
		交通音乐之声	FM107.1
	揭阳人民广播电台	第一频道	FM103.9
		第二频道	FM106.5
	东莞人民广播电台	新闻综合频道	FM100.8
		交通音乐频道	FM107.5
	开平人民广播电台		FM95.6
	恩平人民广播电台		FM101.7
	台山人民广播电台		FM90.4
	肇庆人民广播电台	肇庆电台一台	FM92.9
		肇庆电台二台	FM90.9
	高要人民广播电台		FM105.9
	化州人民广播电台		FM105.5
	乐昌人民广播电台		FM101.1
	遂溪人民广播电台		FM104.8
	新会人民广播电台		FM98.3
	茂名人民广播电台	农村之声	FM101.1
		新闻台	FM106.1
广西	广西人民广播电台	广西电台卫星广播/新闻综合广播	FM91.0/AM792
		教育生活广播	FM93.0
		文艺广播	FM95.0
		经济广播	FM97.0/AM1224
		交通广播/广西交通台	FM100.3

广西	广西人民广播电台	对外广播	AM792
广西	南宁人民广播电台	交通音乐频道	FM107.4
广西	南宁人民广播电台	新闻综合频道	FM101.4
广西	南宁人民广播电台	乡村生活广播	FM104.9
广西	柳州人民广播电台	交通频道	FM99.1
广西	柳州人民广播电台	新闻综合频道	FM102.9
广西	柳州人民广播电台	乡村生活广播	FM105.9
广西	梧州人民广播电台	新闻综合频率	FM100.8
广西	梧州人民广播电台	交通音乐之声	FM107.5
广西	玉林人民广播电台	新闻综合广播	FM97.8
广西	玉林人民广播电台	交通音乐广播	FM99.2
广西	桂平人民广播电台	综合台	FM100.5
广西	北海人民广播电台	综合频率	FM97.1
广西	北海人民广播电台	经济频率	FM93.5
广西	百色人民广播电台		FM105.2
广西	桂林人民广播电台	新闻综合广播	FM97.7
广西	桂林人民广播电台	旅游音乐广播	FM88.3
重庆	重庆人民广播电台	新闻频率	FM96.8/AM1314
重庆	重庆人民广播电台	经济频率	FM101.5/FM105.6
重庆	重庆人民广播电台	交通频率	FM95.5
重庆	重庆人民广播电台	音乐广播	FM88.1/FM94.3
重庆	重庆人民广播电台	都市频率	FM93.8
重庆	重庆人民广播电台	故事广播	FM103.5
海南	海南人民广播电台	新闻广播	FM96.2/FM88.2
海南	海南人民广播电台	交通广播	FM100
海南	海南人民广播电台	经济广播	FM103.8/FM106.8/FM99
海南	海南人民广播电台	文艺广播	FM94.5/91.6
海南	海口人民广播电台	新闻综合广播	FM101.8
海南	海口人民广播电台	音乐广播	FM91.6
海南	海口人民广播电台	城乡经济广播	FM95.4
四川	四川人民广播电台	新闻频率	FM98.1
四川	四川人民广播电台	旅游生活广播	FM97.0
四川	四川人民广播电台	经济频率	FM94.0
四川	四川人民广播电台	民族频率	AM954

四川	四川人民广播电台	音乐频率	FM102.6
		交通频率	FM101.7
	成都人民广播电台	交通广播	FM91.4
		新闻广播	FM99.8
		经济频道	FM105.6
		文化休闲广播	FM94.6
	遂宁人民广播电台	新闻综合广播	FM99.7
		农村广播	FM87.8
	自贡人民广播电台		FM97.7
	攀枝花人民广播电台	新闻综合频道	FM88.5
		音乐生活频率	FM91.0
	泸州人民广播电台	新闻综合广播	FM97.3/AM954
		交通音乐广播	FM100.6/FM96
	德阳人民广播电台		FM95.9
	绵阳人民广播电台	新闻广播	FM96.7/FM102.0
		交通音乐广播	FM91.2/FM92.6
	涪陵人民广播电台		FM101.1
	广元人民广播电台	新闻综合频率	FM102.7
		城乡频率/交通广播	FM104.8
	广安人民广播电台	新闻综合频率	FM 101.2
		交通音乐频率	FM 94.7
	内江人民广播电台	综合频道	FM91.2
		经济频道	FM101.4
	嘉州经济广播电台		FM95.7
	南充人民广播电台		FM107.4
	宜宾人民广播电台		FM92.8/FM101.4
	达川人民广播电台		FM102.2/FM102.9
	达州人民广播电台	新闻综合频率	102.2/103.5
		交通音乐频率	FM105/FM106
	永川人民广播电台		FM104.2
	江津人民广播电台		FM94.9
	合川人民广播电台		FM106.8/FM102.6
贵州	贵州人民广播电台	新闻广播	FM94.6/AM765
		经济广播	FM98.9

贵州	贵州人民广播电台	音乐广播	FM91.6
		交通广播	FM95.1
		都市广播	FM106.2
		旅游广播	FM97.2
	贵阳人民广播电台	新闻广播	FM88.9/AM999
		交通音乐广播	FM102.7
		女性广播	FM104.0
	六盘水人民广播电台		FM102.1
	遵义人民广播电台		FM98.2
	安顺人民广播电台		FM97.4/FM102.9
	都匀人民广播电台		FM98.0
云南	云南人民广播电台	新闻广播	FM105.8
		民族广播	
		香格里拉之声	FM99.0
		交通之声	FM91.8
		音乐广播	FM97.0
		少儿广播	FM101.7
		经济广播	FM88.7
		教育广播	FM100.0
	昆明人民广播电台	都市调频	FM102.8
		阳光频率	FM100.8/AM1350
		汽车广播	FM95.4
	云南大学教育调频		FM107.6
	曲靖人民广播电台	珠江源之声	FM104.0
		交通之声	FM96.3
	文山人民广播电台	七花频率	FM97.3
		新闻综合频率	FM103/FM102.2
		民语频率	AM1053
	丽江人民广播电台		FM106.0
	玉溪人民广播电台	绿色调频	FM102.4/AM1251
	红河人民广播电台	新闻综合台	FM92.9
		音乐台	FM97.5
	西双版纳人民广播电台	民语广播	FM101.4
		汉语广播	AM747
	大理人民广播电台	苍洱调频	FM97.5

云南	东川人民广播电台		FM94.7
	昭通人民广播电台		FM97.5
	楚雄人民广播电台	新闻台	FM106.0
		经济音乐广播	FM96.7
西藏	西藏人民广播电台	藏语新闻综合频率	FM101.6
		汉语新闻综合频率	FM93.3
		都市生活频率	FM98.0
		康巴语频率	
陕西	陕西人民广播电台	新闻广播	FM106.6/AM693
		经济广播	FM89.6
		戏曲广播	AM747
		都市广播	FM101.8/AM603
		交通广播	FM91.6/AM1323
		农村广播	AM900
		音乐广播	FM98.8
		秦腔广播	FM101.1
		青春调频	FM105.5
		故事广播	AM603
	西安人民广播电台	新闻广播	FM102.1/AM810
		交通广播	FM104.3
		音乐广播	FM93.1
		资讯广播	FM106.1
	渭南人民广播电台	新闻广播	FM102.6/FM101.3
		交通广播	FM90.9
		生活广播	FM96.4
	咸阳人民广播电台	新闻综合广播	FM100.7
		都市音乐广播	FM99.9
	延安人民广播电台	新闻综合广播/圣地广播	FM100.1/FM104.6
		交通音乐广播	FM98.7
	宝鸡人民广播电台	新闻广播	AM1071
		经济广播	FM102.8/AM900
		音乐广播	FM105.3
	榆林人民广播电台	新闻综合广播	FM99.4
		交通文艺广播	FM95.9

甘肃	甘肃人民广播电台	都市调频	FM102.2
		经济广播/黄河之声	FM93.4/AM801
		交通广播	FM103.5
		少儿广播	FM104.8
		新闻综合广播	FM96.0/AM684/AM873
		农村广播	FM92.2/AM1170
	兰州人民广播电台	新闻综合广播	FM97.3/ AM954
		生活文艺广播	FM100.8
		交通音乐广播	FM99.5
	天水人民广播电台	新闻综合广播	FM98.2/AM1143
		音乐文艺广播	FM93.7
	嘉裕关人民广播电台		FM100.4
	甘南人民广播电台		FM97.2
	临夏人民广播电台		FM99.6
青海	青海人民广播电台	藏语频率	AM1251
		交通音乐频率	FM97.2
		经济频率	FM107.5/AM1143
		新闻综合频率	FM98.9
	西宁人民广播电台	交通文艺广播	FM104.3
		都市生活广播	FM101.3
		新闻综合广播	FM95.6
宁夏	宁夏人民广播电台	都市广播	FM103.7
		新闻广播	FM106.1/AM891
		交通广播	FM98.4
		经济广播	FM92.8/AM747
	银川人民广播电台	新闻综合频率	FM90.5/AM801
		交通音乐频率	FM100.6
		都市经济频率	FM95.0
新疆	新疆人民广播电台	哈语广播	AM1107
		蒙古语广播	短波 4500
		柯尔克孜语广播	AM1233
		维语文艺广播	FM101.7
		维语综合广播	AM855
		城市广播	FM92.9
		新闻广播	FM96.1

新疆	新疆人民广播电台	交通广播	FM94.9
		综合广播	AM702/MW738
		故事广播	FM102.8
	乌鲁木齐人民广播电台	新闻广播	FM 100.7
		交通广播	FM97.4
		维语综合广播	AM1071
		综合广播	AM792
		经济广播	AM927
		旅游音乐广播	FM106.5

图书在版编目（CIP）数据

2008-2009 年中国广播研究报告/黄学平主编.—北京：
中国传媒大学出版社，2009.8
ISBN 978-7-81127-718-0
Ⅰ.2… Ⅱ.黄… Ⅲ.广播事业—研究报告—中国—2008-2009
Ⅳ.G229.2
中国版本图书馆 CIP 数据核字（2009）第 145278 号

2008—2009 年中国广播研究报告

主　　编　黄学平
责任编辑　欧丽娜　黄彩虹
封面设计　牛　奔
出 版 人　蔡　翔

出版发行　中国传媒大学出版社（原北京广播学院出版社）
社　　址　北京市朝阳区定福庄东街 1 号　　**邮　编**　100024
电　　话　86-10-65450532　65450528　　**传　真**　86-10-65779405
网　　址　http://www.cucp.com.cn
经　　销　新华书店

印　　刷　广州市瑞杰彩印有限公司
开　　本　787×1092mm　1/16
印　　张　26
版　　次　2009 年 9 月第 1 版　2009 年 9 月第 1 次印刷
书　　号　ISBN 978-7-81127-718-0 / G・718　　**定 价**　150.00 元
